-상승과 변형의 시학-

아나톨리 김의

우주론

연구

-상승과 변형의 시학-

아나톨리 김의 우주론 연구

박영은 지음

Анатолий Андреевич Ким

KSI 한국학술정보㈜

Contents

Ⅰ. 서 론 / 9

Ⅱ. 정신물리학적 관점에서의 자연철학 / 29

   1. '물질'과 '생명'에 대한 이해 30
     1) 엔트로피 – 하강 30
     2) 생명, 정신 에너지 – 상승 51

   2. 과학 패러다임: '기계론적 패러다임'에서
     '유기론적 패러다임'으로의 전환 65

   3. 유기체적 전체로서의 우주 81
     1) 연속성 85
     2) 역동성 96

   4. 진화자로서의 인간 117

Ⅲ. 존재론적 측면에서의 종교철학 / 141

   1. 신비주의에 대한 이해 142
     1) 정신적 물질주의 143
     2) 신비한 '전체성' 체험 156

2. 종교 패러다임: '역사상 예수'에서

    '우주 그리스도'로의 전환   167

3. 로고스 신비주의의 관상   182

    1) 조화의 원리를 응시하는 '테오리아 피지카'   182

    2) 우주적 변용으로서의 '테오시스'   192

4. 소우주로서의 인간   204

Ⅳ. 인간변화와 우주 변형을 꿈꾸는 예술 / 219

1. 상징과 종교적 예술의 연관성에 대한 이해   220

    1) 언어에 투영된 근원을 향한 열망   221

    2) 신비체험으로서의 예술창조   229

2. '테우르기야'로서의 예술   249

    1) 존재론적 변형에 대한 믿음   249

    2) 예술창작의 심리적 과정: 원심력과

        구심력의 융합을 통한 '상승'의 꿈   263

3. 미학과 윤리학의 만남   268

    1) 삶과 예술의 등가성   268

    2) 새로운 영혼의 창조: '에고'에서 '에고 에이미'로의 변화   277

4. '데미우르그'로서의 인간   293

Ⅴ. 우주 현상학과 인류의 상승 / 307

1. 진화하는 우주와 지질학적 힘으로서의 '인류' 309
   1) 진화하는 우주 309
   2) 지질학적 힘으로서의 인류 318

2. 조화와 일치를 향한 초인격으로서의 인류 328
   1) '사랑 – 에너지'와 초인류 328
   2) 하나 됨의 역학과 '우리들'의 본질 347

3. 오메가 포인트로 수렴하는 우주 369
   1) 원추형 구조와 오메가 포인트 369
   2) 우주 생성 차원에서 본 죽음과 불멸 379
   3) 우주 변형과 플레로마화 404

Ⅵ. 결론 / 423
참고문헌 / 431

서 론

　아나톨리 안드레예비치 김(Анатолий Андреевич Ким: 1939～)은 현실의 장막 안에서 그리고 현실을 통해 끊임없이 꿈꾸는 작가이다. 카자흐스탄이나 사할린의 작은 마을이 배경이 되어 일상의 삶 안에서 한 인간 영혼이 눈뜨는 찬란함의 순간을 묘사했던 초기 단편부터 죽음 이후 세계나 천상 공간이 배경이 되는 최근 작품까지, 작가의 시선은 시·공간 어느 한 지점에 머물지 않는다. 그는 항상 하나의 대상에서 그 너머의 지평을 보고 있다. 어느 하나의 대상에 국한되지 않는 작가의 시선만큼이나 그의 작품은 여러 층위를 내포하고 있다. 그의 작품을 이해하는 관점이 다양하게 표출되는 것은 바로 이 때문이다. 이 점을 고려한다면, 우리는 아나톨리 김의 작품에 대한 비평가들의 견해를 다음과 같이 정리해 볼 수 있을 것이다.

　먼저 작가가 문학청년의 꿈을 안고 등단했던 70년대 소비에트 문학계의 분위기 속에서 그를 이해하는 것인데, 그것은 사회주의 이데올로기와 일상의 삶에 적의를 느낀 당시 문학작품들이 새로운 존재론적 척도를 발견해 간 도정과 연결된다. 당시 이런 분위기 속에서 작가들은 자신들의 시선을 태곳적 시간이나 신화, 구전문학, 역사로 돌리고, 작가는 삶의 지혜가 쌓인 주인공들의 모습을 통해 사랑이나 선(善), 양심, 자비와 같은 존재론적 가치들을 문학 속에 반영하였는데, 바로 이런 문학적 기류 속에서 아나톨리 김의 창조적 개성과 윤리의식이 형성되었다고 보는 것이다.1)

둘째, 아나톨리 김의 작품세계는 자연철학적 견지에서 언급되는데, 여기서는 주로 테이야르 드 샤르댕(Pierre Teilhard de Chardin)과 블라지미르 베르나드스키(Владимир Вернадский)의 '정신권(ноосфера)'에 대한 논의가 이루어진다. 이것은 무기물질로부터 지구의 진화를 이끌어 왔던 생물 화학적 영역인, 이른바 '생명권'이 인류의 정신작용 전체를 아우르는 '정신권'으로 진화한다고 보는 것이다. 이런 맥락에서 샤르댕과 베르나드스키에게 인간은 창조의 정점이 아니라 부단히 진화해야 하는 존재가 되는 것이며, 아나톨리 김의 생명과 인간에 대한 이해 역시 여기에 근거한다고 보는 것이다.2)

셋째는 아나톨리 김의 서술 방식을 사실적 측면과 환상적 측면이 결합된 것으로 보는 것이다. 이것은 보르헤스나 마르케스의 문학적 색채에서 나타나는 라틴 아메리카의 '마법적 사실주의(magic realism)'에 매료된 러시아 작가들의 관심 표명과 직결된다. 영미학자들은 이것이 스탈린 통치 기간에 거의 사멸되어 버리기는 했지만 러시아 문학에서도 이미 오랜 전통을 갖고 있는 환상적 경향이 1970, 80년대에 다시 부활된 것으로 본다.3)

---

1) 이 시기의 경향을 대변하는 것으로 언급되고 있는 작품은 라스푸찐(В. Распутин)의 『마쬬라와의 이별(Прощание с Матерой)』과 『마지막 며칠(Последний срок)』, 아이트마토프(Ч. Айтматов)의 『하얀 배(Белый пароход)』, 아스타피예프(В. Астафьев)의 『물고기 대왕(Царь-рыба)』, 오를로프(В. Орлов)의 『비올라 연주자 다닐로프(Альтист Данилов)』 등이다. Э. А. Бальбуров, "Поэтический Космос Анатолия Кима", Институт филологии СО РАН, Новосибирск (1997), с.2.

2) Светлана Семенова, "Восходящее движение", *Октябрь*, 2(1989), с.180-191.

3) 영미 비평가들은 이러한 환상적인 경향을 푸슈킨, 고골, 도스토예프스키, 솔로구프, 자먀찐, 불가코프로 이어지는 오랜 전통 속에서 이해하고 있

그 외에도 카자흐스탄이나 사할린을 배경으로 한인들이 자주 등장
했던 그의 초기 단편들을 예로 들면서 러시아 독자들에게는 이국적
으로 느껴졌던 삶의 모습을 동양적 맥락[4])에서 이해하는 관점도 발
견된다. 또한 비평가들은 아나톨리 김의 작품에서 블라지미르 솔로비
요프(Владимир Соловьев)나 니콜라이 표도로프(Николай Федоров)와 같
은 혁명 이전의 유토피아적 종교 사상가들의 영향[5])을 발견하면서 그의
작품세계를 안드레이 플라토노프(Андрей Платонов), 미하일 프리슈
빈(Михаил Пришвин), 벨리미르 흘레브니코프(Велимир Хлебников)
의 작품과의 연관성하에서 이해하기도 한다.[6])

아나톨리 김 작품세계에 대한 전반적인 평가에서 비평가들이 입을

으며 이와 같은 경향이 다시 복원된 것을 예술적 자유를 추구하고자 하
는 신호로서 이해하고 있다.
Charles Rougle, "On the 'Fantastic' Trend in Recent Soviet Prose", *Slavic
and East European Journal*, 34, No.3(1990), pp.308−21.
Nadya Peterson, *Fantasy and Utopia in the Contemporary Soviet Novel,
1976−1981,* Ph.D. thesis, Indiana University, 1986 (Bloomington, Indiana:
privately printed, 1986). p.2.

4) '동양적' 혹은 '이국적'이라는 측면에서는 등장인물들 중 동양계가 적지
않게 등장한다는 점이나 사할린이나 카자흐스탄이 작품 배경으로도 빈번
하게 나타난다는 점을 들 수 있다, 분명히 아나톨리 김의 초기 작품들에
서는 이런 요소들이 많이 등장했던 것이 사실이다. 하지만 작가의 작품활
동이 점차 해를 거듭함에 따라 이 양상의 비중은 커지지 않는다. 오히려
후기 작품으로 갈수록 그의 코스모폴리탄적 세계관, 범지구 차원의 시간
과 공간개념이 분명히 드러나고 있다. 이것은 그의 작품 속에 등장하는
동양적 요소가 동서양을 관통하고 있는 작가의 의식을 보여 주기 위한
하나의 유형제시에 불과함을 입증한다. 발리부로프 역시 아나톨리 김을
이해하는 데 있어서 그가 동양계라는 점을 지나치게 강조해서는 작품의
진면모를 볼 수 없다고 언급하고 있다. Э. А. Бальбуров, там же, с.2.

5) 아나톨리 김의 사상에 영향을 준 표도로프의 개념으로는 모든 생명체의
'상호 연관성'이나 모든 사람의 '전일성'을 들 수 있다.

6) Natasha Kolchevska, "Fathers, Sons and Trees: Myth and Reality in Anatolij
Kim's Otec−les", *Slavic and East European Journal*, 3(1992), p.339.

모아 찬사를 보내는 부분은 대부분 그의 작품구성과 문체가 그려 내
는 스타일적인 측면이다. 그의 시학에 내재된 음악성·회화성 및 문
학적인 기교를 능숙하게 사용하는 기법적인 면에 그들은 상당한 호
의를 보이고 있다.7) 언어탁마의 거장(мастер словесной резьбы)이나
문체의 명인(стилист-виртуоз) 등등의 수식어는 문단 데뷔 초기부터
그를 따라다니는 수식어였다.8) 그리고 문단활동 후반으로 접어들어
서까지 철학적인 내용을 현대적인 감각으로 담아내는 그의 글쓰기에
대한 찬사는 여러 차례 언급되고 있다.9)

  이에 반해 아나톨리 김이 사상을 표출하는 부분에 대해서는 비평
가들의 견해가 서로 엇갈리게 나타나고 있다. 『연꽃(Лотос)』에서 드
러난 작가 세계관을 두고 모더니즘적인 유행주의나 세계관의 절충주
의, 상징주의와 자연주의를 혼합시켜 놓은 글 등등으로 평가하거
나,10) 『다람쥐(Белка)』를 두고 이 작품이 혼합적인 소설기법으로 이
루어졌다거나 작품 속에서 철학적인 인용이 포화상태를 이루고 있다
는 견해가 그것이다.11) 작품내용과 서술법이 지나치게 복잡하다는
평가12) 역시 동일한 맥락으로 볼 수 있다. 『아버지-숲(Отец-Лес)』

---

7) 1982년 아나톨리 김 작품이 모음집으로 출판되었을 때, 당시 비평가 열
   한 명이 모스크바 작가 연맹에 모여 아나톨리 김의 작품을 이해하는 열
   쇠와 『연꽃』의 작품성에 대해 토론을 가졌다. 이후 이들의 견해가 '문학
   평론'誌에 게재되었다. 여기서 아나톨리 김 문체의 찬사에 대한 측면에서
   는 Нерлер와 Михайлов 등이 그 의견을 개진하고 있다. Павел Нерлер, et
   al. "Отражение истины", *Литературное обозрение*, 3(1982), с.40-44.
8) Л. Аннинский, "Превращения и превратности", *Литературное обозрен
   ие*, 8(1985), с.33.
9) Natasha Kolchevska, p.340.
10) Светлана Ланщикова의 견해가 이런 예에 해당한다. "Отражение истины",
    с.41.
11) А. Немзер, "О чём же пела белка", *Литературное обозрение*, 8(1985),
    с.29.
12) Галина Белая, *Литература в зеркале критики*, Москва: советский писатель,

에 대한 비평에서 아나톨리 김의 재능은 높이 평가하면서도 작품내용은 철학 소설이라기보다는 그 자체가 하나의 철학에 근접해 있어 난해하다는 견해13) 역시 유사한 관점에서 이해될 수 있다.

하지만 이와 대립되는 견해에서는 작가의 세계와 인간에 대한 이해가 역으로 긍정적인 평가를 받고 있다. 우리 현 시대의 문학 속에 정신계에 대한 비전이라는 과학적 관점을 도입해 그 지평을 확장했다는 평가14)를 받는가 하면, 그의 창작 속에서 철학과 문학은 손을 맞잡고 서로 간의 경계를 넘나들며 예술로 형상화15)되었다고 평가받기도 한다. 아나톨리 김의 산문은 삶에서 최고의 덕목이 되어야 할 가치들을 존재론적으로 승화시켜, 독자들이 인간 존재에 대해 새로운 성찰을 하도록 한다고 보는 것이다. 또한 그의 산문이 심오한 철학적 사색을 추구하는 독자들에게는 흥미로운 지적 만족을 줄 것이라고 평가16)하기도 한다.

이렇듯 긍정과 부정이 교차하는 그의 관념 표출 방식에 있어 부정적인 의견의 대부분은 작품내용이 너무 복잡하고, 서술법의 전환 역시 갑작스럽고 빈번하게 이루어진다는 점과 내용이 지나치게 철학적이라는 점에 초점이 맞추어져 있다. 또한 그의 작품이 철학적 사조나 종교 교리의 절충주의를 표방해 어떤 일관된 관점에서 읽어 내기가 어렵다는 것이다.

그런데 문제는 아나톨리 김의 작품에서 쉽게 이해되지 않는 부분이 단순히 동양적인 신비주의나 환상적 요소, 세계관의 절충 정도로

1986, c.96 − 101.

13) Наталья Иванова, "Пройти через отчаяние", *Юность*, 9(1990), c.86 − 90.

14) С. Семенова, там же, c.180.

15) Э. А. Бальбуров, там же, c.2.

16) Elizabeth Rich, "Motality, Immortality and Anatoli Kim's *Father − Forest*", *Soviet Literature*, 9(1990), pp.176 − 186.

언급되고 있다는 점이다. 즉 그의 작품이 철학적이라고 말하면서도 철학과 사상에 대한 체계적인 연구가 없었으며, 그의 세계관 형성 배경에 대한 명확한 규정이 없었던 것이다. 또한 비평가들 대부분이 그의 작품세계 전반을 관통하는 일관된 관점을 가지고 세계관을 고찰하기보다는 한두 작품의 개별적인 해석에 그치고 있기 때문에 그 시각도 단편적일 수밖에 없다.

따라서 본 연구에서는 아나톨리 김을 이해하는 필수적인 도정임에도 불구하고, 그 난해함으로 인하여 철저하게 연구되지 못했거나, 적절한 조명을 받지 못해 앞서 살펴본 것처럼 상반된 견해를 불러일으키기도 하는, 그의 철학 관념과 그것이 작품 속에서 표출된 양식에 대한 규명을 시도할 것이다. 그리하여 개별적인 작품에 대한 미시적인 이해를 포함해 다양한 층위의 아나톨리 김의 작품을 하나의 거시적인 조망 속에서 통찰할 수 있는 프리즘을 찾는 데 중점을 둘 것이다. 이것은 작가의 세계관과 작품을 유기적 관점에서 이해하는 필수적인 작업이라 할 수 있다.

아나톨리 김을 이해하는 데 중요한 철학과 사상은 단순히 그의 작품에서 하나의 사변 속에 갇혀 있지 않다. 작가는 작품 속에 철학을 투영하지만 그 철학은 등장인물 한두 명의 입을 통해 대변되지 않는다. 그가 독서한 다양한 철학은 작가로서의 사상을 형성시킨 근원인 동시에, 문체나 구성 시학, 미학이 하나의 유기적 생명력으로 분출되는 모태가 되고 있다. 작가의 세계관 및 시학과 미학까지, 작품세계 전반을 이해하는 작업은 그의 철학에 대한 이해에서부터 출발한다고 할 수 있다.

아나톨리 김의 작품에서는 기존 문학 작품에서 흔히 볼 수 있는 주인공들의 캐릭터 및 등장인물들끼리 엮어 내는 어떤 사건의 행위나 과정, 결말이 강조되지 않는다. 오히려 그의 작품에서는 등장인물

들의 행위보다는 그들의 입을 통해 작가가 표출하는 사상이 전면에
부각된다. 즉 작가의 사상이 작품 플롯에 역동적인 힘을 부여하는
것이다. 이것은 등장인물들의 형상을 제시하는 서술방식에서도 잘
드러나고 있다. 그의 등장인물들은 무엇보다도 정신성이 특별히 부
각된다. 작가가 인물을 묘사할 때 전반적인 세부묘사뿐만 아니라 육
체에 대한 묘사[17]를 거의 하지 않는 것은 인물의 정신을 강조하기
위함이다.

이것은 생동감 있는 인물 설정이라는 측면에서는 어느 정도 단점
이 될 수도 있다. 그럼에도 불구하고, 이러한 위험 요소를 감수하면
서까지 인물의 정신적 측면을 부각시킨 것은 바로 여기에 아나톨리
김이 작품을 쓰는 이유와 그가 작품을 통해 우리에게 던져 주고 싶
은 메시지가 있기 때문이다. 작가는 자신의 작품을 통해 우리가 살아
가는 '삶의 이야기(история жизни)'보다는 '정신의 이야기(история духа)'
를 쓰고자 한 것이다.

아나톨리 김의 주인공들의 또 다른 특징은 그들이 무엇인가를 창
조하는 사람이거나 자신의 정체성과 본질에 대해 사색하는 인물이라
는 점이다. 작품 속에서 그들의 직업은 대부분 화가, 음악가, 배우,
작가와 같은 예술가이거나 철학자, 교사, 학자 등으로 설정되어 있다.
여기서 주인공들은 자신의 존재 의미와 본질을 묻고 있으며, 자기성
찰 속에서 자연스럽게 작가의 사상을 대변하는 역할을 하고 있다.

---

17) 아나톨리 김은 사람을 묘사할 때에 육체를 거의 묘사하지 않는 데 반
해, 동물을 묘사할 때에는 온통 육체에 대한 묘사에 몰두하고 있다. 이
는 인간과 동물의 차이점이 '정신'을 가지고 있느냐, 그렇지 않느냐로
구분하는 작가 의식을 대변하는 것이다. 정신세계에 대한 묘사에 치중하
고 있는 대부분 작품들과는 달리 『켄타우로스의 마을(Посёлок Кентавров)』
은 반인반마의 육체에 대한 묘사에 온통 치중하고 있다는 점에서 이
작품은 육체에 치중한 삶이 극단으로 치달을 때 나타날 수 있는 하나
의 모델을 제시한다고 할 수 있다.

아나톨리 김의 작품을 이해할 때, 철학적 측면에 대한 고찰이 필요한 이유 중 하나는 등장인물들이 '경계(граница)'[18]에 놓인 존재라는 점에 근거한다. 작가는 등장인물들을 어떤 경계에 놓아두고, 거기서 갈라지는 상반된 길의 극단적 가능성을 보여 준다. 이것은 결과적으로 우리 인간이 어떤 방식으로 살아야 할지를 제시하는 작가의 의도 반영이라 할 수 있을 것이다.

현실 속에는 분명히 '경계'가 존재한다. 작가는 물론 이것을 인식하고 있지만, 그는 작품을 통해 닫힌 공간을 뛰어넘는 '물리적 경계 넘기'뿐만 아니라, 세속적인 현세의 틀을 벗어던질 수 있는 '존재론적 경계 넘기'를 시도한다. 그것으로 끊임없이 외부세계로, 우주 공간으로 눈을 돌린다. 이것은 지상의 삶을 넘어서는 천상 세계가 직접 작품의 공간적 배경으로 나타나고 있는 「구름 속에서(В облаках)」뿐만 아니라, 우주비행사와 통신하는 업무를 하나의 직업으로만 생각하던 주인공이 우주 속의 '나'를 새롭게 발견하는 내용이 묘사되는 초기 단편 「쥐가 우유를 마시다(Мышь пьёт молоко)」에서도 나타나고 있다. 비단 이 작품들뿐만 아니라 시공을 초월한 광대한 우주 전체를 작품 배경으로 설정해, 우주 속의 한 존재로서 인간의 의미와 사명을 묻는 모습은 작품 곳곳에서 찾아볼 수 있다.[19]

---

18) 아나톨리 김의 작품에는 다양한 '경계'에 대한 관점에 등장한다. 첫 번째로는 등장인물들이나 작품 배경이 지리적인(물리적인) 경계선상에 위치한다는 점(예를 들어, 『연꽃』의 공간은 육지와 바다의 경계지점이며, 『켄타우로스의 마을』은 마을과 산의 경계지점에 위치한다)에서 찾아볼 수 있으며, 두 번째로 『다람쥐』의 오보로쩬이나 『켄타우로스의 마을』의 반인반마처럼, 그것은 존재론적 경계로도 표출된다. 세 번째로는 『아버지-숲』과 『온리리야』, 그 외 많은 작품에서 나타나고 있듯이 삶과 죽음이라는 실존적 경계가 그것이다.

19) 아나톨리 김의 작품에서는 과거, 현재, 미래가 공존하는 시간 개념이 등장하거나 죽음 이후의 모습(『온리리야』)이 나타난다. 공간 차원에서도 주인공들이 밤하늘의 별에서 이미 죽은 자기 선조들의 영혼을 불러내

아나톨리 김에게 인간은 단순히 좁은 의미의 역사적·문화사적 존재가 아니라 우주사적 존재이기에, 작품 주인공들은 결코 자신을 단순히 한 개인이나 생물의 한 종류라는 차원에서 이해하지 않는다. 그들은 자신의 시간·공간적 존재 규모가 우주적으로 뻗어 있다는 점을 의식하고, 자신의 존재에 대해 우주사적 책임을 의식하고 있다.

인간을 우주사적으로 이해한다는 것은 인간의 탄생과 죽음을 바라보는 시각에서도 새로운 눈을 갖게 한다. 그것은 솔로비요프의 언급처럼 '자연적인 존재'[20]로서의 인간에 대한 이해를 넘어 인간을 영원한 본질로 보는 것이기도 하다. 생물학적 죽음 이후에도 인간이 존재한다는 사실을 수용하기 위해서는, 인간은 자연적인 현상일 뿐만 아니라 죽음 이후에도 존재하는 영원한 본질임을 인식해야 한다. 아나톨리 김의 작품에 나타나는 인간의 영원성이나 '인류'[21]라는 관점은 여기에서 도출될 수 있고, 따라서 아나톨리 김의 우주철학을 살펴보는 것은 그의 인류관과 미래관을 규명하는 데 필수적이라 할 수 있다.

대화(『꾀꼬리의 메아리』)하고, 지구 차원을 넘어 다른 행성에 존재하는 자기 분신과 대화(『양파 밭』)를 나누는가 하면, 외계인이 실제 작품 속에 등장(『켄타우로스의 마을』)하기도 한다.

20) 솔로비요프의 '자연적인 존재(природное существо)'로서의 인간 개념이란 생물학적인 출생과 생물학적인 죽음으로만 규정되는 인간을 뜻한다. 이것은 지상적이고 자연적인 존재이며, 일정한 시간과 공간 안에 머물러 있는 물리적·물질적 유기체이며, 인간을 '시간' 속에서만 이해하려고 하는 과학이 증명하는 '인간' 이해이다. В. С. Соловьёв, *Чтение о богочеловечестве*//*Философская публицистика, Сочинения В 2 -х, Т. 2,* Москва: Правда, 1989, с.154.

21) 아나톨리 김에게 '인류'의 개념은 단순히 현 시대를 살고 있는 사람들에 국한되지 않는다. 그것은 공시적(共時的) 관점에서의 인류일 뿐만 아니라, 이미 죽은 사람과 살아 있는 사람 그리고 앞으로 태어날 사람을 함께 묶는 통시적(通時的)인 측면을 아우른다. 그의 작품 속에서 '인류'의 개념은 '우리들(МЫ)'로 표현되어 집단적인 목소리(collective voice)인 작품 화자이자 하나의 개념으로 나타나고 있다.

자연과 우주를 바라보는 인간의 관점에서 출발하는 우주론(宇宙論)에 대한 논의는 인간 의식의 변천사와 그 맥락을 같이한다. 고대 희랍의 플라톤, 아리스토텔레스, 스토아 철학자들은 천체를 영혼·이성과 동일시하여, 자연과 인간을 분리시키지 않았다. 그들은 세계의 모든 측면들이 하나의 우주 전체에 연결되어 있다고 생각해, 자연을 하나의 합리적 법칙으로 간주하기도 했다. 그러나 데카르트와 뉴턴과 같은 17세기 이후 사상가들은 전통적인 세계상의 통합된 성격에 정신과 물질, 자연과 인간성을 분리하는 이원론적 자연관으로 우주론을 대체했다. 그리하여 자연 속에서 정신을 배제한 근대 과학의 발전은 우주에서 인간을 분리시키는 결과를 빚고 말았다. 우주론이 우주 기원론(cosmogony)과 같은 물리학적 우주론 이상을 의미하지 않게 된 것은 그 때문이다. 하지만 '우주론'은 그 어원에서부터 이미 천문학적 범위를 넘고 있다[22]는 사실을 간과해서는 안 된다.

부분에 대한 지식이 전체를 알게 해 준다는 뉴턴의 단편적 의식과 서구의 분리된 세계상은 우주가 '하나의 유기적 전체'임을 과학적으로 입증한 아인슈타인의 연구를 통해서만 수정될 수 있었다. 하지만 서구의 분리된 세계상에 비해 러시아의 우주론적 전통에서는

---

22) 우리가 cosmology라는 용어를 사용하는 것은 B.C. 4-5세기의 희랍인들 덕분인데, 그들은 표준적인 희랍어 단어 kosmos(질서)를 기초로 하여 그 단어를 만들었다. 현대 영어의 cosmetics는 이러한 본래적 개념을 반영하며, cosmetic arts는 훌륭하게 질서 잡히거나 훌륭하게 드러나 보이는 외모와 관련이 있다. 이와는 대조적으로 물리적 우주에 해당하는 단어는 kosmos가 아니라 ouranos였으며, 이것은 현재도 남아 있다. 따라서 전체로서의 세계에 대한 과학적 탐구의 실제 표현은 cosmology가 아니라 ouranlogy이다. 그렇다면 출발에서부터, 세계(ouranos)가 하나의 질서 잡은 전체(Kosmos)를 형성한다는 주제는 천문학의 지적인 범위를 뛰어넘는 것이라고 할 수 있다. 스테판 툴민, "과학과 종교로서의 우주론", 『자연—그 동서양적 이해』, 이성배·이은선 옮김 (종로서적, 1989), 32-3쪽.

자연과 문화, 물질과 정신, 물리학과 형이상학, 지식과 종교와 같은 원래는 하나였던 세계 조화의 이상이 비교적 강한 생명력을 지니고 있었다.[23] 이것은 솔로비요프, 세르게이 불가코프(Сергей Булгаков), 표도로프와 같은 사상가들의 종교철학 영향 속에서 성장한 베르나드스키나 콘스탄찐 찌올콥스키(Константин Циолковский) 같은 러시아 과학자들의 우주연구에도 그대로 반영되어 있다. 고대와 희랍인들에게 자연과 믿음이 하나였듯이, 진정한 우주론이란 과학과 철학 그리고 종교가 중첩되는 의미의 장(場)이다. 그리하여 이것이 함께 고려되어야만 인간과 우주의 유기적 관련성을 규명할 수 있는 것이다.

아인슈타인은 이와 관련해 "모든 종교, 예술, 과학은 같은 나무에서 돋아난 가지들이고, 종교가 없는 과학은 절름발이이고 과학이 없는 종교는 장님"이라며, "자연의 진정한 탐구자는 일종의 종교적 경건함을 느낀다."라고 언급하였다.[24] 찌올콥스키 역시 학문의 모든 발전은 바로 "일원론, 합일, 근원을 지향(стремление к монизму, к единству, к элементарному началу)하는 데 있으며, 그러한 과학의 성과는 합일(единство)을 달성하는 정도에 의해 결정된다."[25]라고 말하고 있다.

비평가들의 언급에서도 나타나듯 아나톨리 김의 사상 형성에 큰 영향을 주었다고 얘기되는 고생물학자이자 가톨릭 사제인 샤르댕[26]

---

23) 서구에서는 근대화를 통해 우주와 세계 조화 사상과 같은 우주 개념의 근거가 쉽게 붕괴된 데에 반해, 러시아는 유럽 근대화의 물결에 뒤늦게 동참했기 때문에 이것이 보다 잘 보존되어 있었다고 할 수 있다. 이에 대한 보다 상세한 논의는 다음을 참조 바람. Э. А. Бальбуров, *русский космизм: философия, наука, поэзия, миф*, Гуманитарные науки в Сибири, 1995.

24) Jeremy Bernstein, 『아인슈타인: 생애·학문·사상』, 장회익 편역 (전파과학사, 1995), 52쪽.

25) К. Э. Циолковский, *Монизм Вселенной // Антология русского космизма*, СПБ., 1995, с.39.

26) 샤르댕은 20세기 후반 자연과학의 발달로 공허해진 정신세계에 새로운

역시 과학과 종교는 더 이상 대립관계가 아니라 상보관계를 갖는다고 보는 사람이다. 그에 따르면 우리가 종합을 시도할 때, 과학은 '미래'를 내다보고 '전체'를 가늠하게 된다. 그러면서 '경배'에 들어간다. 우리가 움직이고 있는 우주 안에서 가시적인 시간과 공간 운동을 보는 동안은 단순히 과학을 하고 있다고 할 수 있다. 그러나 눈을 위로 돌려 '전체'와 '미래'를 보면(к вершине, к целостности, и к будущности) 우리는 종교에 들어가게 된다.27) 종교와 과학, 이것은 앎의 두 모습이다. 과학과 종교, 이성과 신비라는 아직은 서로 대립하고 있는 두 능력이 결합될 때 인류 정신이 최고에 달하고 가장 큰 생명력을 띠게 되리라고 보는 것이 샤르댕의 사상이다.

　이러한 관점에서 본 연구에서는 '우주론'이라는 용어를 물리학적 우주론을 넘어서는 다음의 세 가지 의미로 사용할 것이다. 첫째는 현대 물리학이 인식하는 우주의 기원과 구조에 대한 과학적 설명이고, 둘째는 이 우주에 우리가 살아 있다는 사실에 대한 심리적 응답인 신비주의이며, 셋째는 과학과 신비를 형상으로 옮겨 육체와 영혼과 세계를 일깨우는 예술이다. 하나의 우주론이 참으로 살아 있기 위해서는 세 요소를 함께 포용할 수 있어야 한다. 그것은 이 우주에 살아 있다는 경이로운 사실(과학)에 대한 우리의 기쁨에 넘친 응답

희망을 불어넣었다. 정신세계를 자연과학과 별개로 보지 않고 과학을 통해 정신세계를 마련하는 일, 거기에 샤르댕의 업적이 있고, 바로 그 때문에 그의 영향력이 컸다. 그는 지질학자로서 또 고고학자로서 수많은 업적을 남기고 논문을 발표하였다. 그의 진화론은 단순히 사물 바깥만 보는 과학에 머물지 않는다. 물질의 내면을 주장하고 인류의 미래를 내다보는 데까지 이르면 그는 물질과 정신을 연결선 위에서 보는 독특한 사상가로 자리잡는다. 정신의 완성도(의식의 집중도)와 물질의 합성 정도(복잡함)는 같은 현상의 두 가지 측면이다. 그 둘의 연결을 보아야 한다는 것이 샤르댕이 생명현상을 분석하는 일관된 관점이다.

27) Пьер Тейяр де Шарден, *Le Phenomene Humain*, перевод с французского Н. А. Саводского, Москва: издательство <Прогресс>, 1965, с.278-9, 262.

(신비주의)과, 우리의 삶과 우주 시민의 자격으로 그 응답을 표현하
는 것(예술)이다.

하지만 과학과 종교와 예술이라는 세 분야를 유기적인 하나의 전
체로서 이해하기 위해서는 세계를 분리된 것으로 보는 것에서 상호
연결된 것으로 보는 어떤 전환이 필요하다. 물질을 죽은 것으로, 모
든 현상을 고립된 물질 성분으로 보는 뉴턴 역학의 기계론적 세계관
에서 벗어나 이 세상 모든 것을 동적인 흐름의 일부로 보는 유기론
적 세계관으로 현 과학의 패러다임이 전환되어야 하는 것이다. 모든
것의 상호연결성을 이해할 때 개별적 구원을 말하는 분리적 사고 유
형의 종교는 세계를 하나의 전체로 보고 만민의 구원을 얘기하는 종
교의 모습으로 전환되어야 한다. 이것이 가능할 때 우리의 삶은 진
정으로 변화할 수 있게 된다.

로버트 벨라는 "사람들의 영혼에 호소하지 않고서 거대한 변화를
이끌 수 있었던 사람은 아무도 없었다. 문화는 혁명의 열쇠이며, 종
교는 문화의 열쇠"[28]라고 말한다. 이런 측면에서 본다면 과학의 전
환과 종교의 전환이 동시에 일어날 때, 새로운 문명, 새로운 '영
혼'[29]이 태어나는 것이다. 따라서 살아 있는 우주론은 과학과 신비
주의와 예술이 한데 어우러져 존재의 새로운 시야를 창조하는 것이
라고 정의할 수 있다.

고대와 중세에는 자연과 믿음을 하나로 받아들였고 '코스모스'라
는 것이 하나의 질서와 조화를 이루는 세계였듯이, 진정한 우주론을
논하기 위해서는 과학과 종교와 예술 그리고 인간 모두를 포용할

---

28) Robert N. Bellah, *The Broken Covenant* (New York: Seabury Press, 1975),
    p.162.
29) 철학자 찰스 페어는 문명의 종말에는 영혼이라는 개념은 죽으며, 새 문
    명은 새로운 영혼 개념을 수반한다고 믿는다. Charles M. Fair, *The Dying
    Self* (Garden City, NY: Doubleday, 1970), p.106, 121.

수 있어야 한다. 현대 물리학의 발달로 관찰하게 된 우주, 종교 차원에서 보는 우주 그리고 예술가의 창작을 통해 표출되는 우주와 인간이 삶 속에서 재발견하는 우주의 모습이 함께 고려되어야 한다. 이를 통해서 우리는 인간과 우주의 진정한 유기성을 찾을 수 있게 될 것이다.

이에 따라 본 연구에서는 우주론을 대변할 수 있는 세 축인 자연철학과 종교철학, 예술철학에 입각해 아나톨리 김의 우주관을 살펴볼 것이다. 먼저 제2장에서 고찰되는 자연철학 부분에서는 아나톨리 김의 작품에 나타나는 우주 붕괴와 인류 파멸의 모습을 '엔트로피'에 그리고 이에 대립되어 나타나는 삶의 기쁨과 환희라는 측면을 '생명'과 '정신 에너지'의 의미에 적용해 그 본질을 살펴볼 것이다. '과학 패러다임의 전환'에서는 아나톨리 김의 생명철학이 현재의 기계적 세계관을 버리고 인간과 생명이 공존하는 유기론적 세계관을 수용하는 것임을 밝힐 것이다. '유기적 전체로서의 우주'에서는 물질과 생명체와 사람의 소재가 모두 우주의 미립자 구조와 동일한 특성을 지니고 있다는 이론에 근거해, 아나톨리 김이 물질의 구조, 생명체의 구조가 우주의 구조와 동일한 연속선상에 있음을 표현하고 있는 작품의 예를 살펴볼 것이다. '진화자로서의 인간'에서는 동물에서 인간으로 진화했다는 의미가 해부학적으로 보면 별 차이가 나지 않는 생물학적 진화 차원이 아니라, 정신 진화의 차원임을 이론적 근거를 통해 살펴볼 것이다. 이와 더불어 인간과 동물의 경계에 놓여 있는 '오보로젠'[30]이나 '반인반마'들의 실체를 인간학 이론에 따라 규명하고, 작가가 염두에 두는 진화의 참의미를 밝힐 것이다.

---

30) 오보로젠(оборотень)은 영어의 werewolf로 번역될 수 있다. 이것은 인간이 되기도 하고 야수가 되기도 하는, 인간과 짐승의 형상과 특성을 공유하고 있는 요괴인간을 뜻한다.

3장의 존재론적 측면에서의 종교철학 부분은 신비주의에 대한 이해에서 출발한다. 여기서는 먼저 아나톨리 김의 정신세계가 왜 신비주의와 맥락을 같이하는지를 밝히고, 그것을 '정신적 물질주의'와 '신비한 전체성 체험'으로 나누어 살펴볼 것이다. '종교 패러다임 전환'에서는 작가의 종교 관념이 '역사상 예수'에 대한 믿음에 머무는 것이 아니라, 모든 종교의 근원에 내재된 신비를 통찰하며 그것의 새로운 결합가능성을 제시하는 '우주 그리스도'에 대한 믿음을 추구하고 있음을 살펴볼 것이다. '로고스 신비주의의 관상'에서는 '테오리아 피지카'가 사물의 진정한 로고스, 조화원리를 응시하는 체험이며, 작가는 그것을 '순간'이라는 시적인 시간을 통해 '영원한 현재'로 표현해 냄을 규명할 것이다. 또한 그의 작품 속에서 '호흡(Дыхание)'을 통한 신의 현존 체험과 '에너지(Энергия)'를 통해 신의 역동성을 체험하는 것이 동방교회의 입장인 인간의 '테오시스'를 보여 주는 것임을 밝힐 것이다. '소우주로서의 인간'에서는 먼저 인간을 소우주로 보는 이론의 근거는 어디에서 출발하고 있는지 알아보고, 그것이 아나톨리 김의 작품 속에 나타나는 그리스도적 인간과는 어떤 연관성을 지니는지 살펴볼 것이다.

4장은 인간과 사회와 우주를 일깨우는 예술에 관한 내용으로, 여기서는 작가의 예술에 대한 인식이 상징주의에 근접해 있음을 살펴볼 것이다. 또한 아나톨리 김이 예술철학을 표출할 때 가장 큰 비중을 두는 것이 자신의 예술 창조행위를 통해 존재의 근원을 응시하는 종교적 본질을 드러내는 것임을 작품의 예를 통해 살펴보고, 이를 기반으로 그의 상징관과 언어관을 살펴볼 것이다. 더불어 작가는 하나의 예술작품을 창작하는 일을 일종의 신비체험으로 이해하고 있음을 밝힐 것이다. '테우르기야로서의 예술'에서는 아나톨리 김이 예술을 통해 현실세계를 변화시킬 수 있다는 믿음을 가지고 그것을 작품 속 등장인물들의 창조행위에 반영하고 있음을 예를 통해 제시할 것이다. '미학과 윤리학의 만남'을 고찰하고 있는 '삶과 예술의 등가성'에서는 삶을 통한 창조행위와 예술을 통한 창조행위를 동일선상에서 이해하고 있는 것은 삶을 통해 예술을 보고, 예술을 통해 삶을 이해하려는 작가의 관념을 그대로 반영된 것임을 보여 줄 것이다. 그리고 '데미우르그로서의 인간'에서는 작가의 예술가상에 대한 고찰과 더불어 이것이 '창조자' 인간과 등가적 표현임을 작품을 통해 입증하고, 또한 이것이 작가의 예술관과는 어떤 연관성을 지니는지 살펴볼 것이다.

'우주 현상학과 인류의 상승'을 다루는 5장에서는 진화하는 우주의 모습과 그런 지질학적 힘으로서의 인류를 현상학적인 견지에서 고찰한 후에, 이것을 인식론적으로 뒷받침할 수 있는 형이상학적 · 윤리학적 표현인 '조화와 일치를 향한 초인격으로서의 인류'에 대해 살펴볼 것이다. '오메가 포인트로 수렴하는 우주'에서는 먼저 아나톨리 김의 우주상을 설명하면서 적용한 '원추형 구조'와 '오메가 포인트' 등의 용어를 알아볼 것이다. '우주 생성 차원에서 본 죽음과 불멸'에서는 아나톨리 김과 마찬가지로 죽음을 삶으로부터의 단절이 아니라, 하나의 변형 차원이자 또 다른 창조행위로 이해하고 있는 여러 사상가들의 견해를 비교하면서 살펴볼 것이다. 그리고 표도로프, 베르쟈예프, 찌올콥스키와 같은 러시아 우주론자들에게 하나의 강렬한 염원이었던 '불멸'에 대한 이론적 근거는 무엇이며, 이것을 아나톨리 김은 어떤 방식으로 수용하는지 고찰할 것이다. 계속해서 '불멸'이 하나의 개념 차원에 머물지 않고 서술양식 속에서 어떻게 표출되고 있는지 작품을 통해 규명할 것이다. 그리고 마지막으로 진화체 우주가 향하고 있는 도정의 마지막 모습, 다시 말해 세상의 끝을 인식하는 작가의 관념을 살펴볼 것이다. 그것을 신과 세계가 결합된 유기적 복합체 혹은 세계의 창조적 통일을 뜻하는 '플레로마화(pleromi-zation)'라는 용어로 규정하고, 그 변형된 우주의 모습이 그의 작품 속에서 어떻게 묘사되는지 살펴볼 것이다.

각각의 장에서 고찰하는 철학사상은 하나의 개념에 머물지 않고 아나톨리 김 작품의 구조시학과 문체를 통해서도 드러나기 때문에, 여기서는 작가의 철학과 그것의 투영양식을 함께 살펴보는 것에 주안점을 둘 것이다. 이런 작업이 병행되어야 한 작가와 그의 작품은 거시적 관점과 미시적 관점이 만나는 가운데, 그 정당한 평가를 받을 수 있을 것이기 때문이다. 이에 입각해 자연철학과 종교철학 그리고 예술철학이 상호 조응하는 '우주상(宇宙像)'과 그 우주 속에 호흡하고 있는 인간의 참의미를 찾아가며 아나톨리 김의 우주관을 고찰하기로 한다.[31)]

---

31) 본 연구에서 직접 인용한 아나톨리 김의 작품과 판본은 다음과 같다.

작품명(작품집)	출판사 및 출판년도	작품 해당 쪽
『잊혀진 역(Забытая станция)』	Собрание сочинений Ⅱ. <Корё Сарам>. 1998.	c.4 – 92
『도시산책(Прогулка по городу)』	Собрание сочинений Ⅱ. <Корё Сарам>. 1998.	c.93 – 190
『동틀 녘의 자두맛(Вкус терна на рассвете)』	Собрание сочинений Ⅱ. <Корё Сарам>. 1998.	c.191 – 308
『푸른 섬(Голубой остров)』	Собрание сочинений Ⅱ. <Корё Сарам>. 1998.	c.340 – 541
『풀 베는 사람들(Собиратели трав)』 (1968 – 1971)	Библиотека "Дружба Народов". Москва: "известия". 1983.	c.5 – 106
『꾀꼬리의 메아리(Соловьиное эхо)』: повесть (1976)	Библиотека "Дружба Народов". Москва: "известия". 1983.	c.107 – 189
『양파 밭(Луковое поле)』: повесть (1970 – 1976)	Библиотека "Дружба Народов". Москва: "известия". 1983.	c.190 – 347
『구린의 유토피아(Утопия Гурина)』 (1981)	Библиотека "Дружба Народов". Москва: "известия". 1983.	c.348 – 453
『연꽃(Лотос)』: повесть (1980)	Избранное: повести и романы. Москва: советский писатель. 1988.	c.250 – 354
『다람쥐(Белка)』: роман – сказка (1984)	Избранное: повести и романы. Москва: советский писатель. 1988.	c.456 – 717
『아버지 – 숲(Отец – Лес)』: роман – притча (1989)	Издательская фирма "КОВЧЕГ" Предприятие "САШКО". Москва. 1993.	c.102 – 459
『켄타우로스의 마을(Посёлок Кентавров)』: роман – гротеск (1992)	Издательская фирма "КОВЧЕГ" Предприятие "САШКО". Москва. 1993.	c.6 – 101
『온리리아(Онлирия)』: роман (1995)	Новый мир 2 (1995) Новый мир 3 (1995)	c.9 – 55 c.59 – 112
『바흐의 선율과 함께 한 버섯 따기(Сбор грибов под музыку Баха)』: роман – мистерия (1997)	Ясная Поляна. 1 (1997)	c.57 – 147
『벽(Стена)』: повесть невидимок (1998)	Новый мир. 10 (1998)	c.4 – 71
『쌍둥이(Близнец)』: роман (2000)	Октябрь. 2 (2000)	c.4 – 74
『서울의 비너스(Венера Сеулская)』: рассказы (1996)	Дружба народов. 1 (1996)	c.4 – 18
『구름 속에서(В облаках)』 (1997)	Знамя. 10 (1997)	c.123 – 133
『나의 과거(Мое прошлое)』: повесть	Современная проза. 2002.	c.321 – 557

이하 본 연구에서 작품 예문을 인용할 경우, 해당 페이지만 표기하기로 한다.

정신물리학적 관점에서의
자연철학

1. '물질'과 '생명'에 대한 이해

1) 엔트로피-하강

아나톨리 김 작품세계의 주요 특징 가운데 하나는 우주 종말에
대한 비관주의이다. 그의 후기 대표작들인 『아버지-숲(Отец-Лес)』
(1989), 『켄타우로스의 마을(Посёлок Кентавров)』(1992)은 우주 붕괴
와 인류 파멸이라는 비관적인 주제를 바탕으로 하여 구축된다. 소멸
과 붕괴는 다른 작품에서도 여러 가지 형태로 나타나는데, 작가의
엔트로피[1)]에 대한 이해는 이러한 인식의 근저에서 다양하게 영향을

---

1) 엔트로피 법칙(The Entropy Law)은 '열의 역학적 이론에 관한 두 가지
   기본 법칙'에서, 우주의 에너지는 일정한 데 비해 우주의 엔트로피는 항
   상 증가한다는 것이 그 골자이며, 이에 따라 여기서의 열역학 제2법칙이
   엔트로피 법칙으로 불리게 되었다. 이것은 에너지가 사용가능한 상태에
   서 사용 불가능한 상태로 변형되고, 고립된 계에서 모든 에너지가 질서
   있는 상태에서 무질서한 상태로 이동하는 것을 뜻한다. 즉 우주 속의 모
   든 변화에서 '에너지'는 항상 보존되는 양이고, 변화의 방향성을 나타내
   면서 항상 증가하는 양이 '엔트로피'가 된 것이다. 물리화학 차원의 변

미치는 공통적인 현상 가운데 하나이다.

"갓 태어난 모든 육체와 체계들은 발전해 가면서, 붕괴, 엔트로피, 소멸이라는 한 방향을 향해서만 움직여 간다(Все эти тела и системы, едва родившись, развиваются и движутся только в одну сторону - к распадению, энтропии, к полной аннигиляции)."(c.266)는 『아버지 - 숲』에서의 언급처럼, 아나톨리 김은 엔트로피를 시간의 진행과 경과에 따라 필연적으로 발생할 수밖에 없는 하나의 결과물로 인식한다. 이러한 관점에서는 우리의 우주 역시 생성이 있었듯이 종말이 있는 것은 당연한 것으로, 여기서 작가의 우주 종말에 대한 비관주의가 싹트게 된다.

슈뢰딩거는 『생명이란 무엇인가?(What is life?)』에서 생명의 본질을 언급하며 생명과 엔트로피의 연관성을 "살아 있는 유기체는 지속적으로 그 엔트로피를 증가시킨다. 그로 인해 최대 엔트로피의 상태, 즉 죽음이라는 위험한 상태에 접근하는 경향을 지닌다."[2]라고 설명한다. 엔트로피는 시간의 흐름에 의한 자연스런 결과물이기도

화에는 열역학이 발생하여 가용 에너지의 일부가 반드시 '엔트로피'로 된다. 다시 말해서 열의 형태로 사라지는 것이다. 따라서 에너지 보존과 에너지 상실의 두 원리가 지니는 뜻은 다음과 같이 설명될 수 있다. 질의 차원에서 물질의 진화는 원자의 구성요소들이 결합되고 농축되는 과정이다. 양으로 보자면 이 변화는 확실하지만 값비싼 운동이요 그 과정에서 최초의 도약은 서서히 소모된다. 원자나 분자의 활동은 쉴 새 없이 더욱 복잡하고 더욱 차원이 높아진다. 그러나 올라가는 힘은 점차 상실된다. 게다가 합성이 일어난 만큼 우주의 전체 모습은 파괴된다. 합성의 수준이 높을수록 전체를 파괴하는 속도도 높다. 바로 이 엔트로피로 인한 결과물이 열 종말(heat death), 물질 혼돈(matter chaos)이다. 물질과 에너지의 분산이 그 농도를 감소시키게 되고 따라서 궁극적으로 유용한 일을 할 수 없게 만드는 것이다. 제레미 리프킨, 『엔트로피』, 김명자·김건 역 (동아출판사, 1992), 46 - 8, 54쪽.

2) Erwin Schrodinger, *What Is Life?: the physical aspect of the living cell* (New York: Macmilan, 1947), p.72.

하지만, 그러한 에너지 흐름을 가속화하여 최대 엔트로피의 극단적인 모습을 보여 주는 것이 작품 『켄타우로스의 마을』이다. 여기에서는 켄타우로스들과 아마존 여인들의 살육과 욕정의 삶이 몰고 온 극단적인 혼돈의 결과물인 종족의 멸종과 국가의 붕괴가 묘사된다.

작가는 켄타우로스들의 종족 역사가 사실상 그들의 전쟁사임을 보여 주고자 한다. 상체는 인간임에도 불구하고 켄타우로스들에게는 생각이나 관념보다도 언제나 육체적 요구가 우선된다. 전쟁을 치르고서도 전투에서 생포한 포로를 서로 차지하려고 공격하는 야수적 모습을 보이거나 같은 종족끼리도 전리품 때문에 서로 죽이기도 한다. 이러한 켄타우로스들의 모습은 숲에 화재가 나서 먹을 것을 구할 수가 없게 되었을 때, 더욱 극대화된다.

　　Голод сводил с ума кентавров, пустота брюха вытесняла из них человеческое и сдвигала их гораздо ближе к скотскому. (c.50)
　　굶주림으로 켄타우로스들은 거의 미칠 지경에 이르렀으며, 허기는 그들에게서 인간적인 면을 앗아가고 동물적인 본성만을 드러냈다.

이미 잿더미로 변해 버린 공간에서는 먹을 것이 없어 산으로 이동하게 되었는데, '마을(посёлок)'에서 '산(гора)'으로 그들의 공간이 이동하면서 내면 역시 인간적 면모에서 점차 짐승과 유사한 야수적 면모만이 더욱 강하게 부각되고 있다. 서술자는 이것을 이렇게 표현한다.

　　кентавры постепенно одичали и мало-помалу стали растворяться в горах и лесах, расположенных вдали от прежнего поселка. (c.79)

켄타우로스들은 그들이 살던 마을에서 멀리 떨어진 숲이나 산
에 적응해 갈수록 점점 거칠어져만 갔다.

결국 가파른 경사를 따라 산을 오르던 켄타우로스들은 목마름과 굶
주림으로 자멸해 간다. 결국 이 작품의 제목인 『켄타우로스의 마을』
은 켄타우로스들의 야수화 과정과 맞물려 마을의 파괴 과정을 표현
한다고 할 수 있다.

증오와 욕심은 결국 최대 엔트로피 상태인 죽음과 파멸로 귀착될
수밖에 없다는 작가의 관념은 아마존 여전사들의 삶에 대한 묘사에
서도 동일한 패턴으로 표현된다. 아마존 여전사들은 남성들을 정복
하기 위해 철제무기를 만들었는데, 이는 모든 국가를 통틀어 그 전례
가 없는 일이었다. 아마존 여전사들은 이 철곤봉(Железная Падающая
Дубина)을 주조하기 위해 피정복자들이 저장하고 있는 모든 철을
빼앗아야 했다. 그리고 그들은 이 무기로 지구상에 존재하는 모든
남성들의 권력을 파괴하고 싶어 했다.

하지만 이 신무기를 실용화하기 위한 실험이 실패함으로써 거대한
철기둥이 넘어져 오히려 아마존 여인국이 붕괴되어 버린다. 또한 남
성들을 정복하기 위해 만든 철제무기가 그들이 그토록 혐오스러워하
는 남성의 성기 모양과 유사하다는 점 역시 아이러니가 아닐 수 없
다. 이와 같이 아마존 여인들의 남성을 향한 증오심은 삶의 에너지
흐름을 가속화시킴으로써 오히려 그들의 파멸과 여인국의 붕괴를 초
래했다고 할 수 있다.

그 외에도 아나톨리 김의 작품에는 붕괴와 엔트로피를 촉진하는
다양한 인류의 제도와 삶의 방식들이 나타난다. 사회나 국가 제도에
있어 엔트로피를 최대화하는 중앙 집권화, 그 결과가 빚어낸 무리한
농업정책, 무기제조와 전쟁으로 인한 파멸, 물질이나 돈에 대한 욕망

확대로 인한 인간성의 상실, 개인의 자살이나 인류의 자멸 같은 생명 증오 등이 그 예가 될 수 있다.

『아버지-숲』에서는 당시 사회주의 농업 정책과 맞물려 농업 집산화 정책 및 화학비료나 농약으로 눈앞의 이익만을 생각하고 농사를 지어 땅이 황폐화된 상황이 잘 묘사되고 있다. 당시의 농업 상황을 서술자는 이렇게 표현한다.

> Деметру супружески развели с крестьянином, ее теперь лишь механически насиловали, начиняли ей лоно ядовитой химией, заставляли рожать экстенсивным методом, интенсивным. (с.441)
> 사람들은 데메테르[3])를 농부에게서 떼어놓고 그들을 이혼시켰다. 그리고 데메테르를 기계적으로 강간하고 그녀의 품 안에 독성 강한 비료를 뿌려놓고 출산을 강요한다.

무분별한 농약과 화학비료 사용은 결과적으로 토양의 엔트로피화 과정을 촉진시킬 수밖에 없다. 하지만 손수 거름을 주어 땅을 가꿀 수 있는 농부들에게서 땅을 빼앗아 토지 공유화를 도입한 당시 상황은 이런 파괴적 흐름을 막을 수 없는 것이다. 땅을 비옥하게 하는 유기체들을 말살시키는 농약의 사용으로 생태계는 파괴되고, 땅의 엔트로피화 과정이 촉진되는 것은 너무나 자명한 것이다. 그 결과 땅은 쇠퇴하고 황폐하게 된다.

혁명 이후 당시의 농업 집산화에 관한 문제는 국가가 농민의 땅을 모두 압수해 그것이 모든 사람들의 공유 재산으로 만들어 버리기

---

3) 데메테르(Деметра)는 어머니-땅을 대변하는 대지의 여신으로서, 『아버지-숲』에서 작가는 이것을 지상에 존재하는 모든 여인들과 동일시하고 있다. 또한 농업 집산화 이후의 소비에트 삶을 묘사하면서 대지의 죽음을 여인들의 죽음과 연결짓고 있다.

로 했다는, 작품 3장 도입부의 알료나(Алёна)와 마리나(Марина)가 나
누는 이야기에서 드러난다. 집단의 토지가 된다는 마리나의 말에 알
료나는 펄쩍 뛰며 "그건 있을 수 없는 일이지. 땅이란 가축처럼 보
살펴 주는 것을 좋아혀. 게다가 농부란 아무 땅에서나 일하지 않는
법이여. 농부란 무엇보다도 자기 땅을 좋아하는 법이여."(c.254)라며
공동 노동과 공동 분배에 대해 반발한다.

여기서 작가는 농부가 자신의 밭에 씨를 뿌리고 가꾸는 일을 마
치 부부의 결합처럼 묘사한다. 이들의 성스런 결혼은 다른 어떤 혼
인과 마찬가지로 순결성과 성실성, 사랑하는 두 사람 사이에서만 생
기는 극히 내밀한 감정을 요구했으며, 그 누구의 간섭도 허용하지
않는 것이다. 농부에게 자신의 땅이라는 것은 다름 아닌 자신의 아
내인 것이며, 이러한 신념이 농부의 정신적 성채(城砦)임을 작가는
강조한다. 1920년대 말 농업 집산화라는 국가 정책의 기만적 본질은
알료나라는 한 시골 아낙네의 입을 통해 신랄하게 비판된다.

> Не будет общей земли, омман это, Маринка. Коли земля не
> твоя, не моя, значит, она ничья. А на ничейной земле, как
> у ничейной бабы, ничего путного не родится, одне только
> ублюдкм непутевы. (c.254)
>
> 공동의 땅이란 게 애당초 가당키나 하오? 그건 말짱 거짓부렁
> 이여. 마리나. 들어보소. 땅이 자네 거두, 내 거두 아니라믄 대체
> 누구 거란 말여? 바깥주인 없는 여편네가 싹수있는 애를 낳는 것
> 봤소? 주인 양반 없는 집구석에 바람난 사생아가 나오는 건 당연
> 지사 아닌가 말여?

그런데 농민을 단순히 거대한 하나의 집단으로 묶어 버림으로 인
해 농부와 데메테르의 일부일처제를 마침내 깨뜨려 버린 중대한 국

가적 결정이 내려졌다. 그리고 자신을 완성시켜 줄 진정한 사랑을 받지 못한 데메테르는 파멸의 열망으로 빠져든다. 왜냐하면 데메테르는 자신을 사랑해 주는 이들이 건네주는 행복감으로 자신을 가꾸어 나가기 때문이다. 이렇게 사랑받지 못하고 버려진 데메테르는 그 슬픔에 흐느낀다.

작품 속에서 데메테르의 흐느낌은 제2차세계대전 당시 포로수용소에 갇혀 있던 여인들의 흐느낌으로 이어진다. 사방에서 땀투성이 남자 죄수들이 무자비하게 떠밀어 대는 압력에 짓눌려 숨도 제대로 쉬지 못하는 여인들은 흐느껴 울기 시작한다. 그동안 호송병들에게 겪었던 지독한 고문과 고통을 삭이며 여인들은 가슴을 저미는 울음을 운다. 그리고 그 절망의 울음은 죽음으로 이어진다. 사고하는 원자(мыслящий атом)인 전지적 서술자는 "내 숲에서 고통스러움으로 가득 찬 데메테르의 자멸욕구(желание самоистребления Деметры)보다 더 두려운 것은 없다."(c.265)라고 표현한다.

또한 작가는 『아버지-숲』에서 데메테르인 어머니-땅의 황폐화를 땅의 죽음 그리고 여인들의 죽음으로 연결짓고 있다. 그에 따르면, 데메테르가 살고 싶지 않다는 욕망을 가지게 되는 것은 사랑이 존재하지 않고 사랑이 사라져 갈 때이다. 데메테르는 자신을 사랑해 주는 모든 이의 행복과 아름다움으로만 자기 자신을 완성시킬 수 있기 때문(c.266)이다. 바로 이렇게 여인들의 자살은 여인들의 자궁이 머금고 있는 생명의 원천을 차단해 버리는 행위이다. 이것은 궁극적으로 사랑으로 자신의 진정한 완성에 도달할 수 없다는 의식, 허무주의의 다른 표현인 것이다. 아나톨리 김은 자신을 파멸하려는 열망은 타인을 파멸시키려는 욕망과 본질상 같은 것으로 본다. 그리고 그것이 결국 인간의 고독, 인류의 파국적인 결말을 양산한다는 것이다. 다음을 보자.

Желание уничтожить другого человека, то есть в конечном итоге себя, желание Деметры не жить - неужели где - то на дистанции долгого развития род людской все - таки ждет последняя быстрая катастрофа? Мой Лес человеческий , выбежавший из Леса древесного на широкие равнины, пока еще шумит на планете, он жив и процветает, но что будет с ним лет через двести? <……> Отцу - лесу, видимо, нечем поделиться с детьми, кроме своего великого одиночества. (с.270)

타인을 파멸시키려는 욕망은 결국 자신을 살해하려는 열망이 자, 살고 싶지 않은 데메테르의 마음과 같은 것이다. 이렇게 되었 을 때 인간 종족을 기다리고 있는 것은 최후의 급속한 파국이 아 닐까? 태고의 숲에서 광활한 평원으로 뛰쳐나온 나의 인간 숲이 아직은 지상에서 번성한다. 하지만 200년 후면 어떻게 될까? <……> 틀림없이 아버지 - 숲은 커다란 고독 외에는 자식들과 아 무것도 나눌 수 있는 것이 없게 되리라.

생명을 잉태하는 우주적 힘을 가득히 품고 있는 데메테르들의 슬 픔과 죽음은 우리 인류의 죽음을 대변한다. 작가는 이런 예를 통해 살해 욕망은 그것이 어떤 형태이든지 인간 종족의 급속한 파국, 즉 고(高)엔트로피로 치닫는 세상의 종말을 예고할 수밖에 없음을 이야 기하는 것이다.

인류를 파멸로 몰고 가는 요소들은 『쌍둥이(Близнец)』에서도 잘 드 러난다. 작품 서술자의 "한 손에는 무기를 잡고, 다른 한 손에는 돈을 쥐고(в одной руке будет сжимать оружие, в другой держать деньги)" (с.28)라는 표현을 통해서도 알 수 있듯이, 무기와 돈은 작가의 관념 속에서 인류를 파멸로 몰고 가는 가장 파괴적 요소로 나타난다. 즉 작가는 인간의 육체와 세계를 파괴하는 것을 무기로, 인간의 정신을 파괴하는 것을 돈으로 간주하는 것이다.

무기에 관한 테마는 전쟁으로 인한 인류 살육의 역사가 나타나 있는 『아버지-숲』에서 더욱 강하게 부각된다. 그리고 여기서 인류를 파괴할 수 있는 힘을 지닌 무기(Оружие), 이른바 지옥의 발명품(адское изобретение)이라는 테마 역시 엔트로피로 향하는 하나의 커다란 축으로 등장한다.

스쩨판 투라예프(Степан Тураев)가 감금되어 있던 2차대전 당시의 포로수용소에서, 그곳 소장의 동생인 화학자 뵈머는 살상용 가스를 개발하는 실험을 한다. 그리고 '난초(орхидеи)'⁴⁾라고 부르는 가스 발명품으로 가스실에서 한 번에 수백 명의 포로를 힘들이지 않고 살상할 수 있는 방법을 고안해 낸다.

무기 개발은 그 시대에 그치지 않고, 스쩨판의 아들 글렙 투라예프 (Глев Тураев) 시대에까지 이어져 내려온다. 글렙은 대학 졸업 후, 엄청난 대량살상 효과가 있는 첨단 무기를 개발하는 연구소에서 일을 한다. 그리고 그와 함께 일하는 과학자 팀은 인류 전체를 파멸시킬 수도 있는 방법을 개발한다. 그것은 한꺼번에 수억 또는 수십억의 인간을 죽일 수도 있는 방법으로 인간의 초인적 심리영역을 이용해, 훨씬 신속하게 자멸에 대한 저항할 수 없는 열망을 개인의 심리 속에 이식시키는 방법이었다. 이것이야말로 인류를 보다 확실하게 멸종시키는 데 보다 효과적인 방법으로 간주한 것이다.

에너지의 흐름을 집중시킬수록 전쟁은 비인간화하여 살육적이 된다. 전쟁과 군비는 인간의 활동 중에서 가장 엔트로피적인 형태가

---

4) 작가는 『아버지-숲』의 살상용 가스의 이름('난초')과 『온리리아(Онлирия)』에서 악마 켈림(Келим)이 죽음을 앞둔 자들에게 선사하는 사물('난초')을 동일하게 설정해 두고 있다. 아나톨리 김은 그것을 작품 속에서 죽음에 앞서 죽음의 공포를 느끼고 있는 인간들에게 주어지는 하나의 대상물로 설정하고 있다.

강한 것이라 할 수 있다. 인류의 자멸에 대한 추구, 즉 인류의 자살을 드러내는 대표적인 것으로 아나톨리 김은 지금까지 인류가 해 왔던 크고 작은 무수한 살해와 전쟁을 꼽는다. 『아버지-숲』에서 서술자는 뒤에 감추어진 전쟁의 본질을 이렇게 이야기한다.

Энергия саморазрушения начала бушевать в Лесах человечества —вся его история наполнена страстью самоистребления. Нападение одних людей на других, родов на роды, племен на племена. убийство путника, соседей, малые и великие войны, рассмотренные с позиций Единого Человечества, есть не что иное, как его многочисленные, растянутые в тысячелетиях попытки суицида. (с.268)

자멸의 에너지가 인간의 숲에서 울부짖기 시작했다. 인류의 모든 역사는 자멸의 열정으로 가득 차 있다. 한쪽 사람들이 다른 쪽 사람들을 습격하고, 한 씨족이 다른 씨족을, 한 종족이 다른 종족을 멸망시키고, 길가는 행인이나 이웃을 살해한다. 이렇듯 크고 작은 전쟁이라는 것은 하나 된 인류라는 견지에서 본다면, 수천 년에 걸쳐 인간이 시도해 온 자살행위인 셈이다.

작가는 복음서에서 '살인하지 말라(не убий)'라는 계율을 강조하는 것은 바로 인류의 자살행위(самоубийство человечества)인 전쟁을 막기 위함이라는 것이다. 인류 파멸과 전쟁의 관계는 고뇌하는 지식인상을 대변하는 네크바소프(Неквасов)의 사색을 통해서 잘 드러난다.

Несмотря на великую нашу победу, человечество как общее потерпело поражение столь же великое, и даже большее, потому что потери человеческих жизней надо было при этом учитывать общие. (с.409)

우리 소련의 위대한 승리에도 불구하고 인류는 더 큰 패배를
당했다. 왜냐하면 이 경우에는 전체적인 인간 생명의 손실을 감안
해야 하기 때문이다.

따라서 전쟁이란 어느 나라가 승리했는가가 문제가 아니라, 그 자
체만으로도 전 인류의 참담한 패배, 엔트로피로 향하는 인류 전체의
행진인 셈이다.[5] 전쟁을 치르기 위해 인간들은 끊임없이 강력한 무
기를 생산해 낼 수밖에 없다. 그런데 무기가 정교해진다는 것은 에
너지의 집중도와 흐름이 높아지는 것을 의미한다. 예를 들어 미사일
을 가지고 할 수 있는 일은 두 가지밖에 없다. 파괴하는 데 사용하
거나, 못 쓰게 될 때까지 기다려서 폐기 처분하는 것이다. 『아버지 ─
숲』에는 전쟁을 치르고 난 뒤에, 그 잔해로 남겨진 무기가 고철더미
가 되어(고엔트로피) 쌓여 가자, 괴물뱀(Змей ─ Горыныч)이 그것을
먹고 점점 비대해지는 묘사가 있다.

『아버지 ─ 숲』에서의 이 괴물뱀의 형상은 인류역사에서 철제무기를
사용하기 시작했던 시절부터 묘사가 되고 있다. 즉 전쟁을 치르고
난 후 처리되지 못한 고철더미를 먹고 자라난 부산물이기 때문에,
괴물뱀의 존재는 인류의 전쟁사와 그 맥을 같이한다고 할 수 있다.
작가는 전쟁의 강도가 강화되는 것에 비례하여 괴물뱀의 몸도 점점
비대해진다는 점을 강조한다.

작가는 작품의 배경이 되는 서술시점에서 700년 전까지 거슬러 올
라가는 타타르인들의 침공 시절에도 괴물뱀이 존재했다고 묘사하고
있다. 그리고 우주 만물을 통치하는 전지적 서술자는 괴물뱀이 나타
나게 된 이유를 이렇게 설명한다.

---

5) 20세기 인류가 행한 전쟁과 핵무기를 통한 살상행위에 대한 작가의 직접적
　인 비판의 목소리는 다음의 글을 참조 바람. 아나톨리 김, "20세기 인류 역
　사와 세계문학의 방향", 김현택 역, 『문학과 사회』, 2003, 봄, 240 ─ 58쪽.

Когда заклубится во мне безмерная горьковатая печаль, и покажется мне путь моих детей безнадежным, и высшая воля, данная им небом, направленною к полному беззаконию, и нет больше сил для обуздания их кровожадности, <······> тогда и выпускаю я полетать своего Змея-Горыныча. (с.178)

끊임없는 비애가 내 안에서 솟아오르고, 하늘이 준 의지를 내 자식들이 제멋대로 써서 그들의 운명이 너무나 절망적으로 보이고, 그들이 피에 굶주린 욕구를 억제하지 못할 때, <······> 나는 고릐늬치라는 괴물뱀을 날도록 내보내는 것이다.

작품 속의 등장인물들은 일상의 삶 속에서는 이 괴물뱀을 볼 수 없지만 죽음에 직면해 있을 때 그들은 대부분 괴물뱀의 존재를 목격하게 된다. 스쩨판 투라예프 역시 죽기 전날 밤 한밤중 숲 속에서 금속 소리를 내며 하늘을 나는 짐승을 본다. 그리고 그때서야 비로소 우리네 인간 삶이 왜 그렇게도 고통스러울 수밖에 없었던가를 깨닫게 된다. 즉 괴물뱀은 그야말로 괴물(чудовище)이었으며, 인류의 악(зло человечества)을 형상화한 것이었기 때문이다. 그리하여 인류의 죄와 인류의 악이 커질수록 그 괴물뱀의 몸도 더욱 비대해져 가는 것이다. 그래도 제1차세계대전 당시만 해도 불꼬리를 달고 하늘을 날 수 있었던 괴물뱀이 이제는 자신의 몸을 가누지 못할 정도로 된다. 커져 가는 괴물의 모습을 두고 서술자가 예상하는 최후의 모습은 다음과 같이 묘사된다.

Вот он, от тучности своей уже не способный летать, пополз по раздольным российским полям. <······> Теперь он мирно пасется, видимый издали как громадный холм, неспешно продвигающийся вдоль горизонта. Но придет время, когда Змей, сожрав все старые машины, брошенные на полях, покосившиеся силосные башни, расшатанные мосты, старые рельсы железнодорожных путей, сгоревшие атомные станции, заржавелые линии электропередачи, —Змей —Горыныч станет неохватной для человеческого взора горою металлических мускулов. И от тяжести его нарушится равномерное вращение Земли вокруг своей оси, и соскочит она со своей орбиты, и, неотвратимо приблизившись к Солнцу, сверзится, наконец, в его клокочущий океан……. (с.442)

날지 못할 정도로 비대해진 괴물뱀은 러시아 들판을 기어 다녔다. <……> 이제 뱀은 마치 평화롭게 방목된 것처럼, 멀리서 보면 지평선을 따라 서서히 움직이는 거대한 언덕과도 같은 모습을 하고 돌아다녔다. 마침내 괴물뱀은 들판에 버려진 낡은 기계를 모조리 먹어 치우고, 허물어진 철교와 낡은 철로, 녹슬어 버린 전선, 불타 버린 원자력 발전소 등을 모두 삼켜 버리고 나서, 인간이 한눈에 볼 수 없을 정도의 산더미처럼 큰 철근더미가 되어 버렸다. 이제 괴물뱀의 하중 때문에 지축을 중심으로 도는 지구의 자전 균형이 무너지고, 지구는 궤도를 이탈한다. 그리고 되돌릴 수 없을 정도로 태양에 근접해, 마침내는 이글거리는 태양의 바다 속으로 떨어지고 말리라…….

괴물뱀의 최후는 마치 우리 인류의 죽음을 말하는 엔트로피 법칙의 한 표현처럼 묘사되고 있다.

앞에서 살펴보았듯이, 외면적으로 인류의 파멸을 몰고 가는 '무기' 외에, 우리 인간의 내면을 잠식함으로써 우리 인간의 정신을 파괴하는 '돈'의 실체를 규명하는 데에도 작가는 집중하고 있다.

먼저 『온리리야(Онлирия)』(1995)에서 작가는 난쟁이 와타나베의 의식을 통해 '돈'에 대한 견해를 드러낸다. 막대한 재산으로 무장하는 부자들의 용맹함은 나이도 뛰어넘을 수 있다고 그는 이야기한다. 난쟁이 와타나베는 세상의 노인들이 돈으로 새파랗게 젊은 아내를 맞이하는 것에 부러움의 눈길을 받고, 젊은 아내는 아내대로 부자들이 영생한다는 사실을 온몸으로 확인하고 산다며, 자신의 눈에 비친 세상사를 묘사하고 있다. 돈이 드러내는 속된 현세적 가치를 통해 "부자들은 불멸한다(богатые бессмертны)."(c.68)는 사실을 믿고 신봉하는 우리네 삶의 모습을 희화한다.

『쌍둥이(Близнец)』라는 작품에서도 '돈'의 테마가 부각되고 있는데, 여기서는 그것이 하나의 플롯으로 기능하기까지 한다. 이 작품의 주인공인 작가 네미르늬(Немирный)가 쓰고 있는 소설 속 인물들과 그의 실제 쌍둥이 형제와의 관계는 당시 그가 집필 중이었던 소설 「돈」 속에서 가장 극대화되어 표출되고 있다. 바실리가 쓰고 있는 소설 「돈」의 내용은 자신과 자신의 쌍둥이 형제의 실제 이야기를 변형시켜 쓴 것이었다. 소설 속에서 쌍둥이는 미국에 있는 보험회사의 생명보험에 가입되어 있는 상태여서 「돈」의 주인공은 자기 형제의 죽음을 증명할 수 있는 서류만 제출하면 막대한 보험금을 탈 수 있었다. 때문에 소설 속 주인공은 자기 형제를 살해할 생각을 하는데, 그 살해방법에 있어 어떤 방식을 택할지를 고심하고 있던 중이었다. 처음에는 청부살해업자를 고용할 생각이었다가, 이보다는 강력한 방법을 쓰는 것이 소설에서 더 극적인 효과를 거둘 거라는 생각으로 친형제가 직접 살해하는 내용을 삽입하는 것이 좋겠다는 생각을 한다. 그런데 바실리가 이런 방식으로 소설 구상을 한 바로 그 순간, 바실리의 실제 쌍둥이 형제가 야수의 눈과 표정을 짓고 나타나 그를 총으로 살해한다.

작가 바실리 네미르늬는 자신은 이 작품을 통해 돈이 지배하는 세상에서 형제애라는 것이 얼마나 무력한가를 보여 주고 싶었다고 창작의도를 밝히고 있다. 그런데 아이러니컬하게도 결국 자신이 형제

에 의해 살해당한다. 이와 같은 형제살해 모티프는 아나톨리 김에게
있어서 『쌍둥이』 이전에도 자주 등장했었던 카인과 아벨의 테마의
또 다른 변주인데, 여기서는 그 중심축에서 불씨를 던지는 것이 바로
'돈'이라 할 수 있다.

실용주의적 관점에서만 돈의 실체를 규명하는 현대인들의 가치관에
대한 것은 바실리가 죽음을 당하기 전 찾아갔던 한 노작가의 입을
통해 드러난다. 그 노작가는 삶의 연륜을 통해 얻은 깊은 지혜로 바
실리에게 인생의 의미에 대해 조언한다.[6] 그에 따르면 삶에서 가장
중요한 가치라는 것은 이 세상이 아니라 죽음 이후의 저 세상에서
드러나는 것이다. 하지만 이런 가치를 비웃기라도 하듯, 인류의 실용
주의자들이 고안해 낸 것이 돈이다.

실용주의자들의 표현에 의하면, 모든 가치 있는 것은 바로 이 세
상에서 드러나야 한다는 것이다. 이 때문에 가장 가치 있는 지상 시
간의 등가물로서 고안해 낸 것이 돈이며, 바로 돈이 시간의 소금이
자 방부제가 된 것이다(Деньги стали солью, консервантом этого
жизненного времени).(c.47) 또한 노작가는 인류의 정신 분열증이
시작된 것 역시 돈이 고안된 그때부터라고 말하고 있다. 즉 노작가
는 모든 악은 돈에서 비롯되며, 돈 속에는 절대 행복이 있을 수 없
음을 가르쳐 주고 싶었던 것이다. 아나톨리 김 역시 돈을 초록색 바
이러스, 즉 세상을 점령해 나가는 악마의 세력에 비유해 "초록색 바
이러스가 몰아치는 절대권력의 강습 앞에서는 그 누구도 맥을 못 춘다(П
еред всесильным натиском зеленого вируса никто не мог устоять)."

---

6) 노작가와 젊은 작가의 만남과 노작가가 들려주는 삶이 주는 지혜의 가
  르침은 『다람쥐』에서 미술학교 학생인 꼐샤와 노수채화가의 만남과
  우정의 동일 패턴이라 할 수 있다. 『쌍둥이』에서 노작가가 돈의 본질
  과 인생의 의미에 대해 이야기하고 있는 것처럼, 『다람쥐』에서는 노수
  채화가가 죽음의 본질과 삶의 의미에 대해 들려주고 있다

(c.44)라고 표현한다.

'돈'이라는 형태의 파멸적인 엔트로피는 예술가의 타락과도 연결되고 있다. 아나톨리 김이 『다람쥐(Белка)』에서 백만장자 사업가 예바(Ева)와 재능 있는 화가였던 게오르기(Георгий)의 결혼을 통해 예술이 돈에 매수되는 비극적 결말을 제시했듯이, 『쌍둥이』에서도 예술가의 타락의 테마와 돈을 연결짓고 있다. "현대의 천재들과 재능있는 사람들은 돈에서 진정 자유로워진 후에야 자신의 결실을 거둘수 있음(c.53)"을 작가는 여러 곳에서 강조한다.

'돈'이 중시되는 가치관이 극대화되어 그 비극성을 더하게 되는 것은 현대 자본주의에 대한 부정적인 모습의 일환으로, 그것은 하나의 거대한 악의 세력으로까지 확대되기도 한다. 『바흐의 선율과 함께 한 버섯 따기(Сбор грибов под музыку Баха)』에서 서술자는 주인공 탄지(Тандзи)가 정신병원에 입원해 있을 당시의 도쿄의 모습을 "당시 도쿄는 이미 괴물 같은 조물주의 힘이 그 전성기를 구가하고있었다(Токио был тогда ещё в полном расцвете своих чудовищных демиургических сил)."(c.58)라고 묘사한다.

서술자가 당시 도쿄의 모습을 만물을 주무르는 괴물의 형상으로 묘사하고 있는 것은, 탄지의 아버지가 경영하던 자본주의의 꽃으로 일컬어지는 회사 토케이(Токэй)의 계략으로 순결한 천재 탄지가 파멸을 맞기 때문이다. 이렇게 악마적 힘으로 표현되는 회사 토케이는 3장 막간극에서 스스로의 목소리로 "제일가는 힘, 그것은 돈이고······ 정말로 무서운 힘(Главная сила – деньги······ Деньги – действительно страшная сила)"(c.100)이라며 돈이 가진 위력을 예찬하기도 한다. 여기서 인류 파멸을 막기 위한 방편으로 나타나는 것이 바흐의 음악이다. 아나톨리 김은 인류를 사랑으로 이끄는 내면의 힘을 바흐의 음악 속에서 발견하고, 그것을 자본주의와 돈이 권세를 부리는 물질

만능으로 기울어져 가는 인류를 구할 수 있는 힘이라 생각한다.

아나톨리 김의 작품에서 만물을 지배할 수 있는 괴물로 묘사되고 있는 것은 '돈'뿐만이 아니다. 돈과 같은 엔트로피에는 생명을 증오하게 만드는 여러 형태의 허무주의적 표현이나 악마성이 포함되어 있다고 언급된다. 그리고 그것은 다양한 형태의 자살시도로 이어지는데, 작가는 자살이 허무주의에 빠져 스스로 선택한 생명파괴의 길임을 분명히 표현한다.

『아버지-숲』에서는 개별적으로 자살을 감행했거나 자살을 시도했던 수많은 인물들이 등장한다. 글렙의 형인 안톤의 동료가 살던 모스크바의 한 아파트 11층에서 뛰어내린 어떤 여인의 자살, 집단 농장 의장의 딸인 간호사의 자살, 군에서 스스로 가슴에 총부리를 겨눈 한도슈킨(Хандошкин)의 자살, 스쩨판의 딸인 크세냐(Ксеня)가 우물에 몸을 던져 자살을 시도했던 일, 글렙의 자살 시도 등등, 무수한 사람들의 자기살해 시도가 그려지고 있다.

작품 속에서 자살을 시도했던 사람들 모두는 자신의 십자가를 무거워하며 고통스러워하고 있다. 그러나 아나톨리 김에게 '고통'은 인간의 존재를 규정하는 또 다른 이름이다. 따라서 고통이 견디기 힘들고 수치스럽다고 해서 그것을 원하지 않는 것은 자신의 존재 자체를 원하지 않는 것으로 작가는 이해한다. 글렙은 "나는 고통받고 싶지도, 존재하고 싶지도 않다."(c.158)며 고통을 회피하기 위해 자살을 생각하지만, 아나톨리 김은 자살을 분명한 범죄로 규정한다. 그는 자기 부정으로부터 초래되는 자기 살해행위를 타인을 살해하는 행위와 같은 것으로 이해한다.

Взять смерть другого человека человек не может -это делает смерть <……> Но, совершая акт убиения, он признается в окончательной подчиненности и верном служении сатане, признает и закрепляет навеки свою несвободу. (с.233)

인간은 다른 사람의 목숨을 취할 수 없다. 이것은 죽음이 할 일이다. <……> 하지만 살해행위를 하면서 인간은 자신이 사탄의 충실한 종이자 그에게 예속되어 있음을 고백하는 것이다. 또한 그것은 자신의 부자유함을 영원히 확정지어 버리고, 인정해 버리는 것이 되고 만다.

자살 속에 인간에 대한 악마의 기만(дьявольский обман)이 숨겨져 있다는 생각은 자살을 '날개 없는 비행(полёты без крыльев)'에 비유하는 『온리리야(Онририя)』에서도, 그 내면으로부터 우리 인류를 잠식해 파괴해 가는 악마주의로 표출되는 『아버지-숲』에서도 반복된다. 이렇듯 아나톨리 김에게 자살은 사탄의 의지를 실현시키는 것이나 다를 바 없다.

글렙이 자살을 시도할 때, 그가 자살의 이론적 배경으로서 내세운 내용이 찌올콥스키의 이론이었다. 글렙은 악의 에너지(энергия зла)가 선의 에너지(энергия добра)를 얼마나 초과하고 있는지, 우주 진공의 공간(пространство вселенной пустоты)이 우주의 모든 물질의 면적(объем всего вещества Вселенной)보다 얼마나 넓은지 계산하였다. 그에 따르면 선(善)은 시간의 흐름 속에서 계승되기 위해 물질에 의해 태어난 사상 (идея, рожденная материей для своего продолжения во времени)인 반면, 악(惡)은 우주 진공에서 나온 사상(идея, исходящая от космической пустоты)이다.(с.285) 여기에 근거한다면 악이 선을 능가하리라는 것, 비존재의 세계가 물질세계를 압도하리라는 생각은 당연한 것이 된다.

여기서 아나톨리 김 역시 인간의 마음속에 있는 얼음같이 찬 악마주의(сатанизм)와 생명에 대한 증오심(ненависть к жизни)은 삶에

대한 사랑을 10^{38}배나 능가한다는 찌올콥스키의 언급(c.451)을 재인
용한다. 이렇게 악의 에너지는 상상을 초월할 정도로 선의 에너지를
압도하는데, 이것이 글렙의 자살을 부추겼던 이론적 배경이 된다.

또한 작가에게 '증오심'이라는 것은 인간 마음속에 웅크리고 앉아
있는 괴물(чудовище)로 묘사되기도 한다. 과학자 글렙은 어린 딸 니
나(Нина)에게서 유사한 감정을 느꼈던 경험을 이야기한다. 집 앞에
쓰러져 있는 노인을 아무렇지 않게 타 넘고 학교에서 집으로 돌아온
딸의 행동을 나무라자 그 아이는 아버지에게 반항한다. 무엇 때문에
자신을 꾸중하는지 이해할 수 없다는 것이다. 딸과의 논쟁 중에 딸
의 눈에서 읽어 낸 것이 증오의 파괴력이었음을 그는 감지한다. 그
는 딸아이의 시선을 야수와 같다고 느끼며, 딸에게서 짐승(Зверь)의
속성을 간파하는 것이다. 이것은 당시 글렙이 개발하고 있던 무기의
효능과도 유사한 것임을 그는 깨닫는다. 즉 글렙은 인간 마음속에
있는 그 괴물이 한꺼번에 수억 혹은 수십억의 인간들을 죽일 수도
있음(c.397)을 통찰하는 것이다.

이런 증오심으로 짐승들은 서로를 잔인하게 잡아먹고, 인류는 핵
폭탄을 만들어 내는 것이라고 작가는 표현한다. 아나톨리 김은 글렙의
의식을 통해 생명에 대한 증오심은 우주적인 자멸의 열망(вселенская
жажда самоистребления)이라고 표현한다. 이와 같이 아나톨리 김의
작품 속에는 극단적인 엔트로피의 결과물들이 다양하게 나타난다.
인간은 자신의 욕구를 줄임으로써만 분쟁과 전쟁의 궁극적인 원인이
되는 긴장들을 줄여 나갈 수 있다는 점을 작가는 강조하는 것이다.[7]

---

7) 엔트로피 법칙에 대항해 나가기 위해서 인류는 새로운 노력을 추구해야
   한다. 맹목적으로 많은 에너지를 써서 보다 많은 자원을 섭취하면 인류
   가 번영해 나간다는 발상은 잘못된 것이다. 이는 반대로 엔트로피를 증
   가시켜 환경적응에 실패하고 열사(heat death)를 촉진시킬 뿐이다. 순간
   적, 단기적으로 최대 이윤을 얻고자 하는 발상은 버리지 않으면 안 된

『아버지-숲』에서 서술자는 무한대(∞)로 표시할 수 있는 인간
욕망이 몰고 올 위험성을 강조한다. 그는 "'더 많은 것을 얻어 내자
(ДОБЫТЬ БОЛЬШЕ)'8)는 인간들이 만들어 낸 문명의 공식(формула
цивилизации) 때문에, 숲의 나무들이 공포로 떨고 있으며"(c.177), 이
것이 인간을 파멸시키는 것이라고 본다. 한 개인이 생존하는 데 점
점 더 많은 에너지를 소비하는 것은 결코 효율적인 것이 못 된다는
것을 이야기하는 것이다. 사실 엔트로피 법칙은 역사를 통하여 모든
문화가 대처해야 했던 핵심적 문제인, '인간은 세상에서 어떻게 행
동해야 하는가?'에 해답을 준다. 즉 사람들은 생명을 보존하고 향상
시키는 방식으로 행동해야 한다는 것이다. 또한 에너지의 총량은 한
정되어 있기 때문에, '최소 물질주의'를 지향하는 삶을 살아야 한다
고 작가는 강조하는 것이다.

  엔트로피 과정은 그 자체로서는 낙관적인 것도 비관적인 것도 아
니다. 그것은 단지 물리적 세계가 어떻게 전개되는가를 묘사할 뿐이
다. 철학적으로 그 과정의 종말에 어떻게 도달하도록 선택하는가가
개인으로서 그리고 사회로서 우리의 전도를 결정짓게 된다. 『아버
지-숲』의 결말에 대한 이해에서 비평가 나타샤 콜체프스카 역시

───────────

  다. 오랫동안 인류의 기원과 진화 과정을 추적해 온 리키와 레윈(Leaky
  & Lewin) 역시 과학기술을 통해 드러나는 인간의 운명을 부정적으로 본
  다. 그것은 우리가 이른바 문명인의 행위에서 특징적으로 나타나고 있는
  오만(arrogance)과 낭비(profligacy)를 계속한다면, 우리는 머지않아 적응
  할 수 있는 한계를 넘을 정도까지 환경을 혹사시킬 수밖에 없으리라고
  본다. 이와 같은 우려는 사회과학의 안팎에서 이미 수없이 제기되어 왔
  다. 환경오염, 인구폭발, 핵전쟁 등은 인류가 현재 직면하고 있는 주요
  위협물들이고 이는 현대 과학기술의 산물이기도 하다. 위에서 인용한 대
  로 인류는 너무나도 '오만'하게 한정된 자원을 겁 없이 '낭비'해 왔고,
  이런 양식은 더욱 가속화되고 있다. 우리 인류가 이용가능한 에너지의 총
  량은 무한한 것이 아니라, 한정되어 있다는 점을 고려해야만 한다. 이석
  호, 『인간의 이해: 철학적 인간학 입문』(철학과 현실사, 2001), 170쪽.
8) 작가는 이것을 강조하기 위해 작품에서도 대문자로 표기하고 있다.

"아나톨리 김은 소설 마지막에 종말론적이면서도 희망적인 반대되는 감정을 양립시키고 있다."라고 언급한다.[9] 그것은 아나톨리 김의 '종말'에 대한 이해가 절망적인 개념에만 머물지 않는다는 것을 표현하는 것이다. 즉 그는 절망에서 오히려 희망을 내다보고 있다고 평가하는 것이다. 이와 같이 아나톨리 김에게 중요한 것은 엔트로피 법칙 자체가 아니다. 작가가 지향하고 있으며, 동시에 우리가 지향해야 할 것은 엔트로피라는 프리즘을 통해 우리 인류가 가야 할 바를 인식하는 것이다. 다시 말해 『아버지－숲』은 그것을 제시하는 작가의 모습이 분명히 드러나는 작품인 것이다.

여기에서 작가는 인간 개개인을 나무로 형상화하는데, 작품 제목에서 나타나듯이 숲은 아버지이며(Лес－отец), 우리 인류는 숲의 아들(А мы, Человечество,－его сын)(c.146)로 표현된다. 이 때문에 "숲에 죽음이 도래할 경우 어떻게 될 것인가?"(c.156)라는 서술자의 문제 제기는 인류 전체의 죽음에 대해 묻고 있는 것이기도 하다. 그리하여 숲의 목소리인 화자 '나'는 이렇게 말한다.

Я никогда не мог ощутить, где кончаются пределы моего времени и начинается другое. <……> Ибо умирающие деревья－это всего лишь частичное отмирание. <……> А то нескончаемое, к чему приобщена душа моя, не знает смерти и никогда не узнает ее. <……> Но если я внутри Бога, а не вне Его, то я все равно бессмертен. (c.187)

나는 어디에서 내 시간의 경계가 끝나고 다른 것이 시작되는지 느낄 수 없다. <……> 왜냐하면 죽어 가는 나무들은 단지 쇠퇴하는 것의 일부이기 때문이다. <……> 내 영혼이 속해 있는 그 끝나지 않는 도정은 죽음을 알지 못하며, 결코 죽음을 인식하지 못

한다. <······> 내가 신(神) 안에 머무르고, 그분을 떠나지 않는다
면 나는 죽지 않는다.

　화자의 표현을 통해 우리는 숲의 불멸, 인류의 불멸에 대해 굳건
한 믿음을 갖고 있는 작가의 확신을 읽을 수 있다. 즉 과학이 제시
하는 모델에 의거했을 때 우리 인류는 붕괴를 피할 수 없지만, 인류
가 신 안에 머물고 그 가르침대로 살아간다면 진정 죽음을 넘어설
수 있게 되리라고 작가는 표명하는 것이다.

2) 생명, 정신 에너지 - 상승

　엔트로피 감소계와 그 에너지계의 관계를 고려한다면 엔트로피에
대항하는 것이 에너지라 할 수 있다.[10] 전 우주는 엔트로피 법칙의
절대 지배하에 있으며, 여기에서 빠져나갈 수는 없다. 그러나 "물질
이 하강해 가는 사면을 상승해 가려는 것이 생명이다."라고 말한 베
르그송의 표현[11]처럼, 부분적이긴 하지만 계속해서 엔트로피의 값을

---

10) 알렉시예프는 『에너지와 엔트로피』에서 만물에 빛을 비추는 우주의 여왕
　　을 에너지로, 그 어두운 그림자를 엔트로피라고 표현하고 있다. 에너지에
　　대한 긍정적인 묘사와 엔트로피에 대한 부정적인 묘사는 20세기 초 대중
　　과학서적에서 빈번하게 나타난다. 알렉시예프는 자신의 글에서 제레미
　　리프킨이나 슈뢰딩거의 견해―오랜 시간이 흐른 뒤 지구와 우주의 다른
　　부분에서 이용가능한 모든 에너지가 열로 바뀌어 에너지 변환이 완전히
　　정지되는 '우주의 열사(heat death)'로 귀착하게 될지도 모른다―와는
　　달리 에너지가 집중되고 엔트로피가 감소하는 자연적인 과정은 현재 지
　　구상에서 일어나고 있음(광합성, 소화, 흡수 등)을 이야기한다. 알렉시예
　　프는 이러한 '우주의 열사' 이론이 시간과 공간에서 에너지의 질적 저하
　　와 집중이 번갈아 나타나는 우주의 무한성을 고려하지 않은 것이라고 간
　　주하였다. G. N. 알렉시예프, 『에너지와 엔트로피: 우주의 여왕과 그 어
　　두운 그림자』, 이병식·이영완·이현 옮김 (일빛, 2001), 18쪽 참조.

내릴 수 있는 계(界)도 존재한다. 즉 모든 것이 일정한 속도로 열사
로 향하는 것은 아니다. 물론 전 우주가 혼돈과 열평형 상태에 도달
하는 궁극의 사태를 접하게 될 때는 이들 감소계까지도 존재할 수
없겠지만, 현대의 생물학은 이와 같은 사태가 올 가능성은 거의 없
다고 본다. 네겐트로피(negative entropy) 기구가 건전한 한 가까운
장래에 이것이 찾아오리라고 생각하지는 않는 것이다.[12]

---

11) 베르그송(Henri Bergson)의 생명철학에서 물질과 생명은 대립된다. 서로
   대립되지만 어떤 고정된 실체로서 대립되는 것이 아니라. 그 두 가지가
   갖고 있는 상반된 방향성에 의하여 대립되고 있다. 생명의 에너지는 상
   승하기를 바라고 물질은 하강하기를 바란다는 것이다. 정신과 생명은
   상승적인 비약운동의 방향으로 진행하고 있고, 물질은 하강적인 방향으
   로 내리막길을 가려는 운동성을 지니고 있다고 표현된다. 여기서 물질
   은 무게와 동의어로 사용된다. 물질은 '타성'과 '무기력'과 '무생명'의
   무게를 상징하고, 생명은 한없이 비상하고픈 의지를 표상한다. 김형효,
   『베르그송의 철학』(민음사, 1991), 139쪽.
12) 인간은 엔트로피 법칙에 종속될 수밖에 없지만, 그럼에도 불구하고 나름
   대로 엔트로피 법칙에 대항하여 온 계이다. 이러한 기능을 할 수 있는
   엔트로피 감소계는 다음과 같이 셋으로 구분한다. 첫째, 지구 자신(지구
   를 지탱하는 태양과 물)이다. 복사에너지가 물을 비롯하여 가지가지 물질
   과 상호작용을 하여 여분의 엔트로피를 우주로 방출해 나간다면 지구는
   앞으로 수십억 년 정도는 엔트로피의 법칙에 계속 대항할 것이다. 둘째,
   35억 년에 걸친 생명의 계(생물)가 여기에 해당한다. 단 한 개의 수정란
   에서 질이 높은 에너지를 갖는 생물로 자라는 것을 보면, 이것이 엔트로
   피의 법칙에 대항할 수 있는 엔트로피의 감소계라는 것을 쉽게 이해할
   수 있을 것이다. 파동방정식으로 유명한 슈뢰딩거는 나름대로 이 생물을
   네겐트로피=마이너스 엔트로피를 받아들일 수 있는 것이라고 말했지만,
   적어도 생물이라고 불리는 것은 모두 에너지를 받아들여 스스로 엔트로
   피를 낮추는 능력을 갖고 있다. 셋째, 제3의 감소계는 인간이다. 물론 인
   간도 생물의 일종임에 틀림없지만, 여기서는 생물학적인 인간이라기보다
   는 여러 가지 발명을 하고, 사회제도를 유지하고, 문명을 만들 수 있는
   그러한 뜻에서의 인간인 것이다. 이들 중에서도 제1의 지구계가 엔트로
   피의 법칙에 계속 대항해 나감은 이해하기 쉽다. 그러나 제2, 제3의 계가
   되면 개개의(개별적인) 죽음이나 붕괴는 피할 수 없는 것이기에 생물이
   나 인간이 엔트로피 감소계에 속한다는 것이 부적절하다고 생각할 수도
   있지만, 그것은 어디까지나 개체의 문제에서 그리히다고 문탁진은 언급

하지만 궁극적으로 생명도 열역학 제2법칙에서 벗어날 수는 없다. 하지만 이것은 오랫동안 혼동되어 오기도 했는데, 이유는 생명체는 물질과 에너지 두 가지 다 주위와 교환되는 열린계이기 때문이다. 생명체는 살아 있는 한은 절대로 평형에 이르지 못하는데, 그것은 이들에게 평형 상태란 죽음을 의미하는 것이기 때문이다. 생명체는 주위로부터 유용한 에너지를 계속해서 흡수함으로써 평형 상태인 죽음으로부터 멀리 떨어진 상태를 유지하는데, 이런 상태를 '정상 상태(steady state)'라고 한다. 베르그송 역시 모든 생명체가 생명의 전진과 물질의 하락 사이에서 어떤 균형과 타협을 찾은 결과임을 가르쳐 주고 있다.[13] 생명체는 물질의 타성과 무기력에 대한 비약의 승리와 다르지 않다. 생명의 비약과 진화의 정점인 인간에게서도 마찬가지이다. 인간은 죽음의 평형 상태로 분산되는 것으로부터 스스로를 보호하기 위해 끊임없이 자유에너지(음의 엔트로피)를 주위로부터 흡수해야 한다. 주위 환경으로부터 자유 에너지를 흡수함으로써 생명체는 엔트로피화의 과정에서 반대되는 방향으로 변할 수 있는데, 태양은 이러한 자유 에너지의 궁극적인 원천이다.[14]

다시 말해 모든 생명체가 죽음으로 치닫는 평형 상태를 거스를 수 있게 하는 원동력이 바로 '태양'인 것이며, 이것의 이론적 근거와 그에 대한 믿음은 아나톨리 김의 작품에 그대로 반영되어 있다. 또

한다. 지금의 생물은 어떠한 것이든 근원을 더듬어 올라가면 모두가 한 줄의 생명인 계로 연결되어 35억 년 전이라고 하는 생명 탄생의 시기까지 도달하게 된다. 각 개체로는 엔트로피 법칙에 대항할 수 없다고 본 생물도 결과로만 본다면 35억 년이라는 긴 세월에 걸쳐 엔트로피의 법칙에 대항하여 온 계라고 볼 수 있다는 것이다. 이것은 인간이 만든 건물이나 문명(유구한 문화유산으로서의 문명)이라고 하는 제3의 계에 대해서도 말할 수 있다. 문탁진, 『엔트로피의 세계』(정음사, 1985), 19-22쪽.

13) 김형효, 178쪽.
14) 제레미 리프킨, 70쪽.

한 그것이 작가가 항상 '태양(Солнце)'을 대문자로 표기하는 이유이 기도 하다. 그는 '태양'을 '생명 에너지(энергия жизни)'라고 부르는 (『연꽃(Лотос)』) 동시에, 이 음습한 세상의 '우수(тоска)'를 견뎌 낼 수 있는 '삶의 밝은 에너지(светлая энергия жизни)'라고 부르기도 (『양파 밭(Луковое поле)』) 한다.

아나톨리 김 역시 붕괴와 소멸을 치닫는 우주 속에서 이것을 거 스를 수 있는 힘은 생명뿐이라고 생각하고 있다. 『아버지-숲』에서 생명력을 직접적으로 대변하는 것이 바로 데메테르이다. 작품 서술 자는 이렇게 말한다.

> И только Деметра, казалось мне, только Мать сыра Земля, на которой стоит Лес, только она одна, вопреки пессимизму Вселенной , утверждает оптимизм безудержного плодородия. Да, мне казалось, что Деметра, женщина, Ева-ребро, вынутое из моего сонного тела, - есть самое удачное, совершенное и стой кое произвидение Отца. (с.266)
>
> 숲을 받쳐 주고 있는 축축한 대지의 여신인 데메테르만이 우주 의 비관주의를 거스를 수 있는 풍부한 낙관주의를 입증하는 것 같다. 때문에 잠자는 내 몸 속에서 꺼낸 갈비뼈로 만들어진 데메 테르, 여인, 이브만이 내 아버지의 가장 완전한 작품인 것 같다.

이 작품에서 작가는 엔트로피에 대항할 수 있는 생명력을 데메테 르 속에서 보고 있다. 그에게 데메테르는 그 안에 모든 생명을 품어 안을 수 있는 어머니 대지이자, 모든 여성을 대변하는 것이다. 따라 서 데메테르의 죽음은 어머니 대지의 죽음, 여인들의 죽음 그리고 인류의 죽음으로 환치되는 것이다.

아나톨리 김은 소멸과 죽음을 거스를 수 있는 생명의 힘에 특별한

애정을 표현하며, 태초의 생명력을 삶의 에너지(жизненная энергия)라
고 부르기도 한다.15) 『양파 밭』에서는 대지(Земля)의 생명력에 대한
찬가가 울려 퍼진다.

Земля, на которой уснуло луковое поле, стоя уснули деревья,
забылись в камышовых домиках устальные люди, – земля
тоже спала, и снились ей разные сны. <……> Безветренно
было, тихо и очень широко в пространстве мягкой ночной
тьмы. <……> Все, что питалось от земли, жило на ней, было
частью этой земли, и она дышала сквозь милиарды живых
ноздрей – дыханием трав, деревьев, гадов и насекомых,
блуждающих по травяным дебрям с зелеными фонариками,
дыханием пугливо спящих птиц, и каждой травы, и каждого
человека. Потому оно и было необъятно и неиссякаемо.
(с.204)

양파 밭이 잠들어 있고, 나무들이 서서 잠을 자며, 갈대로 엮어
만든 집 안에는 지친 사람들이 곤히 잠자고 있는 땅. — 그 땅 또
한 잠을 자며 갖가지 꿈을 꾸고 있다. <……> 바람이 멎고, 부드
러운 저녁의 어둠이 드리운 공간은 고요히 펼쳐져 있다. <……>
땅 위에서 살고, 거기서 성장하는 모든 것이 땅의 일부분이 되었
다. 대지는 살아 있는 수많은 구멍을 통해 호흡한다. 풀, 나무, 녹
색 등불을 달고 수풀을 따라 배회하는 파충류와 곤충들, 두려움에

---

15) 아나톨리 김의 자서전에는 자신의 삶과 생명에 대한 사랑에 눈뜨게 된
체험이 자주 나타난다. 그는 자서전에서 태초의 생명력이 넘치는 땅인
캄차카에 대한 묘사(Моё прошлое, с.342), 어린 시절 천식으로 큰 고통
을 받았을 당시 기적 같은 생명의 뿌리(чудодейственный корень жизни)
인 산삼으로 자연 속에서 생명의 치유력을 발견하게 된 이야기(с.354)
를 하기도 한다. 또한 그는 로스코시(Роскошь)에 살면서 러시아 농촌의
삶을 직접 몸에 익히면서 자신이 생명에 눈뜬 시기를 자신이 러시아
작가로서 성장하게 된 바탕이 된다(с.353)고 언급하기도 하였다.

떨며 잠을 자는 새나 모든 생물, 모든 인간들이 호흡하고 있다.
그 호흡은 과거에도 무한했고, 지금도 끝이 없다.

이처럼 아나톨리 김의 자연은 '대지가 자신을 느끼는(земле чудилось)'
(с.204), 다시 말해 의식을 가진 '사고하는 자연(thinking nature)'이다.
작가의 생명 이해는 베르그송의 생명 이해와 유사하다. 베르그송은
비록 생명체가 동물과 식물로 나누어져 있지만, 그 생명의 에너지가
각각 별도로 구분되어 있는 것은 아니라고 지적한다. 그에 의하면
생명은 정신 에너지이고, 진화와 진보의 '역동적 힘의 경향'을 지니
고 있는 '비약' 그 자체이다. 그래서 동물이라고 식물보다 반드시 깨
어 있는 의식이나 정신이라는 보장이 있는 것이 아니고, 반대로 식
물이라고 해서 동물보다 더 잠자고 있는 휴면 상태의 의식으로 반드
시 규정되는 것은 아니다. 베르그송은 동물 가운데도 운동과 의식을
포기한 것들이 있고, 식물 세계도 기회가 오면 그것의 운동성과 의
식이 깨어날 수도 있다고 생각한다.[16] 그에게 있어 생명은 정신 에
너지이고,[17] 그 에너지 또한 의식과 다르지 않다.

베르그송의 생명철학뿐만 아니라 현대과학에서의 항엔트로피 현상
에 대한 연구에서도 나타나듯이,[18] 모든 생명은 물질의 저항을 뚫고

16) 김형효, 129-130쪽.
17) 본 연구에서 사용하고 있는 '정신 에너지' 개념은 '심리 에너지(психическая
энергия)'나 '정신 에너지(духовная энергия)' 등으로 다양하게 표현되기
도 한다. 하지만 이것은 모두 '생명'과 '의식'을 염두에 두고 있다는 점
에서 유사한 개념으로 볼 수 있다.
18) 생명현상의 분석에 관해서는 현대 과학에서도 많은 연구가 진행되어
왔다. 앞에서 본 바와 같이 양자역학 창설자의 한 사람인 슈뢰딩거는
생명현상에 네겐트로피라는 개념을 도입하였으며, 같은 창설자의 한 사
람인 보어(Niels Bohr)는 1932년 코펜하겐에서 열린 국제회의에서 유명
한 '빛과 생명'이라는 강연을 하여 역시 이 문제를 다루는 방법을 제시
하였다. 보어는 '살아가는' 현상을 해명하기 위해서는 생물을 분자나
원자라고 하는 극한상태까지 세분화하여 이들의 역할에서 해명해 나가

진화하려는 힘을 가지고 있다. 이렇게 진화하고 비상하려는 역동적인 정신 에너지에 의해 생명의 비약이 일어난다. 샤르댕은 생명의 상승을 '정향진화(定向進化, ортогенез)'로 설명한다. 여기서는 아나톨리 김의 생명에 대한 이해에 큰 영향을 준 샤르댕의 생명진화에 대한 논점부터 살펴보기로 한다.

샤르댕은 먼저 생명의 일반 현상이 단순한 '대체'[19]가 아니라 '쌓기'라는 점에 주목한다. 이것은 생식을 통해 새롭게 되는 것이기에 대체되는 돌연변이보다 더 일반적인 현상이요 기본 현상이라 할 수 있다. 이렇게 생명현상은 단순한 대체가 아니라 쌓아 가는 수직선상으로의 진화인 것이다. 서로 '쌓아 가며' 그 총계는 '일정한 방향으로' 커진다. 기질이 강화되거나 기관이 정돈되거나 포개진다. 다른 말로 하면 이른바 '혈통(линия развития)'이 출현하게 되는 것이다. 일정한 방향으로 더해져 가는 법칙을 생물학에서는 '정향진화'라고 부른다. 정향진화는 역동적이며 완벽한 대물림 형식(ортогенез - динамическая и единственно полная форма наследственности)[20]이며, 만일 정향진화가 없었더라면 생명현상에는 오직 나열만 있게 되었을 것이라고 생물학자들은 간주한다.

려는 종래의 물리학이나 화학에서 취한 수법이 아니고 '살아 있다'는 것을 보증하는 최소 단위, 즉 작용 양자가 있음에 주목한 새로운 학문이 필요함을 강조하였다. 이 생각은 델브뤼크 등에도 이어져 핵산이나 유전자의 연구를 통해 현재의 분자생물학으로 이어져 갔다. 한편 슈뢰딩거가 제안한 네겐트로피라는 개념도 1970년대 후반에 와서 하켄, 프리고진 등의 과학자의 노력에 의하여 수량적으로 취급되게 되었고, 하켄은 이들 생명계의 항엔트로피 현상을 협력 현상, 시너지(synergy)라고 부르고 있다. 이처럼 현대과학에서도 생명계의 항엔트로피 현상에 대한 연구를 통해 인간계와 우주의 진화를 볼 수 있는 여러 현상을 포괄하려는 시도를 하고 있다. 제레미 리프킨, 187쪽.

19) 생물이 진화하는 중에는 단순히 기질의 교차를 통해 수평선상에서 일어나는 변이도 있다. 이른바 '멘델'의 돌연변이가 여기에 해당한다.

20) Шарден, там же, с.109.

진화에 어떤 '방향'과 '축'이 있다고 보는 샤르댕은 진화에서 가장 본질적인 현실은 우주가 그 '내면'에 품고 있는 것이라고 보았다. 진화란 사실상 '심리 에너지(психическая энергия)' 또는 '방사 에너지(радиальная энергия)'의 끊임없는 증가라는 것이다. 우리 눈에 보이는 '기계 에너지(механическая энергия)' 또는 '탄젠트 에너지(тангенциальная энергия)'는 늘 일정한데, 그 일정한 기계 에너지 뒤에서 정신 에너지(духовная энергия)가 끊임없이 증가하는 것이 진화인 것이다.[21] 그리고 탄젠트 에너지와 방사 에너지, 이 둘을 잇는 것이 바로 '정돈(организация)'인데, 정돈의 발전은 안으로 의식이 커지면서 깊어지는 두 가지 모습으로 나타나게 된다. 이에 의식의 활동을 위해서는 유기체 속에 어떤 선택기구가 있어야 한다. 여기서 샤르댕은 그것을 알아내기 위해 우리의 신경조직(нервная энергия)을 살펴보면 된다고 본다.[22] 이것으로 진화에 들어 있는 정신 차원을 알고자 했

---

21) 샤르댕에게 있어서 모든 에너지는 기본적으로 정신적 성질을 지닌다(по существу всякая энергия, имеет психическую природу). 그러나 개별 원소들 속에서 이 기초 에너지는 다른 두 개의 구성체로 나뉜다. 하나는 '탄젠트 에너지(тангенциальная энергия)'로서 자기와 같은 차원(복잡함과 집중의 정도가 같은)의 다른 요소들과 단단히 결합하도록 하는 에너지이다. 다른 하나는 '방사 에너지(радиальная энергия)'로서 더 복잡하고 더 집중된 상태를 향해 앞으로 끌고 가는 힘이다. 다시 말해 샤르댕은 우주생성에서 복합화되어 가는 내적인 힘을 방사 에너지라고 본 것이다. 이 방사 에너지는 '진화' 과정에 작용하고 있는 내적 원동력이라 할 수 있다. 그러나 진화의 각 단계에서 외적으로 작용하는 것은 탄젠트 에너지이다. 이렇게 진화에 있어서 이 두 에너지는 동시적으로 작용하고 또 서로 보완적으로 작용한다. 그리하여 탄젠트 에너지의 일부를 빌려서 직접적으로 작용하여 우주진화를 일으키면 탄젠트 에너지는 이 진화된 단계를 배열하는 작업을 한다. 샤르댕은 엔트로피 증대 현상의 근본 원인을 탄젠트 에너지가 방사 에너지로 전향할 때 생기는 것으로 보고 있다. там же, с.65.

22) 샤르댕은 계통수에서 '척추동물' 가지를 보았을 때, '군에서 군으로' 가면서 신경 조직이 계속 발전되고 농축된다는 사실에 주목하였다. 생명이 복잡하게 되어 가는 방식은 여러 가지 있지만 신경조직의 변화야말

던 그의 의도가 생명체의 진화 방향을 사물의 의식에서 찾는 합당한 근거를 찾게 되는 것이다.

이런 시각을 가지고 들여다보면 생명운동이란 지구운동 리듬의 연속선상에 있음을 알 수 있다. 그리하여 지구발생(reoreнeз)의 문제는 생명발생(биогенез) 문제로 이어진다. 그리고 생명발생 문제는 바로 정신발생(психогенез) 문제로 이어지게 되는 것이다. 생명 한가운데에 의식 상승의 원동력이 있으며,[23] 생명을 의식의 상승(жизнь-это подъём сознания)으로 보는 아나톨리 김의 관점이 여기서 샤르댕과 조우하게 된다.

정신 에너지를 엔트로피와 비교하면서 강조해야 할 또 다른 지향은 엔트로피 법칙은 유한하고 모든 생물이 결국은 운명적으로 죽음을 맞게 되는 물리적 세계에서만 적용된다는 점이다. 엔트로피는 시간과 공간의 수평적 세계를 다스리는 법칙이므로 영적인 수직 세계와는 무관하다. 정신적 세계란 경계와 한도가 없는 비물질적 세계이므로 엔트로피 법칙이 적용되지 않는다. 아나톨리 김이 소멸해 갈 수밖에 없는 인간의 유한성을 인정하면서도 인간의 내면성과 정신적 가치에 큰 의미를 부여하는 것은 그 때문이다.

질적인 측면에서 인간은 '우주 속의 심적(心的) 흐름'인 에너지를 연구할 수 있도록 한다. 물리학에서 물질의 보편적인 특성을 발견하듯이, 인간의 영역에서는 의식, 즉 정신 에너지가 우주적인 가치를 지니는 인자(因子)로서의 모습을 지니게 되는 것이다. 고리키(М. Горький)

로 주목할 만한 것으로 보는 것이다. 신경조직의 변화에 방향이 있다는 사실은 진화에 어떤 방향이 있음을 입증하는 것이기도 하다. 즉 생명체의 역사를 '밖에서' 보면 전체로 보거나 갈라져 나간 가지로 보거나 거대한 신경조직의 역사를 드러내는데, 그것은 '안으로' 어떤 정신 상태가 이룩되는 것과 일치한다. 겉으로는 신경절과 신경섬유가 보이지만 그 속에는 의식이 있는 것이다. там же, с.143-7.
23) там же, с.153.

역시 정신 에너지에 대해 언급하면서 인간을 물질을 정신 에너지로 변형시킬 수 있는 존재로, '생각' 역시 물질이 심리 에너지로 변형된 것으로 본다. 그에 따르면 자연이 인간의 얼굴에 자신을 알아볼 수 있는 기관을 만들었는데, 그것을 '두뇌(мозг)'라고 표현한다. 두뇌 때문에 인간은 비밀스런 힘에 의해 창조되었다고 보는 것이다.[24] 그리하여 고리키는 인간을 '자신 속에서 물질(материя)을 심리 에너지로 변형시키는 기관'으로서 이해하고자 했다. 더불어 상당한 미래에는 전 세계가 '순수한 정신(чистая психика)'으로 변형될 거라는 생각을 개진했다. 사실상 생각은 인간의 두뇌 물질에서 무기(無機)적인 물질 요소로부터 만들어진 원자들이 분리된 결과이며, 이런 물질이 끊임없이 심리 에너지로 변형된다고 보는 것이다.

고리키는 또한 "언젠가 인간이 섭취한 모든 물질(материя)은 인간의 뇌에서 통일된 에너지(единая энергия), 즉 심리 에너지로 변형될 것이며, 심리 에너지는 바로 자신 속에서 조화(гармония)를 발견하게 될 것"이라고 기술하기도 하였다.[25] 인류의 역사가 더 진행될수록 인간의 삶은 더 적극적으로 변화하게 된다고 보는 것이다. 인류의 심리 에너지가 양적으로 성장할 뿐만 아니라 질적으로도 농축되기 때문이다.

인류 진화의 원동력을 인간의 '정신 에너지'로 보고 있는 샤르댕과 고리키와 마찬가지로 아나톨리 김 역시 동일한 관점을 표명한다. "인간은 저 높은 곳을 지향해야 한다."는 의식을 『꾀꼬리의 메아리(Соловьиное эхо)』에서 주인공 오토 메이스너(Отто Мейснер)의 입을 통해 표출한다. 그는 아무르 강나루에서 일하는 한 뱃사공을 보면서 입에 풀칠하는 일에만 전전긍긍할 수밖에 없는 일반 사람들의

---

24) И. А. Сафронов, *Русский космизм*, СПБ.: Санкт – петербургского государственного университета экономики и финансов, 1998, с.27 – 8.
25) там же, с.28.

삶을 생각한다.

Все они суетятся от младенчества до старости в тревожных поисках хлеба насущного и существуют, <u>если представить абстрактно, перемещаясь лишь в направлении горизонтальном. В то время как человек, рожденный под этим высоким именем, должен бы устремиться бесконечно ввысь по верикмали.</u> (с.110)

이들 모두는 어릴 때부터 늙은이가 될 때까지 일용할 빵을 얻기 위해 전전긍긍하며 분주하게 돌아다닌다. <u>추상적으로 표현하자면 수평방향으로만 이동하며 살아가는 것이다. 하지만 인간이라는 고귀한 이름으로 태어난 우리는 적어도 수직권을 따라 높은 곳을 끊임없이 지향하는 것도 또 다른 의무가 아닐까.</u>

우리 범인들은 가시적인 공간, 지상이라는 현세적이고 수평적인 공간에서만 자신을 가두며 살아간다. 하지만 위의 표현에서 드러나듯이 철학자 오토 메이스너는 모든 인간의 의식이 상승해야 한다고 말하고 있는 것이다. 그리고 그는 끝없이 자신의 시선을 위로, 하늘로 향한다(посмотрел в небо).(с.110) 이것이 인간의 본질적인 삶의 의미를 묻는 철학자의 목소리를 통해 작가가 독자들에게 던지고 싶었던 것이라 할 수 있다.

또한 작품 마지막에서는 역사교사인 서술자와 그의 내면의 반향으로 불러일으켜진, 물리적으로는 이미 사망한 할아버지 오토 메이스너와의 대화가 전개된다. 여기서 오토 메이스너는 손자에게 "진정한 정신성은 썩지 않으며(подлинная духовность нетленна), 그것은 심지어 죽음에 직면했을 때의 장애물도 극복하도록 도와준다."(с.189)라고 이야기한다.

아나톨리 김은 인간 의식과 관련된 '에너지 응축 현상'의 가능성
에 대한 논의를 『아버지-숲』에 실제로 삽입한다. 그런데 여기서
논의가 되는 것은 일상적인 삶에서 나타나는 문제라기보다는 인간이
죽음에 직면했을 때 나타나는 에너지 응축현상이다. 2차세계대전 당
시 스쩨판 투라예프가 수감되어 있던 포로수용소의 소장과 그의 동
생 뵈머(Ф. Беме)의 논쟁 속에서 나타난다. 뵈머는 포로수용소 사람
들을 한꺼번에 살해할 수 있는 살상용 가스를 발명하기도 한다. 그
는 자기 형에게 인간에게서 나타나는 심리 에너지 응축현상에 대해
다음과 같이 설명한다.

> Тяжелый сгусток психики, выработавшись в те секунды,
> когда все становится ясным и, кроме смерти, никакой другой
> истины перед человеком не оказывается (он, то есть номер,
> заключенный, человек-как угодно называй те его,-вдруг
> убеждается, что он совершенно, абсолютно. беспредельно
> одинок),-тогда он способен прийти к состоянию самому
> опасному, господа. Он почувствует такую враждебность к жизни
> и тягу к смерти, что вмиг станет внесоциальным существом,
> в котором образуется тот самый сгусток отрицательной
> психической энергии, Она, господа, распространяется в виде
> особого запаха или характерного явления. (с.243-4)

심리 에너지의 강한 응축은 인간 앞에 죽음 외에 그 어떤 진리
도 남아 있지 않게 된 순간에 나타나는 거예요. (인간, 즉 사형수
는 그가 절대적인 무한 고독에 직면해 있다는 사실을 갑자기 확
신하게 되는 거지요.) 그래서 아주 위험한 상황으로 빠져드는 겁
니다. 모든 이데올로기는 헛된 것이며, 신 역시 존재하지 않는다
고 믿어 버리는 거죠. 그리고 이렇듯 고통스러운 현실의 순간보다
는 차라리 죽음이 빨리 엄습하길 원하는 바로 그 순간, 부정적인

심리 에너지 응축 현상이 나타납니다. 그리고 그 심리 에너지는
특수한 냄새로 확산되는 거죠.

이러한 표현을 통해 아나톨리 김은 인간의 현 심리 상태, 인간이
무엇을 지향하는가에 따라 에너지의 성격이 결정될 수 있다는 가능
성을 열어 준다. 인간의 죽음 직전에 강한 고독을 동반하는 '부정적
인 심리 에너지의 응축(сгусток отрицательной психической энергии)'
이 존재하는 만큼, 인간이 삶의 의미와 약동과 기쁨을 노래할 때 '긍
정적인 심리 에너지 응축(сгусток психической энергии)' 역시 하나
의 현상으로 나타나는 것이다.

아나톨리 김에게 있어서 한 개체로서의 인간은 엔트로피 법칙에
따라 시간의 흐름과 더불어 소멸해 가는 존재이지만, 동시에 시간과
함께하는 소멸의 법칙을 거슬러 상승할 수도 있는 존재이다. 이것이
인간이 지닌 정신 에너지이며, 그는 이런 상승의 꿈을 『양파 밭』
의 마지막에 등장하는 '거인(великан)'의 형상을 통해 표현하기도 한
다. 여기서 주인공 파벨(Павел)과 작가에게 거인은 인간이 지향해야
하는 '선(доброта)'과 '불멸(бессмертие)'의 구현체이다.

아나톨리 김이 표현하는 인간상은 생명에 대한 비관주의로 스스로
그 생명을 끊어 버릴 수도 있는 존재이지만, 파벨의 염원을 통해 드
러나듯이 상승된 불멸의 꿈을 표출하는 '거인'이 되고 싶은 존재이
기도 하다. 인간은 자연과 물질에 종속될 수도 있는 존재이지만, 그
것을 넘어설 수도 있는 존재이기도 한 것이다. 어떤 방향으로 향할
것인가는 인간의 선택과 노력 여하에 달려 있다.

인간은 엔트로피와 정신 에너지의 교차점에 서 있는 존재이다. 이
에 관해서는 인간의 전 역사를 걸쳐 지나온 인간 자의식의 이원론이
증명해 주고 있다. 인간은 자신이 두 세계에 속함을 인식하고 있다.

인간이란 신의 모상대로 창조되어 상승할 수 있는 정신을 지닌 존재인가 하면, 시간의 흐름에 따라 그냥 소멸해 버릴 수도 있는 자연인이기도 하다. 정신 에너지와 엔트로피의 상호 교점으로서의 인간이 서 있는 위치는 다음과 같이 나타낼 수 있다.

〈표 1 엔트로피와 정신 에너지의 상호교점으로서의 인간〉

엔트로피	정신 에너지
인간의 자연적 특성 부각	인간의 종교적 특성 부각
자연계	초자연계
필연성의 법칙	자유의 법칙
수평권	수직권

이와 같은 관점에 입각하여 아나톨리 김은 인류 역시 '엔트로피와 정신'이라는 두 흐름의 상호작용의 교점에 서 있는 존재로 보는 것이다. 여기에서 인간현상의 비장성과 장엄함이 드러난다. 실천적인 입장에서 보면 우리는 우주 에너지의 일부분을 위탁받은 자로서 그것을 보존하고 전파해야 할 고귀한 의무를 짊어진다. 즉 오늘날 '인류'라는 이름으로 나타나 있는 정신의 흐름이 유지되고 전진하기 위해서는 인류 집단이 그 내적 긴장을 보존해야 할 필연성을 지녀야 한다고 아나톨리 김은 간주하는 것이다. 그는 또한 이러한 방식으로 물리학, 생물학, 윤리학이 한 점에서 만나고 있는 새로운 에너지론의 내면화를 시도한다.

사실상 정신과 물질을 똑같은 관점에서 묶기는 사실 어려운 일이다. 모든 윤리학이 거기에 바탕을 두고 있지만, 그것은 손에 잡히는 것이 아니기 때문에 역학 계산이 되지는 않는다. 하지만 세상의 안팎을 이루는 물질과 정신의 두 에너지는 전체로 보면 같이 움직인다. 물질 에너지와 정신 에너지는 결합되어 있고 때로는 서로 모습을 바꾸기도 한다. 따라서 자연의 통로를 따라 들어온 물질의 힘이 그 영혼 속에서 내면을 갖추고 승화될 수 있다.

아나톨리 김의 관점은 물질과 정신의 데카르트적인 이분법과는 전혀 다르다.[26] 정신과 물질의 이분법은 정신물리학적 구조에서는 결코 적용될 수 없다. 때문에 정신물리학적 구조인 유기체적 우주는 물질과 같은 정적인 실체들로서가 아니라 역동적인 에너지의 영역들로 구성되어 있다. 사실 우주를 만드는 가장 기본적인 재료는 순전히 정신적이거나 물질적일 수 없으며, 그 둘 모두이다. 정신과 물질의 결합을 하나의 생명력으로 보는 아나톨리 김의 관점은 이에 근거하는 것이다.

2. 과학 패러다임: '기계론적 패러다임'에서 '유기론적 패러다임'으로의 전환

엔트로피 법칙과 생명의 관계를 표현하는 작품 내용에서도 드러나듯이, 아나톨리 김에게 인간은 엔트로피 법칙을 넘어서서 끊임없이 의식 상승을 위한 도정을 가야 하는 존재이다. 그런데 이것은 우리가 엔트로피 법칙을 통해서 알게 된 내용을 내면화함으로써 가능하다는 것이 아나톨리 김의 생명철학이 지향하는 것이다. 즉 현재의

---

26) 하지만 이것은 정신과 육체, 정신과 물질을 명확하게 구분하지 않는다는 의미는 아니다. 분명히 정신은 물질로 환원될 수 없는 존재론적 가치를 지니고 있으며, 정신은 물질보다 더 지속적인 가치가 있음을 아나톨리 김 역시 작품 속에서 표현하고 있다.

기계론적 세계관을 버리고 인간과 생명이 공존하는 유기론적 세계관을 수용해야 한다는 것이다.

이는 생태주의적 시각에서 현대 과학기술에 대한 태도를 재평가하는 제레미 리프킨의 관점에서도 드러난다. 과학기술 일변도의 문명이 제기한 부정적 측면을 분석하는 그의 입장은 자연스럽게 유기론적 세계관에 자리하고 있으며, 그것은 무엇보다 토마스 쿤(Thomas Kuhn)의 『과학혁명의 구조』에서 제시된 기본개념들의 영향을 크게 받고 있다. 예컨대 과학의 발달이 누적적인 성격이라기보다는 혁명적이라는 쿤의 파격적인 개념과 같이, 이 세계를 구하기 위해서는 기계론적 패러다임으로부터 유기론적 패러다임으로 세계관의 혁명적 전환이 이루어져야 한다. 아나톨리 김의 생명과 물질에 대한 이해도 이러한 의식과 맥락을 같이한다. 여기서는 먼저 기계적 세계관은 어디에 기초하고 있으며, 이런 패러다임하에서 물질과 생명에 대한 이해는 어떠한지 살펴보기로 하자.

기계론적 패러다임은 베이컨, 데카르트, 뉴턴 등의 공로로 종합되었으며, 영구적인 물질적 성장을 믿는 견해에 입각하고 있다. 기계적 세계관은 자연계의 현상을 이해함에 있어 운동하는 물질만을 다룬다. 왜냐하면 그것은 수학적으로 측정 가능한 유일한 것이기 때문이다. 그것은 사람보다는 기계를 위해서 만들어진 세계관이다. 양(quantity)으로부터 생명의 모든 질(quality)을 분리시켜 제거함으로써, 기계적 패러다임의 제작자들은 전부가 죽은 물질로 구성되는 차갑고 무감각한 우주를 만들게 되었다.

뉴턴 물리학에서의 신(神)은 자연신관(自然神觀) 또는 자연신이라고 불리는 이신론(理神論, deism)[27]이라 할 수 있다. 이신론에서는 신

---

27) 이신론은 세계를 질서와 법칙이 있는 자연으로 보고 이 질서와 법칙의 근거 또는 원인을 신에 두는 신관으로서, 신비로운 기적 등을 일으키고

을 세계의 창조자로 인정하지만, 이를 세상일에 관여하거나 계시하는 것과 같은 인격적인 존재로는 생각하지 않는다.[28] 뉴턴 역학에서는 시간을 자연의 작용과는 관계가 없는 것으로 인식했다. 자연으로부터의 격리라는 이러한 생각은 인간과 자연이 완전히 분리된 상태로 세계가 조직되어 있다는 데카르트의 믿음으로부터 출발하였다. 과학적인 방법의 핵심은 관측자와 관측 대상물 사이의 완전한 중립성의 확립이었는데, 그렇게 함으로써 자연은 조작될 수 있고 인간의 물질적 이익을 증진하는 데 사용될 수 있을 것이라고 생각한 것이다.

따라서 뉴턴 역학은 인간을 자연으로부터 분리시켰으며 생명, 시간, 엔트로피 과정들 사이의 진정한 상관관계가 인간의 의식으로부터 완전히 이탈되어 버렸다. 엔트로피 법칙은 자연계의 만물이 유용한 상태로부터 무용지물로 변형되어 버렸다는 것을 말하고 있으나 로크와 그 주변 인물들은 그 정반대의 논리를 주장한다. 그들은 혼돈으로부터 질서로 '전진'한다고 주장하였던 것이다.[29]

우리 인간들의 삶의 방식에 따라 세상이 파멸로 치달을 수도 있다는 생각을 전혀 고려치 않은 뉴턴 역학은, 그 삶의 방식에서도 정복의 개념과 소유의 개념이 우세할 수밖에 없다. 물질을 하나의 관찰 대상인 죽은 실체로 규정하고, 물질적 이익을 주는 것으로만 자연을 이해하는 것에서 근거를 찾아볼 수 있다. 때문에 항상 물질 속

세계를 지배하기도 하는 인격신론이나 우주 자연 자체가 신이라고 하는 범신론적 신관과는 질적으로 구별되는 신관이다. 세계(우주 자연) 그 자체는 주어진 법칙과 원리에 따라 질서 정연하게 움직일 뿐이라는 것이다. 이것은 합리론적 철학자나 과학적 유신론자들에게서 많이 발견할 수 있다. 고대 그리스의 아리스토텔레스(Aristoteles)와 17세기 이후 계몽 철학기의 많은 철학자들, 예를 들면, 로크(Locke), 샤프츠버리(Shaftesbury), 볼테르(Voltaire), 뉴턴(Newton)과 현대의 많은 과학주의적 철학자들이 이러한 신관을 가지고 있다. 이석호, 629-30쪽.

28) 앞의 책, 38쪽.
29) 제레미 리프킨, 67쪽.

에서 정신을 보고 있는 아나톨리 김의 관념과 뉴턴 역학의 물질관은
여기에서 충돌할 수밖에 없다.

  자연을 주체와는 동떨어진 하나의 객체로만 이해하는 기계론적 패
러다임에서는 인간을 물질적인 측면에서 이해하는 성격이 강하게 나
타난다. 그러한 기계론적 패러다임이 극단으로 치달은 경우에 나타
나는 것이 '호모 파베르(homo faber)'[30]의 인간관이다. 여기서는 인
간도 모든 사물들처럼 물질적인 사물이라고 주장한다. 그리고 인간
도 물질과 똑같은 요소로 만들어졌고, 이 세계의 다른 사물들과 같
은 법칙의 지배를 받는다고 간주된다.[31] 이러한 관점이 이후에 나타
난 다윈의 진화론과 결합하여 인간을 더욱 물질적으로 설명하며, 나
아가서는 인간이 동물과는 본질적으로 차이가 없는 존재라고 규정하
게 된 것이다.

  이러한 호모 파베르의 인간관이 현대의 과학·기술문명과 물질문
명을 주도해 온 것으로 볼 수 있다. 과학과 기술은 지난 2세기 동안

---

30) 실증주의(positivism)와 실용주의(pragmatism)로 대표되는 자연주의적 인
    간학 전체는 인간을 호모 파베르의 존재로 규정하고 있다. 호모 파베르
    란 공작인(工作人)을 의미하는 것으로, 인간과 동물을 구별하는 본질적
    규정은 도구를 만들어 사용하는 점에서 정의하고 있는 인간관을 말한다.
    인간을 호모 파베르로 믿는 이념은 그리스의 데모크리토스(Demokritos)
    와 에피쿠로스(Epikuros)의 감각론으로부터 시작하여 베이컨(F. Bacon),
    흄(D. Hume), 밀(J. S. Mill,), 콩트(A. Comte), 스펜서(H. Spencer) 등 경험
    론과 실증주의 이론, 실용주의 이론 등을 거쳐 형성된 인간관이다. 여기
    서 사람은 생각하는 존재(homo sapiens)라기보다 살기 위해서 일하는 존
    재(homo faber)이다. 18세기와 19세기 이래로 널리 퍼진 유물론
    (materialism) 역시 호모 파베르의 인간관에 그 뿌리를 두고 있다. 지금
    까지 내려오던 전통적인 인간관은 정신적인 것이 인간의 본질을 본래
    적으로 규정해 주는 것이며, 인간의 본질을 가장 잘 표현해 주는 것이
    라고 생각하지만 유물론은 이러한 인간관에 반대하고 있기 때문이다.
    이석호, 41쪽.
31) 스털링 P. 램브레히트, 『서양철학사』, 김태길·윤명로·최명관 역 (을유문
    화사, 1992), 520쪽.

비약적인 발전을 거듭하여 인간의 삶에 편리함과 이로움을 가져다준 것도 사실이다. 그렇지만 과학은 윤리적 반성과 숙고를 배격하면서 자연 파괴와 환경오염 등 인류에게 엄청난 재난을 가져다주기도 하였다. 또한 인간 경시 풍조, 인간의 사물화, 금전 만능주의를 토대로 한 물질적 가치의 숭상, 평균인화, 인간성 상실, 갖가지 비인간화 현상 등 인간 소외 현상도 같은 맥락에서 이해될 수 있다. 아나톨리 김의 작품 속에는 기계론적 패러다임하에서 양산되는 부정적 결과물들이 빈번하게 묘사되고 있다.[32]

인간도 물질적인 사물이며, 사물과 마찬가지로 물질 법칙의 지배를 받는다고 보는 호모 파베르의 인간관에서 배태되는 삶의 방식은 이기주의와 소유적 삶의 모습이다.[33] 또한 이기주의와 밀접하게 관

---

32) 아나톨리 김은 자서전에서 가난을 벗어나기 위해 돈을 모으는 것에 인생의 의미를 걸고 있는 사람들의 에피소드를 이야기한다. 돈은 셀 줄도 모르는 채 러시아 돈을 그저 모으기만 하는 사할린의 도홍로 노인의 이야기(*моё прошлое*, c.339)도 이와 관련된다. 도홍로라는 노인은 당시 소비에트에 화폐개혁이 실행된 사실 자체를 모르고 있었기 때문에, 그가 평생을 모은 돈은 결국 쓸모없는 종이조각에 불과한 것이 되고 마는 에피소드를 언급한다. 작가는 이것으로 기계론적 패러다임하의 가치를 따라 물질적 부를 축적하는 것으로 행복을 얻는다는 생각은 의미가 없다는 것을 제시하고 있다.

33) 인간은 누구나 타인보다 자신을 먼저 생각하는 본능을 가지고 있지만, 타인을 부정하고 지나치게 자신만을 긍정하는 것은 '이기주의'로 빠질 수밖에 없다. 그것은 베이컨이 말한 '만인이 만인에 대한 적'이라는 사회를 이룰 수밖에 없으며, 쇼펜하우어가 언급하고 있는 것처럼 만민의 투쟁, 즉 상호간의 경쟁이라는 육체적 삶을 표방할 수밖에 없다. 쇼펜하우어는 인간과 동물에 접근시키면서 동물과 마찬가지로 인간 안에 있는 주된 근본 충동은 이기주의라고 본다. 이기주의의 가장 전형적인 모습은 홉스(Thomas Hobbes)의 이론에서 찾아볼 수 있다. 영국 경험론의 선구자인 베이컨(Francis Bacon)으로부터 큰 영향을 받았던 홉스는 전형적인 유물론자이다. 유물론에 의하면 세상 만물은 모두 물질(혹은 물질의 기본입자인 원자)로 구성되어 있다. 따라서 인간의 본성에 대한 홉스의 해석 역시 아주 유물론적이고 기계론적이다. 그의 인간관은 "인

련된 물질만능주의는 인간의 존엄성과 가치를 손상시킬 수밖에 없
다. 아나톨리 김이 부정적인 인간상으로서 묘사하고 있는 '인간의
야수화'라는 테마는 이런 작가의 우려 속에서 '진정한 인간상'을 모
색하기 위한 탐색이라 할 수 있다.

기계론적 패러다임하에서는 인간 역시 하나의 고립된 실체일 수밖
에 없다. 인간이 각자의 껍질 속에서 나오려 하지 않고 서로를 소외
시키는 양상 역시 여기서 배태된다. 문명 비평가인 가세트(Ortega
Gasset)[34]나 심리학자 리즈먼(David Riseman)[35]이 언급하는 현대 사
회에 대한 인상이 이를 반영한다. 아나톨리 김 역시 공간적 배경이
되는 작품에서는 고립된 대중에 대한 묘사를 빠뜨리지 않는다.[36] 특

간은 생물이다. 생물은 하나의 물체이다. 물체인 이상 인간은 물리적
법칙을 통해 인식할 수 있는 세계의 한 부분이다. 이에 따라 인간의 욕
구는 물론, 감정이나 의지의 움직임도 물리적 법칙, 즉 역학법칙으로
설명될 수 있다. 그런데 인간의 모든 욕구와 행동은 하나의 목적을 갖
는다. 이것은 자기 보존(self-preservation)이다."라는 말에서 잘 나타난
다. 이러한 홉스적 인간관에 영향을 받아 현대의 자본주의적 사회 체제
에서의 인간은 저마다 일차적으로 자기의 이익과 욕구를 추구하는 존
재가 되고 만 것이다. 서배식, 『人間이란 무엇인가?: 人間·自由·만남』
(정음사, 1986), 144-5쪽.
34) 그는 자신의 저서 『대중의 봉기』(1930)에서 현대인의 위기를 다음과 같
이 말하고 있다. "현대는 대중사회(mass society)이다. 대중적 인간은 개
성적 인간이 아니고 평균적 인간이다. 따라서 현대인은 평균인으로서
자기의 평범한 생활에 만족하고 있으므로 높은 가치를 추구하며 인간
으로서 고귀해지려는 이상과 의욕을 가지지 않는다. 현대인이 대중적
차원에서 살 때, 그것은 인간의 가치를 떨어뜨리는 결과를 가져온다.
여기에 바로 대중 사회로서의 현대 사회에 대한 인간의 위기가 스며들
어 있다."라고 표현하였다. 이석호, 155쪽.
35) 리즈먼은 『고독한 군중』(The Lonely Crowd, 1950)에서 현대의 대중적
인간은 혼(魂)이 없는 기계, 개성이 없는 평균인, 인격을 상실한 직업인
그리고 고독한 군중이 되기 쉽다고 지적하고 있다. 앞의 책, 155쪽.
36) 『다람쥐』와 『아버지-숲』에서 모스크바 배경으로 옮겨져 있을 때, 그러
한 묘사가 자주 나타난다. 이와 더불어 도시의 지하철 역시 괴물의 형
상으로 묘사된다.

히 『쌍둥이(Близнец)』에서 서술자는 대도시의 지하철역으로 향하는 수천 명의 사람들을 "각각의 사람은 서로를 모른다. 즉 자기 자신을 알지 못하는 것이다(и каждый не знал каждого, не знал самого себя)." (c.4)라고 표현한다.

즉 기계론적 패러다임에 따라 살아가는 개인이란 고립되어 있는 하나의 인자에 불과한 것임을 작가는 염두에 두고 있는 것이다.[37] 또한 개별화되어 있는 고립 개체가 자신을 가두고 있는 이 틀 속에서 벗어나야 할 필요성조차 인식하지 못하는 경우를 묘사하고 있다.

이기주의적 삶이 야기하는 물질 제일주의는 기계론적 패러다임을 따라 살 때 당연히 뒤따라오는 문제라 할 수 있다. 이러한 물질 제일주의에서 우리의 삶은 존재가 아닌, 소유개념의 삶으로 전락하고 만다. 에리히 프롬(Erich Fromm)은 현대인이 자신을 잃어버린 원인을 현대인이 자기의 '인간됨'을 잊고 자기 자신과 자기의 자유를 포기하는 데 있다고 본다. 이것이 현대인의 근본적인 병이라는 것이다.[38] 또한 프롬은 인간이란 자신이 만들어 낸 물건이나 관념이나 정열에 지배되어서는 안 되며 스스로의 주인이 되어야 한다고 주장

---

37) 아나톨리 김은 '인간 소외'라는 문제를 20세기 소비에트 전체주의 체제 속에서 이해하고 있다. 그는 자서전에서 청년시절 자신이 모스크바로 와서 임시거주 허가증을 받을 당시의 어려움을 서술(моё прошлое, c.300－400)하고 있는데, 그는 이것이 거절당했을 당시의 느낌을 "어떤 저주스런 소외감이 순간 자신을 엄습했다"고 쓰고 있다. 아나톨리 김은 인간 소외 문제를 하나의 사회적이고 국가적인 문제의 차원에서 이해하면서, 전체주의 체제의 절대적 소외감은 단순히 "인간은 인간에게 서로 늑대이다(человек человеку－волк)."라는 차원이 아니라, "인간은 인간에게 서로 아무것도 아니다(человек человеку－ничто)."로 표현될 수 있다고 이야기한다. 그리고 계속해서 "인간은 자신의 힘으로는 넘어서기 힘든 조직화된 위력 앞에 서 있다는 사실을 깨닫는 순간, 자신이 아무것도 아니라는 것을 느끼게 되며, 그와 가까이 있는 사람 역시 아무것도 아님을 깨닫게 된다."라고 덧붙이고 있다.

38) 에리히 프롬, 『人間을 위한 人間』, 崔赫淳 옮김 (瑞音出版社, 1981), 297쪽.

하기도 하였다.[39] 그러나 불행히도 현대 사회에서의 인간은 스스로를 소외시켜, 자기네들이 만들어 낸 각종의 물건과 우상을 숭배해 왔다고 프롬은 주장한다.

소유와 소비는 덧없는 헛것에 우리를 연연케 함으로써 인간을 서서히 잠식해 간다는 것이다. 즉 부질없는 세상의 에너지는 끊임없이 품성을 타락시킨다. 인간이 소유하는 물건들이 인간을 소유하게 되는 상황이 벌어지며, 인간은 거기에 매달리게 된다. 이것이 바로 물질 제일주의라 할 수 있다.

사실상 물질과 정신은 역비례 관계이다. 물질을 많이 소유하면, 그만큼 정신은 상실된다. 존재가 삶의 원리라면, 소유는 죽음의 원리이다. 인간의 모든 투쟁, 개인과 개인, 국가와 국가 간의 싸움은 모두 소유의 문제에서 야기된다. 물질적으로 더 많이 소유하려고 싸우고, 인격적으로 소유물이 되지 않으려고 싸운다. 모든 전쟁의 원인이 되는 소유는 자기살해의 원리이다. 하나의 소유는 다시 다른 소유를 부르며, '더 많이'라는 소유의 본질은 결국 자기의 존재마저 죽인다는 것이 아나톨리 김의 가치관이다.

『구린의 유토피아(Утопия Гурина)』에서는 소유 개념의 삶을 살 뿐만 아니라, 사랑에 있어서도 소유 차원의 사랑만을 원하는 엘레나(Елена)의 모습이 묘사되고 있다. 작품의 주인공 구린(Гурин)은 이혼을 원하는 아내 엘레나가 원하는 대로 헤어지고 난 이후에 사림(Сарым) 지역으로 떠난다. 그리고 그곳으로 향하는 비행기 안에서 자신의 지난 삶과 결혼생활을 반추한다. 불행했던 결혼생활을 쓸쓸히 떠올리며 이것의 근본원인이 두 사람의 삶을 이해하고 바라보는 가치의 차이였다는 것을 술회한다. 소유적 삶을 지향하는가, 존재적 삶을 지향하는가의 문제가 그들의 사랑 방정식에도 적용되었던 것이다.

---

39) 에리히 프롬, 『자유로부터의 도피』, 崔俊煥 옮김 (豊林出版社, 1981), 328쪽.

구린은 비행기에서 엘레나에게 쓴 편지에 그녀가 지향하고 숭배하는 사랑의 개념에는 속성상 잔혹함(жестокость)이 내포되어 있다고 쓰고 있다. 또한 그런 소유 개념의 사랑에서는 마치 파트너들이 서로 경쟁하듯이 한 사람이 다른 한 사람을 반드시 자기 것으로 만들어야 하기 때문에, 한 사람이 다른 한 사람의 우위에 설 수밖에 없다는 것이다. 구린은 이렇게 말한다.

> Вы знаете только любовь берущую и сердитесь, когда дают не все, чего хочется вам. Любовь у вас преобразовалась в потребление. (с.363)
>
> 당신은 단지 움켜쥐는 사랑만을 알고 있을 따름이라, 당신이 원하는 것이 모두 충족되지 않으면 그것 때문에 화를 내는 것이오. 당신의 사랑은 소비로 전락해 버렸소.

그리고 구린은 "이제는 당신이 던져 놓은 올가미에서 벗어날 수 있게 되어서 기쁘다."(с.394)라고 덧붙인다. '미(美)'를 바라보는 관점에서도 구린의 눈에 비친 엘레나는 기계론적 패러다임하에서의 삶의 방식들을 그대로 답습하고 있다. 구린은 다른 사람들은 모두 자신의 아내였던 엘레나가 아름답다고들 하지만 그녀에게는 전혀 아름다움이 없으며, "그녀의 미는 하나의 상품이죠. 그것을 대가로 더 많은 것을 얻어 내려고 하는 거구요(У неё товар, за который она хочет побольше получить)."(с.401)라고 단언한다.

엘레나의 인공미를 혐오하는 구린은 언젠가 모스크바에서 알게 되었던 갈 곳 없는 한 소녀를 찾아 헤맨다. 자신이 이상적인 미로 생각하는 자연미(природная красота)의 구현을 그 소녀에게서 발견했기 때문이다. 내면세계를 중시하며 꿈꾸는 유형인 구린과 소유와 집착의 삶을 사는 엘레나의 대립은 이러한 존재와 소유라는 구도 속에서 이해될 수 있다. 그 외에도 아나톨리 김의 작품 속에는 『아버지-숲』에서 글렙의 친구로 등장하는 피스쿠노프(Пискунов) 부부와 같이 자신이 원하는 물질적인 것을 채워 가며 세태(быт)의 유행에 발맞추어 사는(c.156) 유형도 등장하고 있다.

정신과 물질의 역비례 관계는 물질의 법칙에 따라 살아가는 종족을 묘사한 『켄타우로스의 마을』에서 가장 극단적으로 나타난다. 켄타우로스들은 철저하게 물질의 법칙, 자연법칙에 종속되어 살아간다. 켄타우로스들에 대한 묘사에서 가장 두드러진 것은 그들이 사는 마을의 열매가 익는 시기, 그것을 먹는 시기 혹은 그것을 저장해 두어야 하는 시기 등에 대한 서술자의 상세한 설명이다.

켄타우로스 마을에서 캄푸(кампу) 뿌리는 일종의 정력제로 사용되고 있기 때문에, "가을에 짝짓기를 위한 정력을 비축하기 위해 그 뿌리를 배가 터지도록 먹어치우곤 했다."(c.23)는 표현이나 "라차차(лачача) 열매가 완전히 익기 시작해서 그것을 먹는 시기와 켄타우로스들의 대대적인 짝짓기 시기가 일치한다."(c.24)는 표현이 그 예가 될 수 있다. 그들은 사고를 하는 정신적인 활동을 하지 않기에 역으로 육체적인 삶의 모습만 부각되고 있는 것이다. 이것은 '정신적인 인간'이 그 주인공으로 등장하는 아나톨리 김의 다른 작품에서는 찾아볼 수 없는 표현들이다. 이렇게 아나톨리 김이 부정적인 인간상으로 묘사하는 것이 기계론적 패러다임하에서 살아가는 인간의 모습, 즉 '호모 파베르'에 근거하고 있음을 알 수 있다.

앞서 살펴보았듯이 뉴턴 역학은 모든 현상이 고립된 물질의 성분 혹은 고정된 재료인 듯 다루는 태도를 나타낸다. 때문에 근대 과학의 손에 의해 자연이 마구 처리되고 파괴되는 사태를 야기하게 되었다. 뉴턴식 패러다임 신봉자들은 에너지 흐름이 클수록 사회는 효율적이고, 문명은 더욱 발달되며 세계는 더욱 질서 있게 되어 역사가 발전한다고 생각했던 것이다. 그러나 에너지는 창조되거나 소멸될 수 없고 다만 한 방향—사용가능한 상태로부터 사용 불가능한 상태—으로만 변화할 수 있기 때문에, 이른바 에너지 흐름을 촉진시키도록 설계된 효율의 증가라는 것은 에너지 분산과 세계의 무질서도를 촉진시킬 따름이다.

모든 현상을 고립된 물질 성분으로 보는 기계론적 패러다임에서 벗어나 이 세상 모든 것이 동적인 흐름의 일부라고 보는 것이 바로 유기론적 패러다임이다. 이 세상의 모든 것은 상호 관련되어 있다는 아나톨리 김의 관념 역시 같은 맥락이라고 할 수 있다. 자연이 정복이나 개척의 대상이 아니라, 인간과 함께 숨 쉬는 합일체가 되어야 한다는 생각은 삶의 터전으로서의 자연을 바라보는 작가의 시각을 그대로 반영하는 것이기도 하다.

그것은 '도시'에 대한 아나톨리 김의 관점과 직결되기도 한다. 그의 작품에 나타난 대도시민들은 서로에 대해 적대감을 강하게 가지며 이기적이다. 또한 사람들 사이에 의사소통이 이루어지지 않기에 도시에 거주하는 등장인물들에게는 폐쇄적 특성이나 고독감이 강하게 나타난다. 따라서 그곳에서는 자살률이 높고, 정신분열증이나 범죄율도 높다. 무엇보다 도시는 에너지 흐름을 최대로 하도록 설계되어 있는 곳이기 때문이다. 대도시가 존속되어 가려면 막대한 에너지가 투입되어야 하는 것은 당연한 것이기에, 산업사회, 즉 도시화된 사회는 저엔트로피를 지향하는 삶과는 정반대로 작용하게 되는 것이다.

『아버지-숲』에서 투라예프 가문의 3대는 모두 숲과 유기적 관계를 맺고 살아가는 사람들의 표본으로 등장한다. 이들 삼대는 그들 정신의 원천인 숲을 떠나 있을 때 모두들 죽음에 직면하는 체험을 한다. 그러나 다시 숲을 접하게 되었을 때, 그들은 모두 새로운 정신의 각성과 육체의 치유를 받는다. 서술자 니콜라이 투라예프(Николай

Тураев)의 숲을 통한 존재체험을 이렇게 표현한다.

> Дед Глеба, Николай Николаевич, во влажном дыхании растительного царства искал струю вещественности, поток экзистенции, что унесет его самоощутимое одинокое <я> прямо в океан Наджизни, где независимо от течения времени пребывают неразделенными дух и материи, сущность и его отражение, субъект и объект. (с.128)

> 글렙의 할아버지 니콜라이는 식물 왕국의 축축한 호흡 속에서 물질성의 물결인 실존의 흐름을 발견했다. 그것은 자신만이 지각하는 고독한 <나>를 초월적 삶의 대양으로 실어다 주었다. 그리고 그 대양에서는 시간의 흐름과는 무관하게 정신과 물질, 본질과 그것의 반영, 주체와 객체가 분리되지 않은 채 존재하고 있었다.

철학자의 아들인 삼림지기 스쩨판 투라예프 역시 모스크바에서 유학했을 당시에는 두통과 호흡곤란으로 심한 고통을 받는다. 이유를 찾지 못한 그의 두통을 두고 의사들은 모스크바에서의 전차 사고로 인한 후유증이라고 했지만, 작품 서술자는 숲이 내쉬는 축축한 공기를 호흡하지 못한 것이 두통의 원인이라고 강조한다.(с.129) 실제 그는 모스크바를 떠나 다시 숲으로 되돌아왔을 때 완전하게 치유되는 모습을 보인다. 어린애가 어머니의 젖을 빨고 자라나듯, 그는 숲의 혼(лесный дух)을 먹고 마셔야만 살 수 있는 존재였던 것이다.

글렙 역시 자신에 대한 새로운 각성은 숲을 통해 이루어진다. 무기를 발명하는 수학자로서 이성만을 믿고 살아왔던 그는 어느 날 모스크바의 한 아파트에서 떨어져 내린 어떤 여인의 자살을 목격한 후, '아물지 않는 가슴 속의 화상(незаживающий ожог сердца)'을 입는다. 그리고 이제는 다신 예전의 자신의 삶으로 되돌아갈 수 없는 사람이 되어 버린다. 여기서 그는 자기 실존의 의미가 무엇인가를 되묻기 시작한다.

글렙은 지금까지 최선의 길이라고 생각하며 살았던 삶이 결국에는 인류를 파멸시킬 새로운 지옥의 발명품을 개발하는 것에 불과했다는 사실을 떠올리며, 자신은 우주의 법(закон Вселенной)에 따르면 살 자격이 없다는 결론에 이른다. 그리고 아내와 딸을 떠나서 자살을 하기 위해 시골로 내려왔는데, 숲의 공기를 호흡한 후에 새로 태어나는 신비한 체험을 하게 된다. 그는 오랜 시간 울창한 숲 속을 거닐며 온 가슴으로 축축한 숲의 즙을 빨아들인다. 그러자 신기하게도 상처입고 병들었던 영혼에서 자유로워진다. 어느덧 그의 영혼과 육체는 풀빛을 한껏 배어 물은 건강한 영혼으로 거듭나게 된다.

기계론적 패러다임은 기본적으로 운동하는 물질에 관심을 둔다. 운동과 거리에 최고의 가치를 두는 그것은 끊임없는 발전이라는 이미지에 얽매어 있다. 한계라는 것은 패배의 징조다. 현 세대의 정신은 팽창과 정복이 그것이라 할 수 있다. 무엇보다도 거기에는 정복할 신세계가 항상 존재한다. 기계론적 패러다임의 운동, 정복, 팽창 등의 개념이 아나톨리 김 작품 속에 나타난 '동물(Зверь)'들의 생존방식과 유사하며, 이것이 『다람쥐』의 세계에 나타난 동물적 속성을 지닌 인간의 삶과 연결된다.

동물 속에서 인간의 모습을 보는 다람쥐와 대조적으로 『아버지-숲』에서는 인간을 나무에 비유한다. 작품 초반부에서 니콜라이는 형 안드레이(Андрей)에게 "우리들 각자는 우리 주위에 있는 바로 그 숲의 육체이며 피(Каждый из нас-это плоть и кровь нашего Отца-леса, того самого Леса, который и сейчас стоит вокруг нас)"(c.143)라고 말한다. 니콜라이는 계속해서 나무와 동물을 비교하며 삶의 의미를 조명한다. 인간은 동물로부터는 좋은 유산을 받을 수 없다고 말한다.

하지만 나무들은 태고로부터 선한 채로 남아 있으며, 나무의 삶은 다른 모든 존재에게 유용함을 가져다준다(c.143)는 것이다.

이런 맥락에서 우리는 나무의 삶을 통해 소위 자유의 공식(формула свободы)을 배워야 하는 것이다. 왜냐하면 인간과는 달리 나무는 결코 자신들이 부자유스럽다고 느끼지 않으며, 다른 장소로 이동할 수 없는 나무의 숙명적인 변화 불가능성에서 오히려 나무가 느끼는 자유의 감정이 배태된다고 작가는 생각한다.(c.144) 니콜라이는 수동성 속에서 삶의 자유를 찾는 고요한 나무의 삶에 정복과 욕망으로 점철되어 있는 동물의 삶을 대조시킨다.

> Зверь обречен, может быть, вместе с грешным человеком. <……> Совсем не так же, как и деревья! Деревья и есть святые. (c.145)
> 짐승은 죄지은 인간과 함께할 운명이다. 그리고 악취 속에서 부패해 갈 것이다. <……> 하지만 나무들은 다르다. 나무는 신성한 것이다.

작가의 이와 같은 관점은 인류의 미래에 대한 우려로까지 확대되기도 한다. 아나톨리 김은 인간 세계는 이런 동물적인 기반에 철저하게 봉사하는 일로 더럽혀졌다고 간주한다. 인간들은 야수보다도 더 광포해졌고, 여기에 기초해서 우리의 힘과 이성의 천재성은 자기 파멸의 힘으로 변화되었고, 이것을 소위 진보라고 부르게 되었다(c.145)는 것이다. 니콜라이는 다음과 같은 말로 인간사의 근본적인 문제점을 지적한다.

> Мир этот живет не по законам Зверя. Свои взаимные проблемы предпочитаем мы решать с помощью быстрого

кровопролития. Мы не умеем, делить мирно жизненное пространство, как это делают деревья, вот в чем дело. (с.196)

이 세상은 숲의 법칙이 아닌, 짐승의 법칙에 따라 살고 있다. 우리 인간들은 상호간의 문제를 살육을 통한 재빠른 방법으로 해결하려 하고 있다. 우리는 나무들처럼 삶의 공간을 평화롭게 분배할 줄 모른다. 바로 여기에 문제가 있는 거다.

인류가 파멸하지 않기 위해서는 숲의 철학을 따르는 것뿐이라고 생각하는 것이다. 절대적인 수동성 속에 절대적인 진취성이 내재되어 있다는 관점이다. 그것이 타인을 위해 자신이 가진 것과 자기 자신을 '내어 주는 것(щедрость)', 즉 숲의 유일한 법칙인 것이다. 니콜라이는 나무는 외부 환경과 완전한 조화를 이루고 있으며, 옆 나무를 보면서 질투나 악한 마음으로 괴로워하지도 않고, 이웃 나무들과 다투기를 원하지 않으며, 서로서로 조화를 이루며 살아간다는 점을 강조한다. 또한 그 때문에 숲은 항상 생명, 힘, 풍요로움으로 충만해 있으며 행복을 느낀다고 보는 것이다. 이러한 숲의 사회철학(социальная философия Леса)이 인류가 신조로 삼아야 할 철학이자 아나톨리 김 자신의 철학이다. 그가 생각하는 나무의 삶과 짐승의 삶은 다음과 같이 도식화할 수 있다.

〈표 2 기계론적 패러다임과 유기론적 패러다임의 비교〉

패러다임의 유형	기계론적 패러다임	유기론적 패러다임
해당 작품	『다람쥐(Белка)』의 세계	『아버지 – 숲(Отец – Лес)』의 세계
삶의 법칙	짐승의 법칙	숲의 철학
삶의 방식	능동성, 정복	수동성, 관용
존재 유형	소유 방식의 삶	존재 방식의 삶
에너지 흐름	최대화	최소화

작가는 인간이 동물적 생활방식(기계론적 패러다임)을 따르게 될 때, 더 이상 인간에게는 미래가 없게 될 것이라고 본다. 인간이 여전히 식민의 방법을 휘둘러 그 삶에 관련되는 것을 파괴한다면, 인간이 선택할 수 있는 미래는 더 이상 존재하지 않는다. 즉 작가가 항상 강조하는 미래의 인류라는 것은 생각할 수 없게 되는 것이다.

뉴턴의 세계 기계 패러다임은 수학의 공식을 사용하고 측정을 강조하며, 위치와 거리에 관심을 둠으로써, 재생 불가능한 에너지 자원을 효과적으로 이용하도록 설계된 것이었다.[40] 즉 뉴턴 물리학은 '무생물'의 에너지원에 맞춰 만들어진 것이기에, 순전히 양만 지닌 움직이는 죽은 물질을 다룬다. 따라서 살아 있고 재생가능하며 흐르고 있는 에너지 환경에 대해서는 부적합한 패러다임이라 할 수 있다.

이런 뉴턴 세계관에서 벗어나 아나톨리 김이 지향하는 유기론적 패러다임하에서의 자연관이 사실상 '모든 것은 다른 모든 것과 연관되어 있다(everything is connected to everything else)'는 생태계 제1법칙에 근거하는 것이다. 자연의 한 부분이라도 파괴한다면 인간을 포함한 다른 모든 부분에 그 영향이 돌아간다는 관점이다.[41] 따라서

---

40) 재생 불가능한 에너지 때문에 사람들은 자연에 더 이상 의존하지 않게 되었고, 세계를 인간의 의지대로 조작할 수 있을 것이라고 믿게 되었다. 분산, 붕괴, 무질서의 개념에 대해 더 이상 염려할 필요가 없어졌다. 시간은 조절될 수 있고, 에너지도 창조될 수 있으며, 물질적인 발전도 보장될 수 있을 것이라고 본 것이다. 제레미 리프킨, 118쪽.

41) 지금까지 자연에 대한 전통적 기독교식 접근은 생태학적 파괴를 조장하는 주요 요소가 되어 온 것이 사실이다. 다른 세계의 존재에 대한 지나친 강조는 물질적 세계에 대한 경시와 착취까지도 초래했다. 참된 가치를 지닌 유일한 존재는 신의 천상 세계에서 발견되는 것이라고 보았다. 자연과 인간의 세계인 속세는 저속하고, 타락하고 하잘것없는 것이었다. 자연 세계는 단지 다음 세계로 가는 우리의 여행에서 잠시 쉬어가는 곳 정도로 여겼기 때문이다. 오랜 세월을 두고 기독교 교리의 또 다른 결함은 창조에 대한 창세기의 설명에서 지배의 개념에 대한 것이었다. "자식을 낳아 수를 불리고 땅을 채우고 그것을 정복하라. 바다의

아나톨리 김은 '자연에 대항하는 사람(man against nature)'이란 개념이 '자연 속의 사람들(people in nature)'이라는 개념으로 전환되어야한다고 보고 있는 것이다. 즉 인간은 자연을 '정복'한다는 개념에서벗어나 다른 생물들과 전체 환경과 '조화'를 이루어야 한다는 믿음을 표현하고 있으며, 생명의 가치와 내면성을 강조하는 그의 자연관은 이에 토대를 두고 있다.

3. 유기체적 전체로서의 우주

아나톨리 김은 인간과 우주의 상관성을 과학적으로 이해하는 방식에서 프랑스의 고생물학자인 테이야르 드 샤르댕의 관점을 따르고있다. 현대과학을 통해서도 밝혀졌듯이 우리 몸의 원자는 긴 역사를지니고 있다. 은하와 은하성단의 형성에서부터 산소보다 더 무거운원소들을 생산해 냈던 초기의 거성과 미립자의 비축을 거쳐 행성의발생으로까지 긴 사슬이 이어져 있다. 인간은 과거의 우주적 사건의

물고기와 하늘의 새들과 땅 위에 움직이는 모든 생명을 지배하라." 여기서의 지배라는 개념이 사람들에 의해서 자연의 무모한 조작과 착취를 정의하는 데 쓰였다. 그러나 이제 기독교 교리의 주요개편이 진행되기 시작하였고, 우선 기독교 신학자들은 지배의 의미를 재정의하기 시작함으로써 새로운 신학적 근거를 창조하고 있다. 그렇다면 지배권(dominion)이라는 것은 더 이상 자연을 착취하는 권리를 의미할 수가없다. 여기서 지배권이란 자연에 대한 경영 관리를 의미한다. 따라서바넷은 그의 저서에서 인류의 성서적 자연관은 '지구의 경영자, 관리인, 보호자라는 개념'임을 지적하고 있다. Henlee Barnett, *The Church and the Ecological Crisis* (Grand Rapids, Mich: Erdmans, 1972), pp.78 - 9.

결과와 우주 발전의 결과를 몸 안에 지니고 있는 것이다. 즉 사람을 구성하는 마지막 소재는 우주의 구성물질과 일치한다는 것이다. 따라서 사람을 알려면 생명의 역사를 보아야 하고 생명을 알려면 우주의 역사를 보아야 한다. '지구 발생'과 '생명 발생'과 '사람 발생'은 계속 이어지는 운동이라는 것이다. 여기서 아나톨리 김의 물질과 우주에 대한 이해를 위해 먼저 이에 대한 샤르댕의 분석을 살펴보도록 하자.

샤르댕은 물질은 생겨날 때부터 내면을 가지고 있다고 본다. 그러나 초기 생명체 단계에서 내면은 아직 연속되는 덩어리를 이루지 못하고 물질처럼 입상화되어 있다. '첫 번째 생명체'는 그 크기나 수로 볼 때 엄청나게 많은 극소의 핵들이 뭉쳐 이루어진 '메가'급의 분자체이다. 서로 똑같음과 연속성으로 미루어 볼 때(по соображениям однородности и непрерывности), 이러한 초기 생명체 역시 우주의 미립자 구조와 특성을 지니고 있음이 현대과학을 통해 밝혀지고 있다.[42] 그러므로 그 미립자들은 서로 닮았으며, 하나하나가 전체 우주 덩어리에 똑같이 참여하고 있다. 또한 그것들은 총에너지에 의해서 서로 연결되어 있다. 우주의 두 얼굴이라 할 수 있는, 외부에서 관찰된 결과와 정신적인 측면을 고려한 내면의 모습은 정확하게 화답한다는 것이다.

따라서 앞서 살펴본 우주의 중심에 대한 부분 가운데 '상호 역학작용(механическое взаимодействие)'을 '의식(сознание)'으로 바꾸기만 하면 외부에서 본 내용이 곧 내부에서 본 내용이 될 수 있다. 즉 우주에 대한 논의가 인간에 대한 논의로 환치될 수 있다. 이렇듯 원자의 특성(атомистичность)은 사물의 외면이나 내면에 공통된 것이다.

그런데 샤르댕은 의식의 원소들은 물질의 요소들과 마찬가지로 처음에는 원소들끼리 서로 똑같았지만, '지속'의 과정이 흐르면서 차츰

---

42) Шарден, там же, с.58–60.

복잡해지고 달라진다고 본다. 이런 관점에서 보면, '생명'에서 '생각'
에 이르는 성장과정은 점점 커 가는 우주의 실체요, 우주의 거대한
변화에 따르는 것이라 할 수 있다. 즉 물질 구성이 복잡해짐에 따라
의식의 집중 또는 농축이 커진다는 결론에 이르게 된다. 정신의 완
성도와 물질의 합성 정도는 같은 현상의 두 가지 측면으로서 서로
연결된다는(Духовное совершеннство и материальный синтез – это лишь
две взаимосвязанные стороны или части одного и того же явления)
것이다.43)

　이러한 고찰을 통해 샤르댕이 제시했던 것이 사물의 내면이 점차
외면을 지배해 가는 현상이다. 그것은 우주가 아주 단순한 물질원소
들이 수없이 모여 이루어진 A상태에서 복잡한 집합물들이 모여 이
루어진 B상태로 옮겨 간다는 발전법칙을 간파한 것이다. A상태에서
그 요소들의 수량은 많고 엉성하기 때문에 의식의 알갱이들은 집단
효과를 통해서만 드러나고 활기차지 못하다. 그것들은 집단으로 수
학법칙의 지배를 받는 물리화학의 영역(область физико – химии)에
귀속되는 데 비해, B상태에서 요소들의 수량은 적고 더욱 개체화되
어 자유가 그들의 기본 특성으로 나타난다. 즉 그것은 생물학의 영
역(мир биологии)으로 들어가는 것이다.44)

　과학적 스펙트럼을 통해 고찰해 보았을 때 하나의 유기체적 과정
으로서의 우주가 드러내는 근본적인 우주의 속성은 연속성과 역동성
으로 표현될 수 있다. 자연은 연속적이고 전체론적이며 역동적이다.
자연의 지속적인 양상은 분열이 아니라 통일이요, 분해가 아니라 통
합이며, 분리가 아니라 종합인 것이라 할 수 있다.

　샤르댕 연구의 시발점은 기초물질의 속성을 살펴보면서 하나의 물

---

43) там же, c.61.
44) там же, c.61 – 2.

질이 어떻게 구성되어 있는지 보는 것이었지만, 실상 물리학 차원에
서나 현실적으로나 우주의 바탕은 조각낼 수 있는 것이 아니다. 일
종의 거대한 원자와 같은 그것은 나눌 수 없는 유일한 실체를 이루
고 있다. 사람이 속해 있는 이 우주가 바로 강력하게 합치는 힘으로
뭉친 하나의 '조직'이요, '덩어리'이며, 하나의 양자인 것이다(космос,
в котором находится человек, благодаря неуязвимой целостности
своего ансамбля, образует систему, целое и квант). 우주는 그 '수
없이 많은 여럿'이 하나의 '조직'을 이룬 것이며, 그 '하나 됨'으로
보면 하나의 '덩어리'이며, 그 '에너지'로 보면 하나의 '양자'다.[45]
기초 물질에서부터 생명체 그리고 우주의 구조를 이루는 동일한 패
턴은 다음과 같이 나타낼 수 있다.

〈표 3 연속선상에서 고찰한 물질, 생명체, 우주의 특성〉

'기초물질' 구조	'전체 덩어리물질' 구조	'생명체'의 구조	'우주'의 특성
다수성	조직	미립자가 서로 닮음	연속성
하나	전체 덩어리	하나하나가 전체 우주에 참여	전체성
에너지	양자	총에너지에 의해 연결	역동성

위의 표를 통해서도 알 수 있듯이, 물질과 이른 생명체와 사람의
소재는 모두 우주의 미립자 구조와 동일한 특성을 지니고 있다. 즉
물질의 구조, 생명체의 구조가 모두 우주의 구조와 동일한 연속선상
에 있는 것이다. 아나톨리 김 역시 현대 물리학과 생물학을 통해 밝
혀진 물질과 생명체와 우주의 이러한 연관성을 인식하고 있으며, 이
것을 작품 속에서 자신만의 개념이나 서술법으로 드러내고 있다.

---

45) там же, с.45.

1) 연속성

먼저 아나톨리 김이 우주의 '연속성'이라는 측면을 어떻게 표현하고 있으며, 그가 우주 속에서 물질과 생명체를 이해하는 방식은 어떤 것인지 살펴보기로 한다. 우주를 이루는 원자상태는 흔히 바다 속의 물방울이나 모래사장의 모래알 같은 것으로 설명된다. 생물체나 천체도 그런 원자로 이루어졌다고 본다. 지금은 현미경으로 들여다보지 않고 전자학을 동원하지 않아도 자신이 먼지처럼 작은 물질로 둘러싸였다는 것을 쉽게 짐작할 수 있지만 그 먼지를 들여다보는데에는 치밀한 현대 과학이 필요했다. 에피쿠로스가 말한 원자는 활기 없고 나눌 수 없는 것이었다. 하지만 현대 물리학에서는 물질을 이루는 아주 작은 알갱이도 분석할수록 그보다 더 작은 알갱이로 계속해서 나누어진다.

그러나 쪼개고 나눌수록 물질은 '원래 하나'임을 더욱 분명히 보게 된다. 물질이 하나라는 것은 '서로 똑같음(единство по однородности)'을 가리킬 뿐만 아니라, '서로 모여 하나를 이룬다(это, стало быть, коллективное единство).'[46]는 사실을 드러낸다. 물질을 이루고 있는 수많은 원소들이 떨어져 있지만 정말 동떨어진 채 있는 것이 아니라, 무언가가 그것들을 엮고 묶어 준다는 것인데 그것의 연결을 가져오는 것이 에너지이다.

전체 덩어리 물질인 우주를 분석하고 더 깊이 그 물질(материя)을 탐구해 들어갈수록 구성성분들 사이의 상호연관성(взаимосвязь её частей)이 더욱 분명히 드러난다. 우주를 이루는 구성 원소 하나하나는 다른 원소와 거미줄처럼 얽혀 있고, 그러한 구성을 통해 원소들은 자신을 넘어 다른 것과 연결된다. 샤르댕은 그 망에서 한 조각을 베어

---

46) там же, с.43.

내거나 잘라 내는 것은 불가능하다고 말한다.[47] 그렇게 하면 거기서
부터 올이 풀려 해체되고 말 것이기 때문이다.

이 연속성은 생명체의 구조에도 적용된다. 이른 생명체가 우주의
미립자 구조의 특성을 지녔으며, 그 미립자들은 서로 완전히 닮았다.
그러면서도 그 하나하나가 전체 우주덩어리에 똑같이 참여하고 있다
(каждая на которых воздействует на весь космос).[48] 이러한 연속
성은 아나톨리 김의 작품에서 모든 생명체 사이의 친족성으로 표현
된다. 『꾀꼬리의 메아리(Соловьное эхо)』에서 그것은 작가의 의식을
대변하는 철학자 오토 메이스너의 의식을 통해 드러나고 있다.

> Отто Мейснер в этот миг думал о родстве всех живых.
> воздухом и водою дышащих, с красной или зеленой кровью,
> земных существ. (с.122)
> 이 순간 오토 메이스너는 붉거나 초록색 피가 흐르는, 물과 공
> 기로 숨쉬는 지상에 사는 모든 생물들 사이의 친족성에 대해 생
> 각했다.

이것은 오토 메이스너가 미래의 아내가 될 올가의 집에 손님으로
머물면서, 올가의 아버지와 양귀비 밭에 갔을 때 그곳의 정경을 보
면서 하게 된 명상의 한 부분이다. 작가의 의식은 모든 생명체 사이
의 유사성에 대해 언급하고 있는 샤르댕의 설명과 사실상 동일한 것
이다. 샤르댕은 진화의 곡선 위에서 하나의 임계점이자 '발아점'으로
서 더할 수 없는 극적인 순간을 세포혁명으로 설명하고 있다. 우주에
단 한 번 핵과 전자들이 출현했듯이 지구에 단 한 번 원형질이 출현
했다는 가설에서 박테리아에서 사람에 이르는 모든 생명체 사이의 유

---

47) там же, с.45.
48) там же, с.59.

기적 유사성(органическое сходство между всеми живыми существами от бактерии до человека)이 부각되는 것이다.[49]

이와 같은 생명체 사이의 유기성은 아나톨리 김의 관념 속에서 모든 현상 사이의 친족성으로 환치된다. 중편 『연꽃』의 주인공인 화가 로호프는 그러한 결속관계를 자신이 그림으로 표현하는 꿈을 꾸기도 한다. 그는 '안개 낀 겨울의 눈더미와 소나무 침엽의 빛깔 그리고 지난밤 일본의 한 바(bar)에 있던 아가씨의 얼굴과 그 바에 놓여 있던 윤기 나는 호박통들 사이에 존재하는 친족성과 내밀한 결속'을 표현하고 싶어 한다. 그리하여 그는 "그렇다. 이 서로 다른 현상들 사이에는 친족성이 있다. 그것들은 강력한 생의 의지로 결속되어 있는 것이다(Да, существовало родство этих разных явлений, объединенных могучей волею к жизни)."(c.291)고 외친다.

작가는 사물이나 생명체 그리고 모든 현상 사이의 친족성(родство)과 관련성(связь)을 느끼고 있는 것이다. 이것이 김의 작품 속에서 빈번하게 나타나는 변형의 테마, 즉 하나의 사물이 다른 사물로 자연스럽게 변화할 수 있는 당위성을 부여해 준다. 작가의 '닮음'에 대한 인식은 『다람쥐』에서는 인간과 동물이 외적인 이미지의 유사함과 내면적 닮음으로, 『아버지-숲』에서는 인간과 나무의 외적인 특성의 유사성을 포착하는 기법으로 나타난다.

『아버지-숲』에서는 이 기법이 단순한 이미지 차원을 넘어 서로 상이한 시간과 공간에 있는 두 사람이 연결되는 하나의 서술양식으로 사용되기도 한다. 메쇼라 숲 시골 마을에 롭조프(Лобзов)라는 사람이 살았는데, 그는 젊은 시절 건축 일로 필리핀에 갔다가 그곳 남국의 소녀와 사랑에 빠진 적이 있는 인물이다. 건축일이 끝난 이후 어쩔 수 없이 다시 러시아로 돌아오기는 했지만, 남국 소녀와의 달콤

---

49) там же, c.103.

한 쾌락만을 회상하며 살게 된다. 그런데 삶이 얼마 남지 않았을 즈음, 그는 성 베드로 날 숲 속으로 와서는 아무에게도 말할 수 없었던 그 욕망의 꿈을 나무에게 털어놓는다. 여기서 인간과 나무의 숨결이 하나로 결합되는 것을 서술자는 다음과 같이 묘사하였다.

И этим деревцом оказался жилистый и крепкий, несмотря на хилое обличие, эфироносный можжевельник, душевная исповедь мужика через его учащенное дыхание изошла в воздух мира и смешалась с бодрым ароматом деревца. (с.237)

그 조그만 나무는 볼품없는 겉모습에도 불구하고 힘줄이 많고 강인한데다 에테르를 함유하고 있는 노간주나무였다. 한 농군이 읊조리는 영혼의 고백은 그 가쁜 숨을 통해 이 세상의 공기 속으로 흘러 들어가 노간주나무의 상쾌한 향내와 어우러졌다.

지금껏 아무에게도 말하지 못했던 자기 삶의 한탄을 노간주나무에게 쏟아 버린 롭조프는 오히려 고통스러움을 순간적으로나마 망각하고 원기를 되찾는다. 그러자 이내 서술은 모스크바의 한 지하철역에서 잠자고 있던 노간주나무를 닮은 주름투성이 남자에게로 넘어간다.

Он вздохнул и затем, поднявшись на ноги, отправился в сторону Охремова болота смотреть там березовый подрост, годится ли уже на дрова, а спавший на полу под лестницею вестибюля Круского вокзала сморщенный можжевеловый человечек заворочался во сне. (с.237)

그[롭조프]는 깊이 숨을 쉰 뒤, 몸을 일으켜 세우고 오흐레모프 늪 쪽으로 걸어갔다. 그곳에 장작감으로 적당한 자작나무들이 있는지 보기 위해서였다. 한편 쿠르스크 역 개찰 광장의 층계참 바

닥에 누워 자던 노간주나무와 같은 주름투성이 사내는 뒤척이고
있었다.

앞에서 노간주나무의 특징이었던 '힘줄이 많고', '주름투성이' 등
등의 수식어는 모스크바의 지하철역에서 잠자고 있던 '노간주나무처
럼 생긴 주름투성이 남자'를 형상화하는 결정적 어휘가 된다. 이것
으로 아무런 관련성이 없는 두 공간과 두 인물이 한 문장 안에서
연결된다. 여기서 작가는 사람의 외모와 유사한 나무의 특징을 포착
하고 그 나무를 매개로 아무런 관련성도 없는 듯한 사람들 역시 하
나로 묶어 내는 서술양식을 사용하고 있는 것이다. 이러한 서술양식
을 통해 작가는 우리 모두는 하나의 숲에서 나온 자식들이라는 점,
그리하여 우리 모두가 똑같은 샘에서 삶의 꿈을 퍼내는 사람들이라
는 점을 강조하고 있는 것이다.

아나톨리 김은 앞에서 살펴본 것과 같이 외면의 유사성뿐만 아니
라 정신의 닮음 그리고 이러한 정신적 친족성을 드러내는 인물들에
대해서도 많은 관심을 두고 있다. 그것은 할아버지나 손자 간의 혹
은 비슷한 정신세계를 가진 사람들 사이의 영적인 계보에 대한 빈번
한 언급을 통해 나타난다. 『아버지-숲』에서 작가가 주안점을 두
고 표현하고 있는 것은 한 아버지, 하나의 숲에서 나왔지만 갈라져
서로 극을 이루는 두 인류 집단의 모습이다. 인류 역사에서 인간을
파멸하는 데 앞장섰던 악인들이 그 한 축을 형성하고 있었다면, 또
다른 축에는 인류를 구원하려는 노력을 해 왔던 사람들이 자리하고
있다. 작가는 인간의 존엄성과 가치를 지켜 나가기 위해 각고의 노
력을 했던 이들을 영적인 사람들(духовные люди)이라고 부른다.

작품이 서술되는 시점으로부터 432년 전, 지금은 의사 마린(Марин)
이 운영하고 있는 정신병원 자리에 수도원이 있었다. 그리고 그 수

도원에는 의사 마린의 먼 선조 프로코피(Прокопий)가 수도승으로서 구도의 길을 가고 있었다. 그는 성스러운 온화함과 내면에 영적인 힘을 가지고 있는 사람이었다. 그런데 432년 전 그는 수도원 지하실에서 나체로 다가온 한 여인의 유혹을 받는다. 수도승은 어렵사리 그 유혹을 물리치는데, 그러한 유혹은 432년 후 동일한 공간에서 그의 후손에게도 동일한 패턴으로 반복된다. 그 역시 자신이 운영하던 정신병동의 환자인 그라친스카야로부터 강렬한 유혹을 받는다. 자신을 받아 달라는 여인의 흐느낌 섞인 유혹에도 그는 흔들림 없이 "나는 크리스찬이오. 때문에 어떤 간통행위도 나에겐 용납되지 않소. 하지만 나는 우리의 아버지 하느님이 가르쳐 준 사랑으로 당신을 사랑하오. 나 또한 당신에게 그러한 사랑으로 사랑하는 법을 가르쳐 주고 싶소."(c.384)라고 이야기한다. 이러한 마린에 대해 서술자는 다음과 같이 표현한다.

> Доктор Марин, Александр Сергеевич, тайно приобщенный к евангельской церкови, был последним живым отростком той ветви духовной людей, к которой принадлежал и пасечник Прокопий . (c.385)
> 복음교회와 연결되어 있던 의사 마린은 양봉자 프로코피가 속했던 영적인 사람들 가지의 살아 있는 마지막 싹이었다.

작가는 프로코피와 마린이 직면했던 동일한 유형의 체험과 동일한 대처방식을 병치시키고 있다. 그리고 그것을 통해 그들이 단순히 혈연적인 친족성을 넘어서 같은 정신을 가지고 있는 사람들, 즉 영적 친족관계에 있는 사람들임을 보여 준다.

정신적 친연성은 『꾀꼬리의 메아리』에서는 할아버지 오토 메이스너와 그의 손자외의 대화를 통해, 『아버지-숲』에서는 니콜라이와 손자 글렙의 영적 대화를 통해 표현되기도 한다. 아나톨리 김의 작품에서 정신적 친연성은 직접적으로 아버지와 자식에게서보다는, 한 대를 건너 할아버지와 손자 사이에서 보다 자주 발견된다. 그 외에도 스쩨판과 그의 20대 선조가 포로로 끌려가게 되었을 때 취했던 유사한 행동, 투라예프 가문의 3대인 니콜라이, 스쩨판, 글렙의 유사한 행동 패턴 등도 이러한 유사점을 드러내는 것이다.

앞서 살펴보았듯이 샤르댕의 관점을 그대로 수용하고 있는 아나톨리 김의 생명이해 방식에서 무엇보다 중요한 것은 통일성(единство)이다. 지상에 퍼져 있는 생명체는 진화의 첫 순간부터 단 하나의 거대한 유기체의 윤곽을 그려 나간다고 할 수 있는데, 여기서 통일성은 단순한 집합이 아니라 유기적인 통일체이다.[50]

아나톨리 김이 유기체적 통일체로서 인간의 세대를 연속성상에서 이해하는 양상은 '이새(Jesse)의 나무'[51]처럼 그 족보를 도표화해 볼 수 있다. 『아버지-숲』에서 작가는 인물을 소개하는 경우에 그의 조상들의 계보까지도 언급하는 방식을 여러 차례 시도한다. 이 작품에서 화물트럭 운전사인 슬라빅(Славик)이라는 사람을 전지적 서술자는 다음과 같이 소개한다.

Сын Козьмы и Марьи, внук Игната и Лариона, чей племянник Гришка был расстрелян самосудом, правнук Гордея Сапунова и Алексашки Жукова—Славик козьмо-марьинский ехал на

---

50) там же, с.113.

51) 이새의 나무는 꼭대기 부분이 그리스도의 탄생으로 마무리 져 있는 여러 세대 간의 사슬을 상징적이고 우의적으로 그린 그림으로서, 「이사야」의 애매한 내용을 그림으로 풀이하고 있다. "이새(다윗왕의 아버지)의 줄기에서 한 나뭇가지가 나오리라. 그 뿌리에서 꽃 한 송이가 피어나 주의 영(靈)이 그 꽃 위에 쉬리로다." 조르쥬 나타프, 『상징・기호・표지』, 金正蘭 역 (悅話堂, 1987), 4쪽.

рабочем грузовике прочь от своей родной деревни. (c.359)
코지마와 마리야 사이의 아들이자, 자치 재판에서 총살당한 조카 그리쉬카를 두었던 다리온과 이그나트의 손자이며, 고르제이 사푸노프와 벽지의 삼림 지역에서 이름 없는 농사꾼으로 명멸해 간 조상들을 둔 알렉사쉬카 주코프의 증손인 슬라빅은 업무용 화물 트럭을 타고 고향 마을에서 멀어져 가고 있었다.

작가가 인물을 소개할 때 여러 차례 이런 서술법을 사용했던 이유는 무엇인가? 그것은 한 개인의 운명이 결코 그 자체로 동떨어져 고립될 수 있는 것이 아니라는 것을 보여 주는 것이다. 한 개인의 운명은 자신을 잉태하게 해 준 모태와 결코 분리될 수 없는 것이다. '나'와 선조는 하나의 연속성 속에서만 진정 이해될 수 있다. 또한 아무 연관도 없어 보이는 사람들이 선조대로 거슬러 올라가면 그 뿌리에서 서로 간에 연관성과 연결 고리를 지니고 있다. 작가는 이렇게 보이지 않는 것들의 상호 관련성에 주목하고 있는 것이다.

자기 선조의 계보를 계속 거슬러 올라가면 결국 우리 인류는 한 뿌리, 즉 한 아버지 아래서 나온 한 형제인 것이다.『아버지-숲』에 대해 비평가들이 너무 난해하다고까지 표현했던 인물들 사이의 복잡한 관계를 통해 아나톨리 김이 제시하고 싶었던 것이 이것이었다고 할 수 있다.

한집안에서 개체들의 연속성뿐만 아니라, 어떤 한 계기로 인해 지리적으로나 시간적으로나 아무 관련도 없어 보이는 두 집안이 하나로 결합되어 연속성을 보여 주는 경우도 있다. 그 예는 작품 속에서 러일 전쟁 당시 유하니 베르그스트룀(Юхани Бергстрём)이라는 핀란드의 한 어부가 해변으로 우연히 떠내려 온 시신 한 구를 발견해 장례를 치러 준 일에서 찾아볼 수 있다. 당국에 알리면 일만 복잡해지고 시신을 고이 묻어 주지 못할지도 모른다는 생각에, 그 어부는 손등에 표트르(Пётр)라는 이름이 찍혀 있는 러시아 수병의 시신을 정성을 다해 손수 묻어 주었다.

그런데 3대가 지나 핀란드의 유하니 베르그스트롬 가문의 레스나 인케리(Лесна Инкери)와 당시 시신으로 떠내려 온 표트르 모르조프의 형인 예르메이 모르조프 가문의 알렉산드르 마린(Александр Марин)이 결혼을 하게 된다. 몇 대 전으로 거슬러 올라가서나 드러날 수 있는 일이 현 시점에서 큰 영향을 미치고 있다. 공간적으로도 떨어져 있는 러시아의 모르조프 가문과 그 조상은 떠내려 온 한 시신을 묻어 준 일로 인해 스웨덴인인 핀란드의 유하니 베르그스트롬 가문과 결합된다. 아무도 거두어 주지 않는 시신을 거두어 준 지 3대가 지나, 인케리와 당시 인케리가 살고 있던 북오세티아로 실습차 약초를 캐러 왔던 마린이 만난다. 그리고 의사 알렉산드르 마린과 레스나 인케리가 결혼을 함으로써 두 혈통이 만나게 되는 것이다.

아나톨리 김은 아무 연관성도 없어 보이는 사람들이 거미줄이나 망처럼 서로 얽혀 있고 연결되어 있다는 것을 보여 준다. 그리고 우리 인간이 생각할 수 있는 범위를 벗어나 있는, 사람들 사이의 보이지 않는 관계에 집중하고 있다. 즉 그는 우리의 눈에는 보이지 않는 비가시적인 영의 세계를 믿고, 아무런 관련도 없어 보이는 일들이 그 내면에서는 영적인 힘에 의해 서로 연결되어 있음을 믿고 있는 것이다.

그것은 또한 세상에서 일어나는 모든 행동 하나하나가 그 이전에 있었던 모든 것의 영향을 받고 있으며, 미래의 모든 것에 영향을 미친다는 것을 보여 준다. 이처럼 아나톨리 김은 우리는 하나하나의 연속체로서, 그 존재 속에 우리를 앞서 간 모든 것을 구현하고 있으며, 우리 자신이 앞으로 올 모든 가능성이 된다는 것을 보여 주고자 한다. 따라서 그는 과거와 미래가 모든 사건들 속에서 서로 상관관계가 있다고 보는 것이다.

『아버지-숲』에서는 하나의 나사못처럼 아무것도 아닌 사소한 물체 하나를 매개로 하여 서로 모르는 사람들이 연결되거나, 3대 전 선조가 다른 사람에게 한 작은 행동이 현 시점에서 영향을 미친다는 식의 서술이 빈번하게 나타난다. 정신 착란으로 삼촌을 살해한 죄로 정신병동에 수감되어 있다가 나온 사제의 손녀 그라친스카야는 어머니를 간병하는데, 어머니가 돌아가시자 상속문제를 해결하기 위해 고향 마을을 다시 찾는다. 하지만 너무 오랜 세월이 흘러 이제는 아무도 그라친스카야를 알아보지 못하는 고향 사람들과 그녀가 하나의 못을 통해서 연결된다. 여기서 화자는 어쩌다가 그의 손에 들어오게 된 17센티미터짜리 나사못과 그것을 주운 사람에 대해 소개한다. 하나의 사물에서 한 사람으로 넘어가는 다음의 서술양식을 주목해 볼 필요가 있다.

> Эту гайку днем еще нашла женщина с двумя паспортами в сумке, своим и материнским, увидела на истоптанном пятачке возле колонки, – правнучка священника Грачинского, который однажды чинил грифельный карандаш, напялив на нос очки, а за столом напротив сидел работник Емельян, смотрел, как батюшка орудует перочинным ножичком. (с.363)

이 나사못은 이미 낮에 한 여인이 발견했었던 나사못이었다. 핸드백 속에 어머니와 자신의 거주 등록증을 넣고 다녔던 이 여인은 수돗가 곁 공터에 떨어져 있던 이 나사못을 보았다. 그녀는 그라친스키 사제의 증손녀였다. 콧잔등에 안경을 걸친 그라친스키 사제는 언젠가 석필을 깎고 있었는데, 그 맞은편 책상에는 에멜랸이라는 하인이 앉아 사제가 어떻게 펜나이프를 놀리는지 바라보고 있었다.

  원문에서 이것은 실제 한 문장으로 쓰여 있다. 우연히 발견한 나사못 하나가 낮에 그것을 주웠던 한 여인으로, 또다시 그 여인의 증조부로 그리고 계속해서 당시 증조부 아래서 일하던 하인의 행동으로 이어진다. 즉 나사못 하나와 그것을 우연히 발견한 사람, 그 사람의 증조부, 그 증조부의 하인이 한 문장 안에서 연결되는 것이다. 계속해서 아나톨리 김은 3대 전에 있었던 사소한 어떤 일이 현 시점까지 영향을 준다고 서술하기도 한다. 100년 전 석필을 깎고 있었던 그라친스키 사제가 갑자기 장난기가 발동해 그 연필을 들고 자기 하인을 향해 갑자기 "쏜다!"라며 장난을 친 일이 있었다. 그런데 이제 이 하인의 증손자가 그라친스키 사제의 증손녀에게 100년 전 일에 대해 복수를 한다고 서술자는 표현하고 있다.

  그라친스카야는 어머니가 돌아가시자 자기 증조부가 지었던 집의 상속문제로 고향을 찾았는데, 바로 이 문제를 담당할 사람이 지방 소비에트 집행위원회의 서기로 일하고 있던 에멜랸의 증손자였던 것이다. 그라친스카야는 이제 상속을 받을 수 있을 만큼 정신적, 육체적으로 건강한 사람이 되었다는 증명서를 첨부했음에도 불구하고 한 사람의 서기에게 퇴짜를 맞는 것이다. 서술자는 이렇게 표현한다.

> Однако для начала получила от секретаря отказ – потомок
> слуги словно мстил внучке господина за то, что когда – то
> оный хотел застрелить своего работника из карандаша.
> (с.367)
> 그러나 서기에게 거절당한 것은 언젠가 자기 하인에게 연필을
> 겨누며 총 쏘는 시늉을 했던 사제의 행위에 대해, 그 하인의 후
> 손이 그 사제의 증손녀에게 복수를 했던 것이나 흡사한 것이었다.

  이와 같은 서술법과 내용을 통해 작가가 강조하고 싶었던 것은

그에게 현재란 결코 그 자체로서 단절된 시간이 아니라는 것이다. 과거의 한 사건은 단절되지 않고 현재나 미래의 또 다른 일에 영향을 미친다는 아나톨리 김의 관념이 그의 서술법에도 반영되어 있다.

모든 현상은 고립된 물질의 성분이 아니며, 이 세상 모든 것은 동적인 흐름의 일부인 것이다. 아나톨리 김은 돌에서 하늘에 이르는 모든 존재의 양식들을 '거대한 변화(變化)'라고도 표현되는 하나의 연속체의 통합적 부분들로 인식한다. 다시 말해 세계의 모든 조각조각에 현재의 세계 전부가 되울림을 하고 있다는 것 그리고 과거와 현재와 미래가 하나의 끈으로 연결되어 그 끝을 이 조각들에까지 뻗치고 있다는 것, 그것이 작가가 작품을 통해 표출하고 싶었던 것이다.

2) 역동성

아나톨리 김의 작품에 나타난 공간의 갑작스런 이동이나 시간의 가역성, 시간의 확장과 응축에 대한 묘사 등은 그의 작품을 독서할 때 봉착하는 커다란 난점이기도 하다. 이것은 아나톨리 김이 이해하는 우주상, 우주의 역동성에 대한 고찰을 통해서만 규명가능하다. 여기서는 먼저 자연과학에서 우주의 역동성이 도출될 수 있는 이론적 근거를 고찰하고, 이것을 아나톨리 김이 작품 속에 어떻게 반영하고 있는지 살펴보기로 한다.

우주의 역동성에 대한 논의는 우리의 의식이 정적인 우주 개념에서 생성하는 우주 개념으로 전환됨으로써 가능해진 것이다. 우주를 정적이고 마치 기계처럼 분할가능한 어떤 실체로 생각하던 관념은 초월적인 신에 대한 관심만이 지배적이던 중세에서는 보편화된 것이었다. 이러한 신(神) 중심적 인간관은 중세 철학으로 대표되는 교부

철학(敎父哲學)[52]과 스콜라(Schola)철학[53) 사상에 잘 나타나 있다.

또한 이 시기는 천동설과 지동설의 세계관으로 천체의 운행 원리를 설명하려고 하였기 때문에, 우주의 천체들이 마치 일정한 물리학적 질서 없이 쌓여 있거나 우주 공간을 떠다니는 것으로 간주하였다. 따라서 시간과 공간 역시 따로 떨어진 집합소요, 서로 독립된 것으로 남아 있었다. 하지만 시간이 흐름에 따라 과학적 인식이 발전하여 천동설에 의해서 설명이 되지 않는 부분들을 알게 되었고, 이것을 합리적으로 설명할 수 있는 원리를 찾아 연구를 계속하는 과정에서 지동설이라는 체계를 확립하였다. 그러나 천체를 관측하는 망원경을 비롯한 정밀 관측 기계들의 발달과 자연현상에 대한 연구의 축적 등에 의해서 지동설과 뉴턴의 만유인력 법칙과 같은 고전물리학으로 설명이 되지 않는 물리 현상이 엄연히 존재하고 있다는 사실을 알게 되었다.

이에 따라 19세기에 들어서는 생물학과 물리학 분야에서, 우주를

52) 교부철학이란 교부들의 철학을 일컫는다. 교부(敎父, Church-Father)란 초기 기독교 교회에서의 훌륭한 사제를 이르는 말이다. 이들은 교회에서 교의나 교회의 발달에 큰 공헌을 한 종교상의 훌륭한 스승 및 저술가들을 일컫는다. 특히 초기 기독교회가 설립된 2세기 이후 7, 8세기까지의 사람들을 가리킨다. 따라서 교부철학이란 이런 교부들에 의하여 2~8세기 초기 기독교회에서 교리를 합리적으로 해석하고 이론화하여 철학적으로 체계화하려고 한 철학을 말한다. 교부철학자들 중에서 가장 대표적인 사람은 아우구스티누스(Aurelius Augustinus, 354~430)로서, 그는 플라톤의 철학 사상을 토대로 기독교의 교리를 이론화하는 데 힘썼다. 사무엘 E. 스팀프트, 『서양철학사』, 이광래 옮김 (종로서적, 1983), 182쪽 참조.

53) 스콜라(Schola)란 라틴어로 학교를 의미한다. 따라서 스콜라철학이란 중세 유럽의 교회수도원 부속의 학교나 대학의 교수 등이 연구하던 전 학문 분야를 가리킨다. 모든 영역에 걸쳐 연구되었으나 철학과 신학이 중심이 되었다. 스콜라 철학자들 중에서 가장 대표적인 사람은 13세기의 토마스 아퀴나스(Thomas Aquinas, 1225~1274)였다. 그는 아리스토텔레스의 철학사상을 토대로 기독교의 교의(敎義)를 합리적으로 설명하고 철학적으로 체계화하는 데 힘썼다. 앞의 책, 235쪽 참조.

보는 시각의 일대 전환이 오게 된다. 19세기에는 진화 생물학의 도움으로 존재하는 모든 것은 어떤 결합을 이루고 있다는 사실을 발견하게 되었다. 생명 발전의 계속성, 생명의 연쇄 고리, 물질의 연속성을 알게 된 것이다. '모든 존재는 같은 씨앗에서 나온 합생'으로서, 서로 나뉘고, 잇고, 엮여 있다. 기하학의 세 축 위에 서 있는 것만 같았던, 정적이고 나눌 수 있었던 세상에 이제 단 하나의 흐름이 있음을 알게 된 것이다. 샤르댕 역시 사람을 비로소 현대인으로 만든 것은 이렇게 공간과 시간뿐 아니라 '지속(длительность)'을 보게 되었다는 것, 즉 생물학적 시공간(биологическое пространство) 개념에 눈뜨게 된 것이라고 이야기한다.[54]

물리학 분야에서도 19세기와 20세기를 거쳐 많은 학자들이 고전 물리학으로 완벽하게 설명되지 않는 물리현상을 설명할 수 있는 법칙들을 알아내려 노력했는데,[55] 현재까지는 아인슈타인의 상대성 이론이 물질, 공간, 시간, 에너지, 빛 등의 관계를 가장 잘 설명하고 있는 인식 체계라고 할 수 있다. 아인슈타인이 상대성 이론을 토대로 하여 밝혀 놓은 물질, 에너지, 공간, 시간의 정체는 우리가 일상

---

54) 샤르댕은 '공간과 시간'에 대한 새로운 개념을 통해 우리는 새로운 경험을 하게 된다고 한다. 우리가 지금까지 우주를 관찰하면서 주목한 점들이 무한한 시간 섬유의 순간 단면이라는 것이다. 사물의 구성원소 하나하나가 까마득하게 멀리, 뒤로 혹은 앞으로 연장된다는 것이다. 그리하여 거대한 공간 전체는, 뿌리를 까마득한 과거에 내리고 그 줄기가 끝없는 미래를 향해 뻗는 나무를 '시간'에서 자른 단면이 된다. 이런 새로운 관점에서 보면 세상은 변화 중에 있는 덩어리와 같다(В этом новом аспекте мир представляется как масса, находящаяся в процессе преобразования)고 할 수 있다. Шарден, там же, с.47-9.

55) 그 결과 20세기 초에 들어와서 아인슈타인, 플랑크(Max Plank), 하이젠베르크(W. K. Heisenberg) 등과 같은 물리학자들이 등장하여 상대성 이론, 양자론 등과 같은 물리현상에 대한 인식 체계를 발굴하여 우주와 물질의 현상과 법칙을 고전 물리학에서보다는 좀더 명확하게 설명할 수 있게 되었다. "양자론", 『철학대사전』(학원사, 1976), 727-9쪽.

생활에서 체험하는 것과는 매우 다르다. 아인슈타인의 상대성 이론에서 공간은 중력의 세기나 이동물체의 속도에 따라서 달라지는 상대적인 존재이다.

가시적인 세계의 공간개념에서는 설명될 수 없기에 단순히 '환상'이라는 말로 설명되고 있는 아나톨리 김 작품 속 등장인물들의 갑작스럽고도 빈번한 공간이동 역시 이런 이론으로 설명가능할 수 있다. 작가는 『켄타우로스의 마을』에서 인간 세상에 사는 상인이 켄타우로스들이 사는 공간으로 이동할 때 '세계의 장막(завеса мира)'이라는 4차원 세계를 도입하고 있다. 상인이 속해 있던 대상의 무리가 콜레라 때문에 죽음을 당하는 어려운 상황에서, 간신히 모래언덕까지 올라온 그 상인이 갑자기 켄타우로스들의 마을로 들어오게 된 경위를 작가는 다음과 같이 서술한다.

> До песка он, кажется, добрался – и тут разошлась перед ним завеса мира, ставшая на миг видимой для него. Надо было совершить усилие и пройти сквозь эту завесу – он сделал всего два шага. И вдруг оказался сидящим на площади в окружении большой толпы кентавров. (с.27)
>
> 간신히 모래언덕에 다다르자 그 앞에는 세계의 베일이 걷혀 있었고, 그의 눈에 확연히 다른 세계가 들어왔다. 그는 이 베일을 통과해야 했는데, 그것은 단지 두 걸음이면 충분했다. 그리고 갑자기 수많은 켄타우로스들의 무리에 둘러싸여 바닥에 앉아 있는 자신을 발견했다.

즉 작가는 상인이 켄타우로스 마을에서 자신이 사는 곳으로 돌아갈 때에는 두 달이나 걸렸던 공간이 세계의 장막을 통과할 때에는 두 걸음이면 충분한, 상대적 존재로서의 공간을 표현한 것이다.

칸트의 관점과 마찬가지로[56] 아인슈타인의 상대성 이론에서도 공간은 우리가 일상의 생활에서 경험하는 바와 같이 고정되어 불변하는 존재가 아니라 중력장의 세기와 물체가 달리는 속도에 따라서 달라지는 상대적인 존재이다. 천체는 질량의 크기에 비례하는 중력을 지니고 있다.[57] 이렇게 천체마다 중력이 다를 수 있는 것이다.[58]

또한 은하계의 중심을 비롯하여 우주의 곳곳에 있는 것으로 추정하고 있는 중력이 대단히 강한 블랙홀(Black Hole)에서는 모든 것이 그 안으로 끌어당겨져서 공간도, 시간도, 물질도 인류가 가진 현재의 인식 체계로는 알지 못하는 상태로 존재한다.[59] 아직은 명확하게 규

---

56) 칸트는 순수이성비판에서 "공간이라는 것은 사물 그 자체의 성질이나 상호 관계를 가진 사물 그 자체가 아니다. <……> 공간이라는 것은 외감의 모든 현상의 형식, 즉 감성의 주관적 제약이며, 외적 직관은 오직 이 제약하에서만 가능한 것이다."라고 주장하고 있다. 이어서 그는 "그러므로 우리는 오직 인간의 입장에서만 공간이니, 연장을 가진 물체니 등등을 말할 수 있는 것이다. 만일에 우리가 주관적 제약을 떠난다면, 그때에는 공간의 표상이란 전혀 무의미한 것이다."라고 설명하고 있다. I. 칸트, 『순수이성비판』, 전원배 역 (삼성출판사, 1977), 84 - 5쪽.

57) 1665년 뉴턴이 발견한 중력의 법칙에 의하면, 2개의 물체 사이에 작용하는 힘은 인력이고, 그 크기는 두 물체의 질량의 곱에 비례하여 거리의 제곱에 반비례한다.

58) 태양, 북극성, 시리우스와 같이 부피와 질량이 대단히 큰 항성은 힘이 대단히 강한 중력을 가지고 있다. 목성과 토성의 중력은 태양이나 북극성과 같은 항성이 가진 중력에 비해서는 상대적으로 상당히 약한 중력을 가지고 있으나, 금성, 지구, 화성보다는 상당히 강한 중력을 가지고 있고, 이들 근처에서의 공간은 지구 표면에서의 공간과 동일하지는 않다.

59) 일반 상대성 이론에 따르면 모든 에너지 집중은 공간을 뒤틀리게 한다. 예를 들면 광선도 굴절된다. 시간의 진행 역시 바뀌며 4차원으로서 이론에 포함된다. 초기 우주의 거대한 에너지 집중에서 뒤틀림은 강했을 것이며 아주 작은 공간까지 영향을 미쳤을 것이다. 하이젠베르크에 의하면 에너지와 충격량이 부정확하기 때문에 공간과 시간의 뒤틀림 역시 약간의 간격을 두고 변동하며 고정되지 않았을 것이다. 일반 상대성 이론의 공간·시간 시스템은 그런 이유에서 우주가 생성된 이후 플랑크 시간, 즉 10^{-43}초까지 제대로 작동하지 않는다. 이런 시간 내에 일

정할 수 없는 이 블랙홀에 대해 아나톨리 김은 우리의 인식 체계로
는 그 실체에 접근할 수 없는 '죽음'의 의미를 투사한다. 그 실체의
중심에 들어갈 수 없는 신비성이 작가에게는 그 두 세계를 잇는 가
교인 셈이다.

아나톨리 김은 『다람쥐』에서 블랙홀을 다른 우주로 들어가는 입구
로 설명하고 있으며, 죽음을 일종의 블랙홀 체험으로 표현하고 있다.
이 작품에서 인노겐찌와 우정을 나눈 수채화가는 자신의 죽음이 가
까워 왔음을 인식하고 인노겐찌에게 죽음을 두려워하지 말라고 이야
기한다. 그리고 그는 죽음은 블랙홀(чёрные дыры) 비슷한 것일 뿐
이라며, 죽음이 있는 세상을 '그곳(там)'이라고 표현하고 있다. 그리고
흔히들 이야기하듯이 '그곳'에는 전혀 다른 우주(другая Вселенная)
가 있으며, 그곳으로 들어가는 입구는 검은 깔때기를 통해 나 있다
고 한다. 더 이상 시간이 존재하지 않으며, 과학에서 공간의 심연(пр
остранственная бездна)이라고 부르는 그것이 바로 죽음(смерть)일 뿐
이라는 것이다.(c.466) 즉 그에게 죽음은 다른 우주로 들어가는 입구,
블랙홀, 공간의 심연에 다름 아니다.

작가에게 블랙홀이 우주 공간의 심연이듯, 죽음은 우리 존재의 심
연이기도 하다. 하지만 작가에게 블랙홀이 그 자체로 끝나지 않고
다른 우주로 들어가는 통로이듯, 죽음 역시 닫힌 공간으로의 나락이
아니라, 또 다른 공간, 또 다른 삶을 향한 문이 됨을 표현하는 것이
다. 블랙홀에 대한 논의는 우주 공간에 중력이 다른 부분이 있다는
것을 보여 주는 것으로, 한 부분을 통해 전체를 알 수 있는 정적인
우주 개념에서는 사실상 이해 불가능한 것이라 할 수 있다.

어나는 현상에 대해서는 이미 여러 가지 이론들이 존재한다. 아놀드 벤
츠, 『우주의 미래: 우연, 카오스, 신?』, 박계수 옮김 (가람기획, 2001),
124쪽.

빛이 움직이는 속도와 가까운 물체에 있어서의 공간이란 정지되어 있는 물체에 있어서의 공간과는 많이 다르다. 물체가 달리는 속도가 빛의 속도에 근접할수록 공간도 신축성이 있는 고무관과 같이 움직인다. 움직이지 않고 고정되어 있는 물체에 있어서의 공간에 비해서 빛의 속도에 가깝게 움직이는 물체에 있어서의 공간은 그 크기가 작아진다.[60] 즉 아인슈타인은 상대성 이론으로 공간도 불변하는 존재가 아니라 중력과 속도에 따라서 변화하는 상대적인 존재라는 것을 밝힌 것이며, 아나톨리 김의 작품에서도 같은 맥락의 시·공간 개념이 응축되어 있다.

칸트의 순수이성비판에서 나타나는 시간과 마찬가지로[61] 아인슈타인의 상대성 이론에서도 시간은 외부 세계에 존재하는 것이 아니라 인간의 인식 작용 안에 존재하는 것으로 나타난다. 인간의 인식에서 시간은 심리적(주관적) 시간과 물리적 시간으로 구분할 수 있다. 인간의 의식 세계에 존재하는 주관적인 시간은 그것을 인식하는 인간의 상태에 따라서 상대적이다. 인간에게서 주관적인 시간의 흐름은 그의 육체적, 정신적 상황에 따라서 그 속도가 다르다.

---

60) 이런 사실에 의해 아인슈타인은 천체들이 서로 중력에 의해서 직접 끌어당겨 충돌하지 않고 자신의 중력에 의한 공간의 변화에 의해 서로 일정한 법칙에 따라 존재하고 있는 이유를 설명했고, 태양계의 혹성들이 태양의 중력에 의한 공간의 변화에 의해서 태양 주위를, 달이 지구의 중력에 붙들려서 지구를 돌고 있는 원리를 설명했다.

61) 칸트는 순수이성비판에서 "시간이라는 것은 독립적으로 존재하는 그 무엇이 아니며, 또 물체에 속하는 객관적 규정도 아니다."라고 말하면서, "시간이라는 것은 내감의 형식, 즉 우리 자신과 우리의 내적 상태를 직관하는 형식 이외의 다른 아무것도 아니다."라고 시간에 대하여 설명하고 있다. 또한 칸트는 "시간은 객관으로서 현실적이 아니라, 객관으로서의 나 자신의 표상 방식으로서 현실적이라고 보아야 할 것이다. <……> 시간이라는 것은 우리의 내적 직관의 형식 이외에 아무것도 아니다. <……> 시간은 대상 자체에 속하는 것이 아니라 단지 대상을 직관하는 주관에 속한 것이다."라고 기술한다. 칸트, 88-91쪽 참조.

이에 반해 물리적 시간은 천체의 움직임을 바탕으로 하여 인간이
설정한 인위적인 존재이다. 태양계를 도는 행성들을 비롯하여 천체
는 케플러 법칙에 따라서 움직이는데, 천체의 움직임의 방향을 거꾸
로 돌릴 경우에도 같은 원리로 작용한다. 따라서 천체에는 객관적으
로 존재하는 과거, 현재, 미래가 있는 것이 아니라, 인간이 천체의
움직임에 일정한 간격을 설정하여 그렇게 분류했을 뿐이다.

인간이 일정한 간격을 부여하여 정한 물리적 시간도 중력과 이동
하는 물체의 속도에 따라서 그 흐름이 다르다.[62] 아인슈타인의 상대
성 이론에 의하면 인간에게 지각되는 우주 안의 시간도 달리는 물체
의 속도와 중력에 따르는 가변적인 존재이다. 아나톨리 김의 작품에
서 나타나는 다양한 시간구조와 인과적이고 선형적인 시간구조의 파
괴는 이런 주관적 시간의 존재가능성에 기인한다.

시간이 일정한 공간의 분할이 아니라, 내면에 따라 무한히 확장될
수 있다는 생각은 『아버지-숲』에서 '변형'이 가능한 토대를 제공한
다. 이 내면의 시간은 지상의 물리적 시간과는 대립된다. 작품 화자
인 '사고하는 원자'는 다른 존재로 변형되는 그 순간에 대한 느낌과
인식을 다음과 같이 표현한다.

образовался в результате подобного сверхстремительного
пространственного движения мой внутренний резерв

---

62) 물리적 시간은 지구의 중력 중심에서 가까울수록 중력의 영향을 받아
서 천천히 흐르고, 멀리 떨어져 있을수록 시간이 빨리 흐른다. 예를 들
어 해발 100m에 위치한 가정집에 놓인 시계보다 해발 3000m의 산 위
에 위치한 산장에 놓인 시계가 더 빨리 가고, 지상 10㎞ 상공을 나는
비행기 안에서의 시계는 더 빨리 가며, 지상 40000㎞에 위치한 인공위
성에서의 시계는 더 빨리 간다. 그리고 지구의 자전 방향과 같은 방향
으로 나는 비행기에서의 시계보다 자전 방향의 반대 방향으로 나는 비
행기에서의 시계가 더 빨리 달린다. 그래서 정확한 시간의 흐름을 필요
로 하는 실험이나 작업에서는 이들의 오차를 조정해 주어야 한다.

времени, независимый от времени земного, связанного все новыми и новыми путами наворачиваемых по орбите витков никому – никому – никому не известных и ничего – ничего – ничего не значачащих годов – годов – годов. Мое внутреннее время таково, что за одну пульсацию гигантского растяжения и затем мгновенного сокращения моего существа в невидимую глазу точку я получаю возможность выбора прожить любое из прожитых деревьями моего Леса мгновений , постигнуть любое блаженство – войти в него, вкусить от него и, подобно осе – точильщице, вылететь из тронутого тела и унестись в неведомые для меня дали. (с.238)

그러한 초급진적인 공간운동의 결과로 지상의 시간에는 구애받지 않는 나의 내면 시간의 비축이 형성되었다. 지상의 시간이란 점점 새롭게 궤도를 따라 둘둘 말려서 아무도 아무도 알 수 없고, 한 해 – 한 해 – 한 해가 아무런 의미도 띠지 않는 시간을 말한다. 그러나 나의 내면 시간은 거인처럼 늘어났다가 순간적으로 내 존재가 보이지 않는 한 점으로 작아지는 한순간의 맥박 속으로 들어가는 것이다. 그리고 그 안에서 나는 내 숲이 체험한 순간들 중 어느 것이나 체험해 보며, 거기서 행복을 인식하는 것이다. 또 그 안으로 들어가 그것을 맛보고, 만져진 육체에서 빠져나와 내가 모르는 더 먼 곳으로 떠나가는 것이다.

여기서 나타나고 있듯이 작가는 우주의 역동성에 근거해 시간의 응축과 확산가능성을 작품에 투영하고 있다. 자연과학은 객관적으로 지각되는 현상의 설명을 시도한다. 17세기 이후 특히 갈릴레이와 뉴턴을 시작으로 물리학과 화학 분야의 점점 더 많은 자연 과정들이 미분방정식으로 기술되기 시작했다. 미분방정식은 현대 자연과학의 핵심이다. 미분방정식은 원인의 산물로서의 측량치와 그것이 얼마나 지속되는지의 시간적 변화를 표시해 준다. 시간은 원인과 결과를 결합시킨 다. 앞으로 전진하는 시간이 없다면 인과성은 상상할 수도 없다.

하지만 흥미롭게도 현대 물리학의 기본 방정식은 시간에 가역성 (可逆性)이 있을 가능성도 보여 준다. 일반 상대성 이론에서 시간은 심지어 제4의 공간으로 나타나기도 한다. 그것은 거울이 왼쪽과 오른쪽을 바꿔서 보여 주듯이 원칙적으로 원인과 결과가 바뀔 수 있다는 것을 의미한다.

이것은 『다람쥐』에서 부활하여 새로운 능력을 부여받게 된, 즉 새로운 시공의 본질을 이해하게 된 미쨔의 입을 통해 드러나고 있다. 시간과 공간의 유기적 관계에 대해 미쨔는 릴리아나에게 이렇게 말한다.

Время считается существующим только потому, что происходит событие, а потом его нет. В пространстве происходят какие-то события-ну, скажем, чья-то жизнь проходит,-а это всего лишь видоизменяется само пространство, вот что называют временем, Лилиана. Видоизменение пространства и есть жизнь, а не печальная утрата времени, как мы думаем. (с.634)

시간이란 단지 사건이 일어나기 때문에 존재하는 것이라 할 수 있어요. 공간 속에서는 어떤 사건들이 일어나고 있죠. 만일 누군가의 생명이 끝나간다면 이것은 단지 공간 스스로가 모습을 바꾸는 것에 불과해요. 바로 이것을 우리는 시간이라고 부르죠. 릴리아나, 공간의 변화란 우리가 생각하고 있는 것과 같은 시간의 비참한 상실이 아니라, 바로 삶 그 자체이기도 한 것이에요.

미쨔는 이러한 말로 그의 부재를 슬퍼하는 릴리아나에게 생명이 끝나가고 있음을 슬퍼하지 말라고 가르친다. 지상에 있는 모든 것은 단지 하나의 공간일 따름이며, 그 공간의 변화일 뿐이라는 것이다.

아나톨리 김은 또한 아인슈타인의 시공간 개념에 입각해 시간과 공간의 단축가능성에 대한 관념을 표출하기도 한다. 『다람쥐』의 초반에서 다람쥐는 모스크바의 비 내리는 어느 날 밤, 미래의 자신의 분신(двойник)을 만난다. 다람쥐와 그 분신이 나누는 다음의 대화를 보자.

≪По физическим законам, которые тебе известны, ты не должен видеть меня. Ведь я тот, кем ты станешь через много лет≫. – ≪А как же ты, – говорю, – вы – то как можете видеть меня?≫ – ≪Ну, прошлое нам доступнее, чем будущее≫, усмехаясь, отвечает он. ≪И все же, – сомневаюсь я, – возможно ли подобное раздвоение?≫ – ≪Никакого раздвоения, приятель, – был ответ, – я что – то вроде твоего плоского отражения в зеркале······≫ (с.458)

≪네가 알고 있는 물리 법칙대로라면 넌 나를 볼 수 없어야만 해. 나는 많은 세월이 흐른 뒤 네가 될 바로 그것이야≫. – ≪그런데, 당신은 어떻게 나를 볼 수 있죠?≫ – ≪음, 그건 우리에겐 과거가 미래보다 접근하기 쉽기 때문이지≫, 그는 씁쓸히 웃으며 대답한다. ≪아무리 그렇다 해도, 그러한 둘로 나누어짐이 어떻게 가능할 수 있죠?······≫, 나는 의심을 품으며 묻는다. – ≪여보게, 친구, 나누어지긴 뭐가 나누어졌다는 거야?, 나는 시간의 거울에 나타나는 너의 평면적 영상과 비슷한 그 무엇이야≫.

지동설의 우주상에서는 설명될 수 없는 '시간의 거울'이라든가 그러한 시간의 거울 속에 비추어진 평면적 영상, 즉 아나톨리 김이 '평면인간(плоский человек)'이라고 표현하고 있는 개념은 아인슈타인의 시공간에 대한 새로운 정의 속에서만 가능한 것이다. 시간과 공간의 단축가능성에 대한 아나톨리 김의 관점이 미래의 분신이 자기 과거의 모습인 다람쥐를 볼 수 있는 가능성으로까지 이어질 수 있는 것이다.

현 시점에서 자신의 미래와 만나는 모습은 『다람쥐』에서 끝나지 않는다. 그것은 『아버지-숲』과 『온리리야』에서도 계속 이어진다. 자유자재로 시간을 조정할 수 있으며, 이것이 단축될 수도 있다는 생각은 미래의 시선에서 현재를 바라보는 화자의 시점으로까지 발전한다. 『아버지-숲』의 화자 시점 역시 그러하다.

> <u>Каждый из них в свое время, пока существовал, являлся лишь будущим призраком.</u> И тот дождливый день, выйдя из леса на край поля, по которому проходила заглохшая дорога, я встретил призрачный обоз о двух телегах, грустный обоз, в котоором лошади-призраки везли на телегах-призраках саженные мешки с призраком-углем, -в призрачном двадцать седьмом году. (с.267-268) (밑줄 강조는 인용자)
>
> <u>인간 각자는 존재하는 자신의 시간 동안, 단지 미래의 환영일 따름이다.</u> 비가 내리던 그날, 나는 황폐해진 길을 따라 숲에서 나와 벌판에 이르렀다. 그곳에서 나는 두 대의 짐마차 환영과 부딪혔다. 서글퍼 보이는 두 대의 짐마차에 묶인 말들은 목탄 자루를 실은 수레를 끌고 있었다. 이 모든 것이 그저 27년의 환영일 뿐이었다.

현재의 모습이 미래의 환영에 불과하다는 관념은 『온리리야』에서도 나타난다. 현재 우리의 모습이 미래의 환영이라는 표현은 미래에서 현 시점을 보는 것, 즉 시간은 불가역적이라는 생각을 뒤집은 것이라 할 수 있다.

미래의 시점과 현재의 시점이 교차되는 것 외에, 동일한 공간에서 펼쳐지는 현재 시점과 과거 어느 한 시점의 사건을 동시에 묘사하는 방식 역시 아나톨리 김이 빈번하게 사용하는 서술양식이다. 이 부분에서도 시간의 가역성에 대한 가능성을 입증하는 현대 물리학 이론을 통해 자유자재로 시간 전위(time-shift)를 시도하는 작가의 의식을 이해할 수 있다.

『아버지-숲』에서는 지리적으로 동일한 장소에서 벌어진 432년 전의 일과 현 시간대의 일이 나란히 묘사된다. 432년 전에는 수도원으로 사용되었던 장소가 지금은 정신병원으로 바뀌어 있다. 그러나 432년 전의 그곳 수도승 프로코피는 정신병원의 담당 의사인 마린의 선조이며, 그들은 모두 432년이라는 시간차에도 불구하고 동일한 패턴의 사건을 체험한다. 여인들의 유혹과 그것을 물리치는 그들의 행동을 통해 서술자는 그들이 유사한 정신을 드러내는 영적인 사람들임을 강조한다.

그 외에도 네크바소프가 실종된 자기 누이를 찾으러 숲 속을 헤매던 길과 40년 전 독일인 포로들이 끌려가던 길을 동시에 서술하는 것도 같은 차원에서 가능하다. 작품이 서술되는 시점에서의 일과 40년 전의 일이 동일한 공간에서 펼쳐지는 시간 몽타주 기법으로 그려진다.

동일한 공간에서 펼쳐지는 아버지 스쩨판과 관련된 묘사를 통해 드러나는 700년 전 이야기와, 아들 글렙과 관련된 묘사를 통해 드러나는 700년 전 이야기가 병치되고 있다. 이 부분에서는 700년 전에 살았던 한 수도승 예프렘(Ефрем) 이야기에서부터 시작된다. 그리고 700년 후 예프렘이 거닐었던 그 숲길을 예프렘의 영혼을 입은 글렙이 헤매고 있다. 그런데 서술자는 여기서 글렙이 길을 잃고 헤매고 있던 그 숲 속이 700년 전 타타르군 부대가 러시아 포로들을 호송해 가던 바로 그 길이었음을 이야기한다. 다음을 보자.

Лесная дорога, по которой вожатый препровождал душу умершего старца Ефрема, шла от болота до широкой раскатанной дороги, ведущей к деревне Княжи, но это в двадцатом веке; а семью столетиями ранее там стоял сплошной красный бор, и по вытоптанной меж высокими соснами тропе военный отряд татар гнал пленных русичей, мужчин, и женщин и детей, человек двести, связанных гуськом в длинные цепочки. (с.201-2)

죽은 수도승 예프렘의 영혼을 끌어안은 길 안내원이 걷고 있는 숲길은 늪에서 크냐지 마을로 통하는 넓고 평평한 대로로 이어져 있었다. 하지만 대로가 만들어진 건 20세기의 일이었다. 칠백 년 전 그곳은 울창한 침엽수림 지역이었다. 높다란 소나무들 사이로 난 좁은 길을 통해 타타르군 부대는 남녀노소 모두 합해 족히 이 백 명은 되는 러시아인들을 포박해 끌고 가고 있었다.

계속해서 서술자는 글렙의 아버지 스쩨판의 20대조 할아버지가 타타르군의 포로로 끌려갔었다는 사실을 언급한다. 그리고 서술은 칠백 년을 뛰어넘어 포로수용소를 탈출한 스쩨판의 행동과 타타르의 포로였던 20대조 할아버지 행동의 유사점을 말하는 것으로 넘어간다. 이와 같이 아나톨리 김의 서술법은 동일한 공간에서 펼쳐졌던 다른 시간대의 사건들을 자유자재로 넘나든다.

이 부분의 내용을 시간적인 순서에 따라 다시 재배치하면 수도승 예프렘이 걷던 길 → 타타르군이 포로를 호송하던 길 → 스쩨판이 수용소를 탈출해 돌아오던 길 → 글렙이 길을 잃고 헤매는 숲길로 연결된다. 그런데 위의 문장을 통해서도 알 수 있듯이, 작가는 칠백 년이라는 시간의 간극을 한 문장 안에서 메워 버린다. 서로 다른 시간대가 한 문장에서 시간 몽타주 기법을 통해 연결되는 것이다.

이제 우주의 역동성을 에너지와의 관련하에서 살펴보자. 먼저 힘을 기울인다는 뜻의 '에너지'란 낱말을 물리학에서는 행동을 가리키

는 데 사용한다. 에너지란 한 원자가 다른 원자로 변화되며 일어나
는 것의 척도(Энергия-это мера того, что переходит от одного атома
к другому в ходе их преобразований)라 할 수 있다.63) 다시 말해
에너지는 연결 능력이다.64) 이렇게 모든 사물은 단순히 고립되고 고
정된 어떤 유형으로서 '존재'하는 것이 아니다. 세계에 대한 이런 정
적인 견해는 이 세상의 모든 것이 항상 전화(轉化) 과정에 있다는
견해로 대치되었다. 살아 있지 않은 현상조차도 끊임없이 변화하고
있다. 모든 것은 각기 에너지이고, 그 에너지는 끊임없이 변형되고
있다. 모든 변형은 어느 것이나 전화 과정에 있는 다른 것에 영향을
미친다. 풀 한 잎마다의 생명과 죽음은 세계 에너지의 전체 변화에
영향을 미친다.

에너지 양자 측면에서 우주는 닫힌 양자이므로, 처음에 주어진 것
들의 교환을 통해서만 무엇인가 진행된다. 이것은 『아버지-숲』에서
인간과 나무의 관계에서 드러난다. 인간이 죽으면 나무가 되고, 나무
가 죽으면 인간이 된다는 작가의 표현은 여기에 근거한다. 우주 전
체의 에너지는 일정하므로 하나의 상태에서 다른 상태로 물리화학적
성질이 변할 때 새로운 에너지가 발생하는 것은 아니다. 따라서 이
작품의 나무와 인간의 변형관계에 대한 언급에서 그들 사이는 수량
적으로도 서로 반비례하는 것으로 묘사하고 있다. 다음을 보자.

Когда множится людской приплод, то уменьшается число
деревьев земного леса, и наоборот, - когда вымирает людское
число, племя за племенем, зеленый народ мой разрастается

---

63) Шарден, там же, с.44.
64) 샤르댕은 이른 생명체에서부터 그들 사이는 총에너지에 의해서 서로 연결
되어 있다(таинственно связаны между собой совокупной энергии)고
본다. там же, с.59.

и медленной поступью выходит на заброшенные поля. (с.177)

사람들이 번식을 하면 할수록 이 세상의 나무들은 줄어들기 마련이다. 반대로 인간 종족이 하나씩 둘씩 소멸되어 버리면, 초록의 인구는 확산되어 느린 발걸음이지만 버려진 들판으로 뻗어 나가게 된다.

우주 전체의 에너지는 일정한데, 물질은 끊임없이 변형된다는 사실을 신화적 상상력과 결부시킨 것이 『아버지-숲』에 나타나는 인간과 나무 사이의 변형관계이다.

인간과 나무 사이의 변형관계에 대한 작가의 믿음[65]은 이 작품에서 사용되고 있는 많은 상징과 이미지 속에도 반영되어 있다. '사람은 죽어 가면서 나무로 변한다(человек, умирая превращается в дерево).' (с.131)라는 스쩨판의 믿음이 형성된 것은 그가 전쟁에서 부상당해 나무처럼 꼼짝도 할 수 없는 상태에서 자신이 죽어 간다고 생각했던 경험 때문이다. 그리고 꼼짝없이 누워 있을 수밖에 없는 상태에서 그는 한 독일군 병사의 모습—소나무 숲 사이에서 몰래 기어 나왔다가 위생병들이 몰려오는 소리를 듣고 다시 나무 뒤로 숨어 들어간 —을 본다. 그러나 위생병들이 자신을 들것에 실어서 독일군 병사가 숨어 있는 바로 그 나무 옆을 지나갈 때에도 그는 독일군 병사를 배반하지 않았고, 그는 나무와 묵묵히 눈인사를 나눈다. 그리고 그는 전쟁에서는 서로 원수일 수 있는 그와 독일군 병사의 경계가 '인간'

---

65) 사람과 나무가 상호 변형된다는 스쩨판과 글렙의 믿음은 『연꽃』에서 주인공 로호프가 어린 시절 목격한 풀이 곤충으로 변화된다는 믿음과 같은 맥락에서 이해될 수 있다. 아나톨리 김은 『아버지-숲』에서는 사람과 나무의 변형관계를 우리 인간들이 바로 나무와 같은 도덕적 규율과 이상과 미덕을 가져야 한다는 하나의 바람과 믿음 속에서 설정하고 있으며, 『연꽃』에서는 변형에 대한 믿음이 예술창작의 기본 토대가 된다는 것을 강조한다.

이라는 존재의 지고한 가치 앞에서는 아무런 소용도 없다는 사실을 깨닫는다. 결국 그것은 인간과 나무 사이의 존재론적 경계에서도 마찬가지로 적용될 수 있는 것이었다.

자신이 나무처럼 꼼짝할 수 없는 상태에서 죽어 간다고 생각했던 것처럼 그리고 그가 독일군 병사가 숨어 들어간 나무와 눈인사를 나누었던 것처럼, 결국 세상이란 그렇게 간단할 수 있는 것이었다. 그리고 이러한 생각은 여러 해가 지난 후 그의 아들 글렙에게서도 그것은 '나무는 죽어서 사람이 된다(дерево после смерти своей становится человеком).'(c.131)는 생각으로 계속된다. 이에 대해 글렙은 다음과 같이 부연설명하였다.

　　　Разумеется, превращение это не сиюминутно-механическое, такое, чтобы с гулом хлестнула срубленная лесина оземь и тут же подскочила бы и встала на ноги лохматым мужиком или конопатой бабенкой. Скорее всего здесь имеет место диалектический переход из одного в другое нематериальных струкиур. (c.131)

　　　물론 이 변형은 기계적인 어떤 변형을 뜻하는 것은 아니다. 말하자면 나무가 쿵 소리를 내며 땅바닥으로 쓰러지자마자 그 자리에서 털이 덥수룩한 남자나 주근깨투성이 여자가 흙을 털고 나온다는 뜻은 아니다. 하나에서 다른 것으로 비물질적인 구조의 변증법적 전환이 이루어질 수 있다는 말이다.

아인슈타인의 상대성 이론에서도 물질과 에너지는 상호 전환될 수 있는 존재이다.[66] 이것은 물질은 막대한 양의 에너지가 물질화한 것

---

66) 예를 들어 초에 불을 붙일 경우에 물질인 초가 열과 빛으로 전환하는 것에서도 찾아볼 수 있다. 이것은 나무, 석유, 석탄 등을 태우는 과정에서도 동일하게 일어나는 현상이다. 엽록체를 가진 식물은 빛 에너지를

으로서 그 안에 그만큼의 양의 에너지가 들어 있다는 것을 의미한
다. 이러한 사실을 물리학자들은 가속기 내에서 중성자를 빛의 속도
에 가깝게 가속하여 서로 충돌시키면 순수한 에너지로 변했다가 다시
새로운 물질들을 생성하는 실험을 통해서 확인하였다.[67] 일상의 생
활에서 단단한 고체나 액체 또는 기체의 상태로 접하는 물체들이 일
정한 환경을 만들어 주면 다시 대폭발 이전에 존재하던 순수 에너지
상태로 환원될 수 있는 것도 같은 맥락이다. 아나톨리 김의 작품에
나타나는 '변형'의 테마 역시 물질이 파동화되면 에너지가 되고 에
너지가 응결되면 물질이 되는 물질과 에너지의 관계를 이론적 토대
로 구축되어 있다고 할 수 있다.

에너지란 한 원자가 다른 원자로 변화되어 가는 척도이다. 때문에
원자는 자기가 있는 공간 전체에 그 영향을 미치며, 우주 공간 전체
가 모든 원자의 행동 영역이 되는 것이다. 이에 따라 샤르댕의 에너
지 양자(энергия–квант)와 찌올콥스키의 '살아 있는 원자(живой атом)'
의 상관성에 대해 알아보고, 이것을 아나톨리 김이 어떻게 수용하고
있는지를 살펴보도록 하자.

아나톨리 김은 기본적으로 우리 몸을 이루는 물질 하나하나가 원
자로 이루어져 있다는 찌올콥스키의 생각을 공유하고 있다. 그는 이

물질로 고정시키는 능력을 지니고 있다. 우리가 물의 위치 에너지를 활
용하거나 석유, 석탄, 원자력 등을 이용하여 전기를 생산하여 전등을
켜는 과정에서도 이러한 현상은 동일하게 일어난다. 또 그 전등을 이용
하여 식물로 하여금 광합성을 하도록 할 경우에는 전기에서 나온 빛
에너지를 물질로 환원시킬 수 있다. 샤르댕은 자의식을 가진 인간의 정
신이 이 지구상에 출현한 것은 마치 물에 열을 가할 경우에 물의 온도
가 99℃에서 갑자기 기화하는 현상을 보이는 것과 같이 물질계에 오랜
기간 일정한 진화의 과정이 있다가 어느 순간에 그렇게 된 것으로 보
고 있다. 이러한 설명도 인간의 정신이 이 지구상에 출현한 신비를 해
명하고자 하는 하나의 시도로서 가치가 있는 일이다.
67) 이러한 원리를 활용한 것이 원자력이다.

미 죽은 시체 속에서도 유기물이 존재한다는 것과 그런 유기물을 하나의 살아 있는 원자로 인식하는 것은 작품 내용에서도 그대로 표현되고 있다. 『아버지-숲』에서 작가는 전쟁 중에 행방불명된 누이를 찾기 위해 숲 속을 헤매고 있는 네크바소프의 의식을 빌려 자신의 원자에 대한 개념을 표현하고 있다.

> Он нашел бы в земле большое количество полуистлевших костей, кое-какое недогнившее тряпье и даже не превратившуюся полностью в землю черную, смрадную органику, в которой еще сохранилось неисчислимое количество атомов от людей. (с.403)
> 네크바소프는 땅에서 반쯤 썩은 뼈들, 채 썩지 않은 넝마 그리고 아직도 완전히 흙으로 변하지 않는 검고 악취 나는 유기물들을 찾을 수 있었다. 이 유기물 속에는 수많은 양의 인간 원자가 아직 보존되어 있었다.

네크바소프가 걸어가고 있는 숲은 40년 전 독일인 포로수용소가 있던 곳이었다. 이곳의 독일인 포로들은 기아와 혹한으로 죽어 갔는데, 그들이 매장된 장소를 지나가면서 그는 반쯤은 이미 썩은 뼈 속에도 원자가 존재한다고 보는 것이다. 죽음으로 하나의 생명이 단절되는 것이 아니라, 그 육체를 이루고 있던 원자들은 그대로 살아서 전이되고 변형된다는 것이다. 영혼의 여행, 영혼의 이동 등과 같은 사후 영혼 이야기에 대한 작가의 특별한 관심은 바로 '살아 있는 원자'에 대한 이해에 이론적 토대를 두고 있다고 해도 과언이 아니다.

『아버지-숲』에서 원자에 대한 논의는 영혼의 전이현상과도 깊은 관련을 지닌다. 타타르의 포로가 되었던 스쩨판의 선조들 중 한 명이 고향으로 돌아와 자살을 했는데, 그 자살한 선조의 영혼이 소련

군 포로인 랄프 슈라이버에게로 옮겨졌다. 그런데 랄프 역시 오브레조프(Обрезов)에 의해 사살된 후 메쇼라 숲 속에서 소나무로 자라난다. 랄프 슈라이버가 사살된 직후 그의 영혼이 숲 속 소나무로 자라나게 된 과정을 작가는 다음과 같은 문체로 표현하였다.

Чтобы перейти на пролетающую мимо снежинку, покинув падающее истощенное человеческое тело, и на этом пушистом парашюте плавно спуститься на землю, а там и слиться, затеряться в сонме других снежинок, а весною растаясь и в капельке воды проникнуть в сосновую шишечку, под ее чешуйчатый панцирь к семенам, приготовившимся пустить ростки. (с.295)

소진해 쓰러지는 인간의 육체를 벗어나서 옆에 날아가는 눈송이로 옮겨 가, 이 솜털 같은 낙하산을 타고 춤추듯 대지로 내려 앉는다. 그리고 거기서 다른 눈송이들과 한 몸 이뤄 파묻힌다. 하지만 봄이 오면 이내 물방울로 녹아 솔방울에 덮인 갑옷 속, 새 싹을 준비하는 씨앗 속으로 스며든다.

씨앗 속으로 들어간 랄프의 원자는 이내 메쇼라 숲 속 한 그루 소나무로 자란다. 그리고 소나무와 함께했던 랄프의 영혼은 30년이 지난 후, 스쩨판의 마음 안으로 이동한다. 그것은 30년 후 숲 속으로 나무를 베러 온 스쩨판이 그 나무를 베어 냈기 때문인데, 그 나무에 함유되어 있던 원자를 통해 아무런 관련성도 없었던 두 사람이 하나가 된다. 랄프 슈라이버의 죽은 영혼 대신에 태어났던 그 나무는(дерево, когда—то родившееся взамен погибшей души Ральфа Шрайбера) 자신의 슬픔을 스쩨판의 영혼에 전해 준다. 작가는 이렇게 묘사한다.

едва успела душа бывшего немецкого военнопленного взлететь над грянувшим оземь стволом, и вспомнив мгновенно тоску и боль по утерянному раю, вошла в широкую грудь того, кто спилил сосну. (c.314 - 5)

과거 독일인 포로의 영혼이 땅바닥으로 넘어지는 줄기 위로 겨우 날아올랐다. 순간 영혼은 잃어버린 낙원에 대한 그리움과 괴로움을 잠시 기억해 내고 소나무를 벤 자의 넓은 가슴속으로 들어갔다.

소나무로 자라났던 랄프의 영혼은 이제 스쩨판에게 전이된다. 그리고 두 사람은 하나가 된다. 그리고 랄프는 스쩨판을 통해서 살게 되는 것이다.

작가가 직접적으로 '원자'에 대해 언급하는 부분은 죽은 아버지의 감정이 딸에게 전달되는 장면에서이다. 메쇼라 숲에서 사망한 아버지 영혼의 원자는 1986년 독일 포츠담의 상공을 날고 있던 먹구름 속에도 섞여 있다. 그리고 그것은 포츠담에 쏟아 부어진 폭우를 통해 지상으로 떨어진다. 다음은 그 폭우 속에 섞인 한 방울 물에 관한 묘사이다.

<······>, в которой содержалось несколько атомов душевной тоски и колющей боли в недрах правого плеча, чем были отмечены последние минуты жизни Ральфа Шрайбера на лесной мещерской земле. (c.296)

<······>, 거기에는 메쇼라 땅의 숲에서 랄프 슈라이버가 생의 마지막 순간에 체험한 오른쪽 어깨뼈의 골수를 파고드는 통증과 영적 우수의 몇몇 원자들이 함유되어 있었다.

랄프 슈라이버의 딸은 그 비를 맞고 죽음 당시 아버지가 느꼈을, 가슴 저며 오는 우수를 느낀다. 그 빗물 속에는 러시아인의 포로로 잡혀 중부 러시아 메쇼라 지방에서 목재 가공업을 하다 총살당한 후 마침내 자신의 고향까지 날아오게 된 그녀 아버지의 분산된 고통의 원

자들(разрозненные атомы страданий ее отца)이 들어 있었던 것이다.

아나톨리 김은 제2차세계대전 당시 러시아의 메쇼라 숲에서 오브 레조프에게 오른쪽 어깨를 관통당해 사망한 아버지 랄프 슈라이버의 몸을 이루고 있던 원자가 1986년 독일 포츠담에 사는 딸에게 전달되고 있는 장면을 묘사하는 것이다. 이렇게 원자는 한정된 어느 공간이 아니라 우주 전체를 그 영역으로 한다. 그리고 아나톨리 김의 서술에서는 원자의 에너지를 통해 표면적으로는 아무런 관련성을 지니지 않는 것처럼 생각되었던 사람들이나 시간이나 공간적으로도 멀리 떨어진 사람들이 연관관계를 갖게 된다.

이와 같이 원자는 물질과 에너지 사이의 변형 관계를 통해 우주의 역동성을 입증한다. 원자의 행동 영역이 우주 전체이므로, 원자의 변형은 우주의 변형을 이끌어 낼 수 있다. 이것이 우주는 처음 만들어진 대로 그냥 가동만 되는 기계가 아니라, 변화하고 있다는 우주의 역동성을 입증하는 것이다.

정적인 우주가 아니라, 동적인 우주, 생성하는 우주, 진화하는 우주가 될 수 있는 근거는 물질 자체가 고정된 죽어 있는 것이 아니라는 믿음과 함께, 뉴턴 물리학이 내건 고정성과 기하학을 부정함으로써 마련된다. 이것이 아나톨리 김이 표현하는 물질의 진화 및 물질 변형과 연결되는 것이다.

4. 진화자로서의 인간

철학적 인간학에서 인간에 대한 이해는 인간과 동물이 다른 존재라는 것을 이해하고 설명하는 데서부터 시작된다. 인간과 동물의 차이는 파스칼(Blaise Pascal)의 인간관에서부터 명확히 규정되기 시작했다. 파스칼의 인간관에서는 인간과 동물의 차이점을 보다 분명하게 설명하고 있다. 그는 수상록(隨想錄) 『팡세(Pensees)』에서 기독교의 변증론[68]을 다루며, 이 과정에서 그는 인간의 이중적 속성을 설명한다.[69] 인간은 불완전한 존재이지만, 그렇다고 인간이 동물처럼 본능대로만 살수 없다는 것에서 인간의 비극과 고민이 시작된다. 인간이 본능적인 욕구만을 좇는 삶을 살게 되면 인간의 생활은 타락할 수밖에 없고, 인간다운 가치는 상실되기 때문이다. 이 때문에 흔히 '동물'을 규정할 때는 본능적인 욕구만을 좇는 점을 그 대표적 속성으로 보고, '인간'은 이런 본능을 넘어설 수 있는 존재로 규정짓는 것이다.

이렇게 인간이란 어떻게 살 것인가 하는 당위적(當爲的) 문제를 안고 사는 존재이다. 또한 등장인물의 성격을 규정해 그것을 하나의 캐릭터로 형상화해야 하는 작가들에게서도 이런 인간의 문제 혹은 인간됨의 문제란 항상 일차적으로 고려되어야 할 문제이다.

아나톨리 김이 작품 속에서 인간과 동물의 특성을 그려 내는 방식과 그 의미 역시 같은 맥락에서 이해될 수 있다. 아나톨리 김이

---

68) 일명 호교론(護敎論)이라고도 하며, 기독교 신학의 한 부분을 말한다. 종교는 초이성(超理性)이기는 하나 반(反)이성은 아니라는 것을 변명하기 위한 신학의 한 분야이다. 종교·계시·기독교의 기초를 이성에 의하여 설명하려는 입장을 말한다. F. 코플스톤, 『중세철학사』, 박영도 옮김 (서광사, 1988), 45-48쪽 참조.

69) 첫째, '인간은 생각하는 갈대'라는 것이다. 인간은 '진리와 선(善)을 추구하는' 생각하는 갈대이며 이 '생각하는' 활동이 인간을 위대하게 만든다는 것이다. 둘째, '인간은 천사도 아니고 동물도 아닌 중간자'라는 인간관이다. 이 의미는 인간이 정신과 육체의 양면성을 가진 존재로서, 인간은 신(神)과 같이 완전하게 될 수도 없고, 반면에 동물처럼 본능에 따라서만 살 수도 없는 존재라는 것이다.

이 문제를 조명하는 방식에서 흥미로운 점은 그가 '사람됨'의 문제를 단순히 외적인 모습이 인간이냐, 동물이냐 하는 문제로 국한시키지 않는다는 점이다. 그에게는 외모가 사람과 닮았다고 해서 결코 사람이 아니며, 그것이 짐승의 모습을 하고 있다고 해서 그 내면이 야수와 같은 난폭성을 보이지 않는다. 오히려 그에게는 '순수한 짐승'이 가지고 있는 '건강한 본능'은 아름다운 것으로 묘사되기도 한다. 먼저 작가가 묘사하는 '순수한 짐승'의 예부터 살펴보기로 하자.

먼저 『다람쥐』에서는 화자인 다람쥐가 구입한 사냥개가 그 예가 될 수 있다. 여기서 화자는 자신이 구입한 사냥개 발다이를 '나의 충실한 발다이(мой верный Валдай)'라고 부른다. 그리고 항상 조마조마해하며 의심이 많은 자신의 성격에 비해, 발다이는 "의심을 모르는 완전하고 아름다운 짐승(совершенный и прекрасный зверь, не ведающий сомнения)"(c.701)이라고 칭하고 있다.

그리고 두 번째로는 『켄타우로스의 마을』에 등장하는 적갈색 암말이 해당될 수 있다. 그 암말은 아마존 여전사인 자신의 주인 올리비야(Оливья)가 죽자, 그녀의 시체를 찾으러 다닌다. 그 자신도 켄타우로스들에게 두들겨 맞고 강간당해 몸을 움직일 수도 없는 상태인데도 불구하고, 모두들 잠든 밤에 혼자 절룩거리며 여주인의 시체를 찾으러 다니는 모습을 서술자는 묘사하고 있다. 그리고 자신의 친구이기도 했고, 자기 주인이기도 했던 피투성이가 된 여주인의 시체를 찾아내 그것을 땅에 묻어 준다.

통상적으로 주인이 죽고 나면 그와 함께 있었던 동물에 대한 묘사도 함께 사라지는 것과는 달리, 서술자는 이 올리비야의 적갈색 말에 대해서는 그 여주인이 죽고 난 이후의 생활모습에 대해서도 계속해서 서술하고 있다. 결혼도 하고, 귀여운 망아지도 낳고, 다른 암말처럼 평범한 생활을 하고 있지만, 아마존 여인 올리비야에 대한 사랑은 잊을 수 없었음을 강조한다. 그리고 이런 사랑을 가슴에 안고 사는 암말의 꿈과 내면의 승화를 작가는 묘사하고 있다.

> Любовь сия существовала лишь в ее душе и больше нигде на свете: вместе с оной любовью кобыла гуляла в своих сновидениях по каким-то дивным степям, где она ощущала себя вовсе не лошадью и даже не человеком, подобным амазонке Оливье. Каким-то дивным третьим существом без запаха и цвета бывала она в этих ярких снах ! (с.51)
>
> 이 사랑은 그녀의 영혼 속 외에는 그 어디에도 존재하지 않는다. 암말은 꿈속에서도 가슴에 사랑을 안고 초원을 거닐고 있었다. 그곳에서 암말은 말도, 아마존 여인 올리비야와 같은 인간도 아니었다. 이 찬란한 꿈속에서 암말과 같은 존재는 냄새와 색깔을 가지고 있지 않은 경이로운 제3의 생명체, 바로 그것이었다!

아나톨리 김의 관념에서는 한 마리 짐승이 말과 인간의 이상적인 결합을 보여 주는 생명체로까지 격상될 수도 있는 것이다. 이러한 예를 통해 알 수 있듯이, '진화자 인간'이라는 것을 규정하는 데에 중요한 기준이 되는 것은 외적인 생물학상의 진화 여부가 아니라, 인간의 내면진화, 즉 정신진화 여부인 것이다.

그의 작품에서 문제시되는 것은 단순히 짐승의 속성이 아니라 인간 내면에 웅크리고 앉아 인간을 파멸시키는 야수성의 특징, 즉 인간과 짐승의 경계에 놓여 있는 존재이다. 작가는 그러한 경계의 존재를 『다람쥐』에서는 오보로쩬(оборотень)으로, 『켄타우로스의 마을』에서는 반인반마인 켄타우로스(кентавровы)들을 통해 그려 내고 있다.

아나톨리 김에게 있어, 오히려 순수한 짐승은 눈에 보이는 자연

그대로의 진실만을 보기에, 특별한 선과 악의 개념이 적용되지 않는
다. 또한 사고할 수 없기에 자유가 줄 수 있는 선택의 가능성을 알
지 못한다. 하지만 인간은 자신에게 부여된 자유로 인하여 때에 따
라서는 더 이기적이고 사악한 선택을 하기도 한다. 이것은 참된 정
신적 진화를 이루어 가야 하는 인간의 진화 방향을 완전히 역행하는
것이다. 이러한 짐승-인간에 아나톨리 김은 '오보로쪤'이라는 민속
적인 이름을 부여하였다.

그는 인간성의 추락의 위험성을 겉모습은 사람이지만, 동물적인
내면을 가지고 있는 내면상의 '경계(граница)'에 서 있는 존재, 즉
흔히 요괴인간으로 번역될 수 있는 오보로쪤을 통해 드러낸다. 따라
서 여기서는 『다람쥐』에 등장하는 오보로쪤에 대한 작가의 논의부터
시작하기로 한다. 오보로쪤의 속성은 그 자신이 다람쥐와 인간의 양
면성을 모두 가지고 있기 때문에 다른 오보로쪤들을 구별해 내는 능
력이 있는 다람쥐(-ий)의 눈에 의해서 밝혀진다. 다람쥐는 자신들과
같은 오보로쪤들이 지상에 정착하게 된 경위에 대해 이렇게 말한다.

Нас много, неисчислимые наши скопления кишат между
подлинными людьми и зверями. Мы оборотни-призраки
из иных миров, где были всего лишь навсего животными. Там
мы подохли-и вот по черному туннелю смерти вывалились
сюда, вселились в детей человеческих и приспособили их
процветание на благо себе. (с.469)

우리 요괴인간들은 많다. 수를 셀 수 없을 정도인 우리들의 무
리는 짐승들과 진정한 사람들 사이에 우글우글하다. 우리는 모두
짐승들뿐인 다른 세계에서 온 요괴인간-유령들이다. 우리들은 그
곳에서 죽은 후에-죽음의 터널을 통해 이 세계로 나와, 인간의
아이들 속에 자리를 잡고는 우리의 번영을 위해 인간의 아이들을

조종해 왔던 거다.

『다람쥐』에 등장하는 다양한 오보로쩬들은 인간에게 미치는 영향관계와 그 위험 정도에 따라 몇 부류로 나누어질 수 있는데,[70] 일반적인 인간의 소시민성을 드러내는 오보로쩬으로부터 악마적인 힘으로까지 연결되는 오보로쩬까지 여러 층위에서 나타난다. 작품 서술자는 '소시민'을 대변하는 오보로쩬의 본질에 대해서는 이렇게 표현한다.

> сущность оборотня, которого столь мирно мещанином, с остовляет то, что средоточием высшего смысла его быт ия является у него кишка, и основой его извечной трев оги – пустота в желудке. (с.621)
> 요괴인간의 본질은 자신의 내장이 높은 의미의 삶의 중심이 되고, 위가 텅텅 비는 것을 가장 두려워하는 일반 소시민들 속에 이 숨어 있다.

그리고 오보로쩬들이 느끼는 존재상의 불안감은 타인을 파괴하는 힘으로까지 증폭되기도 한다. 이 작품에서 미쨔를 살해하는 멧돼지 아르쮸쉬킨(Артюшкин), 획일화된 예술세계만을 강조하는 미술학교의 오소리 솜쪼프(Сомцов) 선생, 족제비 릴리아나(Лилиана), 돈이라는 굴레로 인노겐찌의 재능을 매수해서 결과적으로는 그를 파멸시키는 암사자 예바(Ева)는 커다란 위험으로 등장한다. 특히 미쨔와 게오르기의 파멸에 결정적인 역할을 하는 것은 릴리아나 보리소브나인데

---

70) 『다람쥐』에 등장하는 오보로쩬들의 동물적 속성에 따른 분류와 그 특성에 대한 언급은 다음 논문을 참조 바람. 권철근, "아나톨리 김의 『다람쥐』 연구: 다람쥐와 오보로쩬", 『러시아연구』, 제5권, 1995, 12쪽.

그녀의 족제비-흡혈귀(хорёк-вампир) 본성은 파멸적인 짐승의 그
것으로, 인간의 재능 앞에 나타나는 커다란 파괴적인 힘으로 표현되
고 있다. 특히 멧돼지 오보로쩬에 의해 살해되었다가 부활한 미쨔는
자신을 죽인 아르쮸쉬킨은 보잘것없는 인간들 중의 한 사람이지만,
"그 속에는 악마가 있었다(И все же дьявол был в нем)."(с.574)며
오보로쩬의 드러나는 외모 뒤에 감추어진 본질을 정확하게 간파하고
있다.

이와 같이 이 작품에서 오보로쩬의 본질은 우리 인간 내면에 감
추어진 소시민적인 불안감에서 파괴적인, 악마적인 속성으로까지 확
대될 수 있다. 즉 아나톨리 김의 관점에 본다면 이 세상은 다양한
오보로쩬들이 사는 곳에 다름 아니다. 그러므로 소수일 수밖에 없는
진정한 인간들은 오보로쩬들의 음모의 대상이 될 수밖에 없으며, 이
것이 『다람쥐』 속의 천재적인 예술가들이 파멸을 맞을 수밖에 없
는 이유이기도 하다.

아나톨리 김의 작품에서 동물적 속성을 가지고 있는 인간에 대한
것 역시 오보로쩬과 유사한 측면에서 이해될 수 있다. 이것은 『바
흐의 선율과 함께 한 버섯 따기』에서 탄지(Тандзи)를 파멸시키는
로헤이의 형상을 통해서도 드러난다.

이 작품에서 탄지의 동생 로헤이(Рохэй)는 슬픈 운명을 감내해야
했던 형과는 달리 아버지 사업을 물려받아 일본 자본주의의 꽃이라
할 수 있는 대기업의 사업가로 성장한다. 하지만 당당하고 화려한
로헤이의 드러난 모습 뒤에는 형제의 몫까지 빼앗고 형제를 파멸시
키는 동물적인 카인의 열망이 숨어 있다. 서술자도 언급하고 있듯이,
어린 시절부터 유난히 먹는 것에 집착하는 면모에서도 드러나는 그
의 동물적인 탐욕스러움은 형 탄지의 연주 녹음테이프를 불 속에 던
져 버리는 등 슬픈 천재 아벨의 영혼을 짓밟는 카인의 화신으로 묘

사되는 것이다.

『다람쥐』의 '오보로쩬'이 동물과 인간의 내면상의 경계를 드러내는 구현체라면, 『켄타우로스의 마을』의 '반인반마' 켄타우로스들은 동물과 인간의 '경계'에 서 있음이 외면적으로 표면화된 존재들이라 할 수 있다. 『켄타우로스의 마을』의 마지막에서 철학자 에우클리드 (Евклид)가 파시(Пасий)라는 켄타우로스에게 던지고 있듯이 그들의 실존에 관한 문제를 해명하기 위해, 여기서는 보통 철학적 인간학에서 인간과 동물을 구분하는 몇 가지 틀을 적용해 그들의 본질을 규명해 보도록 한다. 이러한 작업은 반인반마의 존재를 규명하는 보다 정교한 가늠대가 될 수 있을 것이다.

인간과 동물의 차이를 드러내는 첫 번째는 즉물성, 이른바 본질직관능력이 있는가 하는 것이다. 인간은 동물과 달리 고차원의 능력을 지니고 있다. 인간 정신은 주관-객관의 영역을 넘어 사물의 본질을 파악할 수 있는 직관능력 혹은 관조능력을 가지고 있다.[71] 인간은 주체와 객체의 본질이 '하나'가 되는 본질직관의 능력을 가질 수 있으나 동물은 그렇지 못하다. 생존에 필요한 지능만을 소유한 동물은 대상을 초월하지는 못한다. 따라서 동물은 그 대상이 '먹을 수 있는 것이냐? 아니냐? 암컷이냐? 수컷이냐? 나를 해치는 것이냐? 아니냐?' 하는 관점에서만 대상을 본다.

이 작품에서 작가는 켄타우로스들의 사물 인식방법을 흥미롭게 묘사한다. 그들 눈에는 모든 것이 먹는 행위, 배설하는 행위, 성적 만족을 주는 행위로만 보인다. 이들 켄타우로스들은 손가락 네 개인 외계인들이 든 방사선 총도 그들이 먹은 열매인 "라차차(лачача) 뿌리와 닮았다."(c.33)라고 표현하며, 자신들의 새로운 지도자 케휴리빌의 대머리도 "라차차 열매와 닮았다."(c.64)라고 묘사한다. 그야말로

---

71) 서배식, 306쪽.

아는 만큼만 보이는 그들의 빈약한 인식을 그대로 드러낸 것이며, 그들은 생존본능을 벗어나서는 한순간도 살 수 없는 존재임을 보여주는 작가의 단서라 할 수 있다.

본질직관에 대한 능력을 계속해서 인간과 인간 사이에 적용해 보면, 이것은 '나의 보이지 않는 인격과 너의 보이지 않는 인격의 만남'으로 확장된다. 이러한 인격과 인격이 만나는 능력의 상실이 바로 인간성 상실인 것이다.[72) 자신을 둘러싼 환경과 사물에 대해 아무런 관조능력도 지니지 못하는 켄타우로스들의 삶의 방식은 자기 동료들을 대할 때도 적용된다. 때문에 켄타우로스들 사이에서는 그 어떤 인격적 만남도 나타나지 않는다. 그들은 강물에 빠져 허우적거리며 죽어 가는 동료의 모습을 보고도 낄낄거리며 웃고 있을 뿐이다.(c.21) 그들에게서는 아무런 인간성을 찾아볼 수 없는 것이다.

두 번째 인간과 동물의 구분점으로는 이른바 '세계 개방성'과 '환경 구속성'을 들 수 있다.[73) 동물은 환경 구속적인 데 반해서, 인간은 세계에 대해 개방적이라는 것이다. 이것은 세계에 대해 초월할 수 있는 인간의 가능성에 대한 표현이기도 하다. '세계 개방성'이라는 규정은 쉘러(M. Scheler)의 인간학에 있어서 인간 존재의 근본 규정이 되었으며, 그리고 쉘러 이후 플레스너(Plessner)와 겔렌(Gehlen)과 같은 철학적 인간학자들에게서도 거의 공통적인 개념으로 나타난다.

쉘러는 이 개념을 통해 인간의 정신만이 세계를 소유할 수 있다는 의미를 표현하고자 한다. 동물들은 충동적인 욕구를 거부하지 못하는 데에 반해, 인간은 충동 욕구를 거부할 수 있다는 것이다. 이러한 세계 개방성은 플레스너의 탈중심성(脫中心性)[74)과 유사한 개념

---

72) 앞의 책, 307쪽.
73) 앞의 책, 171쪽.
74) 플레스너는 모든 생물들을 보편적 개념으로 설명하고 나서 식물, 동물 그리고 인간의 존재를 특징짓는 차별적 규정들을 각 단계에 따라 언급

으로 볼 수 있다. 쉘러와 플레스너의 관점으로 본다면 켄타우로스들은 세계 개방성 혹은 탈중심성을 가지지 못한다. 그들은 철저하게 자신의 중심에 갇혀 사는 존재들이며, 그 때문에 충동 욕구를 거부하지 못한다. 작품 속에서 켄타우로스들의 충동과 욕망은 주로 전쟁과 욕정을 채우는 것으로 표출된다.

그들은 거의 대부분의 시간을 전쟁을 치르는 데 보낸다. 아마존 여인들과도 전투를 하고, 말들과도 그리고 외계인들과도 전투를 한다. 한 번의 전투로 수많은 자신들의 종족이 죽어 갔지만, 그들은 여기서 교훈을 발견하지 못한다. 그들이 기억력을 가지고 있지 못하기 때문이다. 때문에 세대를 거듭해서 계속되는 전투를 통해서도 아

한다. 이렇게 플레스너에게 있어 근본개념은 위치성(位置性)이다. 위치성은 생물이 그의 주위 환경 세계와 결합되어 있는 구조관계를 뜻한다. 즉 유기체는 그의 공간 장소와 관련되어 있어서, 하나의 자연적인 장소를 가지고 있다. 유기체가 그의 환경 자체에 관련되어 있다는 뜻이다. 그리고 유기체들 사이의 구별은 그의 환경 안에서 생물체가 어떤 관계를 가지는가에 따라 구별된다. 식물은 그의 환경 안에 끼워 넣어져 있고, 동물은 그의 환경 세계에 간접적으로 끼워져 있다. 이것은 독립성을 의미한다. 즉 동물은 개체로서 위치적으로 <여기-지금>을 형성하고 있어서 외계에서 활동할 뿐만 아니라, 외계의 영향을 받을 수 있다. 즉 동물은 자기의 중심에서 산다. 이것은 다른 인간학자들에게 있어서 동물의 환경 구속성과 같은 의미이다. 인간에게 있어서 비로소 자신 소유의 차원이 생긴다. 즉 인간은 자기 자신과 그의 환경 세계를 파악할 수 있고, 양자를 상호 관련시킬 수 있다. 인간은 그의 중심에서, 중심 안에 들어가 살지 않고 자신을 중심으로 안다는 뜻이다. 자신을 중심으로 알 수 있기 위해서는 '중심(中心)으로서의 존재(存在)'를 초월하지 않으면 안 되고, 중심으로부터 벗어나 나오지 않으면 안 된다. 우리는 자신의 중심 영역과 관계함으로써만 대상화될 수 있다. 이 중심 영역을 자신에게서 구별함과 동시에 그 영역을 자신과 관련짓는다. 다시 말하면 인간은 중심으로부터 거리를 취할 수 있다는 것이다. 이렇게 하여 인간은 총체적인 반성에 도달할 수 있다. 따라서 인간의 특징은 '탈중심성(脫中心性)'이라는 데 있다. 즉 '탈중심성'이 인간의 근본 규정이 된다. 앞의 책, 177-8쪽 참조.

무런 교훈을 얻지 못하고 매번 분노가 솟아오를 때마다 습관적으로
전투를 하는 것이다.

　인간과 동물을 구분하는 세 번째 기준은 자신을 부정할 수 있는
존재인가 하는 점이다. 부정의 원리는 만물이 존재하는 근본 원리가
된다. 한 알의 밀알은 자기를 부정하여 썩을 때, 다음 가을에 많은
결실을 갖게 되고 그 밀의 종이 번성할 수 있다. 이렇게 '부정'은 만
물 생존의 원리일 뿐 아니라, 인류의 근본 원리가 된다.[75] 다시 말
해 도덕의 완성은 곧 자기 부정의 원리에서 이루어진다. 즉 인간은
인간답게 살 때, 즉 자기를 부정할 줄 아는 정신적 존재일 때 '진정
한 인간'이 되는 것이다.

　인간은 육체와 정신이라는 두 가지 요소가 결합되어 있는데, 육체
는 물질이기 때문에 물질의 법칙에 지배되고, 정신은 정신의 법칙에
의하여 지배된다고 볼 수 있다. 물질의 법칙은 자연의 법칙이며, 자
연법칙은 또한 필연의 법칙이다. 이에 반해 정신의 본질은 본능에
복종하지 않고, 본능을 거부하고 부정할 수 있다는 데 있다.[76]

　이러한 관점에 입각했을 때, 켄타우로스는 철저하게 물질의 법칙,
필연의 법칙, 육체의 법칙에 종속되어 사는 존재들이다. 그들은 자신
의 본능을 부정하지 않기 때문에 성(性)이 그들의 실존을 대변한다.
켄타우로스들은 자신들을 '엘도라예츠(елдораец)'라고 부르는데, 이
것은 그들의 성기를 뜻하는 말이기도 하다. 즉 성을 뜻하는 말('엘도
라이')이 자신들의 존재를 규정하는 단어가 되어 버린 것이다. 그것
은 켄타우로스들 중 가장 현명하다는 파시의 입을 통해서도 나타난
다. 그는 자신이 젊은 시절 인간의 포로로 잡혀 있었을 때, 인간 여
인과 성교를 한 일로 거세를 당했다는 이야기를 상인에게 해 준다.

---

75) 앞의 책, 296 – 7쪽 참조.
76) 앞의 책, 293쪽 참조.

그리고 이렇게 덧붙인다.

　　С этого дня вся сулукве этого мира для меня уже ничего не
значит. (с.30)
　　(거세당한) 이날부터 이 세상의 모든 술루크베[진리(истина)를 뜻
하는 켄타우로스어]는 나에게 아무런 의미도 지니지 않게 되었다.

　파시의 언급을 통해서도 알 수 있듯이, 그들에게는 성기가 그들의 진
리를 대변하며 성(性)이 그들의 전부인 것이다. 그는 "내가 엘도라이를
사용할 때에만 나는 존재한다고 말할 수 있는 것이다(Я елдорайствую,
значит, я существую)."(с.88)라고 표현하기도 한다.
　이것은 작품의 마지막 부분에서 철학자 에우클리드가 파시에게 "켄
타우로스는 말이오? 아니면 인간이오?"라고 정체성을 묻는 말에 자
신들은 '엘도라이쉬크(Елдорайщик)'(с.86)라고 대답하는 것에서 알
수 있다. 자신들은 "마치 절구통과 절구처럼, 체쿠스와 엘도라이 사이
에서(между текус и елдораем, словно между ступой и пестиком)"
(с.81) 태어났다고, 다시 말해 여인과 말(женщина и конь) 사이에서
태어난 것을 '체쿠스와 엘도라이' 사이에서 태어났다고 표현함으로
써 생식기를 통해 자신의 종족 전체를 대변하고 있는 것이다. 켄타
우로스들의 땀이나 정액, 배설물 등에 대한 묘사가 지나치게 많은
것도 그들의 육체가 주인공급으로 등장해 본능과 욕망을 따라서만
사는 그들의 모습을 대변해 주기 때문이다.
　신체의 반은 사람이고 반은 말인 켄타우로스들이나 인간의 외면을
하고 있으면서도 그 안에 사악한 짐승을 숨기고 사는 오보로쩬들의
모습을 통해서도 나타나듯이, 겉으로 드러나는 모습으로는 '인간됨'
을 얘기할 수 없다. 때문에 실증적인 차원에 시각을 고정하고 있는
과학은 이 우주 속에서 사람이 차지해야 할 자리를 아직 찾지 못했

다고 할 수 있다. 오늘날 과학이 현대 생물학과 물리학의 도움을 받아 사람을 재구성하는 데 성공했다고 하지만 과학이 구성한 사람은 여러 동물들 가운데 하나에 불과하다. 해부학에서 볼 때 유인원과 크게 다를 게 없어서, 현대 동물학에서는 린네의 분류에 따라 사람을 유인원과 함께 사람과(科)에 넣고 있는 것이다.

이렇게 해부학적 차원에서 인간과 동물을 비교한다는 것은 거의 의미가 없다. 즉 동물과 인간의 외면에 대한 현상학적 분석은 그 의미 찾기에서 별다른 진척을 가져오지 못한다. 그렇다면 과연 동물과 인간의 차이를 규정할 수 있는 진화는 어떤 모습이어야 하는가?[77] 이 의미를 명확히 하는 것은 인간 속에서 동물의 내면을 묘사하고 있는 아나톨리 김의 작품세계와 그 의미를 규명하는 데 도움이 될

---

77) 인간을 진화의 소산으로 받아들이는 데 강한 거부 반응을 나타내는 사람들은 기독교적 창조론에 대하여 진화론이 이율배반적인 것이라고 생각하는 종교인들일 것이다. 그러면 과연 진화론과 기독교의 창조론은 서로 이율배반적인 사상들인가? 이에 대해 이인규는 이렇게 설명한다. "생물 진화는 그 메커니즘에 대하여 아직도 여러 가지 논의가 있을 수밖에 없고 진화의 가장 확실한 지질학적 증거도 완벽하지 못하여 수많은 과제들을 남기고 있지만, 생물이 진화한다는 사실은 가장 보편적인 과학적 진리로 수용되어 현대 생물학의 골격이 되고 있다는 것은 그 누구도 부정하지 못할 것이다. 따라서 진화학은 과학적인 사실에 대한 인간적인 이해에 불과하다고 전제할 때, 지구상의 모든 생물이 신에 의하여 창조되었다는 성서적인 해석은 동시에 그것이 과학일 수 없음도 자명한 일이다. 그러므로 이 둘은 대결의 문제가 아닌 공존의 문제이고, 한 가지 사실에 대한 관심과 관점의 차이일 뿐이다. 왜냐하면 창조론은 절대자에 의하여 이루어진 초과학적인 일이며 구약성서에 기록된 창조의 역사는 '하느님이 우주와 생물과 인간을 만들었다는 창조의 역사적 사실'을 알려 주는 것이어서, 신앙으로 받아들일 성질의 것이지 결코 과학적인 분석의 대상이 된다고 할 수는 없기 때문이다. 다시 말하자면 과학은 창조의 과정을 인간의 지식이 미치는 범위에 국한시켜서 규명하는 일이고, 신앙은 창조의 목적과 결과에 대한 지식을 제공하여 절대자의 권능을 알게 하기 위한 것이기 때문이다." 이인규, "진화의 소산으로서의 인간", 『인간이란 무엇인가』, 장회익 外 (민음사, 1991), 126쪽 참조.

것이다.

우주에서 사람이 차지하고 있는 '당연한' 자리를 찾기 위해서는 동물에서 인간으로 진화하는 외적인 측면만이 아니라 인간이 참인간이 되는 그 내적인 측면에 대한 연구가 필수적이다. 진화의 원동력이 되는 외면과 내면, 즉 물질과 생명의 조화로운 질서 속에서만이 인간현상이 지닌 참의미가 도출될 수 있기 때문이다. 이에 샤르댕은 사람과 동물이 변별성을 지니는 점, 즉 동물에 비해 사람이 뛰어난 점은 반성 행위(рефлексия)를 할 수 있는 것에서 찾는다.[78]

'반성'이란 우리 자신에게로 돌아가는 의식의 힘이다. 또한 우리 자신을 '대상으로' 놓고 자신의 존재와 가치를 헤아리는 능력이다. 그러므로 반성은 단지 아는 게 아니라 자신을 아는 것이요, 그냥 아는 게 아니라 안다는 것을 아는 것이다. 자기에게로 돌아가는 반성하는 존재(рефлектирующее существо)만이 새로운 세상을 열 수 있는 것이다. 동물(животное)도 알고 있지만, 분명한 것은 '그들은 자기가 안다는 것을 알지 못한다.' 즉 동물과 인간의 차이는 정도의 변화가 아니라, 상태의 변화가 일으킨 본질의 변화란 것이다.[79] 샤르댕에 따르면 생명은 의식 상승이기 때문에 깊이의 변화 없이 계속 앞으로 갈 수 없는 것이다. 그리고 계속해서 사람과 동물이 달라지게 된 지점을 과학적으로 설명한다. 이것은 인류사에서 정신이 태동한 지점을 '원추형 구조'를 통해 설명하는 이론적 근거가 될 수 있다.

일상 압력에서 물이 100도에 이른 후 계속 데울 때 일어나는 첫 번째 사건은 온도 변화 없이 자유분자들이 요란하게 폭발하는 현상이다. 그러한 과정이 지속되어 원뿔 모양으로(по восходящей оси конуса) 계속 상승하고 평면은 자꾸 줄어들다 보면 마침내

---

78) Шарден, там же, с.165.
79) там же, с.161.

수면은 사라지고 하나의 '점'만 남는 순간이 온다. 그런 식의 비교를 통해 우리는 반성이 출현하는 임계점의 역학구조를 상상할 수 있다. 제3기 끝 무렵 세포 세계 속에서 얼의 온도가 올라갔다. 가지에서 가지로 군에서 군으로 신경세포가 점점 복잡해지고 농축된다. 동물과 비교해 보았을 때, 유인원과 동물들 사이의 기관들의 차이는 별로 없다. 그러나 깊이에 있어서 큰 혁명이 일어났다. 의식이 끓어오르고 솟구치며 단순히 감각이 아닌 관계와 표상이 생긴다. 동시에 의식은 자신을 알 수 있는 능력이기도 하다. 이 모든 것이 처음 일어난 일이다. 이 운동 속에는 '상태 변화'라고 하는 가장 기본적인 현상이 일어난다.[80]

샤르댕이 위에서 언급하고 있는 것은 결국 의식의 농축과정이다. 그는 '의식'이야말로 진화하는 생명의 실체요, 진수이며, 의식 상승을 위한 도정이 바로 참된 의미의 진화임을 이야기한다. 따라서 '사람됨(гоминизация)'이라는 말은 바로 개체가 본능에서 생각으로 가는 도약(индивидуальный мгновенный скачок от инстинкта к мысли)을 가리키는,[81] 거대한 승화의 과정이라는 의미가 된다. 이와 더불어 동물에서 인간으로의 '진화'의 본질은 어떤 '형태 변화'가 아니라 '상태 변화'임을 분명히 하고 있다.

그런데 지금까지 진화의 원동력이 무엇인가를 두고 자연과학자들은 논란을 벌여 온 것이 사실이다. 분석하고 결정짓는 방법에 따라서 생물학에서는 겉으로 드러나는 현상을 통계 내어 생명 전개의 원리를 찾고자 했다. 예를 들면 생존 투쟁(борьба за существование), 자연도태(естественный отбор) 등이 그것이다. 그리고 이러한 부분을 강조함으로써 진화의 '내면'적 특성이 강조되지 못하고 진화를

---

80) там же, c.163-4.
81) там же, c.179.

유발하는 '환경'적 특성만이 부각된다. 그러한 측면에서 인간 윤리적 측면 역시 그 가치의 혼선을 빚게 되는 것이다.

이것은 다윈의 진화론[82]이 스펜서의 사회진화론[83]으로 잘못 유입

---

82) 찰스 다윈(Charles Darwin)이 1859년 『종(種)의 기원』(On the Origin of Species by Means of Natural Selection)을 통해 발표한 진화에 대한 이론은 당시 생물학의 하나의 가설에 그치지 아니하고, 하나의 열광적인 종교 운동처럼 번져 나갔다. 그 이후 기계적 세계 패러다임은 전무후무한 성공을 거두었다. 생물학적 진화에 대한 다윈의 이론은 물리학에서의 뉴턴의 발견만큼이나 인상적이었고 과학이론으로서 사회에 미친 영향 또한 가장 극적이었다. 다윈에 의하면 생물의 개체는 한도를 모르고 불어나고 있는 데 반하여 그들을 둘러싸고 있는 환경 요인에는 자연히 한도가 있어서 생물들이 만족하게 살아 나가기에는 참으로 어렵다는 것이다. 그런데 생물들이 부족한 환경 밑에서 적응하여 오래오래 후손을 남기려면 개체들 사이에서 경쟁이 일어나게 되는데, 이때 자연계에 있어서 그 생활조건에 적응하는 개체(우성인자)는 생존하고 그렇지 못한 개체(열성인자)는 저절로 사라진다는 것이다. 이런 적자생존이라는 수단에 의해서 자연계에서 일어나는 것을 자연도태라고 하였다. 그리고 이 과정에서 생물들이 적응 형태에로 변하게 되어 오랜 세월을 지내는 동안 진화하게 된다는 것이다. 이것이 다윈의 생물학적 진화론이다. 秦敎勳, 『哲學的 人間學 硏究 (Ⅰ)』(經文社, 1993), 61쪽.

83) 생물학적 진화론을 정치학에 적용한 것이 하버트 스펜서(Herbert Spencer, 1820-1903)의 사회진화론이다. 스펜서는 다윈의 생물계 종의 진화라는 개념을, 이 세상에 발전이 존재한다는 사실에 대한 증거로 원용하였다. 스펜서를 비롯한 사회적 다윈주의자(Social Darwinists)들은 자연 선택(natural selection)의 개념을 적자생존(the survival of the fittest) 개념으로 돌려 버렸다. 그렇게 함으로써 자기 이익의 추구가 물질적 풍요를 증대시키고, 이에 따라 사회질서도 더불어 증가된다는 기계적 세계관을 옹호하는 이론적 바탕이 강화되었던 것이다. 여기서 적자생존의 개념은 다음과 같은 의미로 해석되었다. 자연 상태에서 각 유기체는 다른 모든 창조물과 끊임없이 냉혹한 전쟁을 벌이고 있다. 생존하여 자손을 번식시키는 유기체는 그들 고유의 물질적 자기 이익을 보호할 수 있게 잘 갖추어진 종에 한한다. 따라서 진화는 생명체들이 다음 세대로 갈수록 자기 이익을 최대로 취할 수 있고, 물질적 요구를 만족시킬 수 있기 때문에, 이런 질서가 증가하는 과정으로 역사가 이행하는 것으로 간주되었다. 그럼으로써 다윈 이론은 기계적 세계관의 중심 과정을 완전히 재확인하는 결과가 된 것이다. 이석호, 42쪽.

됨으로써 나타난 결과물의 하나이기도 하다. 이것이 결과적으로는 붕괴될 수밖에 없는 기계론적 패러다임의 모습을 묘사하고 있는 켄타우로스들의 삶의 방식에 다름 아니다. 이런 삶의 방식을 사는 그들을 기다리고 있는 것은 목마름과 굶주림뿐이었다. 켄타우로스들 중 절반 이상이 전투로 죽고 화재로 마을이 타 버려서 그들은 산으로 먹을 것을 찾아 대규모의 이동을 한다. 그들은 굶주림으로 서서히 자멸해 가고 있는 피난 도중에도 새로운 지휘자 케휴리발(Кехюрибал)은 지휘관으로서의 자신의 지위를 확립하고 자신에 대한 공포감을 심어 주기 위해, 자기 동료이자 부하를 살해한다. 켄타우로스들이 지향하는 것은 단지 '힘의 숭배(культ силы)'일 따름이다. 서술자는 야생마와 켄타우로스들의 전투를 묘사하면서 싸움에 광분하는 의식을 "힘 있고 건강한 자는 힘없고 불행한 자를 반드시 죽여야 했다(Несчастного должен был обязательно добить кто－нибудь из сильных и здоровых" (с.46))는 말로 표현한다.

이것은 '힘 있는 자만이 살아남는다.'는 스펜서의 적자생존 개념을 대변하는 것이다.[84] 이와 같이 '다윈의 진화'라는 외부 환경적 요인으로만 고찰했을 때 극단적 결과물은 힘 있는 자의 논리로 귀결된다. 하지만 아나톨리 김이 생각하는 진정한 진화의 의미는 외부 환경에 의한 것이기보다는 내면적 요인에 의한 것이다. 그가 중시하는 것은 '진화'의 원동력으로서의 심리적인 문제이다. 즉 가장 중요한 것은 생명의 원동력(пружина жизни)이라 할 수 있는 의식이 어디를 행하고 있는가 하는 문제라고 보는 것이다.

샤르댕 역시 진화의 문제를 외부적인 힘의 문제로 보기보다는 심

---

84) 켄타우로스들의 삶의 방식을 육체와 힘의 논리를 통해서 규명한 것으로는 다음의 글을 참조 바람. Георгий Цветов, "Футурология по Анатолию Киму", 『슬라브학보』, 제8권, 1993, 61－96쪽.

리학의 문제로 보는 측면이 강하다. 오늘날 말하는 방식대로라면 어떤 동물이 육식본능을 가지게 된 것은 어금니가 날카로워지고 발에 발톱이 생겼기 '때문'이라는 것이다. 예를 들어 호랑이가 송곳니를 갈고 발톱을 날카로이 한 것은 "육식을 하려는 마음이 혈통을 따라 계속 이어져 내려오며 커졌기 때문으로 간주하는 형질의 진화(эволюция характерных свойств)"를 들 수 있다.[85] 아나톨리 김에게 이러한 경향은 『다람쥐』에서 역행변화를 일으킨 돌고래의 모습으로 표출된다. 한 개체가 지향하는 욕구가 무엇인지에 따라 겉모습도 변화할 수 있다는 작가 관념이 잉태한 상상력의 산물이라 할 수 있다.

『다람쥐』의 3부는 다람쥐가 자신이 알고 있는 한 돌고래에 관한 이야기를 해 주는 것으로 시작하고 있다. 자기를 싣고 온 물탱크에서 도망쳐 나온 돌고래와 강변에서 부딪히게 된 다람쥐는 무슨 일이든지 하고 싶다는 돌고래에게 그림을 가르쳐 준다. 포스터 그리는 일에 상당한 재능을 보인 돌고래는 다른 사람의 이름을 빌려 포스터를 제출해 보수를 받게 되면서부터 나쉬보츠킨(Нашивочкин)이라는 새로운 이름을 얻고, 점차적으로 인간들이 사는 방식들을 배워 간다. 그리고 바지도 사 입고, 절룩거리기는 하지만 인간들처럼 걸어 다니기도 한다. 그리고 출판사 편집장과의 만남 이후에 바로 예술위원회의 정회원이 된 돌고래는 점점 더 거만해져 간다.

출세가도를 달리던 돌고래는 급기야 타찌야나(Татьяна)라는 매춘부를 사랑해 그녀와 결혼하기까지 하는데, 매춘부라는 존재가 무엇인지 모르고 있던 돌고래는 그녀의 그물에 걸려 정신없이 사랑에 빠져들고,

---

85) 샤르댕은 여기서 '형질'이라는 표현을 '성격'이나 '성품'으로 대체하면 그대로 사람에게도 적용할 수 있다고 생각하고 있다. 그리고 그것이 유기체에 작용하여 거기에 따른 모양을 만들어 낸다고 보는 것이다. 예를 들어 병정개미와 일개미도 다 그런 식으로 그들 본능에 맞는 외모를 갖추게 된 것이라고 설명한다. Шарден, там же, c.150.

그 결과 다리와 성기가 자라게 된다. 이제는 관료로서도 출세를 지향하는 완전한 오보로쩬의 특성을 공공연히 드러내는 돌고래 나쉬보츠킨은 자신의 은인인 다람쥐에게마저 권위적인 태도를 보이지만, 인간 세상을 지배하는 힘의 역학관계 속성을 이해하지 못했기에, 한꺼번에 많은 욕심을 부리려다 자기 자리에서마저 파면당하기에 이른다.

나쉬보츠킨이 완전히 나락으로 떨어졌을 무렵, 병원에 있던 그를 찾아간 다람쥐는 그에게 다시 돌고래로 역행변화(обратное превращение)를 해서 바다로 귀환하라고 충고한다. 그러면서도 다람쥐는 돌고래에게 자신이 동물에 대한 어떤 혐오감을 가지고 있거나 너를 무시해서 이런 역행의 길을 이야기한다고는 생각하지 말아 달라(c.620)고 당부한다. 다람쥐는 다음과 같은 말로 돌고래에게 구원의 길을 제시한다.

> Убить человека в самом себе. <……> Уничтожить все то, что потихоньку преображало тебя из неразумного животного в духовное существо. <……> Поступать только так, как велит жаркая первооснова твоей животной сущности. (c.619)
> 네 자신 속에 있는 인간을 죽여라. <……> 너를 비이성적인 동물에서 정신적인 존재로 조금씩 변화시켰던 모든 것을 파괴하라. <……> 너의 동물적 존재의 속성이 명령하는 대로만 행동하라.

이렇게 했을 때, 돌고래의 몸속에서 인간이 하늘을 향해 기어 올라갔던 긴 사다리[86]는 무너져 버리고 돌고래도 함께 떨어지겠지만, 그 대신 오히려 죽음의 천사에게서 빠져나와 본능만 충족되면 행복을 느낄 수 있는 짐승들의 천국(звериный рай)에 들어갈 수 있을 것이기 때문이다.

---

86) 이것은 야곱의 사다리의 이마쥬이다.

동물로의 역행변화를 거치고 난 후, 푸르른 대양을 마음껏 질주하는 건강한 돌고래로 돌아가게 된 나쉬보츠킨은 다람쥐에게 진심으로 깊이 감사한다. 그리고 여기서 작가는 완전히 돌고래로 역행변화해서 삐준다 해안에서 다른 돌고래들과 어울려 놀고 있는 그의 모습을 표현한다.(c.614)

'바지를 입은 돌고래 이야기'는 그 자체로 '로만-스카즈카(роман-сказка)'라는 작품 장르를 대변하고 있으며, 이 동화 같은 이야기를 통해서 아나톨리 김은 우리에게 참된 '진화'의 의미가 무엇인가를 생각하게 하는 것이다. 즉 아나톨리 김이 지향하고 있는 '진화'의 관념은 동물에서 인간으로 진화한다는 단순한 생물학적 진화를 의미하는 것은 아니다. 그에게 있어 변화와 진화에 영향을 주는 것은 내면의 지향점이 어디인지이다.

진화 방향은 다르지만 유사한 맥락에서 이해할 수 있는 또 하나의 기질 진화의 표출로 볼 수 있는 것이 『구린의 유토피아(Утория Гурина)』에 등장하는 구린(Гурин)의 모습이다. 하늘로 날아오르고 싶은 욕구로 그의 몸에는 날개가 생긴다. 그리고 그는 담대하게 하늘로 비상한다. 돌고래가 매춘부와 사랑에 빠져 결혼하고 싶은 욕망이 커지자 그의 몸에 다리가 생기게 되었듯이, 하늘을 날고 싶은 구린의 욕망이 실제 그의 몸에 날개가 생기게 하였던 것이다. 이것이 아나톨리 김이 생각하는 '진화'의 방향을 알려 주는 단서가 된다.

더불어 아나톨리 김에 의하면 인간이 진정한 진화를 이루어 내기 위해서는 내면에 있는 동물적인 속성에서 벗어나야 한다. 『다람쥐』에서 이에 대한 확신과 믿음은 다람쥐가 릴리아나에게 하는 당부를 통해서도 반복된다. 흡혈귀 본성(вампиризм)을 가지고 있는 릴리아나의 실체를 가장 정확히 읽어 냈던 다람쥐는, 동물적인 본성이라는 측면에서는 그들이 서로 상반된 존재이긴 하지만 그래도 릴리아나는 고통을 받으면서까지 진정한 인간 미쨔를 사랑했기에, 동물에서 진정한 인간으로의 성장진화를 위해 함께 노력하자고 말한다. 그리고 다람쥐는 릴리아나에게 동물적인 것에서 벗어나 인간이 될 수 있으려면 항상 가장 훌륭한 인간에 대한 성실한 믿음을 간직해야 한다(c.647)고 강조한다.

아나톨리 김이 생각하는 '진화자 인간'은 정신이 진화된 인간이며, 여기서 중시되는 것은 돌고래와 구린의 예를 통해서도 제시되었듯이 내면이 무엇을 지향하고 있는가 하는 문제, 즉 내면의 방향이라 할 수 있다. 이 때문에 아나톨리 김에게서 진화의 문제는 윤리적인 문제로 자연스럽게 이행되는 것이다. 그리고 이것은 앞에서 살펴보았던 '유기론적 패러다임'하의 삶의 방식으로 전환해야 할 당위성에 이론적 근거를 부여하는 것이기도 하다. '생물학상의 진화'는 사용가능한 에너지가 분산 — 고엔트로피로 인해 더 많은 양의 에너지를 사용가능한 것으로부터 불가능한 상태로 변화 — 되는 것이지만, '인간 진화' 개념은 저엔트로피를 지향 — 에너지 흐름을 최소화하는 것 — 하는 것이기 때문이다. 전쟁이 아니라 평화, 혼란이나 무질서가 아니라 질서, 자연파괴가 아니라 자연과 일체 등이 그것을 입증한다.

따라서 고엔트로피 문화유형에서 벗어나 저엔트로피를 지향하는 사람들이 참된 '진화자 인간'인 것이다. 이것은 "세상의 안팎을 이루는 물질과 정신의 두 에너지(Обе энергии—физическая и психическая, —находящиеся соответственно на внешней и внутренней сторонах мира)는 전체로 보면 같이 움직인다. 결합되어 있고 때로는 서로 모습을 바꾸기도 한다. 그러나 그들의 행적을 꼭 일치하는 것으로 볼 수는 없다. 예를 들어 가장 고도의 정신 에너지는 매우 적은 물리 에너지를 사용하기 때문"[87]이라고 표현하고 있는 샤르댕의 표현을

---

87) там же, c.64.

통해서도 알 수 있다. 즉 참된 진화자 인간은 모든 현상의 상호 관련성을 이해하기 때문에, 인간을 자연생태계에서 분리시키지 않는다. 자연을 생명의 원천으로 보고 인간을 자연의 일부로서 이해하기 때문에, 인간은 자연과 조화를 이루게 되는 것이다.[88]

또한 저엔트로피적 삶을 사는 사람들은 '에너지 흐름을 집중화시키는 사람, 즉 물질적 측면을 중시하는 사람들'이 아니라 '에너지 흐름을 최소화한 삶을 사는 사람들'[89]이다. 저엔트로피 사회에서 노동이란 의식의 깨우침에 이르기 위한 노력의 필수적 요소가 된다. 하지만 고엔트로피 사회에서의 일은 통속화되어 있다. 그 일은 시계와 생산량에 의해 분할되고 측량된다. 그리고 초월적 의미를 부여받지 못하는 까닭에 하나의 짐으로 인식될 수밖에 없다. 아나톨리 김의 작품에서 철학자나 예술가, 종교적 타입의 사람들이나 지적인 직업 종사자들이 주인공이나 화자로 등장하는 것은 바로 이 때문이다. 이러한 유형의 사람들이야말로 자신의 직업과 노동으로써 자신이 참으로 누구인가를 알 수 있는 사람들이라고 작가는 생각하기 때문이다.

이 장(章)에서 살펴보았듯이 아나톨리 김의 생명철학은 물질과 정신의 이분법적 체계에 머물지 않는다. 그는 정신 물리학에 근거하여 우리 인류를 엔트로피와 정신의 흐름의 상호 교점에 있는 존재로 간주한다. 그리하여 그는 우주를 기계론적인 시각에서가 아니라 모든

---

88) 노자와 석가, 기독교 사상가 마이스터 에크하르트 역시 "인간이 살아가는 궁극적인 목적은 다른 물질적인 욕구를 만족시키는 것이 아니다. 우주의 진리와 합일을 도모하여 이러한 만족에서 오는 인간적인 해방감을 체험하는 것이다."라며, 저엔트로피 사회의 필요성을 이야기한다. 제레미 리프킨, 227쪽.

89) 동양 종교의 옹호자들, 특히 불교도들은 에너지 유동량을 극소화하는 것의 중요함을 이해하고 있었다고 할 수 있다. 개체가 육체적인 생존을 유지하기 위한 최소한의 에너지를 소모할 때 열반이나 진리상태에 몰입이 가능하기 때문이다.

것이 상호 연결된 시각으로 보아야 한다고 생각한다. 여기서는 물질 상태와 정신 현상들 사이에 어떠한 괴리도 존재하지 않는다. 물질과 정신은 일종의 삼투상태로서 서로 합일되어 인간의 삶과 우주적 생명을 유지하고 있다. 이러한 사고 체계에서 인간과 자연의 관계는 서로 유기적으로 얽혀 있는 전체론적 모습을 지니게 되는 것이다.

아나톨리 김은 물질과 생명체와 사람의 소재가 우주의 미립자 구조와 연속선상에 있는 것으로 간주하고 이러한 측면을 작품의 서술 구조를 통해 인간과 모든 생명체 사이의 친족성 및 연관성으로 표출한다. 더불어 그에게 진정한 진화자로서의 '인간'은 이것을 인식할 수 있는 고양된 의식을 지닌 존재이며, 에너지와의 관계에서는 저엔트로피를 지향함으로써 자연이나 다른 생명체와 공존할 수 있는 존재, 자신의 삶 속에 정신적 각성의 지평을 확장시킬 수 있는 존재인 것이다.

존재론적 측면에서의
종교철학

1. 신비주의에 대한 이해

아나톨리 김의 관념에서는 육체와 정신은 별개의 독립된 존재가 아니라 밀접한 관계를 가지고 있는 유기체이다. 그리하여 정신적 영혼이 물질을 매개로 그 영혼의 육체에 영향을 미치고 물질적 육체에서 자신을 실현시킨다. 즉 아나톨리 김의 영혼 이해에서는 살아 있는 육체의 실제는 영혼 자체가 육화된 실체이다. 그의 이러한 정신적 물질주의의 개념은 신비주의적 경향을 띠는 것으로, 그의 신비신학에 기초한 종교관을 암시하는 것이 된다.

현대에서 신비신학은 '비정상적'이라는 뜻으로 이해되기도 한다. 같은 맥락에서 '신비가' 역시 꿈의 세계에 사는 시인처럼 여겨지기도 한다. 하지만 동방이나 희랍, 슬라브와 같은 동방 그리스도교 세계에서 '신비주의' 혹은 '영성'은 참으로 실재적인 것과의 일치라는 뜻으로 이해된다. 또한 초대 그리스도교도에게 신비 또는 영성은 '진정한 실재의 세계', 진실한 세계였다. 이 신비는 빵, 물, 포도주 등의 물질세계를 부정하는 것을 의미하는 것이 아니라, 살아 있는 신비로서 살이 된 하느님의 로고스(말씀) 그리고 표징이나 상징을 통해서 종교의식 속에 존재하는 하느님의 로고스가 변모되어 가는 세계를 물질적 표징을 통해서 간파하는 것을 의미한다.[1] 여기서 실재(reality)라는 것은 변화하는 것이나 현세적인 것이 아니라, 침묵하고 있는 인간의 마음속에서 하느님이 말씀하시는 곳, 즉 심연이다.

현대에 와서는 흔히 분리된 것처럼 느껴지는 신학과 영성, 신학과 신비가 정교회의 우주론에서는 결코 분리될 수 없는 것이었다. 따라서 '신비신학'이라는 용어는 동방교회의 영성을 표현해 주는 말이며, 아나톨리 김의 종교적인 이해는 무엇보다도 이에 기초해 있다.[2]

사람들의 마음속에 내적인 힘으로서 존재하며 초월적인 창조력으로 만물을 유지하시는 신(神)을 체험하기 위해 신비주의 또는 영성은 주체와 객체라는 데카르트적인 이원성을 넘어간다. 아나톨리 김의 정신세계가 신비주의와 맥을 같이하는 것은 이 때문이다.

1) 정신적 물질주의

신비주의에서 인간은 우주의 세분화된 부분이나 파편이 아니라, 자신 속에 거대한 우주의 특성을 포함하며 우주의 기억 속에 오래도록 남는 완전한 작은 우주이다. 인간을 소우주로 보는 신비철학적 입장에서는 인간에게 일어난 모든 일이 세계적 의미를 지니며 우주

---

1) 죠지 말로니, 『현대인의 영성, 신비가의 숨』, 李奉雨 譯 (분도출판사, 1996), 17쪽.
2) 아나톨리 김은 1970년대 초, 당시의 유명한 연극배우였던 인노겐찌 스목투노프스키(Иннокентий Смоктуновский)를 대부로 러시아 정교회에서 세례를 받은 정교도이다. 또한 「묘꼬의 찔레꽃」이나 「수채화」와 같은 단편을 직접 잡지사로 가져가 그를 문단에 데뷔시켜 준 것도 스목투노프스키였다. моё прошлое, с.510 - 1.

에 그 흔적을 각인한다고 본다. 인간의 원초적인 영혼의 상태가 우주적이기 때문에, 인간에게서 세계의 모든 구성요소들을 발견할 수 있다고 보는 것이다. 즉 주체는 객체 속에서 보이며, 객체는 주체 속에서 보인다. 이렇게 신비주의자들에게는 정신적 물질주의(духовный материализм)가 특징적이다.[3]

베르쟈예프는 우주를 구성하는 물질 속에서 정신을 보는 정신적 물질주의가 중세의 연금술 및 신비철학에 잘 표현되어 있다고 본다. 아나톨리 김의 정신세계를 신비철학의 맥락에서 이해할 수 있는 것은 그의 물질에 대한 이해에 기인한다. 그것은 아나톨리 김의 작품에서 큰 난점이기도 한, 변이를 거듭하는 화자의 문제를 이해하는 데에도 필수적이다.

신비철학과 유사한 맥락에 있는 아나톨리 김의 물질이해의 근원은 고대 물활론(物活論, holozoism)에서 그 뿌리를 찾아볼 수 있다. 물활론은 모든 물질이 살아 있다는 것, 모든 물질이 생명, 혼(魂), 마음을 가지고 있다고 보는 입장이다.[4] 고전적 물활론에서는 우주 만물은 모두 나름의 목적이 있으며, 이런 목적이 존재하기 위해서는 무생물에도 영혼이 존재하여야 할 필요가 있다고 주장한다.

무생물 속에서 영혼을 보는 것은 '돌'에도 영혼이 깃들어 있다고 간주하는 아나톨리 김의 관념과 일치한다. 『다람쥐』에서는 마치 부

---

3) Николай Бердяев, Смысл творчества: опыт оправдания человека, Собрание сочинений2, Paris: YMCA-Press, 1991, с.92-3.
4) 고대 그리스의 이오니아(Ionian)학파와 브루노(Giornado Bruno, 1548-1600)의 사상에서 전형적으로 나타나는 것으로서 만물 유생론(萬物有生論)이라고도 한다. 브루노는 르네상스 시대 이탈리아의 자연철학자이며, 도미니쿠스(Dominicus)회의 수도승으로서 코페르니쿠스(N. Copernicus, 1473-1543)에게 크게 영향을 받아 무한한 우주는 영원하며 변화하지 않는 하나의 존재로서 신(神)도 그 안에 내재하며, 우주의 최고 원인(最高原因)과 생명이 됨으로써, 이와 동일한 정신, 동일한 생명이 만물에 내재한다고 주장하였다. 이석호, 35쪽.

활한 라자로처럼 죽은 이후에 새 생명을 얻은 미쨔가 지니게 된 능력에 대한 내용이 나오는데, 이는 작가의 정신적 물질주의적 관점과 관련된 하나의 예가 된다. 여기서 미쨔는 사물의 내부 본질을 볼 수 있게 된다.

Придорожный камень, рассматриваемый им вдруг, начинал раскрывать то, что таил в себе, и представал перед Митей не в виде твердой глыбы, а как некое живописное облако с яркими вкраплениями радужных отблесков – облако не бездвижное, а пульсирующее от частого глубокого дыхания: Митя видел тысячелетнюю душу камня. (с.571)

그가 보게 된 길가의 돌멩이조차 갑자기 자신 속에 숨겨 놓았던 것을 드러내 놓기 시작했고, 그것은 단단한 돌멩이의 형태로가 아니라 무지갯빛을 방사하는 어떤 그림 같은 구름으로 미쨔 앞에 나타났다. ―구름은 살짝 움직이며, 심호흡할 때마다 고동치는 것이었다. 즉 미쨔는 천 년 된 돌의 영혼을 본 것이다.

미쨔에게 무생물인 '돌'은 '초록색 소용돌이(зеленая пучина)', '따뜻한 플라즈마(тёплпя плазма)', '초록빛 불길(зеленое пламя)'과 같은 시적인 이미지로 인식되고 있다. 이러한 시적 이미지들은 바로 물질계가 살아 있다는 변이성과 유동성을 상징한다. 즉 미쨔는 물질계의 창조적 힘을 보고 있는 것이며, 아나똘리 김은 가시적인 세계에서는 불가능한 자신의 믿음을 미쨔를 통해 표출한다. 그는 자신의 생물 철학에서 생기 없는 물질이 없다는 점과 물질과 생명 사이에는 구별이 없다는 점을 강조하는 것이다.

이러한 아나똘리 김의 물질관은 현대의 생물학적 생명관과 맥이 통한다고 할 수 있는데, 그것은 현대 생물학이 물질 속에서 생명현상을 보고 있기 때문이다.[5] 여기서는 생명체를 물질의 복합체로 간주하고, 생명체를 구성하는 각 성분 물질들의 상호 작용의 결과가 생명현상이라고 생각한다. 생명현상을 물질의 바탕에서 해석하고 설명하기 위하여 물질의 기본 단위인 분자 수준에서 생명현상을 분석하는 이런 분자 생물학이 바로 현대 생물학의 대명사인 것이다.

다시 말해 앞서 살펴본 물질에 대한 아나톨리 김의 이해는, 생명체를 구성하고 있는 원소는 자연 무생물계를 구성하고 있는 원소들과 사실상 같은 원소들이라는 것에 근거한다.[6] 생명의 기원에 관한 가설들 가운데 오늘날 자연과학의 분야에서 가장 설득력 있는 것으로 받아들여지고 있는 것은 물질에서 생명으로 진화하였다는 가설이다. 그리고 생명체 구성 원소와 무생물의 구성 원소가 모두 동일하다는 맥락에서 생명을 이해하는 것은 오파린(A. Oparin)[7]이나 프리고진(I. Prigogine),[8] 한스 요나스(Hans Jonas)[9] 역시 마찬가지이다.

---

5) 오늘날 생물학의 특징은 한마디로 '통일'이라고 할 수 있다. 이전 세기에 벌어져 왔던 무수한 논쟁들이 통일되거나 통일되어 가고 있다는 뜻이다. 특히 수 세기에 걸쳐 그 깊은 뿌리를 내리고 있던 여러 형태의 생기론(vitalism)은 이제 모든 부분에서 완전히 추방되었다. 생기론은 생명의 불가사의한 성질을 설명하기 위하여 생명을 가진 물질 속에서만 작용하는 어떤 특성이 존재한다는 것이다. 서정선, "인간의 생물학", 장회익 外, 『인간이란 무엇인가』(민음사, 1991), 36쪽.

6) 물론 자연계에 존재하고 있는 100여 종의 원소 모두가 생명체에서 다 발견되는 것은 아니고, 이 중 약 20종 정도만이 거의 모든 생물체에 공통적으로 존재하고 있다. 그리고 생물체에만 독특하게 존재하는 소위 생명 원소라는 것은 현재까지 발견되지 않고 있다.

7) 소련의 생명 과학자 오파린은 약 45-46억 년 전 원시 지구가 탄생한 이후 약 10억 년 동안 물질의 '화학진화' 과정이 있었고, 약 34-35억 년 전에 원시 생명체가 탄생하였다는 가설을 제시하였다. 한스 요나스, 『생명의 원리: 철학적 생물학을 위한 접근』, 한정선 옮김 (아카넷, 2001), 80쪽

8) 화학 물리학자 프리고진도 물질의 요동으로 말미암아, 다시 말해서 물질의 자체촉매 화학반응(autocatalystic chemical reaction)에 의해서 생명이 출현하였으리라는 가설을 제시하면서도, 도대체 왜 그런 진화가 일어났는지에 대해서는 자연과학계에서도 아직 수수께끼로 남아 있다고 보고

  생명 물질론의 입장에서 본다면 이것은 지극히 당연한 현상이다. 왜냐하면 생물체는 지구를 구성하고 있는 물질로부터 형성되었고, 이 것은 이 지구상에서 만들어진 것이기 때문이다.[10) 하지만 생명이 물질에서 나왔다는 진화론적인 가설을 일단 받아들인다고 할지라도 여전히 남는 문제는 물질과 생명의 차이가 무엇이냐 하는 것이다. '어디까지가 물질이고 어디까지가 생명인가' 하는 점이다. 한스 요나스는 생명체가 가지고 있는 내면성 차원을 탐구하는 데에는 물질의 외적인 속성을 연구하는 자연과학적 방법만으로는 한계가 있다고 본다.[11)

  한스 요나스는 "물질은 애초부터 잠자는 정신이다."라고 표현하고 있는데, 이것은 아나톨리 김의 물질 변형가능성을 그대로 대변한다. 그는 물질이 단순히 물질적인 속성 이상의 어떤 속성, 다시 말해서 나중에 생명으로 진화할 수 있는 원동력으로 활성화될 수 있는 속성을 잠재적으로 가지고 있다고 보는 것이다. 이러한 경향성이 주어진 상황의 우연한 기회와 마주치면 그런 물질은 내면성을 가진 생명으로 비약한다. "역학적인 우연이 주도적으로 지배하는 상황 속에서도 물질

  한다. 앞의 책, 80쪽.

9) 한스 요나스는 물질이 생명을 향해 '자기 조직화함'으로써, 물질에서 생명으로의 이행이 일어났다는 가설을 가장 설득력 있는 것으로 받아들이고 있다. 우주론적인 자료들에 따르자면, 물질에서 생명으로 이행하였다는 가설을 부정할 수가 없다. 철학적으로 말하자면, 물질에 내재하고 있는 '의식이 없는 경향성'이 동기가 되어 무생명에서 생명으로의 이행이 이루어졌다. 지구상에서 생명이 출현하여 생물진화가 이루어지기 전 단계로서, 최초의 '대폭발(big bang)'로 우주와 태양계가 형성되고, 이어서 원시지구가 탄생되고, 그 이후 원시지구와 주변이 물질들이 화학 진화를 하는 과정에서 물질은 생명으로 비약하였다. 앞의 책, 553쪽.

10) 생명체의 화학 진화설에 의하면, 현존하는 모든 생명체의 시초는 원시바다에서 무기물로부터 유기물을 거쳐 만들어진 것이기 때문에 현존 생명체의 구성 원소들이 지구의 구성 원소와 똑같은 원소들이어야 함은 너무나 당연한 것이다.

11) 앞의 책, 557쪽.

이 그 자체 속에 내포하고 있는 비밀스런 의지의 계기"가 있다.[12]

이런 물질 변형의 관점은 아나톨리 김 작품 속에 등장하는 화자에 대한 이해를 가능하게 해 준다. 『온리리야』에서 작가가 제시하는 예를 통해서도 드러나듯이, 변신하는 악마인 화자는 물질 속으로 자유롭게 침투한다. 여기서는 악마들의 형상이 특히 정신적 물질주의와 연결될 수 있는데, 그것은 악마가 바로 '육체 없는 정신'이기 때문이다. 작가의 물질에 대한 이러한 이해를 통해 그의 작품 속 악마는 자유롭게 몸을 바꿔 가며 사물로 침투해 들어가, 그 사물의 형상을 갖추고 작품의 화자로 기능할 수 있는 것이다.

이 작품에서 악마 켈림(Келим)은 "나는 자동차 불빛이 되어……" 라며 자신의 존재변형을 말하기도 하고, 잡히지 않는 악마(Д. Неуловимый)가 되어 실명(失明)한 오르페우스가 의존하고 있는 지팡이 속에 들어가 항상 그를 따라다니며, 그의 정신을 혼미하게 만들기도 한다. 그 잡히지 않는 악마는 "그때 이 지팡이 속에 있던 것이 바로 나였다(В этой трости и находился тогда я)."(c.40)고 말하기도 한다. 오르페우스의 지팡이에 자리 잡았던 악마는 오르페우스가 자신의 신혼여행에서 만난 백작에게 그 지팡이를 선물하자, 이제는 그의 아내 나쟈의 목소리에 자리 잡아 그의 정신을 혼미하게 만들기도 한다. 그 외에도 죽은 인간의 의식이 물질 속에 자리 잡고 자신의 목소리

---

12) 한스 요나스는 개체발생의 경우에도 물질적인 차원에서 정신적인 차원으로의 비약은 일어나고 있으며, 이 비약과정에서 물질과 정신의 경계가 모호한 어느 분기점이 있다는 사실을 인정한다. 그럼에도 불구하고 우리가 부정할 수 없는 사실은 물질과 생명의 차이가 그리고 물질과 정신의 차이가 분명히 경험적으로 그리고 현상학적으로 드러나는 곳에서는, 현상학적으로 볼 때, 생명은 내면성의 차원을 가지고 있으면서 어떻게든 살아가려고 애쓰는 존재이며, 정신은 일종의 내면성이라는 사실이다. 반면에 물질은 내면성의 차원이 없고, 살려고 애쓰지 않는다. 즉 생명체는 물질로 이루어져 있다고 해도 내면성을 가지고 있는 심리물리적 통합체라는 점이 단순한 물질과 차이점이라 할 수 있다.

를 내는 다음과 같은 경우도 있다.

Я находил в том цветке, вернее. был случай ным мутным
пятнышком на прозрачной пластиковой коробочке, которую
Надя несла в руке, прижимая к беспомощной нагой груди.
Так я провожал свою любимую в последний путь до самого
края обрыва, покоясь вблизи ее сердца каким-то невнятным
сгустком материи. (с.23)

　나는 그 꽃 속에 있었다. 정확히 말하면 투명한 플라스틱 상자
에 우연히 묻은 흐릿한 얼룩이 바로 나였다. 나쟈는 상자를 맨
가슴에 끌어안고 있었다. 그렇게 나는 그녀의 심장 근처에서 응고
된 물질이 되어 영면한 채, 절벽 끝으로 갔던 내 사랑하는 여인
의 마지막 여행에 동행했다.

『온리리야』에서 작가는 조물주에 의해 천사로 창조되었으나, 인간
여인을 사랑했던 욕정으로 인해 벌을 받아 천상에서 쫓겨난 악마의
의식과 육체를 표현할 때에도 '정신적 물질주의'에 입각한 확신을
드러내고 있다. 태초의 천사들 중 사람의 딸과 사랑에 빠지는 죄를
범한 천사들은 그 벌로 두 번 다시 독립적인 생물체의 모습으로 인
간 앞에 나타날 수 없었다. 하지만 그런 천사들도 지상의 여인을 향
한 사랑을 완전히 버리지는 못했다. 그래서 어떤 천사들은 지상 여
인의 '남편이나 정부가 되어(в виде их мужей и любовников)(с.97)'
그 여인들과 동거를 하기 시작했다. 이 경우 물론 타락한 천사의 정
신적 몸이 남자의 육적인 몸에 정착한 것이었다(При этом, разумеется,
духовное тело падшего ангела внедрялось в плотское тело мужчины).
그리고 그런 육욕을 이용해서, 육체 없는 정부(бесплотный любовник)
는 자기 연인과의 친밀한 기쁨을 맛보았던 것이다.

전통적으로 영혼과 육체, 정신과 물질에 대해서는 그것이 전혀 다른 실체라는 생각이 지배해 왔다. 영혼과 육체의 이원론, 정신과 물질의 이원론은 플라톤에서 시작해서 서양의 정신사를 지배해 온 것이었다. 그러나 현대 철학과 철학적 인간학에서는 인간에게 있어 영혼과 육체 또는 정신과 육체를 더 이상 별개의 존재로 인식하지 않으며, 이원성을 극복하고자 하는 시도를 한다. 아나톨리 김의 육체와 정신에 대한 관념이 이 관점에 입각해 있으며, 그의 작품 속 등장인물들과 육체변형과 윤회에 대한 관념 역시 여기에 그 뿌리를 두고 있다.

아나톨리 김의 관념에서는 인간은 영혼이나 정신이 없는 육체만으로 존재할 수 없고, 이와 반대로 육체가 없는 영혼이나 정신만으로도 존재할 수 없다. 인간의 육체는 영혼과 결합할 때 생명이 있는 육체로 존재할 수 있으며, 인간의 정신은 육체를 통해서만 나타날 수 있다. 정신이 아무리 중요하다고 할지라도 육체적인 행위를 통하지 않고서는 표현될 수 없다.

또한 우리는 육체성의 매체를 통해서만 이 세상에 현존하며, 세계는 나에게 현실이 된다. 특히 인간과 인간과의 인격적 관계 — 나와 너 — 는 육체성과 감각에 의하여 매개된다. 그래서 우리는 육체적 행위를 매개로 다른 사람을 이해하게 된다. 이처럼 육체는 행위의 작용 매체일 뿐만 아니라, 정신을 표현하는 매체이다. 육체는 영혼의 표현이며, 영혼을 보게 해 주는 것이다.13) 따라서 정신적 영혼이 스스로 물질을 매개로 그 영혼의 육체에 영향을 미치고, 물질적 육체에서 자신을 실현시킨다고 할 수 있다. 살아 있는 육체의 실제는 영

---

13) 영혼에서 일어난 것은 인간의 얼굴 표정에서도 드러난다. 인간의 기쁨, 슬픔, 좋고 싫음, 사랑과 미움, 신뢰와 불신 등 정신의 작용은 몸짓, 즉 육체의 표현에서 드러난다. 이런 의미에서 육체는 정신을 표현하는 매개체라고 할 수 있다. 이식호, 190－192쪽 참조.

혼 자체가 육화(肉化)된 실제이다. 이것이 바로 아나톨리 김이 인간을 이해하고 영혼을 이해하는 방식이라 할 수 있다. 그에게는 육체와 영혼과 정신은 서로 독립되어 있는 것이 아니라, 밀접한 관련성을 가지고 있는 에너지 변형에 의해 상호 전환될 수 있는 통합체인 것이다.

아나톨리 김의 이러한 정신적 물질주의의 개념은 『쌍둥이(Близнец)』에서는 '정신적 몸'의 형상화를 통해 등장인물의 분신이 창조되는 모태가 되기도 한다. 이 작품은 이란성 쌍둥이 중 한 명이 다른 한 형제의 죽음, 즉 또 다른 자기 자신이 관 속에 누워 있는 모습을 보는 것으로 시작되고 있다. 그리고 바실리 네미르늬(Василий Немирный)라는 펜네임을 가진 한 작가의 죽음과 동시에 그동안에는 숨겨져 왔던 그의 이란성 쌍둥이의 출현이 서술된다. 생전에는 단 한 차례 만났을 뿐인 자신을 닮은 한 형제가 관 속에 있는 모습을 보는 것이다. 그들의 아버지는 미국 주재 러시아 대사관에 근무했었던 한 외교관이었는데, 막대한 비용을 들여 아내의 자궁에 착상한 수정란을 추출해 내었다. 그것은 산모가 몸이 약해 아이를 출산할 수 없다는 것과, 당시 시대 상황상 달러를 가지고는 다시 러시아로 들어갈 수는 없었기 때문이었다. 그래서 탯줄 대신에 고무호스와 화학용액으로 산모의 양수와 유사한 환경을 만들어 추출해 낸 수정란을 유리 증류관 속에서 자라도록 한다.

그러나 어느 정도 시간이 지나서 아내의 몸속에는 당시 의료진의 실수로 미처 추출해 내지 못했던 다른 하나의 생명체가 실제 자라고 있었음을 알게 되었다. 즉 그녀의 자궁 속에는 또 하나의 수정란이 있었던 것이다. 그 사실을 알게 되었을 때에는 이미 너무 늦어 모체에서 분리한다는 것이 불가능한 상태였다. 이렇게 해서 한 형제는 어머니 자궁 속에서, 또 다른 형제는 유리관 속에서 자라는 운명이 된 것이다. 한 아이가 출생한 후에도 병원 측에서는 유리관 속에 자라던 또 다른 아기를 계속 관찰하고 있는 상태였는데, 그러던 중에 유리관 속에 자라고 있던 아이가 사라져 버린다. 병원 측에서는 아기를 분실한 자신들의 책임을 인정하고, 만 칠천 달러라는 막대한 보상을 하기로 약속했는데, 그것은 그들의 아버지가 사망한 이후에 지불하기로 되어 있었다.

그런데 누군가가 훔쳐 가서 사라져 버렸다고 생각했던 그 아이가 삼십 년이 지난 어느 날, KGB 요원의 모습으로 당시 포스트 소비에트 모더니즘의 대표주자였던 그의 형제 앞에 나타난다. 당시 그 KGB 요원은 자신에게는 이 보상금이 필요 없으니, 원한다면 명의를 변경해서 가져도 좋다는 이야기를 했었다. 그러나 당시 작가였던 그 형제가 사망했으므로, 그는 그 돈을 자신이 받아 유럽 여행을 가기로 결정하는데, 유럽 여행 중에 그가 본 인상과 체험에 대한 것이 작품의 주된 내용이라 할 수 있다. KGB의 모습을 하고 네미르늬 앞에 나타난 형제는 '나는 내 자신에게조차 분명치 않은 존재'라면서, 자신의 존재 방식에 대해 스스로 이렇게 말한다.

я существую в том же виде, в каком существуют призраки. А точнее – подпитываюсь от того вида не известной еще нам энергии, которая обеспечивает некоторым людям способность подвергаться всяким трансам, наваждениям и одержимость. (с.12)
나는 유령들이 존재하는 그런 방식으로 존재한다. 더 정확히 말한다면 어떤 사람들에게는 환영이나 우리가 흔히 신(神)내림이라고 말하기도 하는, 나 자신도 정확히는 규명할 수 없는 에너지로 그 형상을 부여받는다.

그리고 계속해서 자신도 지금 자기가 어떤 모습으로 보이는지 모른다면서, 어제 저녁까지는 자신은 지금 몸을 받아 입은(воплощение) KGB 요원에 대해서는 전혀 아는 바가 없었다고 이야기한다. 이렇게 그의 존재방식을 규명하기는 어렵지만 "나는 그래도 정신이지, 육체는 아니다(Я все-таки был дух, а не тело)."(c.39)라고 언급한다. 이 '정신'이 물질과 에너지의 변형관계에 따라 여러 육체를 경험하는 것이다. 작품에서 작가는 이것을 생물체에서는 '육화(воплощение)'로, 무생물에는 '자리바꿈(перемещение)'이라는 말로 표현한다.

'쌍둥이'라는 제목이 암시하듯이 이 두 형제는 서로에게 '분신'의 역할을 한다. 그들은 "따로따로 태어난 한 영혼의 반쪽(две половинки одной души, две близнеца, рожденные порознь)"(c.9)이었던 것이다. 따라서 작가 바실리 네미르닉가 생각하는 것, 그가 소설 속에서 그려 내는 주인공의 형상은 작가의 또 다른 모습이기 때문에 외적으로는 그의 쌍둥이 형제의 모습으로 표현된다. 즉 이 작품에서의 '분신' 개념은 기본적으로 작가의 물질에 대한 이해, 즉 물질관에서 비롯된다고 할 수 있다.

여기서 분신은 작가가 생존해 있었을 당시에는 그의 무의식이나 그가 표현하고 싶었던 소설 속 형상으로 나타난다. 작가의 어린 시절에 분신은 아기였던 그가 침대에 누워 쳐다보고 있던 램프로 옮겨 온다. 이렇게 그들은 각각 하나는 침대에, 하나는 벽에 자리 잡고 있었다고 서술자는 표현한다. 하지만 바실리가 성장하면서 그가 원하는 것이 다양해지자 그의 쌍둥이 형제(분신)는 바실리의 변덕스러운 환상을 따라 변형된다. 그가 작가가 되어 글을 쓰게 되자 형제는 그가 쓴 소설 속 인물의 몸을 입어 동성연애자, 남성 혐오 여성, 무정한 파렴치범이 되어야 했다. 그러던 것이 바실리가 포스트 소비에트 모더니즘의 작가가 되었을 때는, 당시의 상황이 작가라면 검열에 대한 무의식적 두려움을 가지고 있었을 때였기 때문에 쌍둥이 형제는 KGB 요원으로 나타나기도 하는 것이다.

결국 작가는 바실리 네미르늬의 죽음 이후에 그와 동일한 영혼을 가진 쌍둥이가 계속 살아 있음을 설정하고, 살아 있는 그의 눈에 비친 세상을 묘사함으로써 죽음이 모든 것의 끝남을 의미하는 것을 제시한다. 물리적 죽음을 넘어서는 또 다른 삶을 믿는, 믿으려는 열망을 그는 자신의 물질과 생명에 대한 이해 속에 용해시킨다. 여기서 그 쌍둥이 형제는 '육화(воплощение)', '변화(превращение)', '위치변경(перемещение)', '변형(преображение)'과 같은 표현 속에서 자유롭게 '몸을 갈아입으며', 작가의 상상력이 머무는 것에 자신을 펼쳐 보인다.

물질에 대한 작가의 이해가 『벽(Стена)』에서는 구체적으로 '환생'의 테마로 표출되기도 한다. 이 작품에서 아나톨리 김은 여주인공 안나의 입을 통해 환생을 믿고 있는 그녀의 관점을 그대로 표출한다. 안나는 "자신이 어쩌면 자신이 아니라, 푸슈킨일지도 모른다(Я–это совсем не я, и может быть, все–таки Я–Пушкин)."(c.56)라고 말하고 있다. 또한 작품 서술자는 '환생'을 '기본적인 최초 단자의 변형'이라고 표현한다. 환생 역시 물질 변형의 입장에서 설명하고 있는 것이다. 서술자는 결혼식에서 행복해하는 그들의 모습을 묘사하며, 안나와 발렌찐은 과거의 생에서도 결합한 적이 있었다고 암시한다. 그리고 이번 생에서 다시 만나 결혼하게 된 과정을 서술하고 있다.

> Может быть, когда–то и впрямь были счастлвы в своем самом первом браке монады Анны и Валентина, –и вот после бесконечных преображений и скитаний по разным мирам вновь встретились–на Земле–и узнали друг друга. (c.40)

아마도 언젠가 안나와 발렌찐의 단자들은 첫 번째 결혼식에서도 실제로 이렇게 기뻐했을 것이다. 그리고 끊임없는 변형과 세계 여러 나라로의 방랑을 거쳐 다시 이 지구에서 만나게 되었고, 비로소 서로를 알아보았다.

하지만 너무나 오랜 세월을 따로 떨어져 있어야 했고, 너무나 다른 방식의 삶을 살았고, 너무나 많이 다른 사람을 사랑했기에 그들이 완전한 하나로 결합하기에는 어려움이 있었음을 서술자는 이야기하고 있다. 안나와 발렌찐은 그 때문에 진정한 결합을 이루지 못하고 사랑하면서도 불행한 삶을 살 수밖에 없었다는 것이다.

작가는 그들의 만남이 물질 변형을 거쳐 몇 번의 생을 거듭한 후에 비로소 성사된 것임을 언급하는 동시에, 이번 생에서 그들이 다시 만나 결혼하게 된 것 역시 또 다른 의식이 성장을 이뤄 내기 위한 것임을 암시하고 있다. 발렌찐이 안나를 참으로 이해하고 진정으로 그녀의 본질을 사랑하게 된 것은 살아생전 함께했던 시간이 아니라, 그녀의 죽음 이후이다. 안나의 죽음 이후에 발렌찐은 더 큰 사랑으로 거듭난다. 작가가 이들의 모습을 통해 제시하고자 했던 것 역시 '윤회'라는 관점을 통해 우리 인간이 부단히 성장하고 진화해야 하는 존재라는 사실이었다.

자신을 진화시키기 위해 애쓰는 것이 인간의 의무라고 생각하는 이들이라면 누구나 윤회사상 속에서 위안과 영감을 얻고 있듯, 아나톨리 김 역시 같은 맥락에서 윤회의 테마를 작품 속―『벽』의 안나와 발렌찐, 『바흐의 선율과 함께 한 버섯 따기』의 탄지 등―에 수용한다. 진화의 목적은 우리의 사랑이 만물을 포용할 정도로 무한히 커지게 하는 것이다. 이런 삶의 목적을 지각하게 되면 개인적인 사랑의 좌절이 더 이상 절대적인 절망의 나락만은 아닌 것이다. 아나톨리 김이 설정하고 있듯, 『벽』의 발렌찐처럼 안나의 죽음으로 인한 사랑의 상실은 의식의 성장이라는 더 큰 목표를 달성하라는 운명의 부름인 것이다. 좌절과 고통으로 깨끗이 비워진 가슴은 더욱 원대한 자각을 받아들일 수 있는 그릇이 되기 때문이다.

자신의 작품을 통해 표현하고 있듯, 아나톨리 김은 우리가 수많은 생애를 거쳐 이런 자질들을 발전시킬 수 있다고 믿는 사람이다. 일상의 삶에서 우리들은 조금씩 조금씩, 슬픔을 통해 그리고 상실을 통해 우리의 통찰과 이해심을 확장해 가는 존재인 것이다. 우리의 사랑의 본질이 그리는 동심원은 이해력이 확장됨에 따라 개인적인 것에서 보편적인 것으로, 이기적인 것에서 이타적인 것으로, 동물적 충동에서 신성한 열망으로 커져 간다. 그리고 마침내 지혜라고 부르는, 사랑과 지성의 완벽한 조화가 이루어지게 된다고 작가는 생각하는 것이다.

이와 같이 아나톨리 김은 '물질을 잠자고 있는 정신'으로 보는 관점을 통해 작품의 서술 구조에서 다양한 화자의 변형뿐만 아니라 종교적 측면에서 인간의 진정한 성장을 응시하였다. 즉 '정신적 물질주의'에서 드러나는 물질 변형과 에너지의 관계를 작품 속의 '분신'이나 '불멸' 혹은 '윤회'에 대한 관념으로까지 적용하고 있는 것이다.

2) 신비한 '전체성' 체험

아나톨리 김의 신비철학은 물질의 정신성을 응시하는 것뿐만 아니라, 외부 대상과 나, 다시 말해 객체와 주체 사이의 경계가 사라지는 신비체험을 통해서도 표출된다. 인간은 신비체험을 통해 '하나(곧 전체)'에 끌리는데, 그것으로 우리를 감싸고 있는 세계와 하나가 된다. 이렇게 우리의 영혼 속에는 일종의 우주의식이 있으며, 아나톨리 김이 우리에게 활짝 열어 보이는 의식 역시 이것이다. 그는 특히 우주론자 날리모프(В. Налимов)의 저작에서 나타나고 있는 신비한 '전체성' 체험을 통한 각성으로 우리를 초대한다. 여기서 우주의식은 모든 존재의 현존에 대한 느낌 같은 것이어서, 따로 떨어져 있는 것으로서가 아니라 완전한 하나를 이루어 우리 앞에 펼쳐진다.

베르그송이 언급하고 있듯이 '전체'는 거의 직관적으로 그 자체를 우리에게 드러낸다.[14] 그것으로 우주는 서로 연관된 사건들로 짜인 살아 있는 직물로 우리 앞에 펼쳐진다.[15] 아인슈타인의 과학을 필두로 우주가 하나의 유기적 전체라는 사실은 이미 많은 연구를 통해 드러나고 있다. 특히 오늘날에는 신비적이고 모성적인 힘을 깨닫게 하는 많은 일들이 우리 가운데 일어나고 있다. 그중에서 가장 관심을 끄는 것은 뉴턴이 가졌던 단편적 의식, 예컨대 부분에 대한 지식이 전체를 알게 해 준다는 의식에 대한 거부이다. '전체'는 부분들을 합한 것보다 크며, 전체나 통일성에 대한 탐구는 훨씬 신비적이다. 그것은 아인슈타인의 과학이 탐구하는 대상이며, 때때로 살아 있는 극소/극대 우주 모형을 의미하는 '홀로그래프적 우주(holographic universe)'라고 여겨지기도 한다.

그렇다면 전체로서의 우주를 우리 인간은 어떻게 지각할 수 있는가? 이에 대해 날리모프는 오래전부터 인간에게는 그것을 인식하는 다양한 지각 방식이 있었다고 본다. 이런 무의식적 사고를 프로이드

---

14) 직관은 인식과 실재를 그 내부에서 직접 파악하는 인간의 능력을 뜻한다. 따라서 직관은 '절대적인 것'을 파악한다. 여기서 말한 직관은 대상의 유일하고 표현할 수 없는 것과 일체가 되기 위하여 대상의 내부로 옮겨지는 공감이다. 다시 말해 직관은 대상으로서의 물질에 고정되어 있는 정신에 비하여 자기 자신에게로 관심을 기울이고 있는 정신의 주의력이다. 단적으로 직관은 정신에 의한 정신의 인식인 것이다. 김형효, 17쪽, 180쪽.

15) 매튜 폭스, 『우주 그리스도의 도래』, 송형만 역 (분도출판사, 2002), 32쪽.

는 잠재의식으로, 융은 집단 무의식으로, 제임스는 의식의 흐름으로, 베르그송은 직관으로, 화이트 헤드는 영원한 객체들의 카테고리로, 후설은 선험적 현상학으로 그리고 플라톤은 이데아의 세계라는 용어로 표현해 왔음을 언급하고 있다.[16]

이처럼 지식 현상에서 흥미로운 점은 우리들 개개인의 생각으로 대표되는 무수한 견해가 우연의 일치점(a point of coincidence)을 가졌다는 점, 지적으로 우리 모두는 우주 안에서 똑같은 동일한 패턴을 인식하고 있다는 데서 찾아볼 수 있다. 이 상호 이해가 있게 되는 이유, 즉 실재적인 것 속에 집단적인 침투가 되어서 지적인 동시 발생이 생기는 이유는 개인적인 지각들을 지배하고 통합시키는 원리가 있다는 것으로 설명될 수 있다. 우리 각자는 그 부분적인 '전체' 가운데 하나일 뿐만 아니라, 우리는 다 함께 하나의 통일된 연합 속에 포함되었고 응집(凝集)되었다고 할 수 있다.

아나톨리 김이 작품 속에서 '전체'를 인식하는 방식과 그것을 서술법 속에 투영시키는 방식은 조감시점(bird's eye view) 사용과 근원 회귀체험으로 찾아볼 수 있다. 조감시점은 아나톨리 김이 전체성과 총체성에 대한 의식을 드러낼 때 사용하는 방식이다. 일상적인 삶 속에서는 우리 자신의 본질과 삶의 본질이 보이지 않는다. 때문에 아나톨리 김은 세속적이고 일상적인 삶(быт)과는 거리를 둘 수 있고, 그 삶을 관조할 수 있는 위치로 항상 조감시점을 선택하는 것이다.

첫 번째로 그것은 작품 주인공들의 눈으로 자신들이 사는 터전을 위에서 조망하게 하는 방식이다. 현재는 서로 다른 공간에 있지만

---

16) В. В. Налимов и Дрогалина, Ж.А. *РЕАЛИНОСТЬ НЕРЕАЛЬНОГО: Вероятная Модель Бессознательного,* Москва: Издательство <МИР ИДЕЙ> АО АКРОН, 1995, с.365-6.

그들이 하나의 운명 공동체임을 보여 주기 위하여 동일한 시간대에 서로 다른 곳에 있는 두 사람의 모습을 병치시키는 기법으로 나타난 다. 서론에서도 언급했듯이, 아나톨리 김이 글을 쓰는 목적은 '삶의 이야기'가 아닌, '정신의 이야기'를 보여 주기 위한 것이기 때문에 그는 주인공들을 일상의 삶의 궤도에서 벗어나 위에서 우리 삶의 모 습을 보도록 하는 것이다. 이 경우 그가 즐겨 사용하는 것이 주인공 들이 교통수단으로 비행기를 타서 지상을 내려다보며 사색을 하게 만드는 것이다. 그것은 「묘꼬의 찔레꽃(Шиповник Мёко)」과 같은 초 기 단편에서부터 최근 소설인 『쌍둥이(Близнец)』에 이르기까지 빈 번하게 나타나는 방식이라 할 수 있다.

또한 아나톨리 김의 서술방식 중 특이한 점은 서로 멀리 떨어져 있는 공간에서 동일한 시간대에 서 있는 두 사람의 모습을 함께 서 술하는 경우이다. 『온리리야(Онлирия)』에서도 과거에는 함께 자살비 행을 시도했던 스승과 제자였지만, 이제는 서로 다른 공간에 존재하는 프랜시스 바리(Френсис Барий)와 발레리안 마쉬케(Валериан Машке)의 동일한 시간이 중첩되어 공간 몽타주 기법으로 처리된다.

> Френсис Барри остался один над темным и неразличимо громадным океанским простором, испытывая острое, как укол в самое сердце, чувство вины перед оставленным в Марокко учеником, <u>и в это мгновение их общего времени</u>, ранним жемчужно-розовым рассветом, который настурал на Гибралтаре часа на четыре раньше, чем на Бермудских островах, Валериан Машке стоял на плоской крыше маяка. (с.75)
> 프랜시스 바리는 캄캄하고 광활한 활짝 트인 대양 위에, 심장 한 가운데가 바늘로 찔린 듯 모로코에 남겨진 제자에 대해 날카로운 죄책감을 느끼며 있었다. <u>그들이 공유한 바로 그 순간</u>, 버뮤다 제도

보다 네 시간이 이른 지브롤터의 진주빛으로 물든 장밋빛 새벽에,
그 제자인 발레리안 마쉬케는 등대의 평평한 지붕 위에 서 있었다.

동일한 한순간 속에서 버뮤다 제도와 모로코라는 멀리 떨어진 공
간을 동시에 볼 수 있는 서술자의 의식은 마치 원뿔의 정점에서 아
래를 내려다보는 듯한 관점에서만 가능한 것이다.

둘째, 아나톨리 김은 자신의 주인공들이 죽음 직후에 유체이탈을
통해 지난 생(生)을 회상해 보도록 한다. 살아생전 그들이 그토록 애
지중지하던 육체를 떠나, 그 속에 유폐되어 있던 진실을 비로소 보
게 되는 것이다. 그것은 죽음을 통해서 삶이 보인다는 의식을 서술
양식에 투사하는 것이라 할 수 있다.

『온리랴』에서 예브게니는 죽음 직후에 바다에 누워 있는 자신
의 가련한 육신을 본다. 그리고 그 육신 속에 머물렀던 자신의 한
생애, 그 육신과 함께했던 시간과 공간 전체를 그 안에서 응시하고
싶어 한다. 그때 자신의 지난 삶을 세속과는 거리를 두고 있는 천상
의 높이에서 본다. 예브게니는 "나는 이 모든 것을 전장 위를 날아다
니는 천사들의 높이에서 보고 싶다(Я хочу увидеть все это с высоты
пролетающих над полем ангелов)."(c.30)고 말한다. 자신의 꿈과 욕
망을 담고 있었지만 이제는 속절없이 허물어진 육신과 그 삶 속에
녹아 있던 나쟈에 대한 사랑을 천상의 높이와 깊이에서 돌이켜 보고
싶은 것이다.

셋째, 한 개인만의 문제가 아니라 인류 전체의 문제점을 대변하기
위해 조감시점으로 '전체'를 보는 경우도 있다. 환락과 세속에 빠져
있는 개체들이 자신의 모습을 보지 못하듯, 악마적 힘에 점점 사로
잡혀 가는 인류 역시 마찬가지일 수밖에 없다. 이 경우 작가는 조감
시점을 통해 그런 문제를 분명히 직시하게끔 하는 것이다.

　조감시점은 절대자 신의 관점에서뿐만 아니라, 『온리리야』에 등장하는 하늘을 나는 악마의 관점에서도 펼쳐진다. 모스크바의 구역을 관찰하는 날아다니는 악마(Демон облетающий) 모스크바의 눈에 비친 인간 세상은 악마들의 행태와 별반 다를 바 없다. 자기와 오랜 세월 동고동락했던 개를 순간적인 충동으로 살해한 이그나찌 파투즈늬(Игтатий Потужный)의 모습, 사회주의 세계의 매춘부의 모습, 지난 시대를 그리워하며 반신불수가 된 몸으로 병석에 누워 있는 어떤 노파의 모습 등, 인간사를 꿰뚫어보는 묘사기법이 날아다니는 악마의 조감시점을 통해 펼쳐진다. 여기서 악마는 인간 삶에서 빚어지는 배신과 단념의 원초적 성향을 보고 즐기고 있다. 이런 사람들의 모습을 보고 악마는 "이들 인간들이 지상 삶에서 내보이는 그 끝없는 집착과 탐욕이 내겐 너무 역겹다."(c.64)라고 생각한다.

　그리고 이 작품 마지막 부분에서는 작가가 그의 상상력을 극대화시켜 설정한 공간, 즉 죽은 자들이 부활한 공간인 '온리리야'에 대한 묘사장면이 나오는데, 부활한 오르페우스는 상층의 우주 공간에서 지상세계를 내려다보며 이렇게 말한다.

　　И только глядя отсюда вниз, на голубовато-туманную землю, можно постигнуть, почему там человек не мог быть счастлив потому, что оказывался не таким, каким создал его Бог: Бог создал человека бессмертны. И на земле всякий человек умирающий был существом искаженным. (c.104)

　여기 온리리야에서 아래쪽의 푸르스름하게 안개 낀 땅을 바라보는 것만으로도 왜 그곳에서 인간이 행복할 수 없었는가 하는 의문이 곧 풀린다. 하느님이 인간을 창조하신 그때의 모습이 아니었으므로 지상에서는 행복할 수 없는 것이 당연했다. 신은 인간을 불멸하도록 창조하였다. 그래서 죽음이 기다리고 있는 지상에서의 인간은 모두들 왜곡된 존재일 수밖에 없었다.

화자는 구름들의 우주인 '온리리야'라는 상층부의 공간에서 인간 삶을 내려다보고, 그 아픔과 불행의 의미를 응시하는 것이다.

『쌍둥이』의 13장에서도 바실리의 분신이 유럽 전역을 여행하며 다양한 모습으로 육화하면서 그 장소를 옮기던 중에, 기구를 타고 스위스 상공을 나는 장면이 있다. 여기서 그는 앞에 펼쳐진 공간에서 물질문명이 몰고 온 폐해를 이렇게 읽어 낸다.

> Сверху очень хорошо видно, что человек, Божие творение, окончательно превращен в денежный знак, в прямоугольную бумажную купюру, <……> Отсюда, с высоты швей царского поднебесья, <……> я отлично вижу, целиком от начала и до конца, всю эволюцию человечества – начиная с его чудесного сотворения от обезьяны и до превращения в плоский денежный знак. (с.57)
> 신의 창조물인 인간이 결국 돈의 표지, 직사각형의 지폐로 변화된 모습이 위에서는 똑똑히 잘 보였다. <……> 이곳 스위스 상공에서 <……> 나는 처음부터 끝까지 인류 진화의 모든 것을 통째로 보고 있다. 원숭이로부터 시작되는 경이로운 창조에서 시작해 평평한 화폐로의 변화까지.

인간의 본성이 화폐처럼 하나의 물질로 변해 버린 인류사를 서술자는 창공에서 내려다본 하나의 파노라마처럼 묘사하고 있는 것이다.

아나톨리 김이 세계 전체가 하나임을 제시하는 또 다른 방식은 등장인물들이 근원으로 돌아가는 신비체험에서도 잘 나타난다. 신비주의자인 마이스터 에크하르트는 "만물은 외부에서가 아니라 그 자체의 근원, 바로 거기서 충만하고 순수하다."라고 말한다.[17] 카비르 역시 "구도자여, 기억하라! 자기 존재의 근원에 가까이 가기를 열망한 사람들은 그 모든 간격을 다 극복했다는 사실을. 만일 당신이 '자신의 존재의 근원'에 가까이 다가가기를 갈망했던 일이 있다면, 당신은 신비에 대한 갈망을 가졌던 것이다!"라고 말한다.[18] 그것은 바로 정수(精髓)・토양・영토・흐름・근원으로 돌아가라고 초대하는 것이다. 그리고 그렇게 돌아갈 때 우리는 비로소 살아 있는 에너지를 얻게 되고, 참된 자아를 되찾게 되는 것이다.

'근원으로 회귀'한다는 표상은 그것이 어머니의 자궁을 연상케 하든, 바다를 연상케 하든, 아니면 우리 모두가 그 안에서 살고 활동하고 존재를 유지하는 '유일한 신'을 연상케 하든, 모두 모성적 성격을 지니고 있다. '근원으로의 회귀' 의식을 작품 속 등장인물들의 정신적 거듭남의 계기로 삼고 있는 아나톨리 김의 작품에서는 '모성'이 특히 강조되는 것은 그 때문이다.[19]

근원으로의 회귀체험은 『연꽃(Лотос)』에서 분명히 드러난다. 이 작품에서 주인공 로호프가 일종의 일시적 죽음 상태에서 보는 것이 신비 체험의 일환처럼 나타난다. 로호프는 일시적인 근원 회귀 체험(죽음=회귀) 속에서 전일철학의 본질을 느끼게 된다.

『연꽃』의 주인공 로호프는 신비 체험을 통해 예전에는 인식하지 못했던 사물 이면의 본질을 보게 된다. 로호프는 먼저 이 내면적 죽음 체험의 길 안내자로 보내진 옛날 학교 스승 아르히메드 스쩨파노비치와의 대화에서 삶을 통해서 죽음을 이해하고, 삶 속에서 선행을 실천

---

17) 매튜 폭스, 93쪽 재인용.
18) 앞의 책, 92쪽 재인용.
19) 류비모프 역시 "20세기 후반의 많은 작가들처럼 아나톨리 김에게서도 부성 본능(отцовство)보다는 모성 본능(материнство)이 더욱 강하게 표출되고 있다."라고 말하고 있다. Н. Любимов, "печать тайны" / / А. Ким, Избранное: Повести и роман, Москва: Советский писатель, 1988, с.11.

함으로써 죽음을 두려워하지 않게 된다는 교훈을 얻는다. 그리고 죽음 체험 속에서 자신의 첫사랑 겔랴의 집을 찾아가면서 여러 공간을 체험한다. 텍스트상의 공간적 전환은 실제적인 공간 이동이라기보다는 '공간성[20]'의 문제로 볼 수 있다. 먼저 로호프는 연못가에서 암소들이 풀을 뜯고 우리로 돌아가는 모습을 지켜보며 다음과 같이 자문한다.

> Почему меня так волнует вечерний деревенский час, когда стадо возвращается домой? Сколько невыразимой радости и древнего, библейского духа таится в этой будничной картине? (с.346)
> 가축들이 우리로 돌아가는 시골의 저녁시간이 왜 이렇게 나를 흥분시키는 것일까? 이 일상적인 장면 속에는 말할 수 없는 기쁨과 태고적 성서의 정신이 얼마나 많이 숨어 있는가?

예전에는 인식하지 못했던 일상생활에서 배어나는 환희와 목가적인 조화의 아름다움을 인식하게 된다. 그리고 그는 들판 옆길로 이동하게 되는데, 여기서 화자는 "들판의 끝이 점차적으로 낮아지더니 파도처럼 되었다(Край поля постепенно снижался, заканчиваясь убывающей по росту кудрявой травою, словно волна)."(с.348)라는 표현과 함께, 태

---

20) 프랑크(Joseph Frank)에 의해 논의된 것으로 '공간(space)'과 구별되는 개념이다. 일반적으로 '공간'은 인물과 그 인물의 행동을 포함하는 것, 흔히 장면, 장소, 배경, 환경, 분위기와 같은 의미로 사용된다. 그러나 프랑크가 말하는 공간은 엄밀한 의미에서 주어진 순간에 인식될 수 있는, 그러나 동시적으로 관련될 수 없는 행위들을 압축하고 있는 것이기에 인물에 의해 행위가 이루어지는 데 요구되는 '공간'과는 엄격하게 구분되는 '공간성(spatiality)'을 지칭하는 것이다. 『연꽃』에서는 사실상 실제적인 공간 이동이 아니라 공간에 대한 순간적 인식으로 구성되어 있다. 등장인물들은 모두 현실의 공간에 있지만 동시적으로 여러 개의 공간을 경험한다. William Holtz, "Spatial Form in Modern Literature: A Reconsideration", *Critical Inquiry, 4*, No.2 (1977), pp.272-3.

초의 근원에서는 "바다, 푸르른 들판 그리고 숲, 이 모두 하나였음(Море, зеленое поле и лес − все было одно)"(с.348)을 직관한다.

여기서 작가는 바다와 들판과 숲이 하나임을 보여 주기 위해 수식어들을 서로 교차해서 사용하고 있다. 예를 들어 들판의 끝(край поля)을 묘사할 때는 파도와 같다(словно волна)라는 표현을, 바다에서 바람을 타고 흩날리는 잎사귀들(летящие листья)은 들판의 나비와 같이(как бабочка)라고 쓰고 있다. 그리고 공간성 체험을 두고 자신이 바닷가에서 깊은 숲 속으로 들어오게 된 이유를 다음과 같이 이야기한다.

> Словно незаметно для себя перешёл границу воздуха и воды и оказался на дне моря, заросшем мхами и высокими соснами. (с.349)
> 내가 공기와 물의 경계를 나도 모르게 뚫고 들어와서 이끼들과 키 큰 소나무들이 자라 있는 바다의 밑바닥에 있는 것 같았다.

여기서 로호프에게 숲은 바다의 밑바닥으로 인식되며, 이것으로 그는 있는 그대로의 세계를 통일성 속에서, 진정한 빛 속에서 보게 된다(в истинном свете, в единстве, таким, какой он есть).(с.349) 근원에 이른다는 의미를 신성의 영토, 그 밑바닥, 그 흐름에 도달한다는 에크하르트의 표현21)을 떠올린다면 로호프의 현 공간 체험이 바로 신성한 영토를 맛보는 것, 즉 그 근원에 몸을 흠뻑 담그는 행위임을 알 수 있다. 숲과 바다를 하나의 근원으로 이해하는 것은 다음과 같은 로호프의 내적 독백으로 잘 드러난다.

> Я, благодарный Геле за возвращенное мне море, нахожу вполне

---

21) 매튜 폭스, 93쪽, 재인용.

естественным, что шум моря и шум зеленого леса, на который надвигается гроза, так похожи. Ведь океан и лес – дети одного отца, и голубой океан намного старше, а тысячлетный лес – зеленый братишка его. (c.349)

나는 겔랴가 나에게 바다를 되찾아 준 것에 감사하며 뇌우가 닥쳐오는 녹색 숲의 소리와 바다 물결 소리가 아주 닮았음을 자연스럽게 발견한다. 정말로 대양과 숲은 한 아버지의 자식들이다. 푸르른 대양은 그의 동생인 수천 살 먹은 녹색의 숲보다 훨씬 더 나이가 많다.

로호프는 죽음을 통해 대양과 숲 그리고 모든 자연과 사물들을 하나로서, 동일성 차원에서 이해할 수 있는 힘을 가지게 되었으며, 숲과 바다는 — 하나의 정신, 동일한 속삭임, 가를 수 없는 사랑, 청춘과 노년의 형제(Лес и моря для меня – единый дух, единый шум, неразделимая любовь, братство юности и зрелости, общая блаженная влага)(c.351)임을 깨닫게 된다.

숲과 바다가 연결되어 있는 하나의 전체라는 인식을 아나톨리 김은 로호프의 체험을 통해 펼쳐 보이고 있는 것이다. 이것은 진정한 내면의 빛 속에서 모든 것들을 조명해 보았을 때 대양과 숲이 하나이듯이, 그와 겔랴 역시 사랑을 통해서 결합(единство)되어 있다고 보는 로호프의 정신세계 속에서 가능하다. 작가는 이와 같은 로호프의 체험을 통해 불멸에 이르는 길을 삶이며(единственный путь к бессмертию – это жизнь), 사랑을 통한 인류의 결속이 가장 중요한 삶의 정신(дух жизни)이라고 강조한다.

신비한 전체성의 체험은 완전함과 충만함을 경험하는 것이라 할 수 있다. 그 경우 주체와 객체 사이의 경계는 잠시 동안 사라진다. 이런 신비로운 지각 속에서 인간의 자의식은 끝없이 고양된다고 할 수

있다. 그리고 그 체험의 스펙트럼이 아주 넓기 때문에, 어떤 경우에
는 인간의 정체성이 완전히 사라지기도 한다. 신비로운 자각을 통해
우리는 세계를 아주 다른 관점에서 바라보게 된다. 육체를 통한 공
간적인 방향 감각은 일정한 시간 동안 사라질 수 있다.[22] 마음을 여
는 것과 전체에 몸을 맡기는 것, 이런 신비로운 요소가 없는 종교는
존재하지 않는다. 이것은 일반적인 종교적 지각의 일종으로서, 아나
톨리 김은 우리 내면에 내재된 이런 우주적 의식을 일깨운다.

아나톨리 김은 작품을 통해 인간 존재의 가장 깊은 내면에 있는
'전체'의 중요성에 관한 느낌을 전달하고자 한다. 그에게 참세계는
하나의 통일된 세계이며, 궁극적인 가치를 지니는 것은 부분이 아니
라 '전체'이며, 그 '전체' 속에서만 인간의 일치와 하나 됨이 이루어
질 수 있다고 보는 것이다.

2. 종교 패러다임: '역사상 예수'에서 '우주 그리스도'로의 전환

아나톨리 김의 작품에는 다양한 기독교적 모티프와 테마가 등장하
며, 그는 이를 통해 자신의 종교적 믿음을 다양한 방식으로 풀어 간
다. 그의 작품 속에서 종교적 테마는 기독교적 믿음을 가지고 있는
사람들(『꾀꼬리의 메아리』의 주인공 오토 메이스너)의 의식과 삶

---

22) 이러한 상태를 그리스인들은 엑스터시(자아에서 벗어나는 것)라고 불렀다.
   아놀드 벤츠, 47쪽.

으로 표출되기도 하고, 작품에서 중요한 배경인 성당이나 사원이 등장인물들의 심리 상태와 변화를 드러내는 하나의 요소(『벽』)가 되기도 한다. 또한 그리스도 재림이라고도 하는 세계 종말의 시간과 그 구체적인 모습을 언급(『온리리야』)하는가 하면, 예수의 모습과 이미지를 다양한 작품 속에 투영하기도 한다.

종교적 관점을 작품 속에 수용하는 다른 작가들과 마찬가지로 아나톨리 김 역시 '종교 의식'이 하나의 관념 차원에만 머물지 않고, 서술양식과 작품 구성양식으로까지 다양하게 펼쳐진다. 그러나 아나톨리 김이 종교 관점을 작품에 투영하는 방식에서 기존 작가들과 조금 다른 점이 있다.

먼저 그것은 작가가 부여하는 등장인물들의 성격을 통해서 드러내는데, 그의 등장인물들은 어떤 큰 죄를 지었다고 할지라도 그들의 죄의식이 강하게 묘사되지는 않는다. 그의 작품에 어떤 범죄 행위나 현장에 대한 묘사가 거의 나타나지 않는다는 사실은 이러한 측면에 대한 하나의 예시가 된다. 물론 흔하지는 않지만 『아버지-숲』에서 안드레이(Андрей)의 소녀 강간과 같은 범죄가 나타나기도 한다. 하지만 이 경우에도 그 죄로 인해 형무소 복역하게 된 안드레이의 최후 모습에 대해 극히 담담하게 서술하고 있을 뿐, 결코 작가는 그 자신이 범죄의 심리를 해부한다던가, 무거운 죄의식 속에 갇혀 고통받는 안드레이의 모습을 묘사하는 것에 치중하지 않는다. 그것은 그러한 범죄가 중요하지 않아서가 아니라, 작가의 관심과 비중이 오히려 그것을 넘어서 있기 때문이다.

앞에서도 언급했듯이 작가의 관심은 인간이 신(神)으로부터 받은 창조적 소명과 그것에 눈뜨는 인물들의 변화에 있기 때문에, 종교 테마에서 흔히 부각되는 인간의 죄의식은 상대적으로 축소될 수밖에 없다. 또한 올바르지 못한 삶을 살았던 인물들의 변화 역시 기존의 종교 교리에서 가르치는 것처럼 눈물로 애원하는 '끊임없는 회개'를 통해서라기보다는 「동틀녘의 자두맛」의 예고르 찌모폐예비치, 『양파밭』의 파벨, 『연꽃』의 로호프, 『아버지-숲』의 글렙 투라예프 등등의 모습을 통해 나타나는 바와 같이 신이 우리에게 선물로 주시는 '성화 은총에 의한 변형'으로 설명될 수 있는 경우가 많다.

아나톨리 김이 기존 작가들의 관점 및 일반적인 종교 관념과는 다른 관점을 드러내는 것은 부활과 구원에 관한 문제에서이다. 그는 『온리리야』에서도 묘사하고 있듯이, 선인(善人)들만의 부활과 구원을 이야기하지 않는다. 구원을 하느님을 믿는 사람들만의 전유물이라고는 생각하지 않는 것이다. 그의 관념 속에서는 그리스도교도이든 그렇지 않든, 선인이든 악인이든, 남성이든 여성이든, 가난한 자이든 부유한 자이든, 결국에는 '하나'가 되어야 하는 존재이다. 물론 지금 이 시점에서 악인의 행동은 죄악이지만, 앞서 살펴본 것처럼 작가는 그 자체를 묘사하는 것에 치중하지 않는다. 왜냐하면 그도 결국에는 변화되어 구원받는 사람이 될 것이기 때문이다. 또한 지금은 여러 가지 '물리적 벽'이나 '심리적 벽'으로 그것이 불가능해 보일 수도 있지만, 인간의 모습이란 결국 '하나'가 되어야 한다는 것을 그는 말하고 싶어 한다. 때문에 그에게 개별적인 '나만의 구원'이라는 개념은 아무 의미가 없는 것이다.

인간으로 태어난 우리 모두가 구원받으리라는 아나톨리 김의 믿음과 확신은 무엇보다도 인간이 신의 모상대로 창조되었다는 점에 근거한다. 예수가 속죄양이 되어 그 값을 치렀기 때문에 우리에게 부활과 구원은 무상으로 주어지는 선물이라는 것이 작가의 기본적 생각이다. 따라서 악인도 끊임없는 변화의 과정을 통해 결국에는 선인으로 변형되어야 하며, 그것을 통해 구원받아야 하는 존재인 것이다. 이렇게 우리 모두는 영혼의 진화를 성취해야 하는 존재이다. 이런 맥락에서 그는 현재의 기독교적 관점에서는 일반적으로 수용하지 않는 윤회론에 대한 입장을 '조심스럽게' 드러내는 것이다. 종교 테마를 다루는 데 있어 기존 작가들과 아나톨리 김의 변별성은 여기서 나타난다.

아나톨리 김의 관점은 현재 공식적으로 '믿을 교리'로 인정하고 있는 교회의 가르침과는 조금 차이가 있음을 보여 주는 것이다. 모든 사람이 부활하리라는 믿음은 현재의 종교적 이해보다는 표도로프와 같은 러시아 우주론자들의 관점을 대변하는 것이며, 원죄의식에 억눌려 속죄의 삶을 사는 인간의 모습에서 벗어나 삶 자체가 은총이며, 또 다른 창조의 과정이 될 수 있다고 보는 관점은 베르쟈예프의 사상과 유사하다. 이와 같이 아나톨리 김이 자신의 크레도(credo)로 삼고 있는 것은 '창조 중심의 신비주의'이다. 그것이 새로운 패러다임의 전환[23])을 촉구하는 작가의 관점과 연결된다. 이것은 베르쟈예프의 종교 관점을 통해서 보다 분명히 규명될 수 있다.

기본적으로 베르쟈예프는 '교부 인간학(святоотеческая антропология)'

---

23) 과학의 패러다임 전환에 관한 고전인 토마스 쿤의 『과학 혁명의 구조 (The Structure of Scientific Revolution)』를 살펴보는 것은 역사상 예수 추구에서 우주 그리스도로 옮겨 가야 한다는 의미의 필수조건일 수 있다. 이 책에서 쿤은 다양한 새 패러다임의 종류로 자연을 바라보는 새로운 눈이나 시각의 전환과 같은 것들을 제시하고 있다. 쿤은 패러다임, 세계관 또는 시각이 개인적인 것이 아니라 공동체의 문제라고 믿는다. 쿤은 패러다임 전환의 근원을 다음과 같은 방식으로 설명한다. 첫째 단계로서, 변칙(anomaly)이 새로운 문제에 대해 눈뜨게 만든다. 변칙이란 '관찰자가 자신의 패러다임으로 미리 대비하지 못하는 새로운 현상'이다. 쿤은 사람들의 세계관에는 흔히 '무언가가 어긋났다'는 각성이 일어나고 있다고 믿는다. 이러한 각성이 비약을 낳는다. 둘째 단계는 위기 또는 파괴의 단계다. 예언자들이 '찢고 부수어 버린다'고 부르는 것이 필요하게 된다. 이것을 쿤은 일종의 '패러다임 붕괴'라고 부른다. "이로써 새로운 패러다임이 생겨날 수 있다. <……> 아인슈타인의 이론은 뉴턴의 이론이 잘못되었다는 것을 인정함으로써만 받아들일 수 있는 것이다." Thomas Kuhn, *The Structure of Scientific Revolution* (Chicago: The Univ. of Chicago Press, 1970), p.57.

은 인간에 대한 그리스도적 진리를 충분히 규명하지 못했다고 본다.[24] 교회 지도자들의 종교적 인간학은 제한적이며, 그것은 인간의 창조적인 본성의 비밀을 수용하지 않는다는 것이다. 여기서는 인간의 타락을 지나치게 강조하다 보니 인간이 죄와 욕망에서 벗어나지 못한다고 지적하기도 한다. 때문에 교부 인간학에서는 인간과 신 사이에 커다란 간극이 존재할 수밖에 없다고 베르쟈예프는 보는 것이다.

교부 그리스도교에서는 인간이 자유를 상실하게 된 과정, 인간의 타락에 관한 관념이 우세하다. 하지만 종교적 금욕 고행자들이 이해하는 세계의 모습과는 달리, 베르쟈예프는 "세계는 구원을 위한 기계(машина)가 아니며, 세계의 진행(мировой процесс)은 단지 죄를 점차로 제거해 가는 과정이 아니라 지속적인 창조행위를 행하는 창조의 여덟 번째 날"라는 의견을 표명한다.[25]

따라서 베르쟈예프는 교부들에게 인간에 관한 교리는 있었지만, 그 속에 인간은 전혀 없었다고 말하는 것이다. 하지만 인간은 신의 모상대로 창조되었기에 그 인간적인 본성 속에 신과 닮은 특성(бого подобие)이 있다. 신비주의자들만이 신-창조주를 닮은 창조자가 인간이라는 생각을 할 수 있었으며, 세계에서 인간의 긍정적이고 창조적인 소명을 의식할 수 있었다는 것이다.

베르쟈예프가 교부 인간학을 비판하는 근본적인 이유는 그것이 인간이 소우주라는 교리를 인정하지 않는다는 점에 있다. 예수를 역사상의 존재로만 생각하는 교부신학에서는 인간의 창조적인 본성의 비밀을 수용하지 않기 때문에, 인간이 지닌 그리스도학적 진리를 규명하지 못했다. 그리고 인간이 부여받은 창조적이고 긍정적인 사명에 대해서는 눈을 감고 있기 때문에 여기서는 신과 인간 사이의 간극이

24) Н. Бердяев, там же, с.112.
25) *Антология философской мысли*, Москва, 1993. с.177.

클 수밖에 없다. 이러한 인간학과 신학에서 의식은 대우주를 향하고 있는 것이 아니었기 때문에, 인간 속에 있는 소우주를 볼 수 없었던 것이다. '우주 그리스도'[26]를 이야기하는 영성 신학에서만이 이 세계에서 인간의 창조적인 사명에 관한 진리가 드러날 수 있는 것이다.

과학자 그레고리 베잇슨은 "인류는 종교를 서서히 타락시킴으로써 자신의 정신을 부패시키고 있는 것이 아닌가?"[27]라는 비판적인 질문을 종교에 던진다. 정신과 정신의 각성이 없는 종교는 단순한 의지 행위로 전락한다. 정신이 결핍된 종교는 감상적이고, 반지성적이며, 거기에는 우주론이 없다. 우주 없이는 정신도 없다. 정신이 곧 우주 안의 우리 위치에 대한 깨달음이기 때문이다. 그러므로 우주 그리스도는 종교에 정신을 되돌려 준다. 이에 입각해 현대 영성 운동가인 매튜 폭스의 관점을 살펴보는 것은 아나톨리 김의 의식을 살펴보는 데에도 도움이 될 것이다. 따라서 이 부분에서는 그가 언급하고 있는 '우주 그리스도'의 특징을 먼저 살펴보고, 그것이 아나톨리 김이 생각하는 그리스도상에는 어떤 식으로 부합되고 있는지 살펴볼 것이다.

매튜 폭스는 정신이 결핍된 종교를 '썩은 냄새가 나는 우주론적 의식'[28]이라고 부른다. 반대로 건전한 종교는 정신적 각성을 창조해 낸다는 것이다.[29] 바로 우주 그리스도는 정신적 각성을 일으키며,

---

26) '우주 그리스도'는 정신(또는 혼)과 우주를 하나로 보는 빛 안에서 생성된 단어라 할 수 있으며, 종교에 인간 정신을 되돌려 준다는 움직임 속에서 사용되었다고 할 수 있다. 이러한 우주 그리스도가 지니고 있는 개념은 그리스도교 역사 안에 이미 존재하고 있었지만, '우주 그리스도 (Cosmic Christ)'라는 용어가 구체적으로 쓰인 것은 예일 신학교 교수 스티븐슨(G. Stevens)의 The Christian Doctrine of Salvation(1905)라는 책에서 처음 쓰였다고 한다. 매튜 폭스, 398쪽 참조.

27) Gregory Bateson, *Mind and Nature* (New York: Bantam Books, 1980), p.109.

28) 매튜 폭스, 64, 76쪽 참조.

29) 종교가 정신을 일깨우는 방법의 하나는 우주를 탐구하고 설명하는 임

이 각성은 사람들에게 그들 주위와 그들 안에 있는 신의 현존을 체험할 필요성과 권리가 있다는 것을 가르친다. 아나톨리 김이 종교를 통해 제시하고 싶은 의식의 각성이 바로 그것이다. 이 각성은 그들의 정신과 마음을 우주를 향해 열어 주며, 우주에 대해서 우리는 무엇이고, 이 우주의 어디에 우리가 자리잡고 있는가 하는 문제를 향해 마음을 열게 한다. 아나톨리 김은 우주 시민으로서 우리들이 지녀야 할 덕목과 소명의식, 정신적 각성을 촉구하고 있는 것이다.

아나톨리 김이 작품을 통해 표출하는 종교테마가 기본적으로 의식의 전환을 촉구한다는 점에서, 이것은 예수의 '새 술부대'[30]에 대한 언급, 베르쟈예프의 '인간의 창조적 사명에 대한 언급', 매튜 폭스의 '우주 그리스도'에 대한 언급과 사실상 맥락을 같이하는 것으로 볼 수 있다. 매튜 폭스는 그 전환을 인간 중심주의에서 살아 있는 우주론으로, 뉴턴에서 아인슈타인으로, 분리적 사고에서 전체성으로, 합리주의에서 신비주의로, 최상의 덕성인 복종에서 최상의 덕성인 창

무를 진 과학자들의 지혜를 받아들이는 것이다. 토마스 아퀴나스는 살아 있는 우주론을 이루어 내기 위해서 과학과 종교를 화해시키려고 애썼다. 우리는 살아 있는 우주론을 발전시키고 바르게 인식하는 데 실패했기 때문에 왜곡된 신학에 의지하게 되었다. 과학과 신비주의가 융화될 때 새로운 시야가 탄생된다고 할 수 있다. 또한 이것은 성례적인 것을 경험론적인 것과, 성스러운 행위를 실용적인 것과, 믿음과 지식을 하나로 결합하고자 한 표도로프나 솔로비요프의 우주철학과 같은 맥락에서 이해할 수 있다.

30) 예수 시대 문화에서 술부대는 사막을 지나가는 길고도 뜨거운 여행에서 살아남기 위한 생명의 부대였다. 그 술부대가 샌다면 사느냐 죽느냐의 문제였다. 술부대 안에서 일어나는 발효는 상당한 압력을 발생시킨다. 바짝 마른 술부대를 가지고 여행을 하는 것은 위험한 일이다. 매튜 폭스가 이 표상에 대해서 이야기하는 것은 우주 그리스도가 빠진 현대 종교의 술부대는 위험할 만큼 말라 버렸을 뿐만 아니라 심하게 새고 있다는 것이다. 그는 포도주, 곧 복음의 힘과 능력을 담을 수 없는 이 낡은 술부대 속에서 발전과 발효는 더 이상 일어날 수 없다고 보는 것이다. 매튜 폭스, 210쪽.

조성으로, 개인적 구원에서 공동치유로, 유신론(우리 바깥의 하느님)에서 만유재신론(우리 안에 계시는 하느님, 하느님 안에 있는 우리)으로, 타락－구속의 종교에서 창조 중심의 영성으로, 고행에서 심미로의 전환이라고 본다.31) 이것을 표로 나타내면 다음과 같다.

〈표 4 '역사상 예수'에서 '우주 그리스도' 추구로의 전환〉

인간중심주의		살아 있는 우주론
뉴턴		아인슈타인
분리적 사고	⟹	전체성
합리주의		신비주의
개인적 구원		만인의 구원

새로운 패러다임을 대표하는 요소들, 각각의 오른쪽에 속하는 항목, 곧 우주론·아인슈타인·전체성·신비주의·자비·만유재신론·창조 중심의 영성 등이 바로 '결합시키는 틀'이다. 우주 그리스도는 관계 형성의 새로운 시대로 인도한다. 아나톨리 김이 다양한 종교적 모티프들과 등장인물들의 입을 통해 제시하고자 하는 것이 오른쪽 항목들로의 의식 전환인 것이다. 사회학자 로버트 벨라(Robert Belah)는 "모든 것은 조각나고, 모든 연관성은 사라졌도다."32)라고 서양의 문

31) 앞의 책, 210－11쪽.
32) 사회학자 로버트 벨라는 현대문명을 '분리의 문명'이라고 설명하는 글에서 Jone Donne의 "An Anatomic of the World: The First Anniversary"의 대목을 인용한다. 돈네는 '전 세계의 허약성과 부패(the frailty and decay the whole world)'를 애도할 사건으로서 이에 한 소녀의 죽음을 채택하며, 이 부제는 모든 전통적 세계상의 부패를 언급하고 있다. 천문학과 물체 이론에서부터 정치적 권위와 인격적 관계들에 이르는 모

제점을 쓴 시인 존 돈네의 시를 인용하며, 서양 문화가 얼마나 '분열의 문화'가 되었는지를 설명한다. 우주 그리스도는 모든 사람들을 분열된 기계론적 우주에 대한 예속으로부터 해방시킨다.

아나톨리 김이 우주 그리스도에 대한 믿음을 추구하는 이유는 앞서 '유기적 전체로서의 우주'에서도 살펴보았듯이, 그에게 우주는 언제나 하나의 단일체이며, 서로 연관된 상태이기 때문이다. 우주 그리스도는 정신과 우주를 다시 결합시킨다. 이와 같은 우주 그리스도의 정신은 러시아의 우주론적 전통 속에서 분명하게 나타난다.

그리스 교부들과 중세 신비가들에게서도 나타나듯이, 우주 그리스도 신학의 공통된 주제 중 하나는 신의 보편성과 편재성에 대한 찬미이다.[33] 만유재신론이란 '만물이 하느님 안에 있고, 하느님이 만물 안에 있음'을 뜻한다. 이것이 신비가들이 세상이나 자기 자신과 하느님과의 관계를 바라보는 방식이다. 예컨대 막데부르크의 메흐틸트는 "내가 영적으로 깨어난 날은 나 자신이 하느님 안에서 만물을, 만물 안에서 하느님을 보고 있고 알고 있다는 사실을 보게 된 바로 그날이었다."[34]고 한다. 이처럼 만유재신론은 안과 밖의 이원론을 융합시킨다. 아나톨리 김은 이런 만유재신론적 관념을 드러낸다.

『아버지-숲』의 글렙과 마리나는 서로의 모습 속에서 신을 보는 대표적 인물들이다. 작품 속에서 그들은 보이지 않는 끈으로 연결된

든 측면에서 돈네는 세계 붕괴의 징후들을 본다. Robert Belah, *Habits of the Heart: Individualism and Commitment in American Life* (New York: Harper & Row, 1985), pp.277-81.

33) 출애굽기 3, 14에 나오는 신의 이름인 '나는 (나)이다'는 우리 자신이 신성을 어떻게 끌어안을지를 보여 주는 예수가 자신의 이름으로 삼은 이름이다. 우주 그리스도는 모든 피조물 안에 존재하는 '나는 (나)'인 것이다. 힐데가르트의 표현을 빌면, 우주 그리스도는 '자기 존재성'의 차원에서 이미 '반짝이고 있는 신의 거울'로서 모든 피조물 안에 존재하고 있다. 매튜 폭스, 241쪽.

34) 앞의 책, 95쪽, 재인용.

각별한 인연이 있는 인물들로 묘사되어 있다. 서로가 표면적으로 인사를 한 적은 없지만, 글렙이 태어난 해인 1948년과 그 후 30년이 지난 시점에 숲 속에서 그들은 만나게 된다. 그때는 삶에 회의를 느낀 글렙이 자살을 하려고 시골로 내려왔다가 신약성서를 읽고 새로운 깨달음에 충만해 있을 때인데, 마리나는 그러한 글렙의 모습에서 '구세주(Спаситель)'를 본다. 평생 복음서 한 줄 읽어 보지 못한 그녀의 관념 속에 있는 신의 모습을 서술자는 "그녀에게 신은 무엇보다도 비범한 표정을 지닌 사람이었다(И для нее Господь представлялся прежде всего человеком с необыкновенным выражением лица)." (c.259)고 표현한다.

다른 사람들의 얼굴은 모두 얄팍하고 엇비슷한 감정들을 표현하고 있어서 그 속에서는 권태로움 외에는 느낄 수 없었던 반면, 그의 얼굴에서는 영감으로 빛나는 힘을 느낄 수 있었던 것이다. 글렙 역시 '성서의 내용은 알지 못하지만 가장 순결한 신의 열매를 딴 인물'로 표현되어 있으며, 모든 사람들이 좋아하는 마리나의 모습 속에서 '성녀(святая)'를 본다. 글렙과 마리나는 서로의 모습을 통해 그 안에 현존하는 신의 모습을 인식하고 있다. 이러한 인식이 만유재신론과 연결되며, 서로에게 우주 그리스도가 되어 주어야 한다는 작가 염원의 반영이라 할 수 있다.

글렙과 마리나의 예를 통해서도 나타나듯이, 우리 모두는 우주 그리스도와 마찬가지로 서로에게서 신적 존재의 빛을 내도록 부름받았다는 것이다. 이처럼 우리들은 이 새로운 패러다임, 이 살아 있는 우주론과 그것을 담을 새로운 술부대를 낳도록 부름받았으며, 분열된 사회에서 '결합시키는 틀'과 '조화의 조성자'가 되어야 하는 소명을 지닌다는 것이다.[35] 이런 인식의 전환이 가능할 때에 비로소 바

---

35) 우주 그리스도는 만물 사이의 상호 연관성과 만물에 공통적으로 존재

오로가 "이제는 내가 사는 것이 아니라 그리스도가 내 안에서 사시는 것입니다."(갈라 2, 20)라고 말함으로써, 우리는 또 다른 그리스도이며 또 다른 그리스도로 성장한다는 주제를 선포하는 것이 분명한 의미를 부여받게 되는 것이다.

우주 그리스도가 만드는 또 하나의 결합은 미소(微少)와 극대의, 소우주와 대우주의 결합이다. 우주 그리스도는 자아의 심리학이나 자아 보존의 심리학이 아니라, 소우주-대우주 심리학의 시대로 인도한다. 이것은 우주의 다른 부분들, 곧 가장 작은 중성자와 양성자와 인간 사이의 관계에 대해서도 질문을 던진다는 것을 의미한다. 우주 그리스도는 양성자와 은하계를, 인간과 중성자를, 인간과 초신성(超新性)을 연결하는 '결합시키는 틀'이다. 전체와 연결되어 있지 않은 것은 아무것도 없으므로, 결국 중요하지 않은 것이 없음을 우주 그리스도가 보증한다.

예수 안에 강생한 우주 그리스도는 시간과 공간도 결합시킨다. 매튜 폭스는 서양은 지난 세기 과학의 업적을 통해서 시간 의식이 깨어나게 되었지만, 공간 의식은 아직도 잠자고 있다고 한다. 그는 우리의 시간 의식이 예언자적 영혼인 것처럼(예언자인 예수는 시간의 인간인 것처럼), 공간 의식은 우리의 신비주의적 영혼 또는 정신이라고 말한다.36) 이와 같은 언급에 비추어 보았을 때, 아나톨리 김의

하는 이 결합의 힘을 개인적으로 체험할 수 있는 인간의 정신적·영적 능력을 인정함으로써 희망을 준다. 이와 같은 '결합시키는 틀'을 추구하는 실천을 시작하기 위해서는 우주 그리스도로 대표되는 살아 있는 우주론이 이끄는 '새 술부대' 또는 '새 패러다임'이 요구된다. 예수도 새 술부대와 헌 술부대라는 표상을 제시함으로써 패러다임 전환에 대해 말했다. 예수는 이 사실을 매우 직접적으로 표현한다. "낡은 가죽 부대에 새 포도주를 담는 사람은 없다. 그렇게 하면 부대가 터져서 포도주는 쏟아지고 부대도 버리게 된다. 새 포도주는 새 부대에 담아야 둘 다 보존된다."(마태 9, 17) 이처럼 패러다임 전환은 확실히 영적으로나 문화적으로나 대단히 의미 있는 사건이다.

작품은 사실상 예언자적 시간 의식37)과 공간에 대한 신비체험을 묘
사하면서 그것을 하나의 전체로 결합시키는 것에 다름 아니라 할 수
있다. 이것으로 작가는 끊임없이 우리의 신비주의적 영혼의 문을 두
드리는 것이다.

　우주 그리스도를 추구함으로써 우리가 도달할 수 있는 또 하나의
지평은 심층적 종교일치이다. 이것으로 아나톨리 김 작품 속 주인공
들이 가지고 있는 다양한 종교, 즉 기독교, 불교, 도교38)의 문제와
그 다양한 색채의 결합을 이해할 수 있게 된다. 우주 그리스도는 살
아 있는 우주론을 사회와 정신 안으로 이끌어 들인다. 살아 있는 우
주론은 심층적 종교일치39)라고 부르는 새로운 시대를 출발시킬 힘을

---

36) 매튜 폭스, 219쪽.
37) 아나톨리 김의 작품 중 일부는 실제로 그 출판연도에 비추어 보았을
　　때, 그 작품 속 내용이 시간상 앞서는 미래를 겨냥한 작품들이다. 그 대
　　표적 예가 『연꽃』인데, 이 작품의 2, 3, 4장은 작품 출판연도인 1980
　　년에 비해 15년 뒤의 일로 설정이 되어 있다. 그 외에도 천상 공간이
　　그 작품 배경이 되고 있는 「구름 속에서(B облаках)」와 같은 작품 역시
　　사후의 인류 미래 모습을 미리 설정해 그것을 통해 현세 우리 삶의 모
　　습과 의미를 반추해 보는 '미래'를 겨냥한 작품이라 할 수 있다. 이것
　　은 자신의 글쓰기를 통해 항상 예언자로서의 작가의 임무와 신조를 드
　　러내고자 하는 아나톨리 김이 의식을 보여 주는 단서라 할 수 있다.
38) 도교와 많은 관련성을 보이는 인물로는 『아버지-숲』의 니콜라이 투라
　　예프를 들 수 있다. 작품 속에서 그는 끊임없이 '도(道)'에 대해 생각하
　　는 인물이며, 그에게 중국 사상의 '음'과 '양'은 가장 매혹적인 꿈이었
　　을 뿐만 아니라. 그는 그것을 통해 우주적 혼의 최상의 실체를 이해하
　　고자 한다.
39) 매튜 폭스는 지구적 르네상스의 기초인 각성에는 인류의 보편적 체험으
　　로서의 신비주의가 필요하다고 본다. 참으로 새로운 과학은 신비주의적
　　각성을 요구한다. 그러나 전 세계 종교들이 지닌 깊이를 표현하는 신비
　　주의는 지금까지 한 번도 종교일치 차원에서 시도된 적이 없었다고 매
　　튜 폭스는 강조한다. 그는 이것을 서양이 자신의 신비주의적인 유산과
　　단절되었기 때문이라고 본다. 그에 의하면 자신의 신비주의의 뿌리를 모
　　르는 서양은 신비주의에 관해서 동양과 대화할 수 없었던 것이다. 에크
　　하르트가 신성의 '위대한 지하의 강'이라고 부르듯이, 지하에는 오직 하

가지고 있다. 아나톨리 김이 살아 있는 우주론에 대한 폭넓은 의식 추구를 통해 시도하고 있는 것이 바로 이것이다.

신비주의 없이는 심층적 종교일치도 있을 수 없고, 세계의 모든 종교 전통으로부터 지혜의 힘을 풀어내는 일도 불가능하다. 또한 신비주의가 선행되지 않고는 세계 평화와 정의도 있을 수 없다고 보는 것이 아나톨리 김의 관점이며, 다양한 종교를 제시하지만 결과적으로는 그 속에 흐르는 '근원의 큰 강'을 보여 주는 작가의 의도 역시 여기에 기인한다.

우리 시대의 신비가를 각성시킨다는 것은 지하에 흐르는 강의 창조적인 힘을 향해서 더 많은 우물들을 파들어 간다는 것을 뜻한다. 우주 그리스도, 곧 '결합시키는 틀'은 존재의 공통적 성스러움과 공통의 경배와 공통의 경외심으로 모든 사람들을 결합시킨다. 아나톨리 김이 바라는 것 역시 단순히 특정 종교의 설파나 가르침이 아니라, 전 지구적 차원의 종교일치인 것이다.

아나톨리 김은 『바흐의 선율과 함께 한 버섯 따기』 마지막 부분에서 주인공 탄지의 죽음 이후의 '변형'에 대해 묘사하고 있는데, 이 부분은 작가의 종교철학이 단순히 역사적인 인물로서의 예수에 대한 믿음보다는 우주 그리스도에 대한 신앙에 기반을 두고 있다는 사실을 보여 주는 분명한 예라고 할 수 있다.

『바흐의 선율과 함께 한 버섯 따기』의 마지막에는 죽음 이후에 레진(Редин)이 자작나무 숲 속으로 탄지를 데려가는 장면이 있다. 천재 예술가인 탄지를 그가 살아 있었을 때에는 계속에서 수난당하는 예수 그리스도와 동일시하던[40] 작가는 죽음 이후의 탄지를 불교

나의 위대한 강이 흐르지만 그 강에 도달하는 우물은 불교의 우물, 도교의 우물, 아메리카 원주민 종교의 우물, 이슬람교의 우물, 유태교의 우물 등 많다는 것이 매튜 폭스의 관점이다. 매튜 폭스, 351쪽.

40) 탄지를 예수 그리스도와 동일시하는 측면은 그의 천재성을 앗아간 에

의 승려로 변형시키고 있다. 레진은 자신과 함께 있던 탄지가 갑자기
나무 위로 올라갔는데, 이내 그가 나무 위에서 사라져 버리고, 한 불
교 승려가 자기 옆에 앉아 있음을 알게 된다. 다음의 내용을 보자.

> И рассматривая его, ОБЕЗЬЯНА РЕДИН подумил, что его
> японский друг избрал свой независимый путь — и отныне
> это будет путем странствующего монаха. (с.146)
> 그를 가만히 들여다보면서 레진은, 그의 일본인 친구가 이제부
> 터는 고행하는 승려로서의 길이 될 자신만의 독립된 길을 선택했
> 다는 생각이 들었다.

그리고 여기서 무엇을 하고 있느냐고 묻는 레진의 물음에 그 불교
승려(буддийский монах)는 "내 손바닥에 내려앉는 햇살의 무게를 헤
아리고 있다(Я на ладонях своих рук взвешиваю тяжесть солнечных
лучей)."라고 대답한다. 이것이 무엇을 위한 것인가라는 레진의 질문
에 그 승려는 다음과 같이 말한다.

> Сей час осень. Все, что весной было цветами, теперь стало
> зрелыми плодами. Красота весенних цветов не умерла, она
> перешла в красоту плодов. Но и красота плодов тоже не умирает.
> Она переходит в красоту тех существ, о которых мечтает и
> которых любят плоды, долго созревающие на ветках. Вот

이브라함스의 의식을 통해 직접 드러나고 있다. 그는 탄지가 일본으로
떠나간 이후에 자신은 '유다의 회개'를 느꼈다고 이야기한다. 마치 예
수를 은전 삼십 전에 바리사이파 사람들에게 팔아 버린 유다처럼 예수
가 자신의 곁을 떠나간 이후에야 자신의 잘못을 깨닫고, 성서 속의 유
다가 자살을 택했던 것처럼 그 역시 탄지가 떠난 후에 죽는다. 또한 작
가는 이 작품에서 진정한 인간이자 천재 예술가인 탄지의 재능파괴를
예수의 이유 없는 수난과 고통에 여러 차례 비유하고 있다.

и я, уже зрелый плод на зереве жизни, хочу передать все свои яркие осенние краски существу моей жизни. (с.146)

지금은 가을이다. 봄에 꽃이었던 모든 것이 이제는 익은 과실이 되었다. 봄꽃의 아름다움은 사그라졌지만, 그 아름다움은 인식의 아름다움으로 옮겨 갔다. 하지만 과일의 아름다움 역시 죽지 않는다. 그것은 나뭇가지에서 오랫동안 익은 과일들을 좋아하고 그것에 대해 꿈꾸는 존재들의 아름다움 속으로 옮겨 간다. 나는 지금 삶의 나무에서 잘 익은 열매이며, 내게 깃든 그 찬란한 가을 색채를 내 꿈의 존재에게 주고 싶다.

천재 예술가 탄지의 변용인 불교 승려는 자신에게 내려앉는 햇살의 무게로 보아 현재의 자신은 영혼의 성장 단계에서 성숙의 단계인 가을에 접어들었음을 이야기한다. 이것은 불교의 윤회처럼 우리의 영혼은 일정한 성장단계를 거쳐야만 한다는 사실을 아나톨리 김이 존재의 변형과 연결짓고 있음을 감지하게 한다.

그리고 불교 승려는 이 말을 다 마치기도 전에 갑자기 기쁨에 전율하며, 천천히 공기 중으로 사라져(медленно истаял в воздухе) 버린다. 그리고 연꽃의 자세로 승려가 앉아 있던 자리에는 흰 버섯이 남아 있다. 레진은 그 흰 버섯이 신(神)의 순결한 '말씀(Слово)'으로 잉태된 아벨, 즉 슬픈 천재(печальный гений) 탄지임을 알아본다. 이렇게 작품 내용에서 레진의 눈에 비친 탄지의 모습의 변화, 즉 악마적 힘에 의해 수난당하는 예수 형상에서 사랑의 내재적인 힘을 인식하고 있는 불교 승려로의 변용을 통해 작가가 우리에게 제시하는 바는 무엇인가? 여기서 작가는 탄지를 우주 그리스도, 즉 우주적 종교 감각을 받은 자의 원형으로 형상화하고 있음을 알 수 있다. 그러나 이 우주 그리스도는 상처 입은 우주 그리스도이며 고난받는 예수와 균형을 이루는 우주 그리스도이다. 이것이 상처 입었지만 부활한 우주 그리스도가 우리 시대에 주는 희망이라고 작가는 간주하는 것이다.

살펴본 바와 같이 분리되었던 시간과 공간, 대우주와 소우주 그리고 종교와 인간 개개인이 하나로 결합하기 위해 아나톨리 김은 무엇보다도 '역사상 예수'에서 '우주 그리스도'로 우리의 종교 패러다임이 전환되어야 한다고 생각하였다. 그것은 우주 그리스도에 대한 추구야말로 우리에게 만물을 결합시킬 수 있는 힘과, 우리가 조화를 조성할 수 있는 힘과, 내 안에서 또 다른 우주 그리스도가 잉태할 수 있는 힘을 줄 수 있기 때문이다. 이처럼 아나톨리 김은 종교적 측면에서 우리가 단순히 역사적으로 우리에게 오신 예수에 대한 순종적인 믿음에서 우주에 대한 사랑, 인간에 대한 사랑으로 전환해야 하며, 우주와 인간의 결합을 꿈꿀 수 있는 우주 그리스도와 함께하는 창조행위를 해야 한다고 본다.

그것이 바로 종교 사이의 '벽'이나 '분리'로가 아니라, 각 종교가 지닌 '우물의 근원'과 그 '뿌리'로 되돌아갈 것을 아나톨리 김이 우리에게 나지막한 목소리로 촉구하는 것이다. 그리고 자신이 생각하는 영혼의 성장, 그 변용의 테마를 심층적인 종교일치라는 관념에 구현시키는 것이다.

3. 로고스 신비주의의 관상

1) 조화의 원리를 응시하는 '테오리아 피지카'

아나톨리 김의 작품 속에는 인간의 이성으로는 설명할 수 없는 다양한 신비체험이 묘사되고 있다. 만물의 근원인 초월자 신(神)과 의식적으로 그리고 직접적으로 친교하는 것은 진정한 영성 또는 신비주의에서는 사실상 본질적인 것이기도 하다. 이 친교는 하나의 동화(同化)에 의한 일치로서, 소유되어 있는 자가 소유하고 계신 분의 사랑의 능력에 자신을 맡김으로써 일치의 상태를 느끼는 의식의 상승을 드러내는 것이다.

다시 말해 신비체험은 영원한 에너지를 빛처럼 방출하는 신을 발견하는 것과도 같다. 그리고 그때 신은 모든 조물에서도 존재의 근원으로 발견된다. 주위의 세계가 새로운 의미를 가지게 된다. 그리고 그 변모 과정은 자신의 세계와 자신에 대한 비전에서 일어난다. 이제 세계가 변한 것이 아니라 자신의 비전이 변한 것이라는 것을 깨닫는다. 신의 현존은 언제나 거기에 있었지만 그 빛을 보지 못하는 것뿐이다. 이것은 맹인이 갑자기 눈을 뜨게 되는 것과 같다. 이전에는 어둠 속에 있었으나 이제는 빛으로 가득 차 있다. 자신에 대한 신의 사랑 안에서 자신의 독자성을 보듯이, 각 조물에 대한 신의 사랑 안에서 각 조물의 독자성을 본다.

홉킨스는 이것을 '공관(共觀, Contution)'이라고 일컬었다. 즉 한 사람의 구체적인 본성과 존재의 근원이신 하느님의 역동적인 현존을 동시에 깨달은 것을 일컬었다. 관상하는 사람은 조물과 하느님 창조의 자존하는 영원한 에너지와의 관계를 직관적으로 동시에 본다.[41]

희랍 교부는 물질인 조물에 대한 관상을 테오리아 피지카(Theoria Physica), 즉 이 만들어진 세계 속에서 하느님의 로고스를 관상하는 것이라고 일컬었다. 정화된 다음에 주위의 세계에 대한 관상으로 들어가야 한다. 이 세계는 감각적인 것을 초월한 내적 세계, 현상을 초월한 내적 세계로 사람들을 안내한다고 한다.[42] 이것을 통해 인간은

41) 죠지 말로니, 174-5쪽 참조.

자신이 몸담고 있는 이기적인 활동 영역에서 하느님의 힘의 영역으로 옮겨 간다. 그때 하느님이 조물, 즉 로고스 안에 그 힘을 불어넣어 인간에게 볼 수 있는 힘을 준다는 것이다. 결국 각 조물의 로고스란 신의 모든 섭리를 가르쳐 주는 조화의 원리이다. 여기서 세계 전체는 연결되고 상호관계를 맺고 있음을 알게 되는 것이다.[43]

테오리아 피지카, 즉 자연계 전체에 대해서 관상하는 은사를 받은 사람만이 이 세계를 열 수 있고, 모든 조물 안에 존재하는 조화를 볼 수 있다. 이 '관상'이라는 내적 지식을 가지고 있는 사람은 만들어진 자연계 전체에 대한 감각적 지식과 성서의 말씀을 초월하여 영, 즉 프뉴마(Pneuma) 안으로 침투해 들어간다. 이러한 사람은 하느님의 진정한 의도를 씐 문자의 배후에서 본다. 그리고 하느님의 진정한 의도를 외면적인 모습을 초월한 인간의 내적인 생각, 즉 자신의 진정한 인격, 자신의 로고스를 주는 누스(Nous) 안에서 본다.[44] 아나톨리 김이 로고스 신비주의를 통해 도달하고자 했던 것이 조화

42) 동방 교부에게 완전히 본성에 따라 사는 것은 주어진 본성 안에 있는 로고스를 따라서 사는 것과 같은 것이다. 진정한 피지카 테오리아, 즉 창조물에 대한 관상은 어떠한 철학적 인식으로 설명할 수 있는 것은 아니다. 증거자 막시무스에게 있어 존재하는 것의 본성을 구성하는 질료와 형상은 표면적인 것에 불과하다. 즉 외관, 현상, 감각적인 것이다. 거기에는 창조물 안에 있는 로고스를 이해하기 위해서는 어떻게 해야 하느냐 하는 문제가 있다. 막시무스는 모든 창조물을 사물, 성서, 인간의 세 범주로 나누었다. 이 세 개의 범주 안에 외관, 즉 감각에 호소하는 것이 있다. 그리고 창조물의 로고스에 대한 내적 지식, 즉 하느님의 섭리에 대한 창조물의 관계를 나타내는 조화의 원리가 있다. 앞에서 살펴본 것처럼 이 로고스는 사물 안에 있는 하느님의 지혜에 해당하는 것으로서 하느님의 의도 속에 있는 창조물의 존재 이유이다. 앞의 책, 174－7쪽 참조.

43) 앞의 책, 175쪽.

44) 예를 들어 일반 사람은 성서를 읽어도 문자만을 보고 활자의 배후에는 들어가지 않는다. 하지만 관상의 은사가 있는 사람은 이 표면적인 형상을 넘어서 본다.

의 원리를 보는 '테오리아 피지카'였던 것이다.

하지만 이것은 세속적인 욕심에 가득 차 있는 보편적 인간이 쉽게 도달할 수 있는 상태는 아니다. 아나톨리 김 역시 이것이 자신의 염원임에도 불구하고, 일반 등장인물들에게 쉽게 이런 체험에 도달하지 못하게 하는 것은 이 때문이다. 이것은 거의 죽음에 '근접한' 체험을 통해서나, 키에르케고르가 언급했던 첨예화된 실존의 '순간' 속에서나 가능한 것으로 묘사되고 있다. 따라서 작가는 작품 주인공 로호프(Лохов)의 가상의 죽음 체험과 거기서 그가 경험한 그 응집된 내면의 '순간'을 결부시키며, 그를 '테오리아 피지카'에 도달한 대표적 인물을 묘사한다.

로호프는 자신이 화가가 되고 싶은 마음에 홀로 된 어머니마저 버리고 도시로 와서 미술공부를 했다는 죄책감을 가지고 살았던 인물이다. 항상 어머니에 대한 죄의식을 꼬리표처럼 달고 다니던 그가 어머니의 임종 침상에서 겪은 죽음의 공포는 실로 엄청난 것이었다. 죄의식과 죽음의 공포는 그의 전 존재를 억눌러 버린다. 그리고 그의 방황과 신을 향한 항변, 절규…… 그리고 '순간' 그는 내적 죽음을 맞는다.

이 '순간'은 시간의 응축과 정지, 영원한 현재 시간, 즉 정지된 현재로서, 작품 6장에서 10페이지에 걸쳐 묘사되는 이 부분은 거의 현재시제로 쓰여 있다. 그리고 앞서 '신비한 전체성 체험'에서 잠시 언급되었던 로호프의 '근원으로의 회귀 체험'이 구체적으로 서술된다. 이런 '순간'의 체험을 통해 그는 사물의 존재 원리를 응시할 수 있게 되면서, 죽음 극복과 함께 사랑을 위한 삶만이 가치가 있음을 분명히 인식한다.

그에게 어머니의 죽음에서 나타났던 공포의 실체는 사물의 본질을 보는 눈을 가렸었다. 때문에 '순간'이라는 무시간(no-time) 속에서 내적 죽음의 체험을 내면화함으로써 현실에서 죽음의 공포와 시간을 극복하도록 하는 것이다. '순간'의 체험을 통해 '테오리아 피지카'에 도달하는 부분에서 나타나는 서술 양식은 다음과 같다.

〈표 5 '테오리아 피지카'에 도달한 로호프의 '순간' 체험〉

소설 상황	어머니 임종 전	로호프 죽음 체험	죽음에서 현실로 복귀
서사 진행	상황 예고 -	상황 실행 - +	상황 극복 +
행위	관념적	감각적	실천적
빛(또는 열)	-	+	+
서술자 의식	감금 -	해방 +	
공간 의식	폐쇄 -	개방 +	
체험하는 공간 유형	수평공간	수직 공간	
공간 의미	지상공간	우주 공간	
시간 유형	수평적(선형적) 시간	수직적(시적: 詩的) 시간	

이제 변화된 로호프에게 죽음은 육신을 자연 속에 묻는다는 의미 이상은 아니다. 과거의 그가 죽음을 떠올릴 때 동반했던 공포나 불안은 존재하지 않는다. 로호프는 내적 죽음을 체험함으로써 완성된 지혜를 얻게 되고, 진정한 내면적 성찰을 하게 되는 것이다. 즉 로호프는 원형적 특성을 지닌 우주적 시간(cosmic time) 의식의 세계에 속하게 된 것이며, 공포로서만 받아들이던 죽음을 인간화시킬 수 있게 된 것이다. 또한 세계 전체가 연결되고 상호 관련되어 있다는 사실을 통해 만물의 로고스, 즉 조화의 원리를 깨닫고, 자연과 인간과 우주만물에 사랑을 실천하는 인물로 변모하는 것이다.

가스통 바슐라르는 "시적 순간과 형이상학적 순간"이라는 글에서 '정지된 시간, 척도에 따르지 않은 시간, 즉 강물이나 지나가는 바람처럼 사라져 버리는 일반적인 시간'과는 구분되는 '수직적 시간'에 주목하였다. '수직적 시간'은 밋밋하게 서(線)으로 이어지며 미끄러

지듯 흘러가는 일상생활의 '수평적 시간'과는 달리, 높이와 깊이가 있는 수직성을 지닌 시간을 가리킨다. 수직적 시간이란 그야말로 '삶을 부동화하고, 기쁨과 고통의 변증법을 그 자리에서 경험함으로써 삶 이상의 것'이 되게 하는 창조적 생성의 용솟음치는 시간, 즉 시적(poetic) 시간인 것이다.[45]

아나톨리 김이 도달하고자 했던 것이 바로 비상하는 수직 축을 따라 생성하는 존재로서의 인간의 모습, 순간순간 새로운 미래를 획득하면서 창조의 지평을 여는 인간의 모습인 것이다. 이 과정을 통해 테오리아 피지카의 '순간'은 '영원'으로 열림의 비약을 하게 된다. 작가는 지속되는 시간이 강물처럼 펼쳐짐이 아니라 정작 '순간'의 한 점이야말로 우리를 영원과 이어 주는 연결점으로 간주한다. 때문에 '순간'은 정체해 있는 '지금'이 아니라, 시간의 운동을 일으키는 생산자이자 가장 내적인 동자(動者)로 부각하는 것이다. 삶의 '순간' 속에서 자아의 참의미를 발견해 이것을 '영원'으로 귀결시키고 싶은 작가의 염원은 『연꽃』에서 다음과 같이 표출되고 있다.

Каждый из нас отмечен рождением и смертью, соединим же их мгновения в одно целое и тем самым уловим протяженную жизнь в замкнутый круг — в сияющее кольцо вечно движущимся, пёстрых, словно карусельные лебеди и лошадки, дней нашей жизни. Научимся на каждое мгновение своего бытия смотреть ясными глазами новорожденного и одновременно тёмными очами смерти. И увидим каждое мгновение по-новому: неотторжимо от вечности, как неотдеим запах хлеба от хлеба, чудесно, как зарождение звезды в вечернем небе. (с.345)

---

45) 가스통 바슐라르, 『순간의 미학』, 이가림 옮김 (영언문화사, 2002), 4-15쪽 참조.

출생과 죽음의 운명을 지니고 있는 우리들 각자는 <u>그러한 순간</u>
<u>들을 하나의 전체로 연결시키도록 하자</u>. 그것으로 길게 늘여진 삶
을 닫힌 원으로 이해하도록 하자. 회전목마나 회전 백조처럼 영원
히 움직이는 우리 생의 다채로운 나날들을 빛나는 반지로 이해하
듯이. 자신이 존재하는 각각의 순간을 새로 태어난 듯한 밝은 눈
동자와 동시에 죽음의 검은 눈으로 바라보는 것을 배우도록 하자.
<u>그리고 각각의 순간들을 새롭게 보도록 하자</u>: 이 순간은 빵 냄새
가 빵과 분리될 수 없듯이 영원성에서 분리될 수 없으며, 저녁
하늘에 수놓아지는 별들과 같이 경이롭다.

순간을 영속화시켜 매 순간을 하나의 전체로 연결시키고, 그것을
통해 삶을 새로운 시각으로 바라볼 수 있어야 한다고 작가는 말한
다. 더불어서 그는 '순간'에 대한 새로운 인식, 다시 말해 테오리아
피지카를 통해 그런 '순간'을 응시할 수 있어야 한다고 언급한다. 그
런 순간에서만 빵 냄새가 빵과 분리될 수 없듯이, '순간'이 '영원'으
로 변형될 수 있다는 것이다. 작가는 이런 인식 속에서만 우리들이
각자에게 부여된 자기 삶을 통해 그것의 창조자가 될 수 있는 자유,
즉 자신의 삶을 재료로 인생의 완전한 작품을 창조할 수 있는 자유
를 구가할 수 있다고 강조한다.

로호프의 죽음 체험에서도 나타나듯이, 이런 '순간' 속의 공간은
공간의 충만성, 곧 플레로마(pleroma)[46]를 띤다. '공간의 충만성'을 지
닌 순간들은 무엇과도 바꿀 수 없는 질적 비약의 순간 된다. 그것이
소멸해 가는 시간 속에서 '영원'의 감각을 일깨워 주기 때문이다. 작
가 자신이 '영원한 현재'라는 문제에 깊이 천착하여 영원한 지금의
'순간'을 포착하려는 노력을 작품 속에서 끊임없이 시도하는 것이다.

『연꽃』은 로호프의 '순간'의 황홀경 체험 이외에도 사실상 작품

---

46) 여기에 대해서는 5.3.3)의 우주 변형과 플레로마화에서 설명할 것이다.

전체가 몇 개의 '순간'으로 구성되어 있다. 따라서 이 작품에서는 '순간(мгновение)'이라는 표현이 많이 사용된다. 삶이 찰나적이어서 곧 사라진다는 의식 때문에 작품 곳곳에서 확대된 장면을 통해 그 '순간'을 포착하고자 시도한다. 인간 죽음의 불가피성과 삶의 일시성을 극복하는 방법은 만년의 로호프에게서 볼 수 있듯이 삶에 대해서 초연해지는 것이며, 또 다른 방법은 삶을 영속화(永續化)하는 것이다. 이것은 순간 속에서 영속성을 체험하는 것, 즉 현재의 한순간을 강렬하게 살아서 유한한 육체를 무한의 세계 속에서 살도록 하는 것과 순간순간을 포착하여 자아 내면의 근본적이고 지속적인 진실함을 연속시키는 것을 포괄한다. 로호프는 이것을 자신의 창작행위 속에서 결합시키고 있다.

  사실상 이러한 순간으로 구성되어[47) 있다고 해도 과언이 아닌 『연꽃』은 크게 어린 로호프가 풀이 애벌레로 변하는 장면을 목격했던 순간, 어머니의 임종의 순간, 어머니 임종 직후에 로호프 자신이 일시적 죽음의 상태를 체험했던 순간 그리고 15년이 지난 후 어느 겨울날 눈 덮인 어머니의 무덤에서 여우를 만났던 순간 등으로 구성되어 있다고 볼 수 있다. 이러한 '순간'의 체험을 정지시켜 두고 하나의 장면으로 묘사하기 위해 긴 서술이 필요한 것이다. 작품에서 '스토리-시간(story-time)'에 비해 '서술-시간(narrative-time)'이 무한정 길어지는 것도 이러한 이유에 기인한다.[48)

---

47) 작품 전체의 구성이 '순간'으로 이루어진 것은 『연꽃』뿐만은 아니다. 『다람쥐』와 『바흐의 선율과 함께 한 버섯 따기』 그리고 『벽』에 이르기까지 작가의 이런 시도는 자주 발견된다. 이것은 주로 그의 작품이 사후의 입장에서, 즉 서술자가 자신의 지난 생의 강렬한 '순간'들을 반추하면서 기술하기 때문이다. 발리부로프(Бальбуров) 역시 『다람쥐』가 '순간'으로 이루어진 작품임을 이야기한다. Э. А. Бальбуров, там же, с.3.

48) 박영은, 『아나톨리 김의 『연꽃』에 나타난 시간의 미학, '순간', 그 영원성에 대하여』, 석사학위논문, 한국외국어대학교, 1997, 81-2쪽 참조.

몇몇 '순간'을 붙잡아 그것을 '영원한 현재'로 변형시키려고 시도하는 작가는 자신의 열망을 로호프 속에 그대로 투사한다. 그리고 로호프를 변모시켜 이제 내면의 눈을 가지게 된 그에게 표면적인 것을 초월해서 내적인 로고스를 보도록 한다. 때문에 서술자는 가상의 죽음체험 이후 로호프의 생활과 의식을 묘사할 때, 사물 사이의 '조화'를 보고 있는 그의 시선을 묘사한다.

우리의 시야는 흔히 눈에 드러나는 사물의 외면에 갇혀 버리고 만다. 그런데 이제 로호프는 이 시야의 벽을 넘어설 수 있는 사람으로 변모된 것이다. 그는 사물의 외면을 통해 사물의 내면을, 또한 가시적으로 드러나는 색채 속에서 그 안에 잠자고 있는 내면의 색채를 볼 수 있는 사람이 되었다. 그리고 그것을 그림 속에 표현하고 싶어 한다. 다음은 겨울 어느 날, 어머니의 묘지를 찾은 로호프의 눈에 비친 자연의 모습이다.

> Созвучен синий цвет небес косматым соснам, растущим на горе снегам – лесным, пространным, горным, – насквозь прохладным. (с.283)
> 파란 하늘색은 언덕 위에 자라는 까칠까칠한 소나무와 어울리고 저 멀리 숲 속과 언덕에 쌓여 꽁꽁 얼어붙은 눈과 조화된다.

설백의 배경에서 두드러져 보이는 한 마리의 여우 역시 그 차디찬 푸른 하늘과 조화를 이룬다(была созвучна).(с.284) 계속해서 이어지는 자연의 색채와 풍경은 '조화'를 의미하는 어휘들(созвучный, гармония)로 연결되어 있다. 그러한 순간에 자연이 드러내는 내면의 빛을 통한 아름다움을 로호프는 "雪國에서의 제약 없는 빛의 지배! 장밋빛, 파란빛, 흰빛이 완벽하게 조화를 이룬 한순간이었다(Безоговорочное царение света в снежном краю! Мгновение. безукоризненное в своей розовой, синей и белой гармонии"(с.329)고 표현하기도 한다.

이제 그의 눈에는 비로소 모든 색채의 조화, 형태의 조화뿐만 아니라 모든 사물의 조화, 모든 생명체의 조화가 보이기 시작한다.

> И в это зимное мгновение все завершено Великим Колористом — цвета приведены к созвучной гамме, контрасты тона выверены точным чувством меры, и даже радость белых куропаток, которых не удалось поймать лисе, сопряжена в гармонии единой с голодной злобой и печалью зверя. (с.284)
>
> 겨울날의 이 한순간, 모든 것은 위대한 채색가의 손으로 완성되어져 있다. ─ 색채들은 조화로운 통일을 이루었고, 확실한 균형감각에 의해 대조를 이루고 있다. 게다가 여우에게 잡히지 않는 뇌조들의 즐거움은 이 맹수의 배고픈 분노와 슬픔에 조화되었다.

심지어는 기쁨과 슬픔, 즐거움과 분노라는 감정까지도 '조화'의 견지에서 보고 있다. 마치 창조주가 천상에서 지상의 다양한 양태를 내려다보면서 묘사한 듯한 인상을 준다. 이것은 로호프의 시선이 이미 지상을 맴도는 수평적 시선을 넘어 있음을 보여 주는 것이다. 로호프는 그러한 '영원한 현재'를 창작행위를 통해 표현하고 싶어 하며, 베르쟈예프의 언급처럼 창조활동(творческая деятельность)을 통해 '미래와 과거가 내재된 영원한 현재(вечное настоящее, в котором будущее и прошлое)'[49]를 사는 사람이 되는 것이다.

관상하는 사람, 즉 신비가란 이러한 지복의 순간을 체험함으로써 세계에 대한 새로운 지식과 사랑에 의한 일치를 품고 사는 사람이다. 그들은 성 바오로와 마찬가지로 전 우주의 화해자가 되고 싶어하며, 이를 통해 자신을 변형시킬 수 있는 변모력을 지닌다. 살펴본

---

49) Н. Бердяев, *Смысл истории*, Москва: Мысль, 1990, с.152-3.

바와 같이 관상하는 사람은 그리스도 현존의 변모하는 빛 아래에서 사는 사람이기에, 빛 속에 잠기고 또 그 자신이 빛이 되는 사람인 것이다. 그가 작품을 통해 끊임없이 우리에게 변화된 의식의 각성을 촉구하는 것이 이런 신비의식의 내면화와 생활화인 것이다.

2) 우주적 변용으로서의 '테오시스'

앞서 살펴보았듯이 '테오리아 피지카'를 통해 우리 모두가 사랑 안에서 만물의 조화원리를 응시할 수 있는 인간으로 변화되기를 염원하는 작가의 관점에서도 나타나듯이, 인간의 성화(聖化)를 세계의 성화로 확장시키는 것은 아나톨리 김이 혼신의 힘으로 매달리는 테마라 할 수 있다. 그리고 이렇게 '성화된 인간'의 모습을 작품 속에 묘사하면서, 예수가 우주 그리스도로 변용되었듯이 예수를 닮은 우리 인간 모두는 예수처럼 그리스도가 될 수 있는 존재라고 본다.

아나톨리 김이 묘사하는 인간상에서 나타나는 변용의 모습은 '영광스러운 변모'(마태 17, 1-8; 마르 9, 2-9; 루가 9, 28-36; 2 베드 1, 16-18)[50) 사건을 말하는 성서 속에서 근거를 찾아볼 수 있다. 이것은 역사상 예수가 우주 그리스도로 영광스럽게 변모되었음을 기리는 것이다. 그리고 이것은 영광스러운 변모 축일을 전례력의 중심축으로 여기는 동방교회에서 잘 드러나고 있다. 서방교회와는 달리

---

50) 스힐레벡스는 요한복음서에 영광스러운 변모 장면이 들어 있지 않은 이유는 이 복음서에서 제시되고 있는 예수의 삶 전체가 가나의 기적과 라자로의 부활처럼, '영광스럽게 변모하는 사건'이기 때문이라고 설명한다. 그런 우주 그리스도 신학은 요한복음서 전체에 스며들어 있다고 본다. Edward Schillebeekx, *Christ: The Experience of Jesus as Lord* (New York: Seabury Press, 1980), p.419.

동방교회는 우주 그리스도를 저버리지 않았기 때문이다. 제자들이 변모 사건을 통해서 마침내 역사상 예수를 우주 그리스도로 알아보고 그것을 기리고 있으므로 그리스도 복음의 중심축이 된다고 동방교회는 간주했던 것이다.

이 사건에 대한 이야기들은 모두 이 점이 뚜렷하며, 더구나 베드로서는 그들이 함께 체험한 신 현현(顯現)의 요점을 강조한다. 다음 대목에서는 우주론적 '영광'51)이라는 용어가 쓰이고 있다.

> 우리가 여러분에게 알려준 예수 그리스도의 권능과 강림의 이야기는 사람들이 꾸며낸 신화에서 나온 것이 아닙니다. 우리는 그분이 얼마나 위대한 분이신지를 우리는 눈으로 보았습니다. 그분은 분명히 하느님 아버지로부터 영예와 영광을 받으셨습니다. 그것은 최고의 영광을 지니신 하느님께서 그분을 가리켜 "이는 내 사랑하는 아들, 내 마음에 드는 아들이다." 하는 음성이 들려왔을 때의 일입니다. 우리는 그 거룩한 산에서 그분과 함께 있었으므로 하늘에서 들려오는 그 음성을 직접 들었습니다.(2 베드 1, 16 - 18)

영광스러운 변모 사건 속의 신 현현은 산 위에서 신이 계시되거나 구름이 덮이는 히브리 성서의 다른 신 현현들과 같은 계열이라 볼 수 있다.52) 예수를 우주 그리스도로 볼 수 있는 우주론적 표징들

---

51) 스태픈 버니, 『놀라운 변화, 마음으로 만나는 요한복음』, 박태식 옮김 (생활성서사, 2001). 33쪽.

52) 베드로가 천막을 칠 것인가 물어본 것 역시 모여든 백성들을 위해 모세가 세웠던 '만남의 장막'을 연상시킨다. 이 장막 안에서 "야훼께서는 마치 친구끼리 말을 주고받듯이 얼굴을 마주 대시고 모세와 말씀을 나누셨다."(출애 33, 11) 구름 기둥이 장막 입구에 머물렀다.(출애 33, 10) 산 위에서 "이는 내 사랑하는 아들, 내 마음에 드는 아들이다." 하고 들려온 말은 예수가 세례받을 때 들려온 말에 대응되는 것이다. 또한 예수 위에 내려와 메시아의 사명을 위해 기름을 부은 성령, 창조 때에 물위를 휘돌던 바로 그 성령(창세 1, 2)은 그리스도에 대한 또 하나의

은 성서 속에서 구약과 신약의 대응 관계를 통해 표출되었다. 신약에서 예수가 영광스럽게 변모되는 모습은 구약에서는 불 속에서 내려 오셔서 모세와 엘리야에게 나타났던 야훼의 모습과 대응된다. 그리고 예수의 세례 장면에 등장하는 성령은 창세기에서 창조 때에 물위를 휘돌던 바로 그 성령과 대응을 이루어 예수가 우주 그리스도임을 보증하게 되는데, 이것이 우주적 개념인 것이다.

주님의 변모(Transfiguration)에 대한 언급은 성 바오로의 세계관을 상기시키기도 한다. 바오로는 부활하신 주님을 밀가루 반죽 속의 누룩처럼 보고 있다. 전 우주를 성부의 영원한 계획에 의해서 예정된 완성으로 보는 바오로는 이미 전 우주의 절대적, 보편적 머리이신 그리스도는 하느님의 모상과 닮은 모습으로 만들어진 인간만이 아니라 인간 이하의 우주도 속죄의 완성으로 이끌고 계신다고 본다. 씨앗으로 심어졌지만[53] 이제는 완성된 우주를 되돌림으로써 그리스도

우주론적 보증으로 제시된다. 변모 사건이 다른 이들에게 예수가 우주 그리스도라는 계시가 되었던 것처럼, 예수의 세례에서도 예수가 우주 그리스도라는 사실이 계시되고 있다.

53) 그리스도인은 세례 때에 교회가 심은 씨가 된다. 그리고 하느님의 자녀로서 완전히 성숙할 때까지 성장해 간다고 간주된다. 이 '변모' 과정은 그리스도인의 인생의 봄, 여름, 가을 사이에 끊임없이 일어난다. 그리고 씨앗으로 심어진 인간이 완성된 우주를 되돌려 준다는 의식을 기리기 위해 보통 동방 그리스도교의 주님 변모축일에 신자들은 수확한 과실을 교회에 가지고 와서 축복을 받고 하느님께 봉헌한다. 그러나 거기에는 이 단순한 의식을 관통하는 깊은 신앙의 비전이 있다. 이날 동방 그리스도인들은 씨가 땅에 떨어져 백 배가 되어 돌아오는 신비를 체험으로 가르쳐 주는 생명 과정 속에 자신의 신앙을 공적으로 선언한다. 변모축일은 나자렛의 예수 그리스도께서 영광을 받으신 것을 축하하는 날이다. 치욕 속에 심어졌던 것이 영광 속에서 수확되었다는 신앙을 선언하기 위해 그리스도인은 이날 모인다. 그리고 "그리스도께서는 만물을 당신께 복종시킬 수 있는 능력을 가지고 오셔서 우리의 비천한 몸을 당신의 영광스러운 몸과 같은 형상으로 변화시켜 주실 것입니다." (필립 3, 20-21)라고 선언한다. 죠지 말로니, 169-70쪽.

께서 하늘에 계신 성부를 예배할 때 그 우주는 그리스도 안에 속하게 된다는 것이다.[54] 그리스도인의 성장은 그리스도인을 신성화하는 일치의 사랑에 의한 운동이라는 것이다. 이렇게 동방 그리스도인이 주의 변모축일에 선언하는 것을 신비가들은 그리스도 안에서의 길과 점진적인 변모 과정 중에서 체험한다. 동방 그리스도교의 주님 변모축일의 의미가 아나톨리 김이 인간을 이해하는 방식과 동일하다고 할 수 있다.

아나톨리 김이 작품을 통해 구현하는 것은 신화(神化, deification), 즉 교부들의 용어로는 '테오시스'이다. 그리고 작품에서 그 과정을 극적으로 보여 주고 있는 것이 '호흡(дыхание)'으로서의 신의 현존 체험과 '에너지(энергия)'로서의 신의 역동성을 체험하는 것으로 구분될 수 있다. 신비가들은 예수의 이름과 자신의 호흡을 통합함에 따라 호흡이 하느님의 숨과 같은 것이 된 것을 체험한다. 아나톨리 김의 작품에서 '호흡'의 테마는 『바흐의 선율과 함께 한 버섯 따기』에서 탄지의 호흡과 신의 호흡, 즉 성령이 연결되는 것으로 구체화된다.

이 작품에서 작가는 '늙은 거장의 거친 숨소리(Хриплое Дыхание Старого Мастера: 약어ー ХДСМ)'라는 표현을 사용하고 있는데, 이것이 과연 누구의 숨소리인지를 찾아가는 과정이 작품의 플롯이 되고 있다. 도쿄의 정신병원에서 탄지를 만나기 20년 전쯤에 레진(Редин)이라는 러시아 음악가는 바흐의 곡을 듣다가 카세트 몇 군데에서 이상한 호흡소리를 듣게 되었는데, 당시 그는 이 이상한 현상에 ХДСМ이라는 이름을 붙인다. 그리고 처음에는 이 소리가 당시 음반을 녹음할 때 피아니스트의 숨소리가 섞여 들어간 것이라고 단순히 치부해 버리고 만다.

---

54) 앞의 책, 170쪽.

그러나 때때로 숲 속에서 버섯을 따면서 헤드폰을 통해 이 곡을 들을 때면, 이것은 세바스챤 바흐 자신의 혼이 내는 소리가 아닐까 하는 생각도 하게 된다. 하지만 이 희곡에서는 세바스챤 바흐 자신이 죽음에서 깨어나 그것은 자신의 것이 아니라며, 자신도 이런 현상이 왜 생기게 되었는지 도무지 알 수 없기에 "이것이야말로 요술과 같은 것(это похоже на волшебство)"(c.79)이라고 말하고 있다. 신비극(мистерия)이라는 작품의 장르처럼 알 수 없는 숨소리의 정체를 찾아가는 것이 하나의 미스테리한 구조를 이루고 있는 것이다.

다양한 목소리들이 등장하는 이 희곡에서 이 거친 호흡 자체도 하나의 등장인물로 나타나기도 하는데, 여기서 그는 "나도 내가 누구인지 알고 싶다. 아마도 나는 어느 누군가의 '정신의 오보로쩬(духовный оборотень)'이나 '목쉰 환영(хриплый призрак)'"(c.105)일 것이라고 정체성을 부여한다. 그러면서 "어쩌면 나는 상실한 천국의 영원성으로부터 순간으로 비상할 수 있는 음악의 천사(я сам Ангел Музыки)일지도 모를 일이다."라고 본질에 대해 부언하기도 한다.

거친 호흡의 정체는 작품 마지막 부분에서 죽음에서 환생한 탄지가 사후의 탄지가 러시아 자작나무 숲 속에서 태초의 물(родниковая вода)을 마시는 장면에서 밝혀진다.(c.142) 그 호흡소리는 차가운 돌잔에 머리를 내리 숙이고서 태초의 물을 마시고 있는 바로 탄지 자신의 숨소리였던 것이다. 그제야 탄지는 진정한 자신의 호흡을 되찾게 된 것이며, 이것이 바로 인간 안에 거하시는 하느님의 숨, 즉 성령의 숨결이라는 사실이 드러나게 된다.

즉 이 작품에서는 주인공 탄지의 변형체험과 관련해 거친 호흡(Хриплое Дыхание)의 실체가 무엇인지를 찾아가는 과정 속에서, 이것이 결국은 탄지 자신의 호흡이었다는 것이 그의 우주적 변용을 통한 상승 과정 속에서 밝혀지는 것이다. 앞서 '우주 그리스도'의 특징과

형상에 대해서 살펴보았듯이, 지상에서 십자가에 못 박히고 수난당
하던 예수가 그리스도로 부활하신 것처럼 세속의 고통을 통해 탄지
는 우주 그리스도로 성화되어, 자기 자신의 호흡인 성령을 되돌려
받고 있다. 이것이 탄지의 호흡과 성령의 일치, 탄지의 신화(神化),
즉 테오시스를 보여 주는 것이다.

　작품 속에서 작가가 '테오시스'를 드러내는 연결 고리로 사용하고
있는 '호흡'과 '성령'의 모티프는 미스테리한 플롯의 근간이 되고 있
지만, 이것은 성서에서는 사실상 신의 현존을 드러낼 때 흔히 사용
되는 비유이다. "코에 입김을 불어넣으시니, 사람이 되어 숨을 쉬었
다."(창세 2, 7)는 창세기의 이야기는 그 살아 있는 실재가 된다. 하
느님이 인간 안에 불어넣으시는 생명으로 관상하는 사람은 정화를
계속하여 대상으로 보이는 하느님과 인간 사이에 놓여 있는 이분법
을 넘어설 수 있다는 것이다. 그로 인해 작가가 탄지의 성화를 통해
제시하듯이, 생명의 근원인 신의 은총을 관상하는 사람의 호흡과 신
은 하나가 될 수 있다는 것이다.

　아나톨리 김의 작품에서 '플루트'라는 악기가 모티프로 자주 등장
하고 있는 점 역시 같은 맥락이다.[55] 특히 러시아 문학사의 '은세기
(серебряный век)'에 쓰인 시에서 플루트가 하나의 상징으로 쓰이는
경우가 많은데, 여기서 그것은 음악과 시 등 예술에 대한 환유로 사
용된다. 그런데 낭만주의 시작품들에서 많이 나타나듯 전통적으로
사용되는 예술에 대한 환유인 리라나 하프 등 현악기가 사용되지 않
는 이유는 무엇일까?

---

55) 『다람쥐』에서 미짜가 연모하던 소녀 역시 '플루트를 부는 소녀'로 표
　　현되어 있으며, 『온리리야』에서도 이천 년 전 예수가 인류에게 남겨
　　준 플루트를 찾아가는 과정이 소설의 플롯을 형성한다. 즉 아나톨리 김
　　은 작품에서 '플루트'를 신의 호흡을 보여 주는 메타포로 사용하거나
　　그러한 성령을 동경하는 인간의 마음을 표현할 때 사용한다.

그것은 리라나 하프가 손으로 연주하는 현악기인 반면, 플루트는 호흡(дыхание)으로 연주하는 관악기라는 사실에 기인한다.[56] 종교적 색채가 강한 상징주의 시에서 인간 영혼의 섬세한 반향을 드러내는 동시에 신의 숨결에 대한 이마쥬로도 사용될 수 있는 플루트가 빈번하게 사용되는 것은 이 때문이다. 아나톨리 김 역시 플루트를 인간 영혼의 울림이자, 신의 호흡을 드러내는 메타포로 사용한다는 점에서 같은 맥락 속에서 이해할 수 있다.

두 번째로 작가는 '신성의 에너지'를 통해 인간의 테오시스 과정을 표출해 내기도 한다. 먼저 '신성의 에너지'에 대한 종교철학적 입장부터 살펴보도록 하자. 죠지 말로니는 성 이레네우스(Irenaeus)의 유비를 사용해, 예수 그리스도와 성령이라는 '두 개의 하느님 손'은 항상 인간의 마음을 만지시고 하느님의 자존하는 영원한 에너지와 똑같은 새로운 에너지를 방출한다고 표현한다.[57] 이 에너지가 전에는 하느님 곁에 있었으나 이제는 변모 과정에서 일어난다는 것이다.

관상 안에서 진정한 하느님 체험을 하는 신비가는 하느님의 현존을 '보고', '느끼고', '듣고', '접촉하고', '냄새 맡고' 그리고 '맛본다'. 감각의 활동은 신비가가 겪는 체험을 표현하는 최상의 적합한 유비라고 생각된다. 여기서 하느님은 직접적으로 '지각된다'. 관상하는 사람은 이 체험을 '빛으로부터의 빛'으로만 비교할 수 있다.

비잔틴의 신비가는 이것을 '타볼 산의 빛의 참여'라고 말한다. 타볼 산에서 모세, 엘리야와 함께 예수 그리스도를 둘러싼 빛은 변모의 힘으로 인간 마음 안에서 체험된다. 실존적 어둠에서 문자 그대로 하느님의 빛으로 들어가면서 인간은 자기 세례의 완성을 체험한다

---

56) Е. Эткинд, Там, Внутри: о русской поэзии XX века, Санкт-петербург: издательство <максима>, 1996, с.233, 297-8, 418.
57) 죠지 말로니, 172쪽.

는 것이다. 죠지 말로니는 타볼 산의 빛의 참여와 결부해, 비잔틴의
헤시카즘을 아토스 산에서 러시아에 전한 소르스키의 『규칙(Устав)』에
있는 다음의 내용을 언급한다.

> 영혼이 영적 활동을 경험하고 하느님께 자신을 복종시켜 직접
> 일치를 통해서 하느님께 접근할 때, 그 영혼은 그 움직임 가운데
> 서 강한 빛에 의해 계발된다. 그리고 생각은 내세에서 기다리는
> 기쁨과 행복을 체험한다. 그때 말로는 표현할 수 없는 단맛이 마
> 음을 따뜻하게 하여 온몸은 그 빛을 느낀다. 인간은 정욕만이 아
> 니라 인생 자체까지도 잊어버리고, 하늘의 왕국이 이 무아경(희
> 열)의 상태 이외에 아무것도 아니라고 생각한다. 여기서 인간은
> 하느님의 사랑이 인생보다도 달고, 하느님에 대한 지식은 꿀보다
> 도 단 것을 체험한다.[58]

이 주님의 빛,[59] 조명은 신성이나 에너지들 혹은 하느님께서 자신
을 알려 주는 은총의 가시적 특징 등으로 정의된다. 이 빛이나 조명
은 인간의 기관들 중 어느 하나만이 아니라 인간 전체에 계시됨으로
써 지성과 동시에 감각들을 채운다. 신비체험의 내용으로서의 이 신
적인 빛은 감각들과 지성들을 능가한다. 이것이 신학자 시메온

---

58) 앞의 책, 173쪽.
59) 그리스도 변모 광채의 본질에 대한 신학적 논쟁은 14세기 중엽 동방교
회 전통의 수호자들과 동방의 토마스주의자들을 대립시켰을 정도로 논
란이 되었다. 그것은 신비체험의 실제, 하느님과 의식적으로 교제할 수
있는 가능성, 은총이 창조된 것인지 아니면 창조되지 않은 것인지에 관
한 것이었다. 동서방 교회의 분열 이후, 서방과 동방에서 성덕으로 이
끈 길들이 서로 차이점을 보이게 되었다. 서방의 길은 겟세마네 동산의
어둔 밤, 고독과 자기 포기의 그리스도에게 그들의 충성을 바쳤고, 동
방의 길은 변모의 빛 안에서 하느님과 결합된다는 확실성을 확보했다.
블라지미르 로스키, 『동방교회의 신비신학에 대하여』, 박노양 옮김(한
국장로교출판사, 2003), 263-70쪽 참조.

(Simeon)이 그의 시에서 이 빛의 가시성을 확인함과 동시에 그것을 '보이지 않는 불'이라고 부른 이유이다.

> 그 숨결은 진정 불이시다.
> 창조되지도 않았고 보이지도 않으며
> 또 시작도 없고 물질도 아니시다.[60]

주님의 변모에 관해 말한 교부들 대부분은 타볼 산에서 사도들에게 나타난 빛은 창조되지 않은 신적 본질을 가진다는 점에 동의한다.[61] 성육신의 순간, 신적 빛은 인간이 되신 하느님이신 그리스도 안에 집중되었고, 그분 안에서 신성의 충만이 육체 안에 거하셨다. 다시 말해 이것은 그리스도의 인간성이 신의 이포스타시(위계) 안에서 신적 본질과 연합됨으로써 신화되었다는 것을 말해 준다.

여기서 변형은 시공간에 국한된 일시적 현상이 아니다. 그 순간 그리스도에게는 인간 본질 안에서조차 어떤 변화도 일어나지 않았다. 반대로 변화가 발생한 것은 신성의 영원한 빛으로 빛나고 있는 그대로의 주님을 볼 수 있는 능력을 부여받은 사도들의 의식 안에서였다. 사도들에게 그것은 역사로부터의 탈출이었고, 영원한 현실에 대한 인식이었던 것이다. 여기서 주님 변모의 빛은 육안(肉眼)으로 관상되었긴 하지만 감각으로 지각될 수 있는 것은 아니었다. 그러나 감각의 변화를 통해서 주님의 제자들은 육체에서 영으로 옮겨 갔던 것이다. 타볼 산의 제자들이 그랬듯이 육안으로 신적인 빛을 보려면, 이 빛에 참여해야 하고, 그 빛에 의해 변화되어야 한다. 그러므로

---

60) 앞의 책, 264쪽.
61) 나지안주스의 그레고리우스, 알렉산드라의 키릴로스, 막시무스, 크레트의 안드레아, 다마스커스의 요한, 신 신학자 시메온, 유테미우스 지가벤느 등은 모두 이러한 의미로 표현했다. 앞의 책, 265쪽.

신비체험은 우리의 본질의 변화, 은총에 의한 본질의 변형을 전제하
게 된다.

아나톨리 김이 작품을 통해 말하고 싶었던 것도 우리가 이런 빛
을 볼 수 있고, 또 이 빛에 참여하는 사람이어야 되어야 한다는 것
이다. 특히 동방교회의 영성 안에서는 빛을 볼 수 없는 내적인 삶의
무감각성, 즉 이런 메마름은 오래 지속되어서는 안 될 병적인 상태
로 이해된다. 그것은 인간 존재를 영적인 죽음의 한계선으로 내모는
시련이다. 인간은 육체에서 영으로 옮겨 가며 성덕을 향해 상승해야
하는 존재라는 것을 작가는 『양파 밭』의 파벨, 『연꽃』의 로호프,
『아버지-숲』의 글렙의 체험 등을 통해 표현한다.

또한 '빛으로의 변형'은 죽음과 부활을 바라보는 작가의 관점에서
도 드러난다. 베르쟈예프가 제시하듯이 동방 정교회의 전통은 영광
스러운 변모에 함축된 우주 그리스도 신학을 선포한다. 베르쟈예프
는 다음과 같이 기술하고 있다.

> 동방 교부들의 중심 개념은 '테오시스(theosis, 神化)', 곧 모든 것
> 의 신성화, 세상의 변모, 개인적 구원이 아닌 우주의 개념이다.
> <……> 그리스도인들이 영광스러운 변모나 세상의 신성화보다 지옥
> 이라는 사고를 더 높이 평가한 것은 후기의 일이다. <……> 하느님
> 나라는 세상의 변모이고, 보편적 부활이며 새 하늘과 새 땅이다.[62]

아나톨리 김의 글에서는 사후 세계를 천국이나 지옥과 같은 대립
적인 양상으로 설명하지 않고, 모든 사람들이 영광스럽게 변모된다
고 하는 관점이 더 중시된다. 『온리리야』에서 '온리리야'로 설정되어

---

62) Nicolas Berdyaev, "Salvation and Creativity: Two Understandings of Chri-
stianity", *Western Spirituality: Historical Roots, Ecumenical Routes*, ed.
Matthew Fox (Santa Fe, NM: Bear & Co., 1981), pp.123-4, 129.

있는 공간의 의미, 만민의 보편적 부활에 대한 관점이 그러하다. 또한 여기서 부활은 존재들의 내적 상태를 드러내 주는 것으로 설명되고 있다. 왜냐하면 육체는 영혼의 비밀들을 여과 없이 보여 주게 될 것이라고 간주되기 때문이다.

이집트의 마카리우스는 자신의 종말론에서 부활에 대해 영혼의 내적 보고(寶庫) 안에 쌓아 올렸던 모든 것들이 밖으로 드러나 육체를 통해 나타나게 될 것이라고 말한다.[63] 모든 것이 빛이 될 것이고, 모든 것이 창조되지 않은 빛으로 관통된다는 것이다. 신성한 빛으로의 변형에 대한 관념은 『온리리야』에 반영되어 있다.

이 작품에서는 세계 종말의 시간이라고 하는, 이른바 X시간에 대한 작가 자신의 이해가 표현되고 있다. 작품 내용에서도 언급되고 있듯이, 당시 텔레비전과 라디오와 신문들은 X시간이 언제냐를 놓고 갖가지 예측과 진단, 점술, 센세이셔널한 보도를 해대며 열을 올리고 있다. 작품에서 학자와 작가들은 거대한 불길이 붕괴된 세계의 혼돈을 에워쌀 것이라고 예언하기도 한다. 그러나 아나톨리 김은 신의 의도에 따라 만들어진 창조물은 결코 죽지 않을 것이며, 신은 결코 인간 세상에 그토록 기분 나쁜 공포를 만들지는 않았다고 강조한다.

작가는 『온리리야』에서 사도 바오로가 일찍이 예언했던 순간적 변용의 사상(идея мгновенного преображения)을 인용하며, 세계 종말의 마지막 나팔 소리가 울릴 때 순식간에 변용할 것이라는 소위 평화로운 아마겟돈 이론(теория мирного Армагеддона)을 언급한다. 아마겟돈 이론에 따르면, 외부의 불이 아니라 다만 내면의 불(внутренний огонь)이 인간 세계를 지나갈 것이며, X시간에 "생명을 가진 모든 것이, 스스로도 느끼지 못한 상태로 순간적으로 변용되었다(И все то, что было жизнью, подвернлось мгновенному неощутимому

---

63) 블라지미르 로스키, 279쪽.

Преображению)."(c.99)고 묘사한다.

죽은 자들을 매장하고 남은 사람들은 계속해서 살아남겠지만, 불멸인과 같은 완전히 새로운 자격으로(в совершенно новом качестве -как бессмертные) 살게 될 것이다. 그리고 불멸인으로서 살게 될 것이며, 불멸하여 살아남은 사람들에게는 적어도 천 년 동안의 삶이 더 보장될 것이라고 작가는 기술한다. 작가는 여기서 X순간(мгновение ИКС) 이후에는 더 이상 죽음이 없을 것이기 때문에, 이 순간은 천지창조만큼이나 중요한 순간이라고 언급한다. X시간이 실현되고 난 다음에 정신적 실존(духовное бытие)의 성분은 과거와는 달리, '나(я)'와 '나의 영원(моя жизнь)'으로 나누어지게 된다는 것이다.

생명을 가진 모든 것이 변용되는 순간으로서의 X시간을 작가는 지상의 만물이 모두 소멸했다가 말씀 속에서 부활(воскресение в слове)한 것으로 묘사한다. 그 한 예로 신은 적대관계였던 고양이와 쥐를 말씀의 세계 속에서 부활시키면서, 그들이 서로를 더 이상 먹이로 삼거나 두려워하지 않도록 하셨다고 부언한다.

이 작품에서 인간을 변용시킨 '내면의 불'이 러시아 신학자들이 말하는 '신성의 에너지'에 해당된다고 볼 수 있다. 성서에서는 빛, 신적 조명(照明)에 대한 다양한 표현을 찾아볼 수 있는데, 이것은 빛으로 불리는 하느님의 다른 표현인 것이다. 동방교회의 신비신학에서 그것들은 은유나 수사가 아니라 신성의 실제적 측면을 표현하는 말이다. 이렇게 성령으로 그리스도인들의 마음속에 지펴진 은총의 불이 바로 신적인 에너지이다. 영원한 에너지가 하느님의 역동적인 현존을 드러내고, '신성의 광선들'로서 우주를 꿰뚫을 수 있으며, 동시에 본질을 신화(神化)시키고 변형시키는 내적인 빛으로 나타난다는 것이다.

결국 동방교회에서 인간의 변화는 신비가들의 체험처럼 타볼 산의 빛에 참여함으로써 가능한 것이다. 즉 타볼 산에서 모세, 엘리야와 함께 예수 그리스도를 둘러쌌던 그 빛이 다시 변형의 힘으로 인간 마음 안에서 체험된다는 것이다. 이로써 우리들은 주님의 변모를 기념하며, 자신의 변형을 위해 노력하게 된다는 것이다. 이렇게 모든 것을 변모시키시는 예수님의 능력이 한 사람 한 사람에게 부어지고, 그 한 사람 한 사람을 통해서 전 세계에도 그 능력이 부어질 때, 인간의 창조행위가 바로 우주의 변형을 이끌 수 있는 모태가 된다는 것이다.

아나톨리 김이 『바흐의 선율과 함께 한 버섯 따기』의 탄지의 형상과 『온리리야』에서 부활한 사람들의 모습을 묘사함으로써 표현하고자 했던 것 역시 바로 인간의 숨과 하느님의 숨이 하나가 되는 성령으로서의 '숨결'을 체험하는 것과 타볼 산의 빛의 참여를 통해 우리 인간이 '빛으로 변형'되는 염원이라 할 수 있다. 작가는 그러한 자신의 열망을 담아 인간의 신화(神化), 즉 테오시스를 묘사하는 것이다.

4. 소우주로서의 인간

칼 융은 "인간이 소우주라는 이미 오래전에 폐기되어 버린 개념은 아직도 더 찾아내야 할 최상의 진리를 담고 있다."[64]고 함으로써 소우주-대우주 심리학의 복권을 선언하였다. 실제로 새로운 우주론은 소우주-대우주 진리가 지니고 있는 힘의 재발견이다. 예를 들어 우

---

64) 매튜 폭스, 223쪽, 재인용.

리 몸의 모든 요소들이 수십억 년 전에 우주 공간의 초신성 폭발에
서 생겨난 것임을 알게 될 때, 그 발견은 바로 우리 실존에 대한 경
외심을 일깨울 수 있다는 것이다.

　베르쟈예프 역시 우주를 이해하는 유일한 길은 인간을 소우주로
인식하는 것으로부터 출발한다고 보았다. 인간이 고립된 개별적인
존재가 아니라 작은 우주(малая вселенная), 소우주(микрокосм)일 때,[65]
우주는 인간 속으로 들어갈 수 있으며 인간에 동화될 수 있다는 것
이다. 왜냐하면 인간 속에는 우주의 모든 요소, 우주의 모든 힘과
성질이 내재되어 있기 때문이다. 인식의 내부 삼투와 삼출은 소우주
와 대우주 사이에서만 가능하며(познавательный эндосмос и экзосмос
возможен лишь между микрокосмом и макрокосмом), 인간은 의식
적으로 커다란 인간(большой человек), 즉 макроантропос와 같은 우
주적 의미로 투영된다.[66] 철학적 인간학의 창시자라고 일컬어지는
쉘러 역시 인간은 작은 신(Mikrotheos)으로서 절대적인 신에의 통로
가 된다고 언급한 바 있다.[67]

　인간을 소우주로, 우주를 거대한 인간으로 이해하는 것은 아나톨
리 김의 세계관에서도 특징적으로 나타난다. 특히 『꾀꼬리의 메아리』
에서는 우주를 인간의 형상으로 이해하는 작가의 표현이 여러 차례
반복되고 있다. 그것은 주인공 오토 메이스너가 할아버지의 심부름
으로 투바(Тува)로 향하는 스텝 평원을 지나면서 드러내는 생각을
통해서 표출된다. 즉 작가는 작품에서 오토 메이스너의 의식을 통해
우주 자체를 거대한 인간의 몸으로, 인간과 우주를 동형으로 표현하
고 있다. 다음의 예문이 그곳 스텝 평원에 대한 묘사이다.

---

65) Н. Бердяев, там же, с.87.
66) там же, с.89.
67) M. 쉘러. 『宇宙에서의 人間의 地位』(서울: 大韓敎育聯合會, 1973), 12쪽.

В эти края не проникали ветвистые жилы крови земной —воды, и от соприконовения солнца с землей рождался один лишь бесплодный жар, порождающий прах и обманные миражи пустини. (с.144)

지상의 피라 할 수 있는 물이 혈관 곳곳에 스며들지 못하는 곳 그리고 태양과 대지의 결합으로 황야의 기만적인 신기루와 먼지 를 일으키는 불임의 열기만 잉태하는 곳.

이처럼 작가는 땅의 수맥을 우리 몸의 혈관에, 물을 몸의 혈액에 비유하며, 태양과 대지의 결합 역시 남성과 여성의 결합처럼 묘사함 으로써 우주가 '큰 인간(большой человек)'의 형상을 하고 있다는 믿 음을 드러낸다.

살펴본 바와 같이 아나톨리 김은 인간을 대우주의 속성과 특징을 지니고 있는 소우주로, 또한 우주를 거대한 인간(макроантропос)으로 이해하고, 그것을 작품을 통해 표출한다. 즉 그의 의식 속에서는 인 간과 우주가 서로를 담아내고, 포용하는 동등한 실체인 것이다. 그리 하여 모든 인간의 운명은 우주의 운명과 분리될 수 없으며, 모든 인 간의 해방과 창조적인 상승이란 결국 우주의 창조적 상승과 해방으 로 확장될 수 있다는 것이다.

아나톨리 김이 인간과 우주의 상관성을 통해 인간의 윤리적 사명 을 일깨우는 것은 자살에 대한 견해를 통해서도 나타난다. 그가 『아 버지-숲』에서 자살을 해서는 안 되는 이유 중 하나로 들고 있는 것 이 "자살을 하면 자신 속에 간직된 우주적 천명이라는 과제를 수행 하지 못한다."(с.157)는 것이다. 앞서 살펴보았듯이, 한 인간의 살고 싶지 않은 욕망과 자살은 인류의 자멸욕구와 인류 전체의 파멸, 우 주 붕괴와 동일시되기도 한다. 즉 작가가 우리에게 제시하는 윤리의 식의 모태는 바로 소우주와 내우주의 운명을 연설선상에서 이해하는 관점에서 비롯된다고 할 수 있다.

 이와 같이 소우주와 대우주의 운명은 분리될 수 없는 것이며, 소우주와 대우주는 함께 떨어지고 함께 일어난다(судьба микрокосма и макрокосма нераздельны, вместе они падают и подымаются).[68] 때문에 우주를 새로운 땅, 새로운 하늘로 변형시킬 수 있는 존재 역시 인간뿐이다. 인간은 자연을 넘어설 수 있는 존재인 만큼, '소우주로서의 인간'은 자연주의적 인간중심주의가 아닌 초자연적인 인간 중심주의를 말하는 것이다. 그것은 인간에게 내재된 종교적 진리를 의미하는 것이기도 하다. 사실 자연주의적인 인간중심주의[69]는 다윈의 진화론에 의해 이미 그 오류가 드러났다. 즉 인간은 물질적 측면이나 자연 속에서 우주의 제왕은 아닌 것이다. 신으로부터 자신의 기원을 의식할 때에만 인간은 초자연적인 존재가 되는 것이다.

 인간을 소우주로 인식하는 것은 중세 신비철학(каббалистическая философия)과 위대한 신비주의자인 뵈머(Я. Беме)와 그의 계승자인 바아더(фр. Баадер),[70] 그리고 슈타이너(Р. Штейнер)에게서 발견할

---

68) Н. Бердяев, там же, с.102.

69) 베르쟈예프는 자연주의적인 인간중심주의(натуралистический антропоцентризм)는 비평할 가치조차 없으며, 이것은 다시 부흥되지는 못할 것이라고 본다. 그는 코페르니쿠스(Коперник)와 다윈(Дарвин)이 이러한 자연주의적인 인간중심주의를 결정적으로 부수었다고 간주하였다. 코페르니쿠스는 지구가 우주의 중심은 아니며 세계가 지구 주위를 회전하는 것은 아님을 보여 주었다. 지구는 여러 행성 중 하나일 뿐이며, 우주 속에서 지구의 위치란 것은 아주 질박한 것임을 입증했다. 또한 다윈은 인간이 이러한 소박한 행성의 절대적인 중심은 아님을 보여 주었다. 인간은 지구의 유기적인 생명의 한 형태이며, 진화의 순간 중 하나일 뿐이다. 그렇게 과학(наука)은 지구와 인간이 겸손해지도록 했으며, 자연계에서 인간은 특별한 입장을 차지하고 있지는 않다. 이와 같이 인간이란 특별한 자연계의 존재로서 우주 중심, 우주의 제왕은 아닌 것이다. там же, с.105.

70) 뵈머의 신비주의는 19세기 바아더를 통해서 다시 부활한다. 바아더는 본질적으로 뵈머의 길을 따라간다. 하지만 뵈머에게서는 자연철학이 특별히 우세한 반면, 바아더는 사회철학과 역사철학을 내포한다는 점이 조금

수 있다. 여기서는 인간을 소우주로 보는 그들 이론의 근거는 어디
에서 출발하고 있는지 살펴보고, 그것이 아나톨리 김의 '소우주로서
의 인간 이해'와 어떤 연관성을 지니는지 살펴보도록 하자.

카발라(Каббала)[71]에서 인간의 자아의식은 정상에 도달한다. 카발
라의 중요한 서적 『조하르(Зохар)』[72]와 뵈머의 'Mysterium magnum

다르다. 인간을 소우주로 보는 바아더의 견해는 "인간은 신과 세계 사이
의 중개자이며, 신은 단지 인간 속에서만 자신의 전체성을 드러낼 수 있다
(Лишь в человеке Бог открывается в своей целостности). 결국 신의 모
든 창조행위를 완성하는 창조물이 인간이며, 때문에 인간이 창조행위의
진정한 사명을 완성할 수 있는 것은 그리스도를 통해서만이 가능하다.
작은 신(микротеос)이 되어야 했던 인간은 작은 우주(микрокосм)가 된
것이다."라는 표현을 통해 잘 드러난다. там же, c.98.

71) 카발라는 천상의 아담(Небесный Адам)에 관해 가르쳤다. "인간은 창조
의 정점이다. 때문에 인간은 일곱 번째 날에 창조되었다. 인간이 나타
나자 높은 세계와 낮은 세계, 즉 모든 것이 완성되었다. 따라서 모든
것은 인간 속에 포함되었으며, 인간은 모든 형태들을 결합한다."라고
표현하거나 "인간은 절대존재를 포함해 세계의 형상, 보편적인 존재일
뿐만 아니라 신의 형상이라 할 수 있다. 지상에 존재하는 신의 현존인
천상의 아담이 태초의 어둠에서 나와 지상의 아담(земной Адам)을 만
든다."라고 말한다. там же, c.94.

72) 가장 널리 알려진 카발라 서적 『조하르』 또는 『광채의 책』은 12세
기에서 13세기 사이에 프랑스의 남부 지방에서 쓰였다. 이것은 모세 오
경에 대한 주석(註釋)으로서, 플라톤주의의 영향을 받았다. 이 책에 의
하면 신과 세계 사이에는 대우주 또는 발산(發散)의 세계를 형성하는
열 개의 중요한 사상 또는 세피로트가 있다고 한다. 성서의 신은 이 열
개의 힘 또는 말씀 그리고 신이 헤브라이 민족에게 준 알파벳의 스물
두 자모(子母)의 중간 역할에 의해서 우주와 땅, 존재하는 모든 것을
창조해 냈다고 한다. 신의 실체는 열 개의 뭉뚱그려진 세피로트와 각각
의 세피로트 안에 온전히 현존한다. 왜냐하면 각각의 세피라(Sephira)는
다른 모든 글자들의 영적인 뿌리였으며, 신의 숨결인 글자 알레프
(Aleph)를 함유하고 있기 때문이다. 합쳐진 상태에서 세피로트는 '천상적
(天上的)인 인간'을 만들어 내는데, 이것은 에스겔의 환상에서 나타나는
신비한 수레를 끄는 인물 '아담 카드몬'의 형태로 여겨지는 신의 발산이
다. 카발라의 원래의 목적은 순수아 순결이 회복이었다. 카발주의지들은
그들의 탐구를 통해서 신으로 하여금 깨끗한 흙과 물과 빚어진 혼 없는

(모세의 첫 번째 책의 주석)'에서는 인류의 죄의 감정과 인간의 타락만을 말하던 노쇠한 의식의 족쇄들을 성서에서 떼어 버렸으며 우주적 인간에 관한 진리를 열어 보였다. 이렇게 카발라에서 신과 닮은 형상으로서의 인간에 관한 진리가 밝혀진다고 할 수 있다. 하지만 카발라에서 인간에 관한 진리는 아직도 역동적이고 창조적인 것은 아니었다. 신의 모상으로서의 인간에 대한 통찰들은 뵈머에 이르러 비로소 만개했다.

뵈머에게 인류학은 그리스도학과 불가분의 관련을 지닌다. 아담에 관한 교리는 그리스도에 관한 교리와 단절되지 않는다. 뵈머는 독창적으로 그리고 과감하게 그리스도와 아담을 접근시킨다. 뵈머의 첫 번째 아담(Перво-Адам)은 카발라의 천상의 아담(Небесный Адам)과 같다. 그에게는 하늘과 땅, 신과 인간, 그리스도와 아담이 놀라울 정도로 신비적인 유사함을 지닌다. 뵈머에게서 신은 인간이 되어야 하며, 인간은 신이 되어야 한다.73) 그 이후부터 신과 인간은 영원성 속에서도, 시간 속에서도, 육체와 영혼, 인간본성과 신성의 세 원칙에서 결코 분리될 수 없는 하나의 얼굴(единое лицо)이 되었다. 즉 그 본성에서는 아담이자 신성에서는 그리스도인 신인이 하나의 몸, 하나의 나무가 되는 것이다(И вот стал Адам в своей природе и Христос в божественной природе единым Лицом, одним единым

인간 골렘에게 생명을 부여하도록 하려는 것이었다. 신의 손안에서 빚어져 신의 말씀으로 생기를 얻어 골렘은 이브가 아직 분리되기 전의 천상적 존재인 아담이 되었던 것이다. 죠르쥬 나타프, 165-8쪽 참조.

73) 뵈머는 "아담은 신의 말씀으로 창조되었다. 그러나 아담은 사랑이신 신의 말씀으로부터 분노이신 신의 말씀으로 떨어졌다. 그때 다시 신은 아담의 형상에 가장 심오한 겸손이자 사랑, 자비인 자신의 사랑스런 말씀을 온화하게 불러일으켰다. 그리고 신은 불러일으켜진 분노의 현존(сущее-ens)에 사랑의 위대한 현존(ens)을 끌어들여 그리스도 안에서 아담을 성자로 변형시켰다."라고 표현하고 있다. там же, с.96.

деревом).74) 여기서 언급되는 신 안에서 잉태된 새로운 인간이 아나
톨리 김이 이상적인 인간형으로 표현하는 '진정한 인간(Подлинный
человек)'이자 예수 그리스도라 할 수 있다.

또한 진정한 인간이야말로 소우주 인간(человек - микрокосм)이
며, 자연을 지배할 수 있는 자연의 황제(царь природы)라는 것이
다. 인간이 만일 절대적인 신과 닮은 형상(человек - образ и подобие
Абсолютного Божественноно Бытия)이라면, 그때 인간은 자유로운
정신으로 우주의 황제이자 우주의 중심이 된다는 것이다. 하지만 인간
이 자연계를 닮은 형상(человек - образ и подобие данного природного
мира)일 따름이라면, 그때는 자연의 일시적인 현상 중 하나가 있을
뿐이라는 결론에 도달하게 된다.75) 사실 이것은 '인간이 자연을 닮
을 것인가, 신을 닮은 삶을 살 것인가'라는 질문으로 우리에게 삶의
진정한 의미를 통찰하도록 하는 작가의 물음제기 방식이기도 하다.

살펴본 바와 같이 인간의 삶은 우리의 눈과 의식이 어디를 향하
고 있는지에 따라 아주 대조적인 삶의 패턴을 보이게 된다. 우리 인
간이 자연적인 생리욕구에 따라, 먹고, 마시고, 욕망을 충족시키는
데에 급급하며 살게 되는 경우에 인간의 본질을 묻는다는 것은 불가
능할 수밖에 없다. 아나톨리 김은 이런 유형의 삶을 『다람쥐』에서
오보로젠과 같은 다양한 소시민(мещанин)들의 형상을 통해 드러내
고 있다.

아나톨리 김의 작품에 나타나는 다양한 인간 비하의 모습을 종교
철학적 관점에서 해석한다면, 태양이 인간 외부에 존재하면서 밖에
서 인간을 비추게 되었다는 베르쟈예프의 견해와 일치한다고 할 수
있다. 여기서 태양이 밖으로부터 인간을 비춘다는 의미는 인간이 본

---

74) там же, с 97
75) там же, с.118.

래 가지고 있던 로고스-태양(Логос-Солнце)이 빛을 비추지 못하고, 인간이 영원한 어둠 속에 있게 되었다는 것을 의미한다.

베르쟈예프에 따르면 인간은 고유의 태양과 같은 특성(солнечность)[76]을 상실하고 난 후에 태양숭배(солнцепоклонство)로 떨어졌으며, 외부의 태양에서 자기의 신을 만들게 되었다. 따라서 그는 이제 태양이 인간 내부로 복귀해야 한다고 주장했던 것이다.[77] 이것은 절대인간(Абсолютный Человек)인 로고스(Логос)가 세계로 육화할 때만이 가능한 것이다. 자연계에서 상실했던 절대적인 중심을 인간과 지구에 다시 되돌려 줄 수 있는 것은 절대적인 태양의 인간인 로고스(Абсолютный Солнечный Человек-Логос)뿐이라고 생각하기 때문이다.

인간을 소우주로서 인식하며 물질과 자연을 극복할 수 있는 그리스도교적 인간 인식은 두 번째 아담[78]을 통해 이루어진다. 둘째 아

---

76) 로스키 역시 창조된 우주 전체가 종말론적 완성 안에서 하느님과의 완벽한 결합 안에 들어가게 되는 것을 '사람이 태양이 된다'는 것으로 표현하고 있다. "하느님은 만물 안에서 만물이 되실 것이다. 또 신적인 은총과 성 삼위일체의 빛은 수많은 인간 이뽀스따시들 안에서, 다시 말해 그것들을 이미 획득했기에 빛의 수여자이신 성령에 의해 성자처럼 변모되어 성부 하느님 나라의 태양들이 될 사람들 안에서 빛나게 될 것이다."라는 로스키의 표현에서 그 의미가 잘 드러난다. 블라지미르 로스키, 280쪽.

77) Н. Бердяев, там же, с.107-8.

78) 그리스도는 새 사람이고 새로운 아담이며 새로운 인류의 첫 열매이다. 첫째 아담은 하느님의 모상이었다. 그는 높이 올려졌지만 모상의 동등성을 의미하지 않고 하느님과의 관계 그리고 하느님의 힘을 위임받았을 뿐이라는 사실을 잊었다. 그래서 그는 자신을 들어 높이고자 이 모상을 깨뜨려 버림으로써 낙원 밖으로 떨어져 내리고 말았다. 그러나 둘째 아담인 그리스도는 자신을 들어 높이기 위해 자기가 하느님과 동등하다는 것을 내세우지 않고 그와 반대로 자신을 낮추었다. 그래서 그리스도는 높이 들어올림을 받고 우리의 구원을 이루어 준 것이다. 이러한 두 아담의 주제를 염두에 둔다면, "그리스도 예수는 하느님과 본질이 같은 분이셨지만 굳이 하느님과 동등한 존재가 되려 하지 않으시고 오히려 당신의 것

담, 즉 새로운 아담인 그리스도는 초월하신 하느님의 완전한 모상[79)]일 뿐 아니라 인간을 하느님의 모상으로 다시 변형시킬 사명을 지니고 있다고 간주한다. 첫째 인간은 세상에 죽음을 가져왔지만, 둘째 인간은 자신의 부활로 죽음을 극복하였다는 것이다. "첫 사람 아담은 생명이 있는 존재(psyche: 프시케)가 되었지만, 나중 아담은 생명을 주는 영적 존재(pneuma: 프뉴마)가 되셨습니다. 그러나 영적인 것이 먼저 있었던 것이 아니라 육체적인 것이 먼저 있었고 그 다음에 영적인 것이 왔습니다. 첫째 인간은 흙으로 만들어진 땅의 존재이지만 둘째 인간은 하늘에서 왔습니다, 그리고 흙의 인간들은 흙으로 된 그 사람과 같고, 하늘의 인간들은 하늘에 속한 그분과 같습니다. 우리가 흙으로 된 그 사람의 형상을 지녔듯이, 하늘에 속한 그분의 형상을 또한 지니게 될 것입니다."(1고린, 15, 45 - 50)는 성서의 표현이 이를 입증한다. 이 병행 구절을 표로 정리하면 다음과 같다.

을 다 내어놓고 종의 신분을 취하셔서 우리와 똑같은 인간이 되셨습니다. 이렇게 인간의 모습으로 나타나 당신 자신을 낮추셔서 죽기까지, 아니 십자가에 달려서 죽기까지 순종하셨습니다. 그러므로 하느님께서도 그분을 높이 들리시고 모든 이름 위에 뛰어난 이름을 주셨습니다. 그래서 하늘과 땅 위와 땅 아래에 있는 모든 것이 예수의 (새로운) 이름을 받들어 무릎을 꿇고 모두가 입을 모아 예수 그리스도가 주님이시라 찬미하며 하느님 아버지를 찬양하게 되었습니다."라는 필립비 2, 6 - 11의 찬미가가 자연스럽게 이해된다. A. 즐렝, 『聖書의 人間』, 이성배 옮김 (분도출판사, 1984), 36 - 40쪽 참고.

79) '모상'이라는 것은 단순히 축소된 사본이 아니라 원본에서 나온 힘이며, 그 원본을 재생하도록 추진시키는 것이다. 우리는 지상 인간의 모상과 함께 자신을 변화시키는 힘으로서 천상 인간의 모상도 우리 지니고 있는 것이다.

〈표 6 - 첫째 아담과 둘째 아담의 비교〉

첫 번째 아담	두 번째 아담
아담	그리스도
프시케(psyche): 생명을 가진 존재	프뉴마(pneuma): 생명을 주는 영적 존재
본질상 흙으로 만들어진 땅에 속하는 인간	천상왕국으로 인도하는 둘째 인간
자연법칙에 종속된 인간	자연을 지배하는 소우주로서의 인간

이와 같이 소우주 인간의 진정한 의미를 알기 위해서는 둘째 아담인 그리스도의 본질을 알아야 하는 것이다. 신의 아들인 그리스도는 태초의, 절대적인 신성을 지닌 인간이다. 사람의 아들을 통해 자연(природа)은 신의 본성에 참여하며, 이러한 신성(Божество) 속에 인간의 모습이 나타난다. 완전한 신(совершенный Бог)이자, 완전한 인간(совершенный человек)인 그리스도의 자아의식은 인간(Человек)을 성 삼위(Св. Троица)에까지 들어올린다. 삼위일체 본성에 참여하게 된 인간이 바로 신과 우주 사이의 매개자가 될 수 있는 것이다. 하지만 이미 자연의 필연성에 얽매어 버린 인간은 그 자신의 힘으로는 신적인 근원으로 되돌아갈 수 있는 힘이 없다. 절대적인 신적인 인간(абсолютный, божественный Человек)을 통해서만이 모든 인간은 신적인 본성을 되찾을 수 있는 것이다.[80]

아나톨리 김이 작품을 통해 묘사하고자 하는 인간형이 절대인간, 즉 로고스를 닮은 인간형이라 할 수 있다. 따라서 그 역시 베르쟈예프와 마찬가지로 그러한 인간을 대문자로 표기(Человек)하고 있다. 하지만 그가 작품에서 표현하는 진정한 인간은 불행한 운명을 짊어지는 모습도 묘사하고 있다. 그것은 세상 속에는 악의 세력이 진정한 인간을 위협하는 경우가 비일비재하다는 것을 작가가 의식하고 있기 때문이다. 때문에 아나톨리 김의 작품에서 이것은 현세의 세상

---

80) Н. Бердяев, там же, c.109.

에서는 아직 도달할 수 없는 미래의 인간상, 미래 인류의 모습으로 등장하고 있다.

『다람쥐』에 등장하는 천재 예술가 미쨔는 요괴인간에게 살해당하며, 진정한 러시아 귀족의 정신력을 지닌다고 언급되고 있는 『벽』의 여주인공 안나 역시 괴한에게 살해당한다. 모두 자신의 뜻과는 상관없이 살해당하거나 정신적, 육체적으로 파괴당하는 것이다. 현세에서는 불행할 수밖에 없었던 그들이 진정 그리스도를 닮은 새로운 인간으로 드러나게 되는 것은 오히려 죽음 이후부터이다. 미쨔는 죽음 이후 부활을 통해서 진정한 소우주로서의 인간의 면모를 확연히 드러낸다. 작가는 부활한 미쨔를 마치 부활한 라자로와 같이 묘사한다.

부활한 미쨔는 시간과 공간을 초월하는 능력을 보이며, 허공에 그리는 그의 그림은 진정한 예술로 평가받는다. 또한 그의 시공을 초월할 수 있는 능력 역시 '진정한 인간'의 자질로서 묘사되고 있다. 즉 아나톨리 김에게 있어서도 진정한 소우주로서의 인간은 베르쟈예프와 마찬가지로 자연에 종속되지 않고, 자연을 넘어선 자연의 황제와도 같은 면모를 보이고 있는 것이다. 이런 맥락에서 작가는 『다람쥐』에서 진정한 인간으로서의 미쨔의 모습을 '미래의 인간형'이라고 부르고 있다.

진정한 인간으로 부활하게 된 미쨔의 형상이 죽음을 통해 실현되듯이, 『연꽃』의 주인공 로호프가 완전한 소우주로서의 인간, 그리스도적 인간으로 변화하는 것 역시 일종의 죽음 체험을 통해서이다. 어머니의 죽음을 목격하고 공포감에 전율한 로호프는 그 상황을 받아들일 수 없어 시내를 배회한다. 그리고 어머니가 임종에 임박해 겪었을 고통과 모멸을 생각하면 자신은 더 이상 살아갈 자격이 없다고 생각한다. 극도의 심적 고통 상태에서 그는 내팽개친 모자를 줍다가 일시적 죽음을 체험한다 기의 체험을 죽음과 동일시하는 서술자의 의도는 이렇게 表現된다.

Он нагибался, поднимал с дороги шапку и внезапно слеп, точно вмиг пустели его глаза: свет дня мерк в них, было ясное сахалинское утро, но ему казалось, что настала ночь.

И ночь настала. (с.342)

그는 몸을 숙여서 길에 떨어진 모자를 들어올리고 있었는데, 갑자기 눈알이 빠져나간 듯이 앞이 보이지 않았다: 눈동자 속에서 밝은 빛은 사라져 버렸다. 시간은 사할린의 밝은 아침이었지만, 그에게는 밤이 된 것 같았다.

그리고 밤이 찾아왔다.

때는 사할린의 이월 아침이었지만, 그에게는 모든 것이 밤처럼 캄캄하게 다가온다. 앞을 볼 수 없는 암흑 상태에서 일종의 죽음을 체험하는 것이다. 그리고 앞에서 살펴본 그의 신비체험이 이어진다. 진정한 삶과 죽음의 의미를 깨닫고 난 후 그가 이 체험에서 깨어나는 장면은 다음과 같이 묘사된다.

Я ушел из Гелпнного дома, пребывая в странной раздвоенности: с л о в н о н е к и й м о й д в о й н и к шел рядом со мною по засежненной улице, и убогая, закопченная угольным дымом улица, тянувшаяся передо мной , была неимоверно прекрасна в е г о глазах. Но вскоре утренний грузовик, с ревом и лязком ехавший навстречу, разделил нас – я очнулся и шёл по городу один. Редкие прохожие попадались мне навстречу, я вглядывался в них с неистовым вниманием и тоскою воскресшего Лазаря. (с.353)

나는 이상한 분리 상태로 겔랴의 집을 나왔다: 마치 나의 어떤 분신 같은 것이 옆에서 눈 쌓인 거리를 따라가면서, 내 옆에 펼쳐진 가난하고 석탄 연기에 찌든 거리를 자신의 눈으로 보았을 때는 믿을 수 없으리만치 아름답다고 느끼는 것 같았다. 그러나 곧 우리를 향해 부르릉 우당탕거리며 달려온 화물차가 우리를 갈라놓았다 ― 나는 제정신으로 돌아왔고 홀로 시내를 걸어갔다. 내 쪽으로 오는 통행인들은 드물었고, 나는 그들을 부활한 라자로의 우수를 느끼며 주의 깊게 응시하고 있었다.

이 문장에서 명확히 알 수 있는 것은 작가가 로호프가 겪은 지금까지의 과정을 죽음에 비유하고 있다는 사실이며, 이 신비의 순간에서 깨어나는 모습을 죽음에서 부활한 것으로 그리고 있다는 점이다. 상상을 통한 내적 죽음의 상태에서 깨어날 때, 즉 그가 현실의 삶으로 돌아올 때 분신은 사라진다. 물리적인 실제 죽음은 아니지만, 내면의 죽음 체험을 통해 작가는 그 역시 '부활한 라자로가 경험했을 의식'을 느꼈다고 작가는 표현하고 있다. 단순히 관념 속에서가 아니라 진정 삶의 의미를 깨닫고 사랑을 실천하는 인물이 된 로호프의 실천가능성은 이러한 가상의 죽음 체험을 통해 가능했다. 그것을 통해 로호프는 이 세상을 온전히 품에 안을 수 있는 소우주적 인간의 삶을 살게 된 것이다.

아나톨리 김 작품의 '진정한 인간', 즉 그리스도적 인간의 전형으로 설정된 인물 속에는 『바흐의 선율과 함께 한 버섯 따기』의 탄지 역시 같은 맥락에서 포함될 수 있다. 이 작품에서 탄지는 진정한 음악혼을 지닌 인간의 대명사로도 일컬어진다. '음악혼'과 '진정한 인간'의 관련성에 대한 작가의 관념은 탄지의 가정교사였던 모리(Мори)의 입을 통해 표현한다. 모리는 당시 여섯 살 정도였던 탄지와의 첫 만남에서 그의 천재성을 다음과 같이 간파한다.

При знакомстве с ТАНДЗИ я обнаружил, что в его мозгу вместо человеческих слов была начертана музыка. И не умея разговаривать. не зная никаких человеческих понятий , он был, благодаря духу музыки, уже подлинным человеком—существом высочай шим духовных начал. (с.75)

탄지를 만났을 때, 나는 탄지의 머릿속에는 인간의 어휘 대신에 음악이 채워져 있다는 것을 알게 되었죠. 인간 사회에서 통용되는 개념에 대해서는 아는 것도, 말할 수 있는 것도 없었다고 할 수 있죠. 그런데 말입니다. 그것이 음악혼 때문이었을까요? 바로 그 음악혼 덕분에, 그는 이미 진정한 인간, 즉 가장 지고한 정신적 근원을 지닌 존재였단 말입니다.

모리의 표현을 통해서 알 수 있듯이, 아나톨리 김이 생각하고 있는 진정한 인간은 지고한 정신적 근원을 가진 인간이다. 즉 그가 생각하는 진정한 인간의 전형이 두 번째 아담, 즉 예수 그리스도인 것이다. 하지만 악의 세력이 만연해 있는 세상에서 그러한 그리스도적인 인간은 아직은 수난당할 수밖에 없다. 탄지의 희생은 바로 그 때문이다. 하지만 아나톨리 김은, 그럼에도 불구하고 진정한 인간들을 지향하는 사람들이 부단히 정신 에너지와 공동의 선을 쌓아 올려야 한다고 생각한다.

하지만 '진정한 인간'에 대한 설정은 아직은 요원한 이상향으로 그려지기도 한다. 왜냐하면 인간은 아직도 추악한 측면을 많이 지니고 있기에, 이것을 씻어 내리려면 부단한 노력이 필요하기 때문이다. 따라서 아나톨리 김은 미쨔와 탄지의 모습 속에서 하나의 이상적 모델로서의 그 원형을 제시한다.

이와 같이 아나톨리 김의 관념에서는 우리 인간은 부단히 진화해야 하는 존재인데, 그 진화의 최정상점이 바로 예수 그리스도이다.

그는 그리스도를 하느님 성부의 모습에 도달하신, 다시 말해 인간 생명이 진화할 수 있는 성화의 극치에 도달하신 분으로 보고, 인간 생명의 이유와 목적이 예수 닮기, 그리스도 닮기, 즉 신적인 진화(божественная эволюция)를 향해야 한다고 보는 것이다.

이 장(章)에서 살펴보았듯이 아나톨리 김의 종교적 관념에는 모든 종교와 종파의 근원이 되는 신비 정신이 자리잡고 있다. 물질 속에서 영혼과 정신을 읽어 내고, 그것을 작품 속에 투영하는 그의 물질관은 신비철학적 특성을 보여 준다. 이 때문에 사고는 고대 물활론 및 중세의 신비사상에서 나타나는 '정신적 물질주의'와도 밀접한 관련을 맺는다. 신비주의적 정신은 작품 속에서 만물이 상호 연결된 하나의 전체임을 직관하는 체험을 표출하는 것에서도 나타나고 있다.

또한 아나톨리 김은 현시대의 과학 패러다임과 마찬가지로 종교 패러다임 역시 변환되어야 하는 것으로 간주한다. 그것은 우주 그리스도에 대한 이해를 통해 우리들의 마음을 결합시킬 힘과, 조화를 달성할 수 있는 힘과, 대우주와 소우주를 결합시킬 수 있는 힘을 얻을 수 있다고 보기 때문이다.

정교도로서의 아나톨리 김의 면모가 나타나는 작품들은 동방교회의 개념인 '테오리아 피지카'나 '테오시스'를 통해 보다 분명하게 이해될 수 있다. 그것은 아나톨리 김의 종교철학이 세계 전체의 상호 관계와 조화의 원리를 응시할 수 있는 인간 내면의 변화가 세계 변형을 이끌 수 있는 모태라고 보는 동방 정교회의 우주론을 반영하기 때문이다.

인간변화와 우주 변형을
꿈꾸는 예술

1. 상징과 종교적 예술의 연관성에 대한 이해

아나톨리 김이 자신의 예술관을 표출할 때 가장 중요하게 부각시키는 점은 예술을 통해서 우리 존재의 근원을 지향하는 종교적 특성을 드러내는 것이다. 이것은 그가 예술에 내재된 종교적 의미를 통해 우리 인간과 우주를 변형시킬 수 있다는 믿음을 지닌다는 사실을 반영하는 것이다. 여기서 아나톨리 김의 예술철학은 1900년대 초 러시아 상징주의자들의 견해와 유사성을 보이게 된다.[1)]

러시아 상징주의자들에게 상징은 '영원한 창'인 동시에 현상과 본질 사이의 대응관계를 표현한 것이었다. 뱌체슬라프 이바노프가 언급하였듯이, 상징은 '현실적인 것(realia)'과 '더욱 현실적인 것(realiora)' 사이의 다리 역할을 한다. 상징은 현실을 초월한 피안의 세계의 의

---

1) 뱌체슬라프 이바노프(Вячеслав Иванов)는 상징을 통해 들여다본 세계의 종교적 이해를 근간으로 새로운 신화를 창출하고 여기에 전 인류의 문화를 세워야 한다고 말하는데, 그것은 무엇보다도 종교가 모든 삶의 의미와 모든 현존물의 관계를 느낄 수 있게 해 준다고 간주했기 때문이다. 벨릐(Белый) 역시 예술의 궁극적인 목적이란 삶의 재건이며, 예술은 예술이어야 하지만 동시에 종교를 향한 지름길이라고 생각했다.

미를 이해하고자 할 때, 비가시적인 피안의 본체를 직관할 수 있도록 도와준다는 것이다. 솔로비요프 역시 세계 구조의 심연에는 상징이 존재하며, 세계 내 존재(бытие)의 모든 토대에 상징이 내재되어 있다고 간주하였다. 상징들 속에서 세계의 초월적 구조를 인식하는 것은 가장 높은 인식론적 가치를 획득하는데, 이것을 가능하게 하는 것이 이념–형상(идея–образ)으로서의 예술이라는 것이다.[2]

이런 관념은 예술과 세계 구조에 대한 깊은 유추관계를 드러내는 것이기도 하다. 상징주의자들에 의하면 사제이자 피안의 세계를 꿰뚫어 볼 줄 아는 신비스러운 마술사이어야 했으며, 이때 신비스러움을 전달해 줄 수 있는 매개체가 상징이었다. 상징주의자들이 지향했던 것은 결국 종교와 창조, 예술과 신비가 밀접한 연관성을 지닌다는 것을 보여 주는 것이었다. 이들에게 예술이란 삶과 세계의 얼굴을 변형시킬 수 있는 수단이며, 삶을 창조적으로 재건시킬 수 있는 유토피아적인 관념의 토대였던 것이다. 이와 같은 상징에 대한 이해는 아나톨리 김의 예술관과 맥을 같이하는데, 여기서도 이 양상이 작가의 문체와 언어관에서는 어떻게 나타나는지 살펴보기로 하자.

1) 언어에 투영된 근원을 향한 열망

종교철학적 관점에서 살펴보았듯이 아나톨리 김은 '하나의 전체'였던 존재의 근원으로 회귀하려는 신비주의적 인식을 표출하는 작가이다. 그러한 근원에 대한 인식은 태초의 언어에 대한 작가의 관심으로 나타나게 된다. 그는 자서전에서 자신을 러시아 문학사의 맥락

---

2) 박종소, "블라지미르 솔로비요프의 창작에 나타난 종말론적 요소", 『러시아 연구』, 제11권, 제2호, 2001, 70쪽.

뿐 아니라 동양의 미학 전통에서도 벗어난 작가라고 말하고 있다. 이와 더불어 그는 등장인물들이 속한 외관상의 특징이나 그 인물의 사회적 특징 전달은 자신의 목표가 아니라고 분명히 밝히고 있다. 요한복음의 "태초에 '말씀'이 있었으니……"에서의 '말씀'은 음성학적 원칙상의 이 민족, 저 민족의 언어가 아니라 천지창조 이전에 존재했던 '말씀'이듯이, 예술가의 근원적 언어라는 것이 바로 마음으로 통하는 '태초의 언어'라고 작가는 간주한다. 그리고 자신의 예술 언어는 이런 태초의 언어를 옮기는 도구일 뿐인데, 여기서의 '말씀(Слово)'을 그는 하나의 '상징(символ)'으로 간주한다고 할 수 있다.3)

이와 같이 예술가로서 세계의 '전체성'을 직관하고 그것을 표출하는 아나톨리 김의 방식은 상징주의자들의 관념과 유사하다. 왜냐하면 상징주의자들은 '상징'을 비가시적 피안의 실체를 이해하는 도구로 인식하고, '상징주의'를 신(神)의 언어로 귀환하는 것으로 간주했기 때문이다. 특히 언어 속에 투영된 존재의 근원을 지향하는 아나톨리 김의 언어관은 상징주의자에게 깊은 영향을 받은 플로렌스키(П. А. Флоренский)의 관점과 뚜렷한 유사점을 보인다.

플로렌스키는 '말(слово)'을 차안과 피안의 세계, 외부세계와 내부세계의 중개자로 이해하며4) 두 세계를 이어주는 '말'을 통해서 삶을 변형시킬 수 있다고 간주하는 사상가였다. 또한 '말' 속에는 인간 존재의 에너지들이 저장되어 있어, 이것이 인간을 보다 높은 의식 단계로 상승시킬 수 있는 견인력이 된다는 관점 역시 아나톨리 김의 언어관과 유사하다.

플로렌스키는 "말은 인간 에너지(слово—человеческая энергия)"일

---

3) *Моё прошлое*, с.544.
4) 플로렌스키는 말의 의미를 분석하면서 말은 이상의 세계인 '그곳(там)'과 현실세계인 '이곳(тут)'을 연결한다는 점을 강조하고 있다. П. А. флорен ский, *У водоразделов мысли*, Москва: Правда, 1990, с.252.

뿐만 아니라, "말 속에는 시간에 의해 쌓인 에너지의 끝없는 광층이 보존되어 있다."라고 보았다.[5] '말-상징' 체계에 대한 지식이 인류의 잠재력을 축적한 에너지로 변형될 수 있다는 뜻이다. 마찬가지로 아나톨리 김 역시 인간의 정신력이 내재된 말을 통해 삶을 변형시킬 수 있다고 간주한다. 그는 다양한 활자 표현을 통해 자신의 관념을 펼쳐 보이기도 하는데,[6] 특히 그는 대문자를 써서 그 속에 인간 정신의 모태가 되는 강한 에너지를 응축하기도 하였다.[7]

플로렌스키는 사물의 본질과 그 에너지의 관계(связь сущности и её энергии)가 보편적인 인간관념과 일치한다는 확신을 드러낸다. 사실 모든 존재는 자신에게 향하는 내적 측면과 타자로 향하는 외적 측면을 동시에 지닌다. 한 측면은 존재의 자기긍정을 표현하며, 다른 측면은 그러한 존재를 표출해 내는 역할을 하는데, 그것을 본질과 활동 혹은 본질과 에너지라고 부를 수 있다.[8] 이러한 방식으로 모든 존재는 자신만의 에너지를 지니게 된다고 플로렌스키는 생각하는 것이다.

---

5) там же, c.270-81.

6) 아나톨리 김의 작품에는 굵은 활자체, 이탤릭체, 로만체 등 다양한 활자체가 쓰인다. 그것은 작품 내용의 현 서사진행과는 다른 시공간의 일이나 서사 주체와는 다른 외부의 목소리 혹은 작가가 내용상 특별히 강조하거나 부각시키고 싶은 개념 등을 표현하는 경우 등 다양하게 나타난다.

7) 아나톨리 김의 작품에서 항상 대문자로 사용되는 어휘는 '태양(Солнце)', '대지 (Земля)', '진(Истина)', '선(Доброта)', '미(Красота)', '진정한 인간(Человек)', '사랑(Любовь)' 등이다. 그것은 작가가 중요한 존재론적 가치를 부여하는 단어들이기 때문에 낙관주의적 색채를 드러내는 그의 전 작품에서 항상 대문자로 사용되고 있다. 이에 반해 인간 속에 내재된 악의 문제와 인류파멸에 대한 비관적 전망이 서술되고 있는 『다람쥐』와 『아버지-숲』에서는 '짐승(Зверь)', '무기(Оружие)', '기계(Машина)'와 같은, 작가가 부정적으로 생각하는 단어들 역시 의미 강조를 위해 대문자로 표기되어 있다.

8) П. А. Флоренский, там же, c.287.

또한 플로렌스키는 말(слово)을 씨앗(семя)에 비유하며, 말은 '자신의 구조와 에너지를 가지고 있는 유기체(организм, имеющий свою структуру и свои энергии)'라고 직접 표현하기도 하였다.9) '말'을 정신의 싹을 틔우는 '씨앗'으로 생각하고 있는 것은 아나톨리 김 역시 마찬가지인데, 그러한 관점은 『바흐의 선율과 함께 한 버섯 따기』에서 실제로 나타나고 있다. 이 작품의 주인공 탄지는 어렸을 때 오래도록 웃지도 않고 말도 하지 못했는데, 이 작품에서는 그의 언어치료를 위해 아동 심리치료 전문가인 알빈(Альвин)이 등장하고 있다. 알빈은 '말은 정신의 맹아(зерно духа, каковым является слово)'라는 말로 언어 교육의 중요성을 이야기한다. 비록 그가 음악에는 천재적인 재능을 보이고 있지만, 말을 하지 못하기 때문에 전인적인 정신 성장을 할 수 없었다는 것이다.

따라서 그는 말을 하지 못하는 탄지의 심리치료를 했는데, 그는 탄지가 처음으로 웃었던 날을 선명하게 기억해 내며 그가 웃었던 날이 그의 진정한 탄생일이라고 이야기한다. 그것은 행복이나 따스함을 의미하는 미소를 되찾게 될 때, 인간은 비로소 진정한 정신을 되찾을 수 있다는 생각 때문이다. 즉 작가는 인간이 자기 언어를 되찾는 것을 인간이 미소를 되찾는 것과 등가로 설정한다. 계속해서 알빈은 언어 심리치료의 의도를 "나는 한 인간의 영혼을 사탄에게서 빼앗아 신의 품으로 되돌려 주고 싶었다(И мне хотелось думать, что я отнял у Сатаны и вернул в лоно Бога еще одну человеческую душу)."(c.115)라고 표현한다.

작가는 '말'을 '정신'을 대변하는 것 그리고 그것으로 한 인간 속에 있는 신을 드러내는 것으로 보고 있다. 그렇다면 여기서 말하는

---

9) 플로렌스키는 섯서에 나타난 말과 씨앗의 유사함(аналогия слова и семени)을 가장 힘 있는 비유로 간주하였다. там же, c.273, 325.

'말' 혹은 '상징'이란 무엇인가? 플로렌스키는 "상징으로서의 말은 다른 본체의 에너지를 자신의 에너지와 접합시킨 본질(слово как символ есть сущность, несущая срощенную с её энергией энергию иной сущности)"[10])이라고 언급한 바 있다. 즉 탄지와 알빈의 예를 통해서도 나타나듯이, 말은 고립되지 않고 타인과 공유할 수 있는 에너지를 창조해 내는 정신을 드러낸다는 것이다. 이것으로 타인과 분리되고 자신의 폐쇄성 안에 갇혀서, 결과적으로 사탄에 봉사하는 일에서 벗어날 수 있다는 것이다.

이와 같이 상징의 문제는 "두 존재의 결합, 상위와 하위의 두 층위의 결합(соединение двух бытий, двух пластов)의 문제이다. 하지만 그러한 결합 속에서 하위의 층은 동시에 상위의 층을 함축하고 있다."[11]) 그때 상징 에너지는 다른 상위 존재의 에너지와 결합될 수 있다. 따라서 상징은 자기 자신 이상을 드러내는 실제성(символ есть такая реальность, которая больше самой себя)이 된다는 것이다.[12])

상징과 메타포를 통해 실제성을 응시할 수 있다는 것은 감각으로 지각될 수 있는 세계 속에서 다른 세계를 볼 수 있다는 것이다. 여기서 아나톨리 김 자신이 언급하는 '실제성'의 의미 역시 구체화된다. 아나톨리 김은 다른 사람들의 의식 속에서는 환상적으로 느껴질 수 있는 자신의 작품세계가 그의 관념과 영혼 속에서는 실제적인 것으로 받아들여진다는 것을 분명히 밝히고 있다.[13]) '실제성(реальность)'

---

10) там же, c.287.
11) там же, c.324.
12) там же, c.329−30.
13) 아나톨리 김은 자신의 작품세계를 두고 환상적이고 비현실적인 것이 사실적이고 현실적인 것과 공존하고 있다는 견해에 대해, 카자흐스탄 한인 마을에서 보낸 어린 시절의 체험얘기를 하면서 자신에게는 전설이나 옛날이야기의 메타포들이 특별히 별다를 것 없는 자연스러운 것으로 인식되며 오히려 순수한 리얼리즘으로 느껴진다고 밝히고 있다. Anatolii

에 대한 이해에서 아나톨리 김과 플로렌스키는 상당 부분 일치하고 있는 것이다.

따라서 여기서의 '실제성'이란 삶의 사실적인 측면이 아니라, 일상적인 삶을 넘어서는 상위의 삶, 상위의 현실성에 대한 모방이라 할 수 있다. 그것은 인간은 지각될 수 있는 감각의 세계에서 다른 세계(иной мир)를 볼 수 있으며, 현재의 영역에 다른 층위의 실제성(иной слой реальности)이 존재한다는 것을 느끼는 인간의 상징주의적 속성을 드러내는 것이기도 하다.

아나톨리 김은 인간이 지상의 생물학적인 삶과 물리적 한계로부터 벗어날 수 있는 것이 이런 상징과 상징주의적 실제성을 통해서라고 간주하였던 것이다. 그리고 이러한 의식을 통해 인간 정신의 상승과 변형이 가능하다는 예술관을 펼치는 것이다. 이것으로 아나톨리 김이 여러 작품에서 '우리들'로 표현하는 다양한 인격들의 합일을 드러내는 우주적 인식의 일치에 대한 믿음 역시 가능한 것이다.

인간 의식의 상승이 인류 전체를 표현하는 '우리들'로 변형된다는 작가의 관념은 모든 개별민족을 통합시켜 하나로 만들 수 있는 공통의 언어에 대한 관심으로 이어지기도 한다. 작가는 『쌍둥이』라는 작품에서 바실리의 쌍둥이 형제가 현실적으로는 의사소통이 되지 않는 세계의 여러 사람들과 나누었던 말이 음성학적 소리 없이 서로의 내면을 읽고 이해할 수 있는 '소리 나지 않는 태초의 언어(незвучащий праязык)'[14]로 가능했다고 서술한다.(c.32) 태초의 언어에 대한 그의 관심은 『바흐의 선율과 함께 한 버섯 따기』에서는 '생명이신 말

Kim, "The breath of legend: Interview with Anatolii Kim", Soviet Literature, 4(1982), p.121.

14) 작가는 에덴동산에서 이브와 이브를 유혹한 뱀이 나눈 대화 역시 이러한 언어일 것이라며, 이것을 '잃어버린 천국의 언어'라고 부르기도 한다.(Близнец, c.31)

씀'에 대한 관념으로 이어지기도 한다.

> Жизнь рождается из Божественного Слова, и из жизни
> рождаются новые Слова, таким образом, жизнь есть способ
> бесконечного умножения Слов. (c.115)
> 생명은 신의 말씀으로부터 나온다. 그리고 생명으로부터 새로
> 운 말씀들이 나온다. 이런 식으로 생명은 말씀을 끊임없이 증가시
> 키는 수단인 것이다.

이 작품에서 '말씀'을 생명의 근원으로 보는 인식은 천재 음악가 탄지의 수태를 '말씀'에 의한 수태로 서술하기까지 한다.[15] '태초의 언어'를 통해 근원으로 향하려는 작가의 열망은 '태초의 음악'에 대한 인식에서도 드러난다. 바그너나 리스트, 스트라우스, 스크랴빈 등의 음악에 심취해 있었던 상징주의자들이 음악의 리듬을 존재와 예술의 본질이라고 생각했던 것처럼, 아나톨리 김 역시 음악을 현상 뒤에 숨어 있는 본질을 직관할 수 있는 수단으로 보았다. 그리고 신(神)이 직접 음악을 작곡했다는 관념은 『온리리야』에서 음악의 본질을 통해 전 인류의 개념을 보는 기독교 음악으로 표현하기도 한다.

> Богом создана христианская музыка с небесной гармонией.
> Властью её каждый из нас был освобожден из тысячелетнего плена
> крови, от вечного узилища нации, от семейного рабства родного языка.

---

15) 탄지의 어머니 마로야는 자신의 아들 출생과 관련해 꿈 이야기를 한다. 그녀는 천사가 자신의 꿈속에 나타나 "너에게 어떤 성스럽고 순결한 말씀이 날아 떨어질 것이다. 그리고 너는 곧 말씀으로 수태된 아들을 임신하게 될 것이다."라고 알려 주었다는 것이다. 여기서 그 말을 듣고 있던 성모 마리아는 그녀에게 "천재들은 그렇게 말씀으로 수태되는 법 (светлие гении зачинаются от Слова)"(c.126)이라고 부언하고 있다.

Именно Он является тем Композитором, который в разные времена носил прославленные имена: Бах, Гендель, Моцарт. Через музыку Христос стал понятней всем людям земли в своей небесной сущности. Христианская музыка сделала всех нас знающих ее, единым народом христолюбивых детей . (с.27)

신은 천상의 하모니가 녹아 있는 그리스도교 음악을 창조했다. 그러한 그리스도교 음악의 권능으로 우리 모두는 수천 년 계속되어 온 피의 포로, 민족이라는 영원한 감옥, 모국어라는 가족적 굴레에서 해방되었다. 바흐, 헨델, 모차르트라는 각 시대마다 영광스러운 이름을 지녔던 작곡가 자신이 바로 신(神)인 것이다. 음악을 통해 그리스도는 자신이 가진 천상의 본질을 지상의 모든 사람들에게 인식시켰다. 그리스도교 음악이 그 음악을 아는 우리 모두를, 그리스도를 사랑하는 아이들이라는 단일민족으로 만든 것이다.

그리고 여주인공 나쟈가 죽음을 초월하여 오르페우스의 목소리를 사랑했던 이유도 그의 노래에 그리스도교적 음악의 본질이 내재되어 있었기 때문이다.

아나톨리 김 자신이 도달하고 싶었던 것이 민족 제각각의 개별언어가 아니라 지역적 차원의 언어를 뛰어넘는 만국 공통의 언어이자 내면에서 울려 퍼지는 태초의 언어이듯이, 그가 도달하고 싶었던 음악의 본질 역시 그러한 만국 공통의 정신을 대변하는 음악이었다. 이런 맥락에서 "태초에 음악이 있었으며, 이 음악은 하느님과 함께 있었고, 이 음악이 바로 하느님이었다(В начале была музыка, и эта музыка была в Боге, и Музыка эта была Бог)."(с.28)는 작가의 표현도 이해가능하게 된다.

태초의 말씀이 하느님과 함께 있었듯 태초의 음악이 하느님과 함께 있었으며, 그 음악이 바로 하느님이라는 관념은 『바흐의 선율과 함께 한 버섯 따기』에서 음악을 창조한 것은 신(神)이라는 관점으로 반복된다. 이 작품에서는 바흐 자신의 목소리가 등장하기도 하는데, 그는 음악이란 결코 한 작곡자의 소유물이 아니라, 오히려 "음악을 위해 우리 모두는 단지 악기일 따름(для МУЗЫКИ все мы – всего лишь инструменты)"(с.136)이라는 관점을 강조한다.

이와 같이 아나톨리 김은 우리 인간의 연주 행위나 작곡행위 뒤에, 실제 창조행위를 주관하는 분이 신이라는 관념을 분명히 표현한다. 그에게는 가시적인 현상계의 드러남이 아니라 그 이면의 본질이 중요하게 부각되는데, 우리가 이것을 응시할 수 있도록 존재의 근원으로 돌아가 보는 내면의 체험을 강조한다.

살펴본 바와 같이 언어적 측면에서도 현실을 초월한 피안의 세계가 내포하는 의미를 이해하기 위해서는 가시적 세계와 비가시적 세계를 이어 주는 상징이 중요하게 부각된다. 이렇게 예술언어가 궁극적으로는 태초의 언어를 옮기는 도구가 되어야 하며, 인류를 하나의 전체로 보는 태초의 언어에 대한 인식이 현실의 삶을 조명하고 변형시킬 수 있다는 견해가 작가의 예술철학의 본질이라 할 수 있다.

2) 신비체험으로서의 예술창조

예술작품 창작을 '일자(一者)와 합일'을 이루는 체험으로 간주하는 것도 아나톨리 김 작품세계의 주요 특징이다. 예술체험을 하나의 신비체험으로 이해하는 만큼 그에게 예술가는 피안의 세계를 응시하는 신비로운 마술사와 동일선상에 있다. 이것은 예술 창작의 심리적 과정을 상승과 하강, 즉 신성과의 일치 및 희생제의의 맥락에서 이해하는 것과도 연결된다. 여기서는 예술체험을 신비체험으로 이해하는 작가의 관점부터 살펴보기로 하자.

『바흐의 선율과 함께 한 버섯 따기』에서는 작품 제목에서 나타나 듯이, 바흐의 곡에 대한 부분이 빈번히 등장한다. 바흐의 곡을 들으면서 버섯을 따는 레진(Редин)의 모습은 여러 차례 나온다. 작가는 작품 3장에서 레진이 메쇼라 숲에서 상상의 나래를 펼치며 버섯을 따는 모습을 버섯들과 전쟁을 벌이는 것으로 묘사하기도 한다. 레진은 전쟁으로 죽어 가는 버섯의 침묵과 바흐의 음악을 듣고 있는 자기 영혼의 상태가 일치하는 느낌을 "세바스찬 바흐의 따뜻한 호흡이 우리가 함께 연출하는 신비극의 하나 된 순간 속으로 융합되었다(теплое дыхание СЕБАСТИАНА БАХА слились в единое мгновение мистерии, разыгрываемой ВСЕМИ НАМИ)."(с.96)고 표현하기도 한다.

아나톨리 김은 바흐의 음악과 버섯 따기를 병치시켜 작품 구조와 내용을 구축해 나간다. 그것은 바흐의 음악과 자작나무 숲 속에서 버섯을 따는 일 사이에서 작가가 정신적인 유사성을 발견하기 때문인데, 그것은 무엇보다도 버섯을 딸 때 인간 앞에 펼쳐지는 '영원성'의 감정(чувство вечности, открывающееся человеку во время грибной охоты)(с.145)에 기인한다고 작가는 언급한다. 레진은 이 체험 속에서 시간을 벗어난(вне времени)(с.81) 느낌을 받기도 한다.

또한 4장에서는 음악 속에 파묻혀 완전한 자기 망각상태(полное самозабвение)를 체험하고 있는 레진의 모습을 그가 죽음과 부활을 체험한 것처럼(словно в смерть, а затем в воскресение) 서술하기도 한다. 죽음을 통한 부활이라는 종교적 체험을 "그는 이 과정을 시간을 초월하는 체험, 즉 영원한 환희와도 같은 음악의 실존을 체험하는 것으로 성취했다(Этот путь он проделывал век времени−в переживании бытия музыки, ощущаемом как вечное блаженство)."(с.106)라고 표현한다.

이처럼 바흐의 음악을 듣는 예술체험이 황홀경의 신비체험으로 표현되어 있으며, 이것을 작가는 영원성이라는 시간 초월 체험 속에 포함시키고 있는 것이다. 예술을 종교와 동일한 맥락에서 이해하고 있는 아나톨리 김의 예술관은 『바흐의 선율과 함께 한 버섯 따기』에 서 에이브라함스의 옛 친구인 로자 마겔란(Роза Магеллан)의 입을 통해 표현된다.

> То есть искусство надо было творить в удалении от мирской суеты, в отшельническом уединении – и не ради светского успеха и денег, а во имя спасения души искусством, как это нвстояшие отшельники, спасаясь в пещерах молитвой , в постоянном общении с одном только Богом. (с.109)
> 예술은 세속에서는 멀리 떨어져서, 은자(隱者)들의 고립 속에서 창작되어야 했다. 그리고 세속적인 성공과 돈을 위해서가 아니라, 예술로 영혼을 구하기 위해서 진정한 은둔자는 동굴 속에서 기도 로써 자신을 구하며, 다만 신(神)과만 끊임없이 교통하는 사람이다.

여기서 드러나고 있듯, 그는 예술가를 마치 사제나 수도자와 동일 한 임무를 띤 사람인 것처럼 생각한다.[16] 그에게 예술가란 모름지기 사제가 종교 의식을 행할 때 드러내 보이는 신성하고 준엄한 태도와 수도자처럼 세상과는 거리를 두고 한 영혼이라도 구하기 위해 구도 하는 사람인 것이다. 예술체험을 하나의 신비체험으로 이해하는 것 은 단순히 고대의 신적인 속성을 지니는 예술가들만의 특권은 아니 다. 모든 신비가는 예술가이며, 모든 참된 예술가는 신비가라 할 수

---

16) 아나톨리 김은 예술가로서의 사명감이나 자세를 강조하고 있다. 그는 "진정한 작가가 되기 위해서는 신(神)이 주신 사명을 성취하기 위해 결 혼을 해서는 안 되며, 자신만의 고독한 생활과 은둔생활과도 같은 구도자 의 자세로 작품을 창조해 나가야 한다."라고 서술하고 있다. моё прошлое, с.435.

있다. 매튜 폭스는 신비가로서의 예술가의 특성을 다음과 같이 표현
한다.

> 예술가는 표상을 그려 내고 있지 않은가? 예술가는 근원으로
> 회귀하고 있지 않은가? 그들은 표상을 삶으로 옮기고, 또 다른 사
> 람들이 삶을 살아갈 수 있는 공간을 만들어 낸 신비가—예언자가
> 아니던가? 그들은 작가 제임스 조이스가 '상상력의 제관'이라고
> 부른 사람들이 아니던가? 이처럼 그들은 사람들을 위해서 깊은
> 내면의 여정을 분명하게 표현해 온 사람들이다.[17]

창조적 영성의 전통에 따르면 사람들은 모두 신비가이다. 신비주
의는 특정 종파를 대변하는 것이 아니라 우리들 모두의 내면에 존재
하는 참된 자아에 관한 것이다. 모든 사람들은 예술가이기도 하다.
모든 사람들은 참된 자아와, 자신들의 몫인 깊은 체험과 만나도록
부름을 받았고, 침묵의 우주 공간으로부터 오는 표상들을 표현하도
록 부름받았다. 우리 내면의 예술가는 그 표상들을 표출하며, 그 체
험을 함께 나눈다.

동서고금을 막론하고 위대한 예술가는 예외 없이 위대한 신비가였
으며, 위대한 신비가는 위대한 예술가, 곧 영혼의 시인이었다. 그것
은 재능의 근원이 신비주의의 한 항목인 까닭에, 이것을 이해해야만
예술가의 참된 재능을 이해할 수 있기 때문이다. 매튜 폭스는 이러
한 사실이 신비주의를 죽이고 합리주의만을 내세웠던 뉴턴주의 시대
에 예술가들과 신비가들이 주변적인 역할밖에 할 수 없도록 과소평
가 되어 온 이유를 설명할 수 있는 주요 단서라고 말한다.[18]

아나톨리 김이 다양한 예술가의 형상을 통해 우리에게 제시하는

---

17) 매튜 폭스, 97쪽
18) 앞의 책, 97쪽.

것은 새롭게 조명받아야 할 신비주의에 대한 각성이다. 이 때문에 그의 작품 속에서는 예술가들의 창작과정이 하나의 신비의식과 동일한 측면에서 묘사되는 것이다. 그들은 신비가들이 신과의 합일을 이루는 것과 같은 내면의 상승을 창조과정에서 드러내기도 한다.

아나톨리 김 작품 속 예술가들의 형상에서 드러나고 있는, 신성과 일치를 이루는 내면의 상승과 그것을 지상에 펼쳐 놓을 때 나타나는 수난으로서의 하강적 측면에 대한 이해는 무엇보다 뱌체슬라프 이바노프의 관점과 유사하다.[19] 여기서 상승은 예술가가 신비한 내적 체험을 통해 디오니소스적 황홀경에 도달하는 과정이며, 하강은 상승에서 체험한 신적 비전을 구체적 예술 형식을 통해 형상화하는 과정을 의미한다.[20] 이바노프의 예술 이론에 등장하는 이와 같은 상승과 하강의 개념은 궁극적으로는 수직적 위계질서를 특징으로 하는 플로티노스적 우주관에 기초한다. 실제로 이바노프는 플로티노스의 유출 이론적 어휘를 활용하여, 상승을 '힘의 축적'으로, 하강은 '힘의 방출'(В общем, восхождение есть накопление сил, нисхождение – их излучение)(Ⅱ. 634)로 묘사하고 있다.[21]

신적 에너지의 방출로 이해된 신플라톤주의의 하강의 과정은 이바

19) 예술 창조의 심리적 과정을 보다 구체적으로 고찰하는 것은 뱌체슬라프 이바노프의 초기 논문들에서 잘 나타나고 있다. "예술의 경계에 관하여(О границах искусства)"(1913)에서 이바노프는 예술 창조의 심리적 과정을 상승과 하강의 과정으로 설명한다.
20) 예술 창작 과정으로서의 상승과 하강은 7단계로 세분되는데, 이에 대한 상세한 논의는 다음을 참조 바람. 이형구, "황홀경의 사상: 뱌체슬라프 이바노프의 상징주의 이론에서 디오니소스적 엑스타시가 지니는 의의", 『노어노문학』, 제10권, 제1호, 1998, 223–252쪽.
21) 예술창조의 심리적 과정을 상승과 하강으로 설명하는 이바노프의 관점에 대한 이론적 고찰 중 '예술 창조와 디오니소스적 희생'에 관한 부분은 다음의 논문을 인용함. 이형구, "대리석의 고뇌 — 뱌체슬라프 이바노프와 미켈란젤로의 신플라톤주의적 예술관", 『슬라브학보』, 제14권, 제2호, 1999, 36–37쪽.

노프의 논문에서 '희생'이라는 개념과 연결됨으로써 디오니소스적인 성격을 지니게 된다. 디오니소스적 황홀경의 내적 체험을 의미하는 상승의 과정은 예술가에게 국한된 것이 아니라 진정한 의미에서 종교성을 추구하는 모든 인간에게 보편적인 체험이기도 하다. 반면, 상승을 통해 얻은 신비적 체험을 가시적이고 구체적인 질료의 옷을 입혀 형상화시키는 하강의 단계야말로 순수하게 예술가에게 해당하는 것이라 할 수 있다.(Ⅱ, 630) 이바노프에 따르면, 상승과 하강의 과정 모두 일종의 '디오니소스적 흥분(дионичийское волнение)'에 의해 매개되며 자기희생과 파괴의 본질을 지니지만, 보다 큰 위험과 희생은 하강의 국면에 나타난다.

　신성과의 일치를 이루고자 하는 열망의 표현인 상승이 일종의 '자기 보존의 원칙(закон самосохранения)'이며 '플라톤적 에로스'였다면, 이미 달성된 신성의 지위에서 지상의 세계로 내려와야 하는 하강은 '자기 파괴의 원칙(закон саморазрушения)'이며 '디오니소스적 에로스'라 불린다.(Ⅱ, 634, 640) 따라서 하강의 과정에 있는 예술가는 끊임없이 디오니소스 체험의 수난적 측면들 — 자기희생, 죽음, 고통, 갈기갈기 찢기어짐, 먹이 삼켜짐 — 과 연결된다. 이로써 이바노프는 예술 작품의 창조를 신적 이데아 혹은 신성한 자아의 발견과 구현이라고 보는 신플라톤주의적 철학을 디오니소스적인 '희생'의 개념과 밀접히 연관시키고 있는 것이다.

　먼저 예술창조의 심리적 과정 중 상승의 과정은 『다람쥐』 속의 우주화가의 창작과정과 『바흐의 선율과 함께 한 버섯 따기』에서 천재 소년 탄지의 연주체험에서 잘 드러난다. 『다람쥐』에는 우주화가 코르네이 븨풀코프(Корней Выпулков)가 등장하는데, 작가는 그의 미술 작업방식을 자세히 묘사한다. 그 화가가 자신의 미술 작업에서 중요하게 생각한 것은 지성이며 그에게 스케치라든기 채색은 부차적인 것에 불과했다. 즉 그의 작업에서 가장 중요한 것은, 저절로 그려지는 듯한 그림을 그린 후에 그 속에 감추어진 신비스런 의미를 유추해 보고, 우주적인 힘의 의지를 해독하는(расшифровать волю космических сил) 것 그리고 이에 입각해 그림에 제목을 붙이는 일이었다.(c.605) 즉 그는 예술의 창작과정을 천상으로 향하는 사상이 비상(飛翔)하기 전, 지상의 활주로를 거치는 것 정도로만 여긴다. 다시 말해 그는 신비가에게서 나타나는 의식의 '상승'을 가장 중요한 것으로 인식하는 것이다.

『바흐의 선율과 함께 한 버섯 따기』에서 탄지의 '음악의 실체' 체험에서 나타나는 내면 상승과정 역시 같은 맥락에서 이해할 수 있다. 탄지는 이것을 두고 "나는 음악을 보았다(я видел музыку)."라고 하며, 아나톨리 김은 그것을 '음악의 천사(Ангел музыки)'라고 표현한다.

이 부분에서 작가는 한 여인의 모습으로 나타난 음악의 천사와 탄지가 결합하는 모습까지 묘사한다. 탄지는 당시의 기억을 "내가 음악의 천사를 본 것을 다른 사람들에게 어떻게 설명할 수 있을까? 하지만 처음에는 나는 어떤 여인을 보았다. 그녀는 내 어머니와 닮았지만, 좀 더 아름답고, 좀 더 키가 크고 젊었다. 보통 그녀는 나를 향해 걸어왔다. 혹은 내가 아침 식사 후에 음악홀로 갈 때, 반쯤 어둠이 드리워진 복도에서나 피아노 옆에서 나를 기다리고 있었다. 이제야 나는 이해하게 되었다. 이것이 음악의 천사였음을. 하지만 그 당시는 이것이 내가 거의 기억하고 있지 못하는 어머니를 닮은 미지의 여인이라고만 생각했었다."(c.108)라고 표현한다.

탄지가 피아노 연주를 하기 전에 보았던 음악의 천사는 마치 솔로비요프가 자신의 소피아(Софья)[22]를 본 환시와 유사하게 묘사되고

22) 솔로비요프가 환시로 본 아름다운 여인은 아나톨리 김의 작품에서 탄지

있다. 즉 아나톨리 김은 탄지가 음악의 천사를 통해 경험한 예술체험을 종교적 신비체험과 유사선상에 놓고 있는 것이다. 계속해서 탄지가 음악의 천사와 직접적으로 결합하는 체험은 탄지 자신의 목소리로 이렇게 묘사된다.

и Ангел, издали очень большой , приближаясь, становился все меньше и меньше, а подойдя близко, становился совсеммаленьким и совершенно бесшумно, небольно входил в мою грудь. <……> То, что шеплело и шевелилось во мне, то как бы приподнимался меня в воздух – и я оказывался в полёте. (с.109)

멀리서도 아주 커 보이던 천사가 점점 더 작아지더니, 가까이 다가와서는 완전히 작아지고, 이내 아무 소리도 없이 아무런 아픔도 없이 내 가슴으로 들어왔다. <……> 그리고 내 마음 속에서 무언가가 살짝 움직일 때마다 그것은 마치 나를 공중으로 들어올리는 것 같은 느낌이었고, 그럴 때면 나는 일종의 비상(飛翔)을 체험하곤 했다.

이것은 탄지의 표현을 빈다면, "이미 내 안에 자리잡게 된 천사(Ангел уже был во мне)"(с.109)가 그의 손을 빌려 피아노 연주를 한 것이다. 이것은 실제 피아노 연주 전의 일종의 신비적인 상승 체험, 황홀경 체험이라 할 수 있다.

앞서 이바노프의 논의에서도 살펴보았듯이, 예술창조의 심리적 과정 중 하강의 과정은 아나톨리 김의 작품에서 하나의 희생 제의적 측면으로 나타난다. 진정한 예술가의 수난과 희생이라는 테마는 아

가 본 미지의 연인과 유사하다. 여기서 작품 속 미지의 여인은 이제 탄지 안으로 들어온다. 그리고 솔로비요프가 명명했던 그 소피아는 이제 탄지에게 그리스도이고, 동정녀 마리아이며, 거의 신화(神化)된 영원한 여성상으로 발현된다.

나톨리 김의 여러 작품에서 등장하는데, 이제는 이 양심이 작품 속에서 어떻게 구체적으로 그려지고 있는지 고찰할 것이다. 『다람쥐』에 등장하는 천재적 소질을 지닌 미술학교 학생들의 재능 파괴 양상부터 살펴보자.

이 작품에 등장하는 네 명의 미술학교 학생들은 그 이전에 특별히 그림지도를 받은 적은 없었지만 여러 경로로 그림을 처음 접하자마자 뛰어난 재능을 드러내는 천재성을 보인다. 그리고 서술자 역시 이들을 '천재(гений)'[23]라고 칭하고 있다. 그러나 이들은 모두 비극적인 결말을 맞이하게 되는데, 작품에서 진정한 예술가들이 받은 고통은 '짐승들의 음모'와 관련되어 나타난다. 여기서는 우선 천재 예술가들에게 이른바 '짐승들의 음모'는 어떤 방식으로 나타나며, 이로 인한 희생의 양상은 어떻게 표출되는지 살펴보기로 하자.

먼저 고아원 출신인 미쨔 아쿠친은 그림에 대한 타고난 재능을 발견한 문학선생 릴리아나 보리소브나 덕분에 미술학교에 입학하게 된다. 그녀는 자청해서 그의 후견인 역할뿐 아니라, 그를 육체적으로 사랑하기까지 한다. 그들은 동거를 시작하지만, 미쨔가 영혼을 다해 연모하는 사람은 플루트를 부는 소녀 마리나(Марина)이다. 그러던 중에 미쨔는 경비원 출신 멧돼지 아르쮸쉬킨(Артюшкин)에게 의문의 죽음을 당한다.

미술학교 재학 시절, 미쨔는 플루트를 연주하는 마리나를 연모하여 그녀와의 만남을 꿈꾸며 자신만의 사랑을 키워 간다. 그런데 릴리아

---

23) A. Немзер, там же, c.31. 그는 미술학교의 네 학생의 이름이 드미트리(Дмитрий), 인노겐찌(Инногентий), 게오르기(Георгий) 그리고 다람쥐인 ―ий, 즉 이들의 이름이 모두―ий로 끝나는 점에 주목하여, 이 네 친구들의 이름과 마지막 철자가 같은 단어 천재(гений)가 그들의 본질을 알려 준다고 설명한다. 그리고 그는 이들 주인공들의 파멸을 진정한 인간의 비극적 차원으로 이해하고 있다.

나는 미쨔에 대한 사랑을 절제하지 못해 그를 성적으로 유혹한다. 이렇듯 낮에는 미쨔의 선생으로, 밤에는 그를 유혹하는 마녀가 되어 버린 릴리아나와의 관계에서 미쨔는 수치심과 죄의식을 견뎌 낼 수가 없었다. 그리고 그녀의 어머니가 그들의 부적절한 관계를 알게 되었을 때, 미쨔가 받은 수치심(стыд)과 깊은 황량한 영혼의 우수(глухая душевная тоска)는 그를 천 갈래 만 갈래 찢어 놓는다.(c.535) 이렇듯 오보로쩬 흡혈귀로 표현되고 있는 릴리아나 보리소브나는 순수한 예술적 영혼을 지닌 미쨔의 영혼을 파괴한 마녀, 짐승들의 음모와 동일선상에 위치한다.

천재적인 예술가들 대부분이 그러하듯이 인노겐찌 루페찐이라는 학생 역시 특별한 의도를 가지고 그림을 시작한 것은 아니었다. 다만 자신에게 예술 분야가 좀 취약한 것 같아서 해군 복무 시절에 그림을 시작했을 뿐인데, 그림에 놀라운 재능을 보이게 된다. 그래서 자신의 어머니가 교사로 계신 시골 학교에서 아이들에게 심미적인 교육을 시켜 주고 싶은 이상주의자로서의 꿈을 실현하기 위해 본격적으로 미술학교에서 그림을 배우기 시작한다.

하지만 그와 우정을 나누던 수채화가의 장례식이 치러지던 공동묘지에서 죽은 미쨔 때문에 그곳을 찾아온 릴리아나를 보고 그녀를 사랑하게 된다. 그리고 애인을 잃고 슬퍼하다가 자살까지 결심하는 릴리아나를 위로하는데, 그녀는 오히려 인노겐찌에게 자신을 위해 죽어 줄 수 있느냐는 제안을 한다. 그런데 이렇게 곤란한 상황에서 인노겐찌와 릴리아나는 죽은 미쨔의 환영을 보게 된다. 자기가 사랑하게 된 여인이 오히려 자신을 시험하여 권총 자살을 요청하는 일과 동시에 죽은 친구의 환영을 본 일은 인노겐찌에게 아주 강력한 정신적 충격을 안겨 주게 된다. 이러한 충격으로 그는 자신의 내부에서 모든 것이 파괴되는 것(рушится всё у него внутри)을 느끼며, 모스크바를 떠나 어머니가 계신 시골로 돌아갈 결심을 한다. 이렇게 아이들을 가르치겠다는 인노겐찌의 순수한 꿈과 예술을 향한 천재성은 릴리아나의 밤삐리즘(вампиризм)적인 근성 때문에 철저하게 파괴되고 만다.

다람쥐는 릴리아나의 존재의 근원에 놓인 흡혈귀 근성이 바로 미쨔, 인노겐찌, 그녀의 남편, 이렇게 세 남자를 죽인 것이라고 말하고 있다. 계속해서 다람쥐는 릴리아나를 흡혈귀(кровопийца)로 지칭하며, 동물적 본성에 있어서 그녀와 소심한 다람쥐인 자신은 서로 원수라고 표현하기도 한다.(c.643)

릴리아나의 동물적 속성은 미쨔뿐만 아니라 루뻬찐에게서도 파멸의 주요 원인이 된다. 릴리아나에게서 받은 충격으로 시골로 내려온 루뻬찐은 당시 시골의 상황 변화 때문에 교사로서의 꿈도 접을 수밖에 없었다. 이 때문에 그는 마땅한 일자리를 찾지 못해 정신병에 시달리는 어머니를 돌보거나 동물을 직접 도살까지 하는 마구간지기로 세월을 보내게 된다. 이런 그에게 그림 그리는 일은 저 멀리 사라져 간 아련한 꿈일 수밖에 없었고, 예전 학창시절 표트르 1세를 연상시키던 당당한 이상주의자로서의 면모는 흔적도 찾아볼 수 없게 된다. 그는 자신이 짐승만도 못한 존재라고 스스로 느낄 정도로 퇴화(перерождение)되어, 정신착란 증세를 보이다가 급기야는 자기 내면에 웅크리고 있던 '짐승'에게 자신의 영혼을 내어 줄 수밖에 없는 상황으로까지 치닫는다. '짐승'에게 완전히 굴복하게 된 자신의 무력함을 한탄하며 밤마다 흐느껴 울 수밖에 없었던 그 처절한 슬픔은 다음과 같이 술회된다.

Зверь терзал и меня самого изнутри, постепенно разрушая во мне все тонкое, духовное, что приобрел я за годы учения, и я теперь с ужасом наблюдал за своими собственными видениями, чудовищами, порожденными, как считал Гой я, сном разума. Я знал, что никогда уже не написать картин……. (c.663)

　짐승이란 놈은 내가 오랜 노력과 학습으로 애써 얻은 섬세하고도 정신적인 것들을 조금씩 무너뜨리더니, 결국 나를 천 갈래 만 갈래 찢어 놓더군요. 그래서 이제 나는 고야가 그러했듯 이성의 꿈이 잉태한 괴물, 내 몽상이 빚어 낸 환영(幻影)을 들여다볼 수 밖에는 없었던 거죠. 그리고 알게 되었어요. 내가 다시는 그림을 그릴 수 없으리라는 것을…….

　내면의 괴물을 관찰하는 일 외에는 아무것도 할 수 없었던 루페찐에게서 분열되어 나온 정신착란의 태아가 부바(Буба)이다. 부바는 루페찐의 넓적다리에 난 종기가 급속도로 커지더니 터진 후에 그 고름과 상처 속에서 탄생한, 이른바 환각상태의 산물이라 할 수 있다. 그리고 한시도 옆에서 떠나지 않는 이 괴물에서 벗어나기 위해 부바를 죽이려고 할 때마다 오히려 자신이 심한 두통으로 의식을 잃곤 해서 점점 심한 정신착란 증세를 보이게 된다. 이것이 미래의 퇴화를 가져올 기생적인 난세포가 인간의 육체와 영혼에 얼마나 깊이 침투해 있는지, 다시 말해 '짐승들의 음모'라는 것이 얼마나 인간의 삶에 깊숙하게 파고 들어와 있는가를 보여 주는 단서이다.

　게오르기에게 짐승들의 음모는 그가 여인을 통해 '부'를 한 손아귀에 넣게 하는 것으로 나타난다. 가난한 학생이었을 때, 그에게 있던 천재성은 대자본가인 백만장자 아내 예바(Ева)를 따라 오스트레일리아로 가서, 그녀가 마련해 준 호화로운 아틀리에와 아내의 부를 공유하고 난 이후에 사라져 버린다. 그리고 아내가 마련해 준 아틀리에에서 그가 하는 일이라곤 놀이 삼아 잡아 온 풍뎅이의 몸에 물감을 묻혀 그것을 관찰하는 것이 고작이었다. 즉 '황금 새장(золотая клетка)' 에 갇힌 이후로 진정한 예술가로서의 생명은 끝나 버린 것이다.

그리고 마지막으로 다람쥐 역시 재능 있는 예술가였지만 일상생활에 묻혀 버린다. 작품에서 다람쥐는 "재능을 상실한다는 것은 선과 기쁨을 상실하는 것과 마찬가지이며(потеря таланта－это как утрата доброты и радости), 이것은 그 무엇과도 비교될 수 없는 고통(это ни с чем не сравнимая мука)"(с.704)이라고 말한다. 만일 두 다리, 두 손, 두 눈을 잃고는 살 수 있을지 모르지만, 재능을 상실한다는 것은 자신의 모든 것을 잃어버린 것이나 마찬가지이기 때문이라는 것이다. 하지만 그 역시 평범하게 출판사에 근무하면서 그다지 창조성을 필요로 하지 않는 포스터 그리는 일을 하게 된다. 그리고 특별할 것 없는 일상에 묻힘으로써 재능이 마모되어 버리는 결과를 맞는다.

천재 예술가의 희생에 관한 테마는 『바흐의 선율과 함께 한 버섯 따기』에서 보다 구체적으로 드러난다. 주인공 탄지는 2세부터 피아노 연주를 시작해서 6세에는 바흐의 곡을 마치 대가처럼 연주하는 음악의 신동이었다. 하지만 그는 부모에 의해 거의 버림받은 운명을 산다. 그의 아버지는 회사 일로 외국에 나왔다가 친구인 에이브라함스라는 영국인 귀족 음악가의 집에 그를 맡겨 두고, 그가 12세가 될 때까지 거의 찾아오지 않는다. 때문에 그는 고독하게 살고 있는 영국 거부 에이브라함스의 집에서 어린시절을 지내면서 자연스럽게 음악을 접하게 되는데, 그가 보인 천재성은 놀라운 것이었다.

그러나 12세 무렵부터 손목에 알 수 없는 상처가 생겨나 심한 통증으로 두 차례나 수술을 하였음에도 불구하고, 그 아픔은 가시지 않더니 급기야 그는 피아노를 더 이상 칠 수 없는 상태에 이르고 만다. 그 이후에는 일본으로 돌아와 피아노를 그만두고 와세다 대학 노어학부에 입학하지만, 자괴감과 우울증으로 16세부터 도쿄의 정신병원에서 입원과 퇴원을 반복한다.

하지만 그의 아버지와 어머니는 아들이 입원해 있는 병원에도 거의 찾아오지 않는다. 이런 식으로 몇 차례 정신병원에 입원과 퇴원을 반복하고 있을 무렵인 22세 때에, 그는 병원에 함께 입원하게 된 러시아 호른 연주가 레진을 만나 그와 많은 이야기를 나누고 그들만의 우정을 키워 간다.

이렇게 천재적인 예술가의 자질을 타고난 탄지의 인생은 불행한 사건들로 점철되어 있다. 먼저 그는 자신의 부모에게서조차 철저히 버림받았을 뿐만 아니라, 천재성을 보이던 피아노 연주도 할 수 없는 운명에 처해졌고, 이후 계속해서 세속의 삶에는 적응할 수 없었기에 삶의 대부분을 정신병원에서 보내야만 했던 것이다.

탄지가 입원하고 있던 정신병원 간호사 미오꼬(Миоко)도 항변하고 있듯이, 아름답고 순결한 영혼을 지닌 음악의 천재가 불행과 수난을 당하는 이유는 무엇일까? 이것은 탄지와 함께 정신병원에 입원해 있을 당시에 많은 이야기를 나누면서 탄지의 영혼에 대해 누구보다도 잘 알게 된 레진(Редин)의 입을 통해서도 "어째서 당신은 이렇게 탄지와 같은 죄 없고 순결한 사람들이 고통받도록 하셨나요?(почему Ты дозволяешь мучиться совсем невинным, чистым людям, таким, как ТАНДЗИ?"(с.106)라고 표현된다.

신을 향한 레진의 울부짖음은 "신은 과연 그런 희생이 필요했던가?(Нужна ли была Ему такая жертва?"(с.107)라는 물음으로 이어진다. 작가는 이와 같은 표현을 직접 사용함으로써 탄지의 고통이 하나의 '희생'임을 표현한다. 이런 맥락에서 아나톨리 김은 탄지와 에이브라함스의 관계를 성서 속의 '예수와 유다'의 관계로 환치시키고 있는 것이다. 에이브라함스는 악마적 속성의 예술가로, 천재 예술가의 재능을 파기하는 하나의 대립 측으로 그 형상을 부여받고 있는 것이다.

탄지를 파멸로 몰고 간 에이브라함스는 탄지가 아버지와 일본으로 돌아간 지 두 달 후에 죽음을 맞이한다. 그리고 그는 사후의 목소리로 자신이 팔이 아픈 탄지에게 무리하게 연습을 시켜 그의 팔을 아주 못쓰게 만들어 버렸다고 고백한다. 그는 탄지가 음악에 천재적인 재능을 지니고 있음을 알아차리고, 탄지의 피아노 연주를 녹음하기로 결정한다. 그런데 그 무렵부터 자신의 마음속에 웅크리고 있던 어둠의 힘이 나타났다고(тогда во всей силе проявилась власть той тьмы, которая таилась на самом дне моей души)(с.111) 말하고 있다. 천재적 예술가를 파멸시킨 에이브라함스는 다음과 같은 말로 자신의 악마적 속성을 드러낸다.

> Я не верил ни в Бога, ни в какое воскресение, ни в какое бессмертие души – я верил только в смерть. Будучи атеистом, я райское блаженство подменил музыкой, а Богом для меня стал СЕБАСТИАН БАХ. (с.110)
> 나는 신(神)도, 부활도, 그 어떤 불멸의 영혼도 믿지 않는다. 나는 오로지 죽음만을 믿는다. 무신론자로서 나는 천국의 환희를 음악으로 바꾸어 버렸고, 나에게 신은 세바스찬 바흐였다.

그는 누구와도 음악을 공유하고 싶어 하지 않았으며, 그에게 음악의 아름다움은 자신만을 위해서 필요했다. 이렇게 그는 고독 속에서 산 인물이었다. 그의 내면의 어두운 속성은 '불멸'에 대한 세속적인 관념에서도 드러나고 있다. 그는 인간의 불멸이라는 것을 단지 무수한 인간 종족의 혈통 속에서만 보았다. 하지만 그는 불임이었기 때문에 나이가 들어가면서 더 자주 죽음과 절대적인 우주적 고독에 대한 불안감에 휩싸이게 된다. 그때 바로 그의 인생에 탄지라는 일본인 아이가 끼어들었다고 그는 회상하고 있다. 그것은 어쩌면 그에게 신이 보내 준 선물일 수도 있었지만, 그는 그런 기적을 믿지 않았다. 그래서 자신보다도 더 훌륭하게 바흐를 연주하는 탄지를 파멸시키고 싶은 악마적 욕망이 슬그머니 머리를 쳐들었고, 그는 이런 유혹에 그냥 자신을 내어 준다. 다음의 표현에서 에이브라함스의 그런 심리가 잘 나타나고 있다.

> Мне с помощью музыки случилось совершить величайшее зло. Музыкой я уничтожил одной человека. Может быть, я уничтожил одно из лучших творений Бога на земле. (с.66)
> 음악의 힘을 빌려, 나는 거대한 악을 저질렀다. 음악으로 나는 한 인간을 파멸시켰다. 아마도 이 지상에 신이 만들어 놓은 가장 훌륭한 창조물 중 하나를 파멸시켰는지도 모를 일이었다.

흥미로운 점은 아나톨리 김이 희생당하는 천재 예술가와 그를 파멸시킨 악마적 예술가의 구도를 각각 '예수 그리스도'와 예수를 팔아넘긴 '유다'라는 성서적 구도 속에서 표현하고 있다는 점이다. 서술자는 탄지가 영국 집을 떠나는 마지막 날, 에이브라함스가 유다가 느꼈던 회한의 공포(ужас Иудиного раскаяния)를 체험했다(с.128)고 언급하고 있으며, 그가 자신을 바흐의 음악을 깨뜨린 죄인으로 인식하고 있다고 표현한다.

에이브라함스 자신도 "내가 내 손으로 그를 옭아매어 희생시켰다 (я собственными руками связал его и принес в жертву)."(с.133)라고 하는가 하면, 처음에는 그리스도를 십자가에 못 박았다가, 나중에야 자신들이 그리스도를 사랑했음을 알게 되는 바로 그런 사람들과 같은 부류라는 언급(с.131) 역시 '예수 그리스도와 유다'라는 프레임의 변형임을 입증하는 것이다.

  하지만 탄지의 천재성을 파괴하는 요소들, 즉 어린 예수처럼 순결한 영혼을 이유 없는 죽음으로 몰고 가는 것이 에이브라함스 한 사람만은 아니다. 작품 서술자는 악마적 요소를 지닌 또 다른 실체로 탄지의 아버지가 경영하던 회사 토케이(Токэй)와 탄지의 동생 로헤이(Рохэй)를 지목한다.

  서술자는 토케이를 '악마(демон)'라고 구체적으로 언급하면서, 탄지가 에이브라함스의 집에 간 것도 악마 토케이의 술책이었으며, 어린 아들을 그렇게 홀로 타국에 버려 둔 것도 그의 아버지를 교사함으로써 이루어졌다는 것이다. 아버지가 경영하던 바로 그 회사를 물려받아 자본주의의 대사업가로 성장하게 된 동생 로헤이는 형의 피아노 연주 녹음테이프를 불 속에 던져 버리는 등 많은 부분에서 정신적으로 형을 살해하는 힘으로 등장한다. 작품의 형제살해 모티프와 관련해 로헤이는 죄 없는 아벨을 살해한 카인을 대변하게 되는 것이다.

  탄지가 영국에 있을 때, 직접적으로 악마의 파괴력에 괴로워하면서도 천사의 보호를 받기도 했다는 내용은 정신병동에 함께 입원해 있던 레진에게 직접 그것을 이야기하는 탄지 자신의 입을 통해 드러난다. 탄지는 레진에게 자기 손목에 난 푸른 상처를 보여 주면서 "바로 이것이 나를 덮쳐, 나를 이겨 버린 악마의 발톱 자국이에요(это следы от когтей дьявола, который напал на меня и победил меня)."(с.106)라고 말한다.

  하지만 악마가 그를 엄습할 때마다 음악의 천사(Ангел Музыки)가 나타나 자신을 보호해 주었다고 말한다. 음악의 천사 역시 자신의 목소리로 '토케이'라는 자본주의의 강력한 악마가 어둠 속으로 이 어린 탄지의 영혼을 던져 버릴 계획을 세웠을 때, "나는 이 어린 영혼을 바흐 음악의 따뜻한 고치로 감쌌다(я належно окутал душу этого

мальчика теплым коконом баховской музыки)."(c.107)고 말하기도
한다. 이와 같이 예술가가 받는 보호와 고통이라는 테마가 낭만주의
적인 선과 악의 이분법적인 구도 속에서 표현되고 있다.

또한 탄지는 자신이 음악의 천사를 만났다고 생각하지만, 그가 연
주하는 모습을 지켜보곤 했던 에이브라함스는 오히려 자기 눈앞에서
피아노를 연주하고 있던 탄지 자신이 음악의 천사라는 생각이 들 때
가 그리고 신이 천사를 이 어린 아시아 소년의 육체에 가두어 두었
다는 생각이 들 때가 있었다(c.90)고 말하기도 한다.

에이브라함스의 언급은 천상의 천사가 지상으로 내려와 지상의 악
을 견딜 수 없어 하는 레르몬토프의 「천사」24)에 나오는 '천사'가 탄

---

24) 레르몬토프의 「천사(Ангел)」(1831)는 낭만주의 세계관의 이분법적 대립
구조를 보여 준다. 여기서 시인은 천상과 지상을 대응시켜 천상의 성스
러움과 지상의 속됨을 대비한다. 이는 레르몬토프 서정시의 근간을 이
루고 있는 것으로서, 천상은 시인이 추구하는 것이기는 하지만 도달할
수 없는 빛과 영원한 조화의 세계이며, 지상은 거짓과 악이 존재하는
어둠의 세계와 등가를 이룬다. 하늘과 땅의 대비, 즉 성스러운 천상과
세속적인 지상이라는 수직적인 공간관념은 「천사」에서 지배적인 테마
축으로 나타나고 있는 것이다. 이 시는 천사에 관한 이야기를 하고 있
지만 이것은 이 시의 서정적 자아인 시인 레르몬토프로 환원되는 발화
구조를 보이고 있다. 즉 천상에서 천사의 모습이었던 것이 지상에 내려
오기 위해서는 어린 영혼의 모습으로 육화(перевоплощение)한 것임을
표현한다. 그리고 천사와 어린 영혼은 그 위계(ипостась)를 바꾼 것일
뿐, 그 본질은 같다는 의식을 서정적 자아는 드러낸다. 또한 천상에서
천사가 하는 역할은 지상에서 시인이 하는 역할과 사실상 등가인 것이다.
많은 낭만주의 시 작품에서 그러하듯이 '노래(песня)', '노래하다(петь)',
'가인(певец)' 등의 표현은 신의 뜻이나 절대 진리를 대중에게 설파하
고 전달한다는 시인의 소명의식을 표현하는 낭만주의적 세계관에서는
시인 자신과 동의어로 사용되기 때문이다. 천상과 지상을 연결하는 중
간 매개체 역할을 천사의 의지와 천사의 소리를 기억하는 어린 영혼의
육체를 부여받은 시인이 하는 것이다. 이 시에서 천사의 존재는 하늘의
뜻을 지상에 전하는 것이나 이는 공허한 울림으로 그치고 만다. 지상은
천상을 이해하지 못할 뿐 아니라 오히려 천사, 즉 천상이 기억을 가지
고 살아가는 시인에게는 슬픔과 눈물을 안겨 줄 뿐이다. 이는 푸슈킨의

지의 형상에 그대로 투영된 것임을 보여 준다. 레르몬토프의 시에
나타나는 '천사=어린 영혼=시인'의 패턴을 아나톨리 김은 탄지의
형상에 '천사=어린 영혼=슬픈 천재'라는 패턴으로 치환하고 있다.
이렇게 하강한 천사의 본질이 천재 예술가의 수난과 희생 속에서 드
러나고 있는 것이다.

작가는 탄지와 같은 천재 예술가를 살해된 목동의 후예(потомок
убитого пастуха)(с.147)라고 표현하기도 한다. 천재 예술가들은 카인의
칼에 무참히 살해당한 아벨이라는 것이다. 또한 작가는 다양한 버섯
이 보여 주는 색깔이나 형상과 연결지어 인간 영혼의 색채를 부여하
고 있는데, 그는 순결한 광휘를 발하는 아름다운 흰 버섯(прекрасный
БЕЛЫЙ ГРИБ с чистым сиянием)들을 탄지와 같이 슬픈 천재들의
선조들(пращур всех печальных гениев)로 묘사한다. 작가는 현세에
서 악에 부딪칠 수밖에 없는 천재들의 운명이란 이렇게 슬픔을 먹고
살 수밖에 없는 운명임을 그리고 있는 것이다.

예술가의 희생 테마는 『벽(Стена)』에서도 나타난다. 이 작품에
서 작가는 여주인공 안나를 푸슈킨과 동일선상에서 표현한다. 그리
고 서술자의 설명을 통해서 안나가 푸슈킨의 환생일 수도 있다고 암
시한다. 안나에 대한 평가는 안나 자신이나 살아생전 그녀를 진정으
로는 이해하지 못한 남편에 의해서가 아니라, 안나가 어렸을 적부터
그녀의 내면을 알고 있었던 화가 파트리케예프(Патрикеев)에 의해
정확히 드러난다. 그는 안나를 고아한 영혼, 낭만주의적 영혼(высокая
душа, романтическая душа)의 소유자라 칭하며, 그녀의 아버지와 친

「예언자(Пророк)」에서 세라핌 천사와의 만남으로 인해 범인이 예언자
로 재탄생하는 상승구조와는 상반되는 것이다. 레르몬토프가 생각하는
시인은 원래 천사에 그 뿌리를 두고 있는 천사가 지상으로 전락한 하
강구조를 체현하는 사람인 것이다. 여기서 서정적 주인공의 운명이 되
어 버린 꿈과 현실 사이의 비극적인 부조화가 배태된다고 할 수 있다.

분이 두터운 사이였기 때문에, 어린 시절부터 안나를 잘 알고 있었다고 언급한다.

> Она всегда была романтичной ······ Но таким как она, в наше время хуже всего, ибо князь тьмы царствует по всей земле, и чистые люди обречены на большие страдания. (с.59)
> 그녀는 항상 낭만적이었지······. 하지만 우리 시대에 그녀 같은 사람은 그 누구보다도 발붙이기 힘들지. 그건 어둠의 세력이 모든 영토를 지배하기 때문에 순결한 영혼의 소유자는 큰 고통을 당할 수밖에 없기 때문이야.

계속해서 화가는 안나가 그린 그림을 보고 그녀의 그림 속의 선 하나하나에는 추함, 무질서, 비천함, 무례함, 속됨, 야수성, 욕설 등등 비천한 시대정신과는 타협하지 않는 반란이 스며 있다고 표현한다. 안나의 그림에는 정신의 힘(сила духа)과 신의(верность)가 묻어나며, 그녀야말로 진정한 러시아의 귀족이라고 높이 평가하는 것이다.

그 외에도 안나의 행동 속에는 범인과는 다른 성스러움이 배어난다. 아나톨리 김은 안나에 대한 묘사에서 이른 새벽이면 집 근처의 강까지 나체로 달려가 강물에서 수영을 하는 안나의 행위를 님프가 '성스러운 세례를 행하기 위한 것(чтобы совершить свои священные омовения)'이라고 표현한다. 그녀의 남편 발렌찐 역시 매력을 한껏 머금고 있는 그녀의 육체뿐만 아니라 그녀의 놀라운 정신력에 매료되어 '여신(богиня)'이라고 부르기도 한다.

그러나 진정한 러시아 귀족이자 순결한 여신인 안나는 집을 나간 남편을 찾으러 모스크바에 갔다가 아파트 욕실에서 강도에게 살해당하는 비극적인 죽음을 맞는다. 이렇게 고아한 영혼은 이 지상의 행복을 맛보지는 못하는 모습이 묘사되는 것이나. 이것은 앞서 화가의 표현에서도 나타나듯이, 이 지상에는 안나처럼 순결한 영혼을 파괴하려는 악마의 술책이 존재하며, 그러한 악마는 고결한 희생양의 피를 필요로 하기 때문이라는 것이다.

여기서 아나톨리 김의 기본적인 생각은 이 세상에는 우리를 분리시키고 죽음으로 몰고 가는 악마적 힘이 분명히 존재한다는 것이다. 때문에 아나톨리 김의 작품에는 항상 재능 있는 사람들을 파멸시키려는 짐승들의 음모(『다람쥐』), 악마들의 술책 및 악의 세력(『온리리야』, 『바흐의 선율과 함께 한 버섯 따기』, 『벽』)이 존재한다. 하지만 아나톨리 김에게 인간은 부단한 창조행위로 세상을 변화시켜야 하는 존재들이다. 그것이 그의 작품에서 재능 있는 예술가들이 디오니소스적 체험의 수난과 희생을 끊임없이 당하면서도 창조적 삶에 대한 믿음을 잃지 않는 이유라 할 수 있다.

2. '테우르기야'로서의 예술

1) 존재론적 변형에 대한 믿음

아나톨리 김의 작품 곳곳에서 묻어나는 미학적 향취는 그가 즐겨 사용하는 변형의 테마 속에서 잘 드러난다. 그에게 '변형'은 구체적인 물리적 사물의 변화일 뿐만 아니라 형이상학적이고 인식론적인 전환의 의미이기도 하고, 종교적 차원에서 인간의 존재론적인 변형을 뜻하기도 한다. 변형에 대한 작가의 믿음은 그의 시학 전체를 거시적으로 조망할 수 있는 하나의 스펙트럼인 것이다.

어떤 한 사람이나 사물의 변화를 포착하는 것은 이미 초기 단편에서부터 나타나고 있지만, 예술가로서의 창작활동을 할 수 있는 동기부여가 된 사물의 변화 양상을 구체적으로 묘사하고 있는 것은『연꽃』의 주인공인 로호프의 어린 시절 체험 장면에서이다. 그가 다섯 살배기 어린애였을 때 카자흐스탄의 시골 황무지에서 보게 된 풀이 한 마리 벌레로 변하는(трава превращается в насекомое) 장면은 그가 이해한 변형의 법칙으로 일생 동안 그의 기억에 남는다.

> Я видел проявление высшего закона природы, убеждал он впоследствии себя, вспоминая, как вначале зашевелилось растение, но не от ветра, а как самостоятельное одушевленное существо: закивало одной коробочкой, в то время как остальные были неподвижны. Потом на бледной пленке травяного плода как бы протаяла дырочка и оттуда мгновенно высунулась кругалая голова. (c.263)
> 나는 자연의 최고 법칙이 발현되는 것을 보고 있었다. 그 후 그 식물이 처음에 바람에 의해서가 아니라 마치 독자적인 영혼을 가진 존재처럼 움직이기 시작하던 모습을 그는 회상했다. 그 풀은 하나밖에 없는 주머니를 까딱거렸고 나머지 모든 것은 움직이지 않고 있었다. 그러다가 포자낭의 얇은 창백한 껍질에 구멍이 뚫어지기 시작했고 거기에서 순식간에 동그란 머리가 삐져나왔다.

어린 시절의 확신은 책에서 얻은 많은 지식들에도 불구하고 일생 동안 그에게 남아 있었다고 서술자는 이야기한다. 즉 책에서 얻은 지식은 그 자신의 눈으로 생생하게 경험한 그 강렬한 첫인상을 이겨낼 수가 없었다는 것이다. 그리고 성인이 되었을 때 그는 어린 시절 눈앞에 펼쳐졌던 자연의 비밀을 회상하면서, "그렇다면 자연에서 모든 것은 이렇게 이루어지는 것이 아닐까? 붉은 돌을 낳았다. 돌은 물을, 물은 땅을, 땅은 식물을 그리고 식물은 살아 있는 벌레를(разве в ней не так же все и происходило? Огонь породил камень, камень породил воду, вода породила землю, земля породила траву, а трава живого червяка)"(с.263)이라고 독백한다. 예술을 통한 변신도 마찬가지라고 로호프는 생각했기 때문에 강렬한 기억이 그가 예술가의 길을 걷도록 했던 것이다.

하지만 변화의 법칙을 발견하게 된 경이로움은 단순히 예술가의 개인적인 체험으로 끝나는 것이 아니라 예술활동을 통해 세계를 변형시킬 수 있다는 보다 확대된 상징주의적 이념으로 발전하고 있다. 이것은 상징주의가 예술과 세계 구조에 대한 깊은 유추관계를 응시하고 있다는 사실에 근거한다. 예술을 통해 현실세계를 변화시킬 수 있다는 믿음이 솔로비요프나 뱌체슬라프 이바노프에게서 보다 확대된 논의로 제기되는데, 이런 마술로서의 예술이 '테우르기야(Теургия)'로서의 예술인 것이다.

솔로비요프의 '테우르기야적 믿음'은 그의 창작에 나타난 1900년대 러시아 상징주의자들의 '제3의 현실'로서의 예술에 대한 인식에서 비롯된다. 또한 이것은 조야하고 궁핍한 현실의 삶을 예술 텍스트에서뿐만 아니라 실제 현실 속에서도 변형시킬 수 있다는 테우르기야적인 믿음과 맞닿아 있다. 예술의 마법적인 창작 과정은 세계에 대한 형상(образ)적인 상징화를 이루어 내고, 이때 만들어진 제3의 현실은 예술가의 이상을 구현하는 것일 뿐만 아니라, 자연의 물적 존재의 저급함을 극복하는 것이 된다. 이러한 존재 변형의 힘에 대한 믿음은 예술의 힘이 바로 '삶의 건설(жизнестроение)'이라는 확신을 표출한 것이다.[25]

이바노프 역시 예술을 인간과 자연, 사회와 우주를 변형시키는 차

---

25) 박종소, 70쪽.

원에서 이해하였다. 예술작품을 신적인 제작의 결과물과 동일한 차원으로 볼 뿐만 아니라, 예술이 자연을 개선시키는 힘까지 지닌다는 사실에 대한 강조는 플로티노스 미학과 깊은 관련성을 보여 주는 것이기도 하다.26)

플로티노스와 마찬가지로 이바노프 역시 아테네 조각가 피디아스(Phidias)를 예술 창조과정과 그 역할에 대한 하나의 모델로 제시한다. 피디아스가 제우스 상을 조각했을 때 이것은 가시적인 자연계에 대한 단순 모방이 아니라, 그 안에 잠재되어 있는 '형성시키는 형식' 혹은 '지성'에 의해 인도된 결과인 것이다. 또한 그 구현물인 피디아스의 제우스 조각은 타인에게도 일종의 감염효과를 지녀 그것을 지각하는 자에게 신적 원칙을 전달해 준다는 것이다.27) 예술이라는 활동을 인류의 고대적 시기에 인간이 황홀경의 상태에서 신과의 신비적 합일에 도달하고자 시도하던 신비의식과 동일한 것으로, 예술가는 그러한 신비의식의 사제 역할을 수행하는 것으로 보고 있는 것이다.

이바노프에게 진정한 예술작품을 진정으로 이해한다는 것은 그 안에서 작용하고 있는 '형성적 혹은 창조적 행위'를 자신 스스로 경험하는 것, 그리고 그것을 통해 '형성시키는 형식'의 신적 에너지의 리듬과 숨결을 자신의 내부로 들이마심으로써, 궁극적으로는 새로운 인간으로 탄생되는 것을 의미했다. 이러한 의미에서 예술은 인간과 자연, 사회와 우주를 변형시키는 혹은 보다 정확히는 '개선시키는'

---

26) 뱌체슬라프 이바노프와 플로티노스 미학의 관련성에 대해서는 다음을 참조 바람. 이형구, "대리석의 고뇌", 32쪽. 이 글에서는 이바노프와 플로티노스 미학의 관련성으로 예술형식의 문제뿐 아니라 예술과 삶(자연)과의 관계, 현실에 대한 예술의 역할과 영향이라는 문제가 언급되어 있다. 또한 그 관련성은 예술과 예술가에게 보다 고양된 지위를 부여한다는 점에서도 드러난다.

27) 이것은 고대 엘레우시스(Eleusis) 신비 종교의 참가자들이 겪는 것과 같은 '황홀경(восхищение)'의 상태와 동일시될 수 있다. 앞의 글, 33쪽.

힘을 지니는 것이었으며, 여기에 예술가의 도덕적 책임이 존재한다고 보는 것이다. 다시 말해 이바노프는 질료의 해방이 예술적 형식을 통해 구현되는 상징적 행위에 멈출 것이 아니라, 보다 직접적인 의미에서 '생명' 혹은 '삶'을 질료에 불어넣는 행위가 될 것을 요구하였는데, 이것이 바로 생명을 창조해 내는 '기적' 혹은 '마술'을 의미하는 '테우르기야'로서의 예술이었던 것이다.[28]

베르쟈예프 역시 '테우르기야'로서의 예술에 대한 언급에서 이것이 인류가 지향해야 할 미래 예술의 한 모델이 되어야 한다고 주장한다.[29] 그에게 신과 함께 하는 인간의 행위, 즉 신인(神人)적인 창조행위(богочеловеческое творчество)인 테우르기야는 단순한 문화가 아닌, 새로운 존재(новое бытие)를 창조하는 것이다. 테우르기야는 다른 세계, 다른 존재, 본질적인 다른 삶과 미를 창조한다. 또한 테우르기야는 창조 에너지(творческая энергия)를 새로운 삶으로 향하게 하기 때문에, 여기서 말씀은 육체를 받게 된다(В теургии слово становится плотью). 그리하여 테우르그는 미 속에서 삶을 창조하게 된다는 것이다(теург творит жизнь в красоте). 이에 따라 베르쟈예프는 상징주의 예술이 '마술로서의 예술(теургическое искусство)'로 향하는 하나의 가교가 된다고 생각하는 것이다.[30]

사실 진정한 예술가들이라면 모두 테우르기야적인 열망을 가지고 있다. 테우르기야는 창조행위의 종교적 시대에 상응하는데, 모든 진

---

28) 앞의 글, 34-35쪽.
29) Н. Бердяев, *Смысл Творчества*, там же, с.283-86.
30) 테우르그는 신과 결합한 상태에서 완전한 미인 코스모스를 창조한다. 테우르기야에서 그리스도교적 초월성은 내재성(имманентность)으로 변하며, 테우르기야를 통해서 완전성(совершенство)에 도달하게 되는 것이다. 테우르기야적인 예술은 종합적이며, 공동적인, 범-예술(пан-искусство)이다. 그리고 테우르기야를 통해 예술은 새롭게 변형된 자연이 되어야만 한다고 베르쟈예프는 강조하고 있다. там же, с.285.

정한 예술의 종착점은 종교적인, 다시 말해 내재적인 종교적 예술 (теургия – имманентно – религиозное искусство)이라는 것이다. 이렇게 베르쟈예프가 테우르기야를 마술보다 지고한 행위로 간주하였던 것이 바로 신(神)과 함께 하는 창조행위이기 때문이다.

예술 창작행위를 통해 새롭게 변형된 자연과 세계를 추구하는 아나톨리 김의 테우르기야적 믿음은 『연꽃』에서 로호프의 행위와 『다람쥐』에서 부활한 미쨔의 창조행위를 통해 드러난다. 『연꽃』에서 오렌지가 연꽃으로 변형되는 장면은 다음과 같이 묘사된다.

> Была ножичком взрезана кожура. <⋯⋯> После этого пласты апельсиновой кожуры были сняты в виде цветочных лепестков. <⋯⋯> Уже полностью разделанный, апельсин в таком виде был неузнаваем и очень напоминал раскрывший ся бутон лотоса. Очистив апельсин, Лохов осторожно вложил его в полураскрытую ладонь матери. (с.261)
>
> 작은 칼로 그는 껍질을 갈랐다. <⋯⋯> 그리고 그는 오렌지 껍질 한 장 한 장을 꽃잎처럼 펼쳤다. <⋯⋯> 과일이 완전히 해체되고 나자 그 모습에서 오렌지의 형상은 도저히 상상되지 않았고 마치 막 피고 있는 연꽃 봉오리가 연상되었다. 로호프는 오렌지 작품을 완성하고 나서 그것을 반쯤 펼쳐진 어머니의 손바닥에 조심스럽게 올려놓았다.

이것은 오랜 세월 어머니를 버려두었다가 임종 때가 되어서야 찾아온 아들이 죄책감과 연민으로 한 행위에 대한 묘사이다. 아들의 입장에서는 어머니에게 고통스럽고도 조심스럽게 그리고 애정을 담아 지금까지의 행동에 용서를 빌고 싶다는 마음이 이에 대한 동인으로 작용했던 것이다. 이런 아들의 심정과 병치되어 그다음 문단에는 오렌지 연꽃의 마술적인 힘이 어머니 입장에서 묘사되고 있다. 이것

을 서술자는 "그 늙은 부인은 자기 옆에 앉아 있는 아들을 보자 눈
물을 흘리며 마음속으로 그가 자신을 불쌍히 생각해서 손을 내밀어
주도록, 외로움과 어둠의 참을 수 없는 고통 속에서 죽어 가지 않도
록 그녀가 붙잡을 수 있는 한 올의 지푸라기를, 한 조각의 세계를
던져 주도록 간청했다. 그때 기적이 일어났다: 그녀가 영혼 속에서
간청했던 신과 같은 아들은 그녀에게 몸을 숙여, 아직 살아 있는 그녀
의 왼손에 그녀가 그렇게 간청했던 것을 얹어 주었다."(c.260)라고 표
현한다. 작가는 이런 변형의 힘이 예술의 힘이라고 생각하는 것이다.

> цель искусства вовсе не в том, чтобы картине стать равнозначной
> жизни, а в преображении последней с помощью человека.
> то есть в конечной своей цели искусство сводится к тому,
> например, чтобы апельсин превратить в Лотос. (c.289)
>
>   예술의 목표는 결코 형상화된 것과 삶이 일치하는 데 있는 것
> 이 아니라, 인간의 도움으로 최후의 변형을 하는 데 있다고, 즉
> 예술의 궁극적인 목적은 오렌지를 연꽃으로 변화시키는 것이라고
> 이해하고 있었다.

  예술이란 삶을 그대로 재현하는 것이 아니라 영혼의 목소리에 귀
기울일 수 있는 힘이라는 작가의 믿음이 오렌지 연꽃의 변형을 표출
하는 테우르기야로서의 예술에 다름 아닌 것이다. 여기서 예술은 영
혼을 평온하고 충만하게 하는 기쁨을 표현하는 동시에 인간과 자연,
우주만물 사이의 결합과 사랑을 전달할 수 있는 매개물로 존재하는
것이다.
  작가는 이 작품에서 연꽃을 '태양의 연꽃(Лотос Солнца)', '불의
연꽃(огненный Лотос)', '마법의 연꽃(магический Лотос)', '황금 연
꽃(золотой Лотос)'과 같이 형용사와 명사를 결합하여 그 본질을 드

러내고 있다. 전통적인 상징체계에서 '연꽃'은 태양의 중심 혹은 중심에서 자라는 우주를 의미한다.[31] 연꽃은 신성의 여러 속성을 지니며 그 상징 속에는 '숨어 있는 중심'의 발산이라는 의미와 그것의 실현이라는 의미를 담고 있다.

또한 연꽃의 꽃잎은 '우주적 수레'를 상징하면서 동시에 본질이 실현된 세계를 상징한다. 전통적인 연꽃의 상징성과 오렌지를 연꽃으로 변형시키는 상상력을 결합하여 아나톨리 김은 죽음의 고독함과 고통 속에서 붙잡을 수 있는 한 줄기 빛으로 형상화하고 있다. 그것은 죽음의 어두움 속에서는 죽어 가는 자에게 영원한 빛으로서 그리고 지상에 살고 있는 자에게는 사랑을 전달하는 매개물로 작용하고 있는 것이다.

『다람쥐』에서 드러내는 테우르기야적 믿음은 부활한 미쨔의 행동을 통해서 표출된다. 여기서 부활한 미쨔는 시공을 초월할 수 있는 능력을 지닌다. 원하는 대로 과거의 어느 시간대에도 들어갔다가 현재로 나올 수 있으며, 과거의 모든 시간, 모든 장소로 이동하는 것도 가능하다. 그리고 그는 허공에 그림을 그릴 수 있는 능력을 부여받기도 하는데, 그가 상상 속에서 손가락으로 공중에 그리는 그림은 공중에 그대로 남겨진다고 묘사된다. 그는 종이, 연필, 목탄 없이도 어느 공간에서든 원하는 대로 그림을 그릴 수 있는 것이다. 그는 마술과 같은 예술 행위가 가능한 이유를 이렇게 이야기한다.

> Наблюдал, к примеру, полет бабочки и видел, что после того, как она пролетит, в воздухе на какую-то долю секунды как бы остается след ее полета и даже узор крыльев. А потом тает. Рыбка проскочит в прозрачной воде, а на том месте

---

31) 이승훈, 『문학 상징 사전』(고려원, 1995), 367쪽.

словно еще какое-то время рыба стоит. И вот я научился у природы ее чуду. (с.630)

나비의 비상을 관찰했는데, 나비가 날아간 다음에도 허공에는 잠시 동안 나비가 날아간 후의 잔영과 심지어 날개 무늬까지도 남아 있는 듯한 생각이 들었어요. 그리고는 사라지더군요. 그건 물고기가 투명한 물을 가르며 지나갈 때, 그 물고기가 어느 순간 마치 그 자리에 서 있는 것처럼 느껴지는 것과도 같은 거지요. 그렇게 나는 자연에서 그 기적의 가능성을 배웠던 거죠.

그리고 '세상에 보이는 모든 것이 이미 준비된 스케치나 그림이 아니겠느냐'고 반문한다. 미쨔는 영원히 보존되는 그림을 그릴 수 있는 영원불멸의 화가가 될 때, 세상은 얼마나 아름다워지겠는가 이야기한다. 이것은 단순한 마술이 아니라, 그 자체가 신과 함께 하는 창조행위인 만큼, 여기서 미쨔가 염두에 두고 있는 예술가상 역시 '영원불멸의 화가'라는 지고한 의미를 부여받고 있다. 그렇게 우리는 영원불멸의 화가가 되어서 아름다운 세상을 창조해야 하는 것인데, 그 당위성과 필연성을 미쨔는 릴리아나에게 이렇게 얘기한다.

Представляешь, Лилиана, каким будет человечество, когда каждый в нем станет как Вечный Живописец? Ты думаешь, этого не будет? Это будет. Я знаю. Пусть я пока один знаю об этом, но представь, сколько же вокруг пространства, которое можно зарисовать и записать картинами! И пусть каждый сможет видеть только свои рисунки картины, но что-то в воздухе и в самом свете неба изменится тогда. (с.631) 릴리아나, 인류의 각 개개인이 모두 영원불멸의 화가처럼 된다면 인류는 어떻게 될까요? 상상해 보세요. 그런 일이 일어나지 않으리라 생각하시나요? 하지만 그런 일은 반드시 일어날 거예요. 비록

지금은 나 혼자만이 이것을 알고 있지만, 우리 주위에 그림을 그리고 묘사할 수 있는 공간이 얼마나 많은지 한번 상상해 보세요! 그리고 개개인이 단지 자신들의 그림과 회화만이라도 볼 수 있게 된다면, 그때에는 이 세상 무언가는 변화하게 될 거예요.

계속해서 미쨔는 그때가 되면 사람들은 다른 사람들이 그린 보이지 않는 그림도 지각해 내게 될 것(люди научатся воспринимать и чужую невидимую живопись)이며, 모두가 이러한 창조행위를 할 수 있을 때 예술을 통한 세상의 변화는 가능할 수 있으리라 말한다.

그러나 아나톨리 김에게 테우르기야적인 예술에 대한 믿음은 현시대의 입장에서 본다면 아직도 요원한 일이다. 그것은 이런 능력을 가지고 있는 미쨔를 시공간을 초월할 수 있는 부활한 사람으로 설정하고 있는 것에서도 알 수 있다. 하지만 작가는 미쨔의 모습이 미래의 인간들이 반드시 지니게 될 것이라는 믿음을 표출한다. 부활한 미쨔를 진정한 인간, 미래의 인간형이라고 작가는 칭하고 있는 만큼, 그가 그린 그림은 진화해 나가는 우리 인류가 앞으로 그리게 될 미래의 예술[32])이며 그것이 바로 변형에 대한 작가의 염원을 드러낸 것이라 할 수 있다.

『바흐의 선율과 함께 한 버섯 따기』에 나타난 테우르기야적 요소로는 천사와 함께한 연주체험을 들 수 있다. 이 작품에서 탄지는

---

32) 이바노프 자신도 그러한 '마술적 예술'은 현대 인류가 달성하기에는 아직 요원한, 현재의 예술적 상태에서는 달성하기 불가능한 것임을 인식하고 있었다. 그러나 이바노프도 인류 역사의 언젠가 한때, 아리온과 오르페우스의 리라 연주에 나무와 짐승, 파도와 바위가 모두 순종하던 예술의 황금시대가 실제 존재했었다는 것을 믿어 의심치 않으며, 그러한 이상이 현재에 불가능하다 하더라도 그러한 이상을 지향하는 것이 미래의 예술이 택할 올바른 길이라고 생각했다. 이형구, "데리섹의 고뇌", 35쪽.

자신의 어린 시절을 충분히 반추하고 회상할 수 있는 사후의 입장에
서 "수많은 음악가들이 음악을 연주하고, 많은 사람들이 그 음악을
들었다 해도, 음악은 그 자신이 누구에게도 속하지 않는다. 음악가에
게도, 감상자에게도, 심지어 그 음악을 작곡한 사람에게도. 어딘가
다른 세계에 사는 방랑하는 천사인 음악은 이유는 알 수 없지만, 우
연히 이 세상으로 날아든 것이다."(c.69)라는 말로 음악의 실체를 이
야기한다. 그리고 자신이 직접 음악의 천사와 함께했었던 마술적인
체험담을 이야기한다.

Когда я был маленьким, я непосредственно видел этого АНГЕЛА М
УЗЫКИ. Он приближался ко мне, входил в меня – и тогда
я начинал играть. Вернее – это он играл моими руками.
(c.70)

내가 어렸을 때, 나는 직접 이 음악의 천사를 보았다. 음악의
천사가 나에게 다가와 내 속으로 들어왔다. 그리고 그때 나는 연
주하기 시작했다. 아니, 내 손을 빌려 음악의 천사가 연주했다는
표현이 더 맞을 게다.

탄지의 피아노 연주는 음악의 천사가 탄지에게 육화해 탄지와 천
사, 즉 주체와 객체의 경계가 사라지는 황홀체험이다. 여기서는 마치
피아노 연주라는 예술 행위 자체가 신이 탄지의 몸을 빌려, 그와 함
께 하는 창조행위로 묘사되고 있다. 이렇게 신과 함께 하는 창조행
위가 테우르기야적 예술인 것이다.
창조행위로 세계의 변형을 이끌어 내는 '테우르그'는 이바노프의
언급처럼, 단순히 종교 예술에 종사하는 사람들을 지칭하는 것은 아
니다. 그는 이교의 우상 제작자들, 중세의 성상화가, 고딕성당의 이
름 없는 건축가들을 예술의 수공업자들로 분류한다. 물론 종교적 관

념이 예술가들을 사로잡은 것은 사실이지만, 솔로비요프가 미래의
예술가들에 대해 "종교적 관념이 그들을 매혹할 뿐만 아니라 그들
자신이 종교 관념에 능통하게 될 것이며 의식적으로 종교적 관념의
지상 구현(земное воплощение)을 지휘할 것이다."[33]라고 언급할 때
에, 그는 고대 예술가들이 해결해야 했던 것보다 더욱 중요한 과제
를 이런 변형자 / 마술사(теург)에게 부여했던 것이다.[34]

이바노프는 '테우르그'에 세계 혼(Мировая душа)을 창조적인 노력
으로 계승하려는 예술가라는 의미를 부여하며, "창조모의 상속인이
여, 호소하라. 우주의 변형(преображение вселенной)을"이라는 유훈
을 적용하고 있다. 여기서는 먼저 인간이 우주를 변형시킬 수 있는

---

33) Вячеслав Иванов, "две стихии в современном символизме", Собрание
Сочинений Ⅰ-Ⅳ, Ⅱ(Bruxelles: Foyer Oriental Chtetien, 1971-1987),
c.538.

34) 솔로비요프는 종교적 관념을 지상에 구현하는 미래의 예술가상을 언급
하며, 예술가란 이러한 소명의식을 지녀야 함을 강조한다. 그러나 이러
한 시인상과 예술가상은 이미 낭만주의 작품에서 그 맹아가 발아하고
있었다. 대표적으로 푸슈킨의 「예언자(пророк)」를 들 수 있다. 이 시의
내용은 시인이 예언자로 태어나기 이전의 모습, 즉 여기서 서정적 자아
는 영혼의 갈증에 지쳐 음울한 황야를 방황하고 있을 때 신의 사명을
부여받은 세라핌 천사가 그 앞에 나타나는 부분과 시인의 변화 및 변
화 과정이 완성된 부분, 이렇게 세 부분으로 나눌 수 있다. 천사가 시
인에게 예언자가 될 수 있는 자질을 부여하고 있는 부분에서는 눈, 귀,
혀, 심장의 변화가 묘사된다. 강화되어 가는 물리적인 변화를 통해 시
인은 변형된 정신을 부여받게 되는 것이며, 이러한 재탄생으로 시인은
시대의 예언자로서 변모된다. 그리고 드디어 변화 과정이 완성되어 신
의 목소리를 듣는 시인의 모습이 나타난다. 신은 시인을 이 시의 제목
인 '예언자'로 칭하며 그가 자신의 뜻을 수행하는 선지자가 될 것을 호
소하고 있다. 이처럼 「예언자」에서는 낭만주의에서의 시인관, 즉 시인
은 어떠한 소명의식을 지녀야 하는가 하는 문제에 대한 나름의 정의가
내려진다. 그리하여 시인은 영혼과 존재의 깊이를 노래하는 사람으로서
여겨지게 되었고, 시인은 한 사람의 설교자, 신탁, 교사, 인류의 지도자
로 격상하게 된다.

가능성에 대한 근거와 그것이 예술에는 어떻게 적용가능한지에 대한 이바노프 자신의 목소리를 들어 보자.

> 인간이 어떻게 자신의 창조활동(творчество)으로 우주의 변형 (вселеннское преобра-жение)을 촉진할 수 있는가? 그가 자기 손으로 만든 창조물들을 지상에 이주시키고 자신의 조화로 대기 를 충만케 할 수 있다는 말인가? 그가 지정한 강가로 강이 흐르 고 그의 계획에 따라 나뭇가지들이 퍼지게 된다는 말인가? 지상 에 펼쳐지는 삶의 형태에 그 자신의 의도가 각인된다는 뜻인가? 그렇다면 변형자로서의 예술가(художник-теург)는 니체가 생 각했던 예술가 — 폭군이자, 자신의 전능한 의지로 오랜 미의 전당 을 부수고 모든 미학적 가치를 재평가하려 하는 예술가 — 압제자 가 아닌가?[35]

하지만 자신의 문제제기에 대해 이바노프는 오히려 예술에서의 변형원칙(теургический принцип в художестве)은 가장 비강제성을 드러내며, 가장 풍부한 감수성을 지니는 원칙이라 대답한다. 사물의 표면에 강제적인 의지를 쏟아 놓지 않는 것이 예술가의 지고한 유훈이며, 본질의 내밀한 의지를 통찰하는 일이라는 것이다.

산파가 출산과정을 용이하게 하듯이 사물(вещи)에서 미(美)를 쉽게 드러내는 일을 하는 예술가는 민감한 손가락으로 언어의 탄생을 가로막는 장막을 벗기도록 요청받는다는 것이다. 그때 그는 청각을 곤두세우고 '사물이 무엇을 말하는지를(что говорят вещи)' 듣게 될 것이며, 예리한 시각으로 형태의 의미를 이해하고 현상의 이성(разум явлений)을 보게 된다는 것이다. 또한 점토 자체는 그의 손가락 아래에서 점토가 기다렸던 형상으로 만들어지게 될 것이며, 어휘들은 언

---

35) там же, с.538.

어의 원초적인 힘 속에서 결정되어 있던 화음이 될 것(Глина сама будет слагаться под его перстами в образ, которого она ждала, и слова и созвучия, предуставленные в стихии языка)이라는 것이 이바노프의 관점이다.[36] 이처럼 솔로비요프와 이바노프는 이러한 정신의 발견(открытость духа)만이 예술가를 신의 계시(откровение)를 수행할 수 있는 사람이 되도록 한다고 강조했던 것이다.

『바흐의 선율과 함께 한 버섯 따기』에서는 바흐 자신의 목소리도 등장하는데, 여기서도 그가 말하는 진정한 음악가, 진정한 예술가가 수행하는 역할은 예술가를 '테우르그(теург)'로 보는 입장과 동일하다. 세바스찬 바흐는 음악가와 신의 관계를 이렇게 이야기한다.

> Я никогда не считал себя творцом музыки. Творцом был Господь, а я - всегда только исполнителем. (с.73)
> 나는 한 번도 나 자신이 음악의 창조자라고 생각해 본 적이 없다. 그것을 창조하신 분은 신(神)이시며, 나는 항상 그것의 실행자일 따름이다.

뱌체슬라프 이바노프가 '테우르그'로서의 예술가를 질료에 내재되어 있던 신성의 절대 미를 드러내는 사람으로 생각했던 것과 마찬가지로, 바흐의 목소리를 통한 아나톨리 김이 생각하는 진정한 음악가상 역시 같은 맥락에서 이해될 수 있다. 천상의 선율은 신이 창조하신 것, 즉 신성에 내재되어 있는 것이기에, 음악가는 단지 신에게서 받은 것을 그대로 오선지에 옮겨 적고 드러내는 역할을 할 뿐이다.

아나톨리 김에게 테우르기야로서의 예술은 단순히 관념적인 차원에만 적용되는 것이 아니다. 그에게 테우르기야로서의 예술은 물론

---

36) там же, с.539.

인류가 수행해야 할 미래의 예술 방향이지만, 현재적 맥락에서도 끊임없이 추구되어야 할 지향점이다. 동시에 아나톨리 김은 창조의 역할에 대한 의미 부여에서 창조주와 함께하는 공동 창조(co-creation)란 개념을 염두에 둔다. 그는 우리들이 신과 함께하는 공동 창조자인 신비가가 되어 새로운 자아를 잉태해야 하며, 그것을 통해 세계의 변형이 가능할 수 있다고 보는 것이다.

2) 예술창작의 심리적 과정: 원심력과 구심력의
융합을 통한 '상승'의 꿈

앞서 살펴본 예술 창작의 심리적 과정에 관한 고찰 가운데, 상승과 하강의 범주는 아나톨리 김의 작품 속 예술가들의 여러 타입을 통해서 다양하게 변주되고 있다. 특히 「수채화(Акварель)」라는 단편에서는 상승과 하강의 심리적 범주가 하나의 이상적인 전형으로 나타난다. 먼저 이 단편의 내용을 살펴봄으로써 작가가 제시하고 있는 이상적인 예술창조의 과정을 보자.

이 작품은 단편 모음집인 『푸른섬(Голубой остров)』에 수록된 것으로서, 예술에 눈을 뜨게 된 한 소년의 거듭남이라는 자전적인 모티프들을 한 편의 예술 텍스트로 변형시킨 작품이다. 자신을 성장시켜 준 모태가 되는 캄차카 반도의 자연에 대한 경이로움과 그곳에서의 추억담, 돌리나(долина) 지대 간헐온천지로의 여행과 첫사랑 그리고 어느 수채화가의 작업을 통해 창작의 본질에 접근하고 있는 한 소년의 삶의 단편들이 제목이 암시하듯 수채화처럼 그려진다. 여기서 작가는 자신의 예술관, 즉 예술 창작의 본질 및 이것을 통한 예술가의 사명이란 무엇인가를 「수채화」 속의 수채화가인 화자의 입을

통해 밝힌다.[37]

이 작품에서는 성인이 된 수채화가로서의 '나'가 이십여 년 전 어린 시절의 '나'를 찾아 떠나는 기억을 통한 여행과, 어린 시절의 '나'가 체험하는 것으로 설정되어 있는 현실적 여행이 이중구조를 이루고 있다. 어린 시절의 나는 여행을 통해 고정된 삶의 틀을 깨고 새로운 지각을 한다. 당연한 이야기지만 여행은 통상 갇힌 나 속에서 벗어나 바깥으로 떠나며 외부로 눈을 돌리는 행위이다. 그러나 그 떠남은 단순히 전방에 놓여 있는 목적지를 향해 가는 단선적 운동에 그치는 것이 아니라, 다시 자신이 떠나왔던 지점으로 돌아오는 속성을 내포하고 있다. 그런 의미에서 여행은 나아가는 것이자 되돌아오는 것이기도 하다. 떠남과 되돌아옴 그리고 그 사이에 겪은 새로운 체험과 그 체험을 통한 정신적 성장, 이것은 존재론적 도정의 또 다른 이름일 수 있다. 즉 나아감과 되돌아옴의 과정은 단일한 선로 위를 왕복하는 직선운동이 아니라 수렴하고 확산하는 원운동이라 할 수 있으며, 이런 동심원적 이미지는 성인이 된 '나'가 어린 시절 '나'의 체험담을 둘러싸고, 현재시점으로 끌어올려 반추하는 작품구조와 서술법에 스며들어 있다. 뿐만 아니라 그런 이미지는 그의 언어 속에서 여러 방법으로 변주되어 나타난다.

이 작품에 나타나는 원심력과 구심력의 길항 관계는 구조와 서술법에 국한되지 않는다. 작가의 예술관을 표명하고 그것을 언어로 형상화하는 아나톨리 김의 문체에서도 이런 상반된 힘의 방향을 느낄

---

37) 「수채화」에는 아나톨리 김의 자서전적인 모티프들이 스며들어 있다. 그 자신이 작가로 입문하기 이전에는 모스크바 미술대 학생이기도 했으며, 작품 속에서 성장한 수채화가가 하는 캄차카에서 보낸 어린 시절 이야기 속에서는 작가 자신의 사실적인 기록과 그 인상들이 많은 부분 그대로 투영되어 있다. 아나톨리 김, 『초원, 내 푸른 영혼』, 김현택 역 (대륙연구소 출판부, 1995), 45-47쪽.

수 있다. 하지만 작가는 원심력과 구심력의 대립에서 어느 하나만을 절대화함으로써 이미지들이 일방 통행적인 고정된 의미만을 생산하도록 하지 않고, 이 양자를 동시적으로 껴안고 그것을 삶과 예술 창작의 원리로 받아들이고 있다. 그는 이 힘들의 변주로서 나타나는 구심점을 향한 응축력과 외부를 향한 확산력 가운데 어느 하나도 배제하지 않고 이것이 일체화되는 순간, 즉 원심력과 구심력이 서로 넘나들고 융화되는 순간을 예술 창작의 본질로서 간주하고 있다.

어린 시절 이야기에서 '나'는 첫사랑 카조치카(Казочика)의 환심을 사기 위해 매일같이 인동덩굴 열매를 따러 다닌다. 그러다 우연히 인동덩굴이 둘러싸고 있는 조선인 여자 주방장과 그녀의 남편이 사는 집으로 '자신도 모르는 운명의 힘에 이끌려' 들어간다. 여기서 처음으로 호랑이가 그려진 한 폭의 수채화가 완성되는 순간을 지켜보게 된다.

Он <……> нанёс по полотну два неуловиму лёгких удара концом кисти. Два неровных пятна распылись по бездне, впитываясь в ткань. Через несколько секунд эти пятна превратились в пару горящих первобытным гневом глаз – так, начинаясь с глаз, передо мною вскоре возник тигр, полосатый и упругий, жёлтый, как лимон, с широко раскрытой страшной пастью. (с.405)

그는 <……> 붓끝으로 두 개의 점을 화폭에 가볍게 찍었다. 그러자 크기가 다른 두 개의 검은 점들이 천에 스며들면서 하얀 화폭 위로 번져 나갔다. 몇 초도 채 지나지 않아 그 두 점은 분노로 이글이글 타오르는 한 쌍의 눈동자로 변했다. 이렇게 두 눈에서 시작해서 내 앞에는 무시무시하게 입을 쩍 벌리고 있는, 레몬처럼 황금빛을 띤 줄무늬 호랑이가 나타난 것이다.

이것은 돌연한 깨달음이 주는 충격을 무한소에서 무한대로 넘나드는 상상력과 사고의 '건너뜀'으로 형상화하는 것이다. 호랑이 눈을 그리기 위해 화폭에 찍은 두 점은 '퍼져 나가다(расплыться)', '변하다(превратиться)', '탄생하다(возникнуть)'라는 일련의 확장되는 동사로 변형되고 있다. 그것은 극도의 응축이 일순간 무한정한 확산—구심력에서 원심력—으로 변환될 때 일어나는 힘의 방사를 느끼게 한다. 이렇게 해서 완전하게 그려진 한 폭의 그림을 "이것은 이미 이 세상의 무한한 깊이와 높이 그리고 끝없는 넓이이다(Это было уже бездонная глубина, высь и бескрайняя ширь мира)."(с.405)라고 표현한다.

즉 두 개의 점은 이 세상의 깊이와 높이와 넓이로 확산(구심력에서 원심력)되고 있으며, 이런 광대한 우주를 담아내는 그릇이 한 폭의 수채화로 응축(원심력에서 구심력)되는 것이다. 원심력과 구심력이 상충하지 않고 바다의 밀물과 썰물처럼 조화로운 궤적을 그릴 때 중심(나)과 원주(우주) 사이의 차이도 무화될 수밖에 없다. 몰입과 해탈이 일체화된 순간, 삶과 예술은 첨단의 일점이었다가 무한한 우주 크기로 확대되는 곡예를 하게 된다. 이렇게 원심력과 구심력이 일체화된 순간이 바로 우주적 열림을 체험하는 순간인 것이다.

하나의 완성된 예술품이 창조되는 과정을 묘사하는 부분에서 보여주는 양상은 작가가 스스로 예술가는 어떠한 사람인가를 서술하는 부분에서도 동일한 선상에서 변주된다.

> <……> горький сок неудач, скопивший ся по капле в нашей
> душе, кто-то другой впитает в себя, как сладкий нектар,
> а потом сотворит из него мед. (с.406)
> <……> 우리들의 영혼에 한 방울씩 고인 고통의 즙을, 어떤 이
> 는 마치 달콤한 음료처럼 빨아들이고서 그것에서 새로운 꿀을 만

들어 낸다.

이 묘사에서 나타나듯 예술가에게 고통의 즙은 달콤한 음료와 의미적 등가성을 지닌다. 즉 아나톨리 김에게 있어 예술가는 슬픔을 응축해(скопиться), 그것을 자기 영혼으로 껴안고서(впитать), 생명과 삶의 환희를 잉태하는(сотворить) 사람들이다. 여기서도 구심점으로 모이는 집중과 응축은 원심 운동하는 확산으로 변형되며, 예술가는 이 열린 체험을 자신의 예술로 몸소 구현하는 사람들로 형상화되어 있다. 그런 아픔을 완전히 내면화한 이후에야 참된 예술가는 세상의 밝은 부분만을 청명하게 머금고 있는 '투명한 도화지(светлый лист бумаги)' 위에 '무지개 빛 꽃가루(радужная пыльца)'가 살포시 내려앉을 수 있는, 그런 그림을 그릴 수 있다는 것이다.

작가에게 언어는 물리적 빛을 넘어서 작용하는 내면의 빛을 강조하는 표현이자, 경이로운 체험과 이를 통한 영혼의 거듭남을 효과적으로 그려 내는 한 방법이다. 원심력과 구심력이 상호 조응하고 융합하는 이미지로서, 작가는 응축되어 있다가 어느 순간 터져 나와 온 세상을 향해 광채를 내뿜을 때의 환희, 그 우주적 확산을 한 폭의 수채화로 지순하게 수렴하고 있다. 또한 그런 수채화 속에 한 영혼의 열린 체험, 그 거듭남을 응축과 확산의 언어적 변주로 투영시키고 있는 것이다.

이 작품에서 드러나듯이 아나톨리 김은 구심점을 향한 응축력과 외부를 향한 확산력이 일체화되는 순간, 원심력과 구심력이 서로 넘나들고 융화되는 순간을 예술 창작의 본질로 본다. 즉 바로 이 순간 '나'와 '우주'의 차이는 무화되는데, 원심력과 구심력이 일체화된 바로 그 순간이 우주적 열림을 체험하는 순간인 것이다. 이렇게 무한소에서 무한대로 넘나드는 상상력을 통해 작가는 한 폭의 수채화 속에 우주를 담아낸다. 또한 그것이 그에게는 예술 창작의 원리이자 삶의 원리가 되는 것이다.

3. 미학과 윤리학의 만남

1) 삶과 예술의 등가성

삶을 통해서 자신을 완성해 나간다는 란트만의 언급처럼 '자기의 삶을 형성해 나가는 과정'은 '자기 창조의 과정'이기도 하다.[38] 이것은 앞에서 살펴보았듯 아나톨리 김의 세계관 속에 내재된 기본사상이기도 하다. 삶을 통한 창조행위와 예술을 통한 창조행위를 동일선상에서 이해한 것은 삶을 통해 예술을 보고, 예술을 통해 삶을 이해하려는 작가의 관념 표출이라 할 수 있다. 특히 『꾀꼬리의 메아리』에 나타나는 여주인공 올가(Ольга)의 삶은 예술가들이 자신의 작품을 창조하듯이 자신의 인생을 통해 자기를 창조해 나간 것이라 할 수 있다. 즉 올가의 삶은 자기완성의 과정이자 자기 창조의 과정이었으며, 그녀가 자신의 인생 속에서 펼친 '창조행위'는 예술가의 창작 행위와 마찬가지임을 작가는 강조하는 것이다.

작가는 인간의 삶을 예술과 같은 맥락에서 이해하고, 그 삶의 방식에 따라 각각 예술가(художник), 수공업자(ремесленник), 난봉꾼(пожарник)으로 구분한다. 그것이 의미하는 각각의 의미와 작가가

---

38) 이석호, 62쪽, 재인용.

이 관념을 표출해 내는 방식을 작품 내용을 통해 살펴보기로 하자.

먼저 작가가 등장인물의 삶에서 묻어나는 향취를 '예술가'에 비유하고 있는 경우이다. 『꾀꼬리의 메아리』에서는 삶과 예술을 등가로 놓고, 우리가 삶을 통해 표출하는 모습, 그 완성의 궤적을 마치 화가가 그림을 완성해 가는 도정과 같은 패턴에서 이해하고 있다. 이 작품 서술자인 오토 메이스너의 손자는 삶을 통한 창조행위에 대해 말하며, 자기 할머니 올가의 삶이 하나의 창조행위였다고 강조하고 있다. 이 관념이 작품을 서술하고 있는 역사교사인 올가 손자의 의식과 목소리를 통해 대변되고 있는 것이다.

여기서 서술자는 창작을 현실과 꿈 사이의 화해(примирением нашим между действительностью и мечтой является творчечтво)(с.168)라고 표현한 한 유고 철학자의 말을 인용한다. 그리고 올가 할머니는 이런 표현을 언급한 철학자의 책을 읽어 본 적은 없지만, 이렇게 꿈과 현실을 화해시키며 하나의 창조를 이루어 냈다며 올가의 삶을 이렇게 이야기한다. 그녀는 꿈과 현실을 조율해서 옛날이야기 속에나 나올 법한 외국 왕자와 결혼하고 그와 다른 나라로 떠나 그의 아이들을 낳았다. 하지만 남편을 잃게 되었고, 그 후 15년이 지나 다시 자기 고국으로 되돌아왔다는 것이다. 여기서 서술자는 올가가 순탄치만은 않았던 인생을 살고 다시 고향마을로 돌아온 과정을 그녀가 자신만의 작품을 완성한 것에 비유하고 있다.

사실 현실은 그리 간단치 않았고, 올가가 소녀 시절 꿈꾸었던 그 꿈은 실제로는 거의 이루어지지 않았다는 점도 서술자는 지적한다. 그러나 결과적으로 그녀의 젊은 시절은 실제로 라파엘이나 미켈란젤로가 그린 명작에 비유할 수 있다며, 이것은 가히 '삶의 공적(Подвиг жизни)', '승리자(Победитель)'라고 부를 만하다고 표현하기까지 한다. 여기서 올가는 삶을 통해 창조행위를 했다는 점에서 '예술가'에

비유된다. 이것은 예술작품을 하나의 원형을 모방해 그대로 복제해
내는 '수공업자'와 비교했을 때, 그녀만이 지닌 내면의 용기(отвага)
와 의지(воля)에 기인함을 서술자는 이야기한다.

이 작품에서는 올가뿐만이 아니라 오토 메이스너의 할아버지인 프
리드리히 메이스너(Фридрих Мейснер) 역시 예술가 타입의 사람에
포함되고 있다. 프리드리히 메이스너는 막대한 자본력을 지닌 실업
가였는데, 그는 항상 다른 사람들이 손을 대지 않는 희귀한 사업에
만 돈을 투자한다. 예를 들면 파나마 운하 건설사업이나 아프리카의
금강석 채굴사업, 아무르 강변의 아편 생산과 같은 것이 그것이다.
이 때문에 오토 메이스너는 상인집안 출신이었던 할아버지를 "그는 태
생상 예술가 타입의 용감한 실험자(Он своего рода художник, смелый
испытатель)"(c.126)였다고 평가하는 것이다.

또한 『구린의 유토피아』의 주인공 구린 역시 서술자가 직접 '예술
가'적 성향을 지닌 인물이라고 평하는 사람이다. 그는 모스크바 근
교의 소극장 배우이지만, 젊은 시절에는 예술가(художник)가 되고
싶어 미술학교에 입학했고 시를 즐겨 쓰기도 했던 인물이다. 그는
자유를 사랑하는 남자이자, 끊임없이 삶의 의미를 묻는 사람이다.
'이 세상 그 누구에게도 필요치 않은 존재'라는 이유로 한 가련한
소녀를 돌보아 줄 수 있는 남자인가 하면, 인간의 정신 진화에 대한
믿음을 끝까지 지켜 나가는 사람이기도 하다.

현실적이고 실무적인 입장에서 본다면 그 자신이 스스로 밝히고
있듯 아무 짝에도 쓸모없는 사람일 수도 있겠지만, 그의 내면은 그
누구보다도 담대하고 깊은 것으로 묘사된다. 그것은 작품의 마지막
인 13장에 나오는 구린의 꿈을 통해 잘 드러난다. 그것은 구린의 아
내가 그의 시체를 잘라 변기에 버린 꿈이었다. 죽은 구린의 갈기갈
기 찢어진 부분은 하수구를 타고 내려갔는데, 거대한 도시의 지하

하수구 맨홀 중 하나에 자리 잡아 살고 있는 거대한 돼지(Велькая Свинья)를 닮은 괴물(Чудовище)이 구린의 토막 난 시체를 먹으려고 한다. 바로 그때 구린은 그 돼지에 맞서서 아름다운 아폴론(Аполон)처럼 일어선다. 이 꿈 내용에서도 나타나듯이, 구린은 자신의 아내에게 무참히 살해당할 정도로 외적으로는 무력한 사람이지만, 그 내면에는 미의 화신으로서 모든 악마적인 힘을 무력화할 수 있는 믿음과 용기를 품고 있는 사람이다.

구린이나 올가의 삶이 말해 주듯, 아나톨리 김이 생각하는 예술가적 타입의 사람은 세상에 존재하는 아주 작은 것에도 눈을 돌리고 그 아픔을 대신해 줄 수 있는 겸양과 섬세함을 지닌 사람인 동시에, 타인의 것에 대한 단순한 모방이 아니라 자신만의 독창적인 삶을 그려 내기 위해 때로는 진정한 용기가 무엇인지 보여 줄 수도 있는 사람이다. 이들은 이러한 까닭에 하나의 직업인으로서의 예술가라기보다는 삶을 통해 진정한 예술의 의미를 재발견할 수 있는 내면의 예술가라 할 수 있는 것이다.

『꾀꼬리의 메아리』에서 서술자는 나쟈의 아버지인 프로호르(Прохор) 노인을 '수공업자'의 삶을 대변하는 인물로 평가한다. 그는 남편을 잃은 올가와 그의 자식들을 딸 나쟈와 함께 따뜻하고 성실한 마음으로 돌보아 주는 인물이다. 그는 오래전에 혼자되신 분으로 고독을 이겨 내며 묵묵히 일만 하는 사람이며, 마치 일을 하기 위해 이 세상에 태어난 사람 같다고 서술자는 표현한다. 그는 자기 몫의 삶을 묵묵히 견뎌 내며 순응한다. 그의 삶이 던지는 의미는 어떤 질적인 변혁(качественное преобразование)에서가 아니라, 양적인 복제(количественное воспроизве-дение) 속에서 그 존재 목적을 찾을 수 있기에 그는 어떤 일의 창조자(творец)라기보다는 수공업자(ремесленник)라고 보는 것이 더 타당한 것으로 간주된다.

여기서 서술자는 비록 그가 삶의 창조자는 아니라 하더라도, 그가 재배한 감자와 그가 잡은 물고기로 오갈 데 없는 올가와 아이들의 생명을 구할 수 있었기에 오늘날 메이스너 가문이 존속할 수 있었던 것 아니냐고 반문한다. 그는 마치 일을 하기 위해 태어난 사람마냥 밤낮으로 쉬지 않고 일을 하며, 그 결과물로 다른 사람들을 위해 봉사한다. 이 때문에 작가는 프로호르 노인과 같은 부류의 사람들이 지닌 고요하면서도 얼굴을 내지 않는 선(тихая и безликая доброта)이 우리들의 생명을 구원한다고 과감히 평가한다. 그리하여 아나톨리 김은 예술가나 수공업자들처럼 질적으로든 양적으로든 삶을 창조해 가는 사람들을 미래의 인류(будущее человечество)로 호칭한다.

이에 반해 예술가와 수공업자의 질적·양적 창조행위에 대해 극도의 혐오감을 느끼며, 이들과 완전히 대립되는 사람을 작가는 '난봉꾼(пожарник)'이라고 부른다. 일반인들이 사용하는 이 은어의 의미는 길가에 세워진 기둥이나 남의 집 대문 옆이나 담장 등 예기치 않은 장소 아무 곳에서나 마음대로 실례를 하는 사람을 가리키는 은어(소방수)로서, 이들은 일종의 난봉꾼인 것이다. 이들은 화가의 열정과 꿈이 배어 있는 예술작품에 오물을 끼얹어 그것을 형체도 없이 만들어, 그 나래를 꺾는 사람들이다. 서술자는 난봉꾼들에 대해 설명하면서 이들은 질적으로나 양적인 측면에서 모든 창조행위에 극도의 혐오감을 느끼며, 이들 때문에 예술가들의 모든 노력과 공적이 수포로 돌아간다고 표현한다.

작가는 이런 부류의 사람들의 특징은 일종의 종말론 신봉자들의 성향과 유사하다고 평가한다. 그들은 세상의 끝이 임박해 있다고 믿고 곧이어 나팔소리가 울려 퍼지게 될 것이라는 등의 종말을 예언한다. 따라서 종말이 도래한다고 생각하고 있는 사람들에게 모든 창조행위는 아무짝에도 쓸모없는 것이 되고 말기에, 결과적으로 그들은 우리 인간의 정신을 파괴하는 사람들이라는 것이다. 이처럼 삶과 예술을 등가적인 관계로 설정하는 아나톨리 김의 관념에 입각했을 때, 우리에게 예술은 어떤 의미를 지니는가를 재성찰할 수 있다.

여기서는 먼저 이에 대한 쇼펜하우어의 견해부터 보도록 하자. 쇼펜하우어는 인간은 고통을 인지하고 있기 때문에 철학을 한다고 말한다. 철학은 이론적으로 세계를 고찰하기 위해서 필연적일 뿐만 아니라, 이 고통에 대한 해결책을 생각해 내기 위해서도 필요하다는 것이다. 그러므로 쇼펜하우어 철학의 근본적인 지향은 인간이 고통의 원천인 의지로부터 해방될 수 있는 가능성을 찾는 것인데, 이러한 가능성을 제공하는 것 가운데 하나가 예술이라는 것이다.[39]

쇼펜하우어에 따르면 예술 안에서 그리고 예술을 통해서 인간은 의지 충동을 잊을 수 있고, 의지 충동으로부터 자유롭게 될 수 있는 기회를 발견할 수 있다. 이때에 지성은 전적으로 의지에만 봉사하고, 또한 의지는 개체와 종(種)의 보존을 위한 수단에 불과한 것이 된다. 하지만 예술적 명상에서 우리는 더 이상 의지의 실마리에 집착하지 않는다. 즉 우리는 언제, 어디서, 무엇 때문에 그리고 왜에 대해서 묻지 않고 순수한 본질에만 관계하는 것이다.

여기서 쇼펜하우어는 예술 자체가 삶에 어떻게 관계하는가 하는 물음을 함께 고찰한다. 예술이 삶의 구제책으로 규정된다면, 참된 삶은 예술의 규정에 대해서 어떤 기준을 줄 수 있을 것이다. 하지만 쇼펜하우어는 예술을 통한 구제를 지속적인 것이 아니라, 어떤 '순간'들에서 일어나는 것으로 간주한다.[40] 예술은 예외적 상태로 옮겨가지만, 삶은 되풀이되고 지속되기 때문에, 이런 '순간'을 어떻게 삶을 통해 지속하느냐가 문제가 된다. 쇼펜하우어는 인간이 일시적으로

---

39) 스털링 램프레히트, 536쪽.
40) 앞의 책, 536-7쪽.

뿐만 아니라, 인간 존재 전체가 의지에 의한 고통에서 자유롭게 될, 즉 의지를 넘어서야 할 가능성을 발견하지 않으면 안 된다고 본다.

삶의 고통과 그것의 극복이라는 측면에서 아나톨리 김은 쇼펜하우어의 예술에 대한 인식과 많은 유사점을 보인다.[41] 특히 『연꽃』의 주인공 로호프는 자신의 삶을 충만하게 했던 극대화된 몇몇 순간을 통해 삶과 예술을 반추한다. 로호프는 그 '순간'이 주는 눈부신 찬란함을 통해, 그 '순간'을 영속화함으로써 자신의 삶을 사랑할 수 있는 것이다.

뿐만 아니라, 작가가 작품 속에서 설정하고 있는 삶과 예술의 등가 역시 진정한 삶과 예술의 공통분모인 '창조성'에 대한 이해에 기인하는 것이다. 창조성을 하나의 도덕으로까지 제시하는 것은 우주에 대한 이해에 기초한다. 뉴턴적 사고에 젖어 있던 시대에는 순종이 가장 중요한 덕목의 범주였다. 우리가 기계적 우주에 살고 있다고 가정되었을 때, 여기서 가장 중요한 임무는 그 기계에 순종하는 일일 것이다.

실제로 산업혁명과 뉴턴주의 시대는 일로써 예술을 제거해 버렸다. 하지만 이제는 예술을 우주의 기초가 되는 일로, 인간 사회의 기초적인 일의 형태로 복권시켜야 한다는 것이 아나톨리 김의 관점이기도 하다. 이러한 예술가들이 성장함에 따라서 삶은 다시 경배할 만한 것이 된다는 것이다. 그리하여 창조성은 우주 안의 소우주를 구성하는 인간 정신의 기본법이 된다는 관점에 아나톨리 김은 동조하는 것이다.[42]

---

41) 아나톨리 김 자신도 자서전에서 이미 군에 입대하기 전에 쇼펜하우어를 읽었음을 밝히고 있다. моё прошлое, с.458.
42) 예술가이며 신비가인 피터 로저스는 저서 『화가의 탐구』(A Painter's Quest)에서 "네 마음을 다하고 목숨을 다하고 뜻을 다하여 주님이신 너희 하느님을 사랑하라. <……> 네 이웃을 네 몸같이 사랑하라"(마태 22, 37-39)는 예수의 가르침이 다음과 같은 궁극적인 예술의 진리를 표현하고 있다는 결론에 도달한다. 곧, 우주적 차원(하느님)과 구체적 차원

아나톨리 김은 삶이란 자기의 생(生)을 재료로 하나의 작품을 완성해 가는 것이며, 인간은 처음부터 자기 삶의 창조자가 될 수 있는 자유를 부여받았다고 강조한다. 그에게 삶을 통한 창조행위의 중요성은 비단 인간에 머물지 않는다.

ведь каждый муравей, человек или другой труженик на земле есть творческая личность, нельзя ему помешать в работе — пусть попробует создать из своей жизни совершенное произведение. (c.345)
그것이 한 마리의 개미이든, 인간이든 혹은 한 사람의 일꾼이든 이 땅에 살고 있는 존재들은 모두 창조적 천품을 가지고 있기 때문에 그들이 하는 작업을 방해해서는 안 된다 ― 그들이 자기들의 삶을 재료로 완전한 작품을 창조할 수 있도록 노력하게 하라.

창조성과 새로운 영성의 필요성에 대한 테마는 베르쟈예프에게서 강력하게 울려 퍼진다. 그는 "새로운 영성은 무엇보다 창조적 에너지와 영감에 대한 체험이어야 한다. 그리스도교 르네상스는 오직 창조적 르네상스일 수 있을 뿐이다. 창조성은 새로운 영성의 기본 문제이다."[43] 하고 주장하기도 하였다. 예술은 창조적 변형이며, 실제적 변형 이전에 변형을 미리 체험하는 것이라는 얘기다.[44]

('네 이웃')을 함께 다루지 않는 예술가는 없다. 로저스는 "시야가 넓어질수록 하느님을 사랑하는 일에 가까워지고, 구체적인 것에 대한 주의력이 커질수록 이웃을 사랑하는 일에 가까워진다."라고 말한다. 이것은 모든 예술가들이 체험하는 진리다. 바로 예수가 그들 중 한 사람이다. 로저스는 참된 창조성이 지역적인 것(local)과 우주적인 것(cosmic)을 결합시킨다고 말한다. Peter Rogers, *A Painter's Quest* (Santa Fe, NM: Bear & Co., 1987), p.152.
43) Nicolas Berdyaev, The Spirit and Reality (London: Geoffrey Bles, 1939), pp.192-3. Berdyaev, *Slavery and Freedom* (New York: Scribners, 1939), pp.171-2.

베르쟈예프는 신이 우리의 자유로운 창조적 행동을 고대하고 있다고까지 표현한다. 창조성은 신에 대한 인간의 의무가 된다는 것이다. 그리하여 베르쟈예프는 "인간의 창조성은 인간 편의 요구나 권리가 아니라 하느님께서 인간에게 요구하고 요청하는 것임을 반드시 기억해야 한다."라고 강조한다.45)

그렇다면 베르쟈예프에게 '창조'의 의미는 무엇이며, 그에게 '창조'가 그렇게 중요한 이유는 무엇인가? 베르쟈예프는 창조는 초월이자 자유이며, 그는 정신적인 초월과 자유를 인간의 지평을 넓혀 줄 수 있는 가장 기본적인 것으로 인식하고 있기 때문이다. 또한 초월과 자유는 예술행위에 있어서도 기본적인 의식으로 나타난다. 베르쟈예프는 창조는 어떤 유한한 대상물에 형식을 부여하는 것이 아니라, 오히려 무한한 것에 대한 열어 보임, 무한성에 대한 비상이라고 이야기한다. 객체화가 아니라, 초월인 것이다.

이것을 위해 베르쟈예프는 죄의식에서 창조적 비상이라는 의식으로 우리가 옮아가야 한다고 한다. 앞서 종교철학 분야에서도 살펴보았듯이 아나톨리 김이 작품에서 죄의식이 아니라, 창조적 비상을 내보이는 주인공들을 설정한 것은 실상 베르쟈예프의 관념과 일치한다고 볼 수 있다. 아나톨리 김은 베르쟈예프의 창조적 테마와 같은 관점에서, 인간의 삶과 예술의 등가성을 이해하고 있는 것이다. 그리고 아나톨리 김과 베르쟈예프가 공통적으로 제기하는 창조의 문제는 자아중심주의와는 대립되는 특징을 지닌다. 그것은 집단주의적 공통성을 보이는 것이 아니라, 개인적이며 인격적인 특성을 지니기 때문에,

---

44) 춤이나 시, 교향곡, 그림들의 아름다움은 영원한 생명으로 들어간다. 그런 의미에서 예술은 능동적이며 어떤 의미에서 마술적이다. Berdyaev, Slavery, p.241.

45) Nicolas Berdyaev, *Dream and Reality* (New York: Collier Books, 1962), p.204.

여기서 창조행위는 현실의 한계를 뛰어넘는 초월이자, 필연성을 꿰뚫는 자유의 돌파이고 자유의 유출이다. 그리하여 예술을 통해 새로운 고차원의 삶을 지향한다는 것은 새로운 존재로 집중하는 인간 본질의 비상을 의미하는 것이 된다.

여기서 창조행위는 신의 부름에 대한 인간의 응답이라는 세계 창조의 지속이라는 의미로 확대된다. 세계 창조의 지속과 완성은 신인(神人)적인 작업46)인데, 이것은 인간의 창조행위를 매개로 해서 근접하는 것이다. 이것은 아나톨리 김 작품 속의 등장인물들이 삶의 원리에 따라 예술을 창조하고 예술의 원리에 따라 삶을 창조함으로써, 지속적인 창조행위를 하는 것의 의미를 보다 확대하는 프리즘으로 작용한다. 작가는 이러한 창조원리를 받아들이고 자신의 눈을 우주로 돌린다. 그리고 창조행위가 세계를 변형시키고 우주를 성화시킬 수 있다는 믿음을 자신의 작품 속에서 창조적 예술 활동을 하는 등장인물들의 모습을 통해 구현하는 것이다.

2) 새로운 영혼의 창조: '에고'에서 '에고 에이미'로의 변화

앞서 살펴본 창조테마를 통해 아나톨리 김이 드러내는 주요 관점

---

46) 베르쟈예프는 신에 관한 이념을 가장 숭고한 이념이라고 본다. 그에 따르면 인간은 인간 자신 안에서 신이 탄생하는 것을 기다린다. 신은 신 자신 안에서 인간이 태어나는 것을 기다린다. 그리고 창조의 문제 역시 이러한 신비 속에서 세워져야 한다고 보는 것이다. 신이 인간과 인간의 응답과 인간의 창조를 필요로 한다고 생각하는 것은 대단한 모험일 수 있지만, 이러한 모험 없이 신인(神人)의 계시라는 것은 그 의미를 잃고 만다는 것이 베르쟈예프의 기본적인 생각이다. 니콜라이 베르쟈예프, 『거대한 그물: 철학적 자서전 또는 삶에 대한 정신적 탐구의 역사』, 이경식 역 (종로서적, 1981), 218쪽.

가운데 하나가 '변화'에 대한 것이다. 그런데 '변화'라는 문제가 대두될 때마다 그 대상을 누구로 보는가 하는 점은 항상 논란이 되어 온 문제이기도 하다. 사회가 변화되어야 하는가? 인간이 변화되어야 하는가? 이런 질문에 답하기 위해서는 먼저 사회변혁을 주장하는 유토피스트(utopist)들이 주장하는 '변화'의 의미와 성서에서 언급되는 인간 '변화'의 의미에는 어떤 차이가 있는지 살펴볼 필요가 있다. 이것을 통해 아나톨리 김의 관점을 규명할 수 있을 뿐만 아니라 그의 사상의 뿌리를 응시할 수 있기 때문이다.

현대의 유토피스트들은 인간은 본질적으로는 선하지만 외부 상황으로 인해 그들의 행동이 부정적으로 표출되는 것이라고 생각한다. 그들은 외부의 질서가 올바르면 인간도 그에 따라 행동할 것이라고 믿는다. 유토피스트들은 인간의 공격적 본성에 대해서는 간과하는 측면이 있다. 그들은 모든 공동생활을 파괴하는 근원적 악인 이기심은 모든 시민들이 평등하게 사는 행복한 상태가 되면 사라진다고 믿는다. 이렇듯 유토피스트는 기본적으로 인간이 선하다는 것을 확신하고 있으며 모든 악의 책임을 인간이 살고 있는 상황에 돌리는 것이다.

유토피스트들이 행복에 대한 인간의 동경은 사회가 집단 체제로 변화될 때에 이루어질 수 있다고 믿는 반면에, 성서에서는 개인이 변화될 때 세계 전체의 상황이 개선될 수 있다고 믿는다. 키에르케고르(Soren Kierkegaard)는 『사랑의 역사(Der Liebe Tun)』에서 "모든 사람에게 다음과 같이 성실한 자세로 말하고자 하는 것이 기독교의 신적 의도이다. 세계의 형태나 너의 삶의 조건을 변화시키기 위하여 죽도록 애쓰지 말라. 그리스도교적인 것을 너 자신의 것으로 삼아라. 그리하면 그것의 도움으로 너나 하늘과 땅을 움직일 수 있는 한 점이 이 세계의 밖에서 너에게 보일 것이다. <……> 조그만 변화를 일으키기 위해 세계는 소란을 피운다. 아무것도 아닌 것 때문에 하늘

과 땅을 움직인다. <……> 그리스도교는 조용한 가운데에서 아무것
도 아닌 것처럼 무한성의 변화를 일으킨다."47)라고 말한다.

이렇게 예수는 구조의 변화를 선포하지 않고 인간의 회개를 선포
한다. 예수는 세계가 인간을 나쁘게 만드는 것이 아니라 인간이 나
쁘기 때문에 인간의 공동생활이 파괴될 수 있는 위험이 나타난다는
것이다.48) 헤시오도스를 비롯한 희랍인들이 미래를 구상하면서 분명
히 인간의 변화를 요구하였다는 것은 흥미로운 일이다. 그들의 생각
에 의하면 인간의 행복과 불행은 제도에 있는 것이 아니라 인간의
생각에 있다. 또한 아리스토텔레스에게서도 모든 악의 뿌리는 사유
재산에 있는 것이 아니라 인간의 욕망에 있다고 보았다. 공동생활을
방해하는 것, 예를 들어 계약의 위반, 위증, 부유한 사람들에 대한
굴종, 이와 같은 것은 소유물의 결핍에서 오는 것이 아니라 도덕의
결핍에서 온다는 데에 주목한다.49) 인간의 공동생활을 위협하는 모
든 행동 양식은 사실상 어떤 외부상황으로부터 오는 것이 아니라 바
로 인간의 내면으로부터 온다는 것이다.50)

---

47) 키에르케고르, 『사랑의 役事』, 林春甲 역 (종로서적, 1979), 151-2쪽.
48) 마르코 복음 7장 15절은 "무엇이든지 밖에서 몸 안으로 들어가는 것이
사람을 더럽히지 않는다. 더럽히는 것은 도리어 사람에게서 나오는 것
이다."라고 말한다. 그리고 사람 안에서 밖으로 나오는 것을 예수는 다
음과 같이 열거한다. 음행, 도둑질, 살인, 간음, 탐욕, 악의, 사기, 방탕,
시기, 중상, 교만(7: 21-22)과 같이 인간의 공동생활을 위협하는 것이
그것이다.
49) 김균진, 『유토피아니즘과 기독교』(종로서적, 1986), 76쪽.
50) 김균진은 사실상 외부 상황이 아니라 인간이 변화되어야 한다는 점의
설명하면서 레닌과 고리키, 솔제니친의 언급을 예로 든다. "레닌은 그
와 함께 혁명을 일으킨 사람들이 본래적인 참된 인간이 아니었음을 분
명히 보았다. 인간이 하늘을 땅 위에 세울 수 없다는 사실을 그는 충분
히 냉정하게 알 수 있었다. 그럼에도 불구하고 그는 희망을 포기하지
않았다. 그는 이렇게 말한다. '노동자들은 새로운 세계를 건설한다. 그
러나 그들 자신을 새로운 인간으로 변화시키지 않았다. 그들은 지나간
세계의 더러움으로부터 벗어나지 못하고 있으며, 이 더러움으로부터 벗

유토피아와 그리스도교의 차이는 양자가 가지고 있는 상이한 인간상에 있다. 인간이 악하다는 것을 성서는 자명한 것으로 받아들이고 있다. 그리스도인들도 여기에서 예외가 아니다. 하지만 인간이 악하다고 해서 악마는 아니며 악이 그의 모든 것도 아니라는 것을 분명히 한다. 그리고 오히려 신약성서는 바로 이 '악한 정신'이 선을 행할 수 있는 능력을 가지고 있음을 자명한 것으로 받아들이고 있다. 상황이 새롭게 변화되는 일에 있어서 언제나 장애가 되는 것은 현존하는 인간 자신이며, 인간이 정말 새로운 것을 이루고자 한다면 인간 자신부터 새롭게 되어야 한다는 것이다. 따라서 성서에서는 구원을 받아 하느님 나라로 들어가고자 한다면 먼저 '위로부터' 다시 태어나 새롭게 지음받아야 한다는 점을 강조한다.

따라서 바오로 역시 인간의 거듭남에 대해 말할 때, 죄인의 회개에 대하여 말한다. 죄인의 회개는 인격적인 하느님의 인간학적 행위이다. 그러나 죄인의 거듭남은 인간 안에서 일어나는 내적인 과정이 아니라 하느님의 창조적인 활동이라고 본다. 그것은 의식의 변화나 인간의 자기 발견에 불과한 것이 아니라 철저한 변화라는 것이다.

어난다는 것은 오늘도 하나의 꿈이다. 이러한 일이 오늘 아니면 내일 일어날 수 있다고 믿는 것이야말로 가장 큰 유토피아일 것이다.' 고리키는 떠돌이 코노바로프의 이야기에서 이러한 내용을 말하고 있다. 사람들이 삶의 새로운 조직을 위한 계획을 코노바로프에게 제의하였을 때 그는 화가 나서 다음과 같이 답변한다. '이제 그만두시오. 중요한 것은 삶이 아니라 인간입니다. 당신들이 하는 말을 들어 보면 모든 것은 변하였으나 인간은 지금 있는 모습 그대로입니다. 먼저 인간을 변화시키시오, 그에게 길을 제시하시오.' 외적인 상황이 인간을 변화시킬 수 없으며 인간의 소원이나 욕구가 사회구조의 변화를 통하여 제어될 수 없다는 사실을 솔제니친은 그의 저서 『암병동』에서 증명한다. '우리는 성급하게 우리를 적응시켰으며 생산 방법을 변화시키는 것으로 족하다고 생각했습니다. ― 그러면 인간이 변화되리라고 생각했지요. 그러나 그렇지 않았습니다. ― 인간은 조금도 변화되지 않았습니다.'"라고 기술한다. 앞의 책, 39-40쪽.

성서에 의하면 인간은 하느님께 불순종함으로써 창조의 질서를 파괴하였다. 여기서 세계의 운명은 인간의 행동 여하에 달려 있게 되며, 인간이 창조의 중심이라는 관점이 배태된다. 그리하여 이 세계가 달라져야 한다면 인간이 달라져야 한다는 것이다. 그리스도를 통하여 새로운 사람이 되었고 그리스도의 몸에 속하게 된 사람은 이 세계 속에서 새로운 창조를 대표한다. 그리고 세계의 새로운 변화는 경제적 구조들을 변화시킴으로 오는 것이 아니라 하느님이 각 사람을 취하시어 그것을 그리스도의 몸에 병합시키면서 가능하다고 간주된다. 아나톨리 김 역시 새로운 창조를 통해 드러나는 존재 변형을 작품에서 표현하면서, 인간의 변화뿐만 아니라 그것을 통해 확산되는 세계 변화의 염원을 등장인물들을 통해 표출한다. 즉 그는 사회 변화에 역점을 두는 유토피스트가 아니라 인간의 변화를 통해 세상의 성화를 도모하는 성서적 관점에 서 있는 예술가인 것이다. 여기서는 그의 관념에 입각해 성서 속의 인간변화의 의미가 작품 속에서는 어떻게 투영되고 있는지 살펴보기로 하자.

성서 속에서 인간의 변화에 대해 구체적인 비유로 설명하고 있는 부분은 요한복음이다. 요한복음은 그 자체가 변화된 인간과 예수의 영광이라는 주제를 아우르고 있다. 스태픈 버니는 요한복음서의 저자(이하 '요한')[51)는 동일한 사건들을 두 가지 차원에서 서술한다고 언급하고 있다. 이 두 차원을 요한은 '위'(아노)와 '아래(카토)'라고 부르는데,[52) 이것은 요한복음에서 결정적인 순간마다 서로 다른 모

---

51) 요한복음서 저자의 이름은 정확하게 알 수 없으나, 스태픈 버니는 독자들이 친밀감을 느끼며 묵상하도록 그를 '요한'이라 부르는데, 본 연구에서도 이것을 수용하기로 한다. 또한 '아노'와 '카토'에 대한 논의 역시 스태픈 버니의 관점을 그대로 수용해, 그것을 아나톨리 김의 '인간의 변화'를 이해하는 방식으로 살펴볼 것이다. 스태픈 버니, 11쪽.

52) 여기서 이 '위'와 '아래'는 물리적인 위치를 나타내는 것은 아니다. 요한은 우리가 산이나 하늘로 올라가야 하느님께 가까이 다가간다고는

습으로 나타나, 인간을 내적인 신비로 이끈다는 것이다.

　요한이 말하는 '위'와 '아래'는 '두 가지 질서'이다. 그는 물리적 차원을 '아래(카토)'로, 영적인 차원을 '위(아노)'라고 부르고 있다. '아래' 질서의 통치 원칙은 독재자인 나, 즉 자기중심적인 나이고, 그러한 질서하에서의 사회 방식은 경쟁과 조작과 서로에 대한 통제이다. 그러나 '위' 질서의 통치 방식은 사랑의 성령이며, 그 사회 방식은 연민(자비)이다.[53]

　그런데 여기서 스태픈 버니는 우리 각자와 인류 전체가 대면하는 가장 시급한 문제는, '어떻게 이 두 가지 질서를 조화시킬 수 있겠는가?'라는 문제라고 보았다. 사실 인간은 자신 안에 이 두 가지 질서를 느끼고 체험하지만, 행복이란 이 두 가지 질서를 어떻게 조화시키느냐에 달려 있다는 것이다. 인간은 지상에 묶인 존재이지만 동시에 하늘에 속한 자이기도 하기 때문이라는 것이다. 요한은 이 문제에 대해 예수님 안에 이 두 개의 질서가 서로 조화되어 있으며, 우리가 '당신은 누구십니까?'라고 묻는다면 '나는 나다'('에고 에이미')[54]라

　　말하지 않는다. 이것은 우리의 인간적인 경험을 통해서는 파악하기 힘든 어떤 것을 가리키고 있다. 산에 오르거나 로켓을 우주 공간으로 발사시키는 경우는 둘 다 밑으로 끌어당기는 중력을 거슬러서 움직이는 것이다. 높은 곳으로 올라가기 위해서는 엄청난 에너지가 필요하다. 그래서 요한은 초자연적인 에너지에 의하지 않고는 어느 인간도 '아래'에서 '위'로 올라갈 수 없다고 말한다. 앞의 책, 14쪽.

53) 앞의 책, 13-14쪽.

54) '에고'는 '나'를 가리키는 1인칭 대명사이다. 문제가 되는 부분은 '에이미'인데, 영어로는 be 동사에 해당된다. 우리말로는 '~이다'처럼 서술격 조사로 쓰이기도 하며, '존재'(있다)를 나타내는 형용사로도 쓰이는 등, 이 어휘 속에는 많은 의미가 포함되어 있다. 따라서 '에고 에이미'는 문맥에 따라 '나는 ~이다', '나는 있다', '나다' 등 여러 모양으로 옮겨진다. 예수께서 말씀하신 '에고 에이미'는 우선 '나는 ~이다'로 번역할 수 있는데, 이런 경우는 그분의 인성을 확증하는 것이다. 즉 그분의 머리에서부터 발끝까지, 그분의 전 존재를 뜻한다. 그분은 지금 당신을 있는 그대로, 당신의 몸, 정열, 지력, 영혼을 받아들이신다. 그분은

고 대답하실 예수가 바로 그분이라고 대답한다.

예수가 지니신 자의식의 중심에는 '에고 에이미'가 있었다는 점, 즉 하느님과 인간이 함께 있었다는 점을 스태픈 버니는 강조한다.[55] 하느님과 인간이 함께하는 예수님의 자의식 속에서 위와 아래라는 질서가 화합한다. 즉 하늘과 땅, 영과 육이 서로 작용하면서 하나가 된다는 것이다. 그분은 '위'와 '아래'라는 두 가지 질서가 당신 안에서 서로 만나 조화를 이루어 인간의 이기심을 가져가서 변화시키신다는 것이다.

이런 내면의 변화가 요한복음 속에서는 물이 포도주로 변화하는 것과 같은 맥락으로 이해되고 있다. 그리고 아나톨리 김이 인간 본성의 변화를 이야기하면서 자신의 작품 속 주인공들의 '갑작스러운 변화'를 통해 드러내고 있는 것이 사실상 바로 물이 포도주로 변하는 것과 같은 전질(全質) 변화인 것이다. 이에 대해 성서에서는 어떻게 구체적으로 그 비유를 사용하고 있는지 살펴보기로 하자.[56]

요한은 새로운 시대, 즉 사랑에 의해 다스려지는 새로운 세상 질서가 땅에서 어떻게 시작되었는지를 이야기하기 위해 결혼식이라는 상징을 사용한다. 요한복음 2장 1절의 "그리고 사흘째 되던 날 갈릴

완전한 자의식을 갖고 계시다. 동시에 예수께서 말씀하신 '에고 에이미'는 구약성서의 하느님의 이름 '야훼'를 그리스어로 옮긴 말이기도 하다. 모세가 하느님께 '당신의 이름은 무엇입니까?'라고 물었을 때, 하느님 역시 "나는 곧 (있는 그대로) 나다. 있는 자(야훼)가 너를 보냈다고 그들에게 말하라" 하고 말씀하셨다.(출애 3, 14) 칠십인역 성서에서는 이 구절을 그리스어로 옮길 때 '에고 에이미'라고 그대로 사용하고 있다. 이때의 '에고 에이미'는 '나는 곧 나다' 혹은 '나다', '나는 있는 그대로의 나다' 등으로 번역할 수 있다.

55) 스태픈 버니, 18쪽.
56) 아나톨리 김의 인간 본성의 변화를 설명하기 위해 성서에서 이에 대한 가장 적절한 예로 간주되는 요한복음 2장 1절~12절에 대한 스태픈 버니의 설명을 그대로 수용했음을 밝혀둔다.

래아 지방 가나에 혼인잔치가 있었다."라는 표현이 그것이다. 여기서 결혼은 예수님을 중심으로 하는 새로운 세상 질서를 낳은 상징이고, 그 세상의 통치 원칙은 '서로 사랑하라'이다. 가나의 혼인잔치는 예수께서 나타니엘과 말씀을 나누신 지 사흘째 되는 날에 열렸는데, 요한복음서의 절정에 이르면 '사흘째 되는 날'[57]이 죽음을 통한 생명의 날임이 드러난다.

이 결혼식 중 "잔치 도중에 포도주가 다 떨어지자 예수의 어머니는 예수께 포도주가 다 떨어졌다고 알리신다."(3절) 그러자 예수께서 하인들에게 "그 항아리마다 모두 물을 가득 부어라."(7절) 하고 이르셨다. 이렇게 예수께서는 포도주가 다 떨어졌다는 말에 "물을 가득 부어라" 하고 말씀하신다. 요한복음에서 물은 육과 영의 결혼을 가리키는 위대한 상징 가운데 하나이다. "그 항아리마다 모두 물을 가득 부어라."라고 예수는 인간 본성을 가득 채우기를 원하셨고, 그들은 여섯 항아리에 물을 가득('아노') 채웠다. 여기서 요한은 하인들의 행동이 가리키고 있는 변화의 신비에 우리가 눈을 뜨도록, '위'라는 말을 사용하고 있다. 예수께서는 인간 본성을 '위'에 이르기까지 가득 채우라고 명령하신다. 즉 육적인 인간 전체가 영적인 질서를 받고, 그것의 변화시키는 힘을 드러낼 때까지 채우라는 말이다.

예수께서 "이제는 퍼서 잔치 맡은 이에게 갖다 주어라" 하셔서 하인들이 이 말씀을 따랐더니 물은 어느새 포도주로 변해 있었다고 한다.(9절) 이것은 물이 포도주로 변하듯이, 인간의 본성이 신적인 본

---

57) '사흘째 되는 날의 결혼식'은 다가올 시대에 대한 상징이다. 그 결혼식은 특정한 신랑과 신부가 공동의 삶을 시작하려는 작은 산 위 마을에서 실제로 일어났다. 그러나 이 결혼식은 그 자체를 넘어선 어떤 것을 가리킨다. 우선 남녀가 서로에 대한 사랑 안에서 성장함을 가리키고, 이를 뛰어넘어 우리 모두가 기대하는 궁극적인 결혼을 가리킨다. 즉 육과 영의 결혼, 이기심과 사랑의 결혼, '아래'와 '위'의 결혼, 땅과 하늘의 결혼을 가리키는 것이다.

성으로 거룩하게 변화된다는 것이다.[58] 이 열쇠가 되는 표징은 예수께서 이루어 내시는 일이 '변화'임을 알려 주는 것이다. 변화되어야하는 것은 바로 인간 본성인 것이다. 그러나 앞에서 유토피스트들의관점과 성서적 관점을 비교하면서 살펴보았듯이, 외부환경을 변화시킴으로써가 아니라, 오히려 가득 채워 새로운 질서에서 오는 변화시키는 힘과 만나게 함으로써 변화가 이루어진다는 것이다. 새로운 중심을 둘러싼 새로운 방식이라는 새로운 질서 속에서 우리의 운명은완성된다. 여기서 자아는 참된 자아가 되며, 이기심은 사랑으로 변화되는 것이다. '새로운 영혼'의 창조에서 나타나는 의식의 변환은 다음과 같이 표현할 수 있다.

〈표 7 '새로운 영혼'의 창조를 위한 전환〉

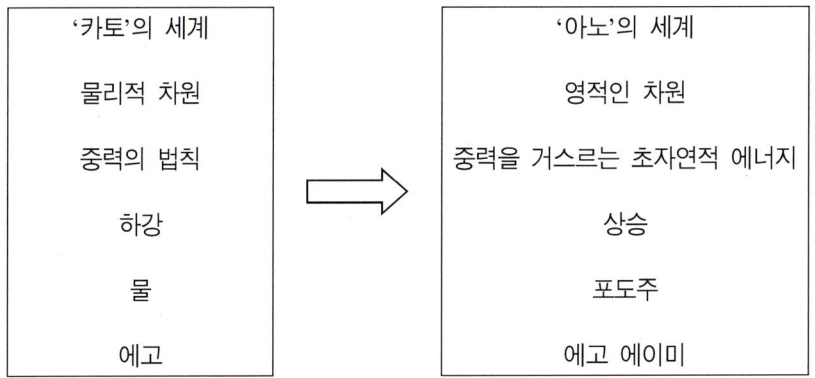

'카토'의 세계	'아노'의 세계
물리적 차원	영적인 차원
중력의 법칙	중력을 거스르는 초자연적 에너지
하강	상승
물	포도주
에고	에고 에이미

요한복음서의 첫 번째 표징인 '가나의 혼인잔치'에서 암시되듯, 요한복음은 물이 포도주로 변화한 이야기이다. 그러나 그것은 아나톨리 김이 자신의 끊임없이 이야기하는 인간의 변화와 요한이 서술하는 우리들 안에서 일어나는 의식의 변화를 그대로 드러내는 것이기

---

58) 스태픈 버니, 24-32쪽 참조.

도 하다.

요한의 표현을 빌자면, 이것이 아버지가 우주를 창조한 목적이자 외아들을 지금 보내 주는 이유이다. 아버지께서 그리스어로 생각과 마음의 변화를 의미하는 '메타노이아', 즉 '회개'라는 무상의 선물을 제공하고 있기에, 인간은 새로운 생각과 새로운 마음을 받아야만 한다는 것이다.[59] 즉 인간이 이기적인 자아를 내어 줄 때, 자신의 육으로부터 솟아 나오는 영, 곧 '에고 에이미'를 되돌려 받게 되며, 그것으로 '새로 태어남'을 가져오셨다.

아나톨리 김 작품 속에서 의식의 변화와 새로운 태어남을 드러내고 있는 대표적인 인물로는 『아버지-숲』의 글렙 투라예프, 『연꽃』의 로호프, 『양파 밭』의 파벨 등을 들 수 있다. 하지만 그러한 인간의식의 눈뜸과 영혼의 변화에 대한 것은 이미 그의 단편들에서도 빈번하게 드러나는 테마 중 하나이다. 그런 유형으로 작가가 설정해 둔 초기 단편 속 인물들로는 「도시의 벼락(Молния в городе)」의 인도시인과 러시아인 노인, 「해일(Цунами)」의 한 평범한 직장인, 「복수(Месть)」의 순구 그리고 「동틀녘의 자두맛(Вкус терна на рассвете)」에 등장하는 예고르 찌모페예비치를 들 수 있다.

사실상 '새로 태어남'이 가능하기 위해서는 이기적인 자아에서 참된 자아로 거듭나야 하는데, 자신을 부정하지 못하고 '에고'에서 벗어나지 못하던 사람들이 그 틀을 벗어나는 순간에 대한 묘사가 작품모음집 『도시산책(Прогулка по городе)』에 수록된 단편 「해일」에서

---

59) 평범한 인간 안에 있는 자의식이란 자기중심적이지만, 예수님 안에 있는 자의식은 '나를 보내신 아버지'에게 모아져 있다. 그것은 아버지와 아들의 대화이며, 그 대화 안에서 예수께서는 끊임없이 인간이 본성과 인간에게 일어나는 모든 일을 아버지께 들어올리시고, 아버지로부터 인류를 향한 자비와 진리를 받으신다. 예수님의 자의식이란, 하늘이 열리고, 땅과 하늘을 잇고 있는 사다리를 타고 천사들이 오르내리는 모습을 보았던 야곱이 꿈에서 드러난 그 실재이다. 앞의 책, 230-1쪽.

도 잘 드러난다. 여기서 작가는 한 아파트에 살면서도 마음을 열지 못하고 자신의 공간에만 갇혀 사는 평범한 직장인과 해일로 아내를 잃은 군대 상사의 심리를 잘 표현하고 있다.

한 아파트에서 공동생활을 하지만 서로 말을 하지도 같이 차를 마시지도 않으며, 상대방에게 다가서고 싶어 하지 않는 직장인의 마음을 작가는 이렇게 표현한다.

> Я не могу сказать себе определенно, нравится мне этот старшина или не нравится. Чужая душа – потемки, так говорят, и я не лезу в эту чужую тьму со своей коптилкой , мне хватает и собственной тьмы. (с.176)
>
> 나는 이 상사가 마음에 드는지 안 드는지 딱 잘라 말할 수는 없었다. 사람의 마음은 어차피 알 수 없는 것이라고는 하지만, 나는 작은 석유램프까지 켜 들고 타인의 어둠 속으로 파고들고 싶은 생각은 없었다. 내겐 내 자신의 어둠만으로 충분했다.

대학에서 물리학을 전공했지만, 학문에 뜻이 없어 평범한 직장인의 길을 택했던 그의 삶은 점차 단순해지고 무료해진다. 모든 것에 흥미를 잃은 그는 타인에 대해서도 별다른 관심을 갖고 싶어 하지 않는다. 그에게는 해일로 잃은 아내 생각에 술만 마시면 흐느껴 우는 그의 사소한 행동조차도 마음에 들지 않았다.

그러던 그가 해일로 시커먼 파도가 뒤에서 몰려올 때 거기서 벗어나기 위해 필사적으로 달아나야 했던 사람들과 그런 위기 상황에서 아내를 구하지 못하고 자신만 혼자 도망쳤다는 죄책감에 평생 괴로워하는 그 상사에 대해 생각하게 된다. 그리고 강한 해저 지진이 발생한 해일처럼 그의 영혼 속에는 그 밑바닥에서 온 전체를 뒤흔드는 해일이 몰려온다. 그리고 그는 오늘은 그와 참으로 화해하고 술

잔을 기울이고 싶다고 생각한다. 이제 그가 자신의 '에고'에서 벗어나 눈길조차 마주치고 싶지 않았던 상대방에게 미소를 보내게 된 것이다. 이렇게 아나톨리 김은 우리의 삶에서 '갑자기' 영혼의 변화를 경험한 사람들을 묘사한다.

아나톨리 김의 작품에서 빈번하게 나타나는 부사 '갑자기'는 작가가 강한 에너지를 부여하는 어휘이며, 이것은 '에고'에서 '에고 에이미'로 변화한 순간을 드러낸다. 즉 영혼이 질적인 비약을 하는 순간인 것이다. 그때 비로소 영원한 생명이라 불리는 전혀 다른 질서에서 자아를 되돌려 받게 된다는 것이다. 다시 말해 영원한 생명에서 우리의 자아는 참된 자아로 '변화'되는데, 그때 우리가 섬기는 왕이 '에고 에이미'[60]인 것이다.

---

60) 성서 속에 나타나는 '에고 에이미'의 구체적 표현의 예를 스태픈 버니는 다음과 같이 몇 가지로 이야기한다. ① 예수께서 '에고 에이미'라고 말씀하실 때는 인간이면서 내면에 신성이 깃들어 있다는 자의식을 인정하고 계시다는 것이다. 이것은 니고데모와의 대화에서 드러나며, 예수님 안에서 물이 성령으로 가득 차 있다고 말했을 때도 나타난다. ② '에고 에이미'라는 표현은 항상 또 다른 차원의 의미를 열어 주는 종속절을 수반하기도 한다. 요한복음 4장 26절에서 사마리아 여인이 메시아가 오시면 저희에게 모든 것을 다 알려 줄 것이라고 하자, 예수께서는 "너와 이야기하고 있는 내가 바로 그 사람이다." 하고 말씀하신다. 여기서의 종속절은 "너와 이야기하고 있는 내가"이다. '에고 에이미'는 모든 것을 영원히 그렇게 있게 하는 고독한 존재자가 아니라, 대화로 초대한다. 그리스어 '랄레인'은 '말하다'라는 뜻 이상의 의미를 가지고 있는데, 누군가와 같이 대화를 나눈다는 뜻이다. '에고 에이미'는 우리와 의사를 교환한다. 이렇게 '에고 에이미'는 우리를 우정의 관계로 이끌어, 우리와 함께 대화를 지속하도록 하는 것이다. ③ 요한복음 8장과 9장에서는 '에고 에이미'의 절정이라 할 수 있는 표현이 나온다. 예수께서는 이렇게 말씀하셨다. "나는(에고 에이미) 세상의 빛입니다. 나를 따라오는 이는 어둠 속을 걷지 않고 오히려 생명의 빛을 얻을 것입니다."(8, 12) 빛은 우리의 눈이 사물을 볼 수 있게 해 준다. 우리는 어둠 속에서 비틀거리며 걷지만, 그때 우리 눈에 이상이 있는 것은 아니다. 단지 눈은 빛이 들어올 때까지 제 구실을 하지 못하고 있는 것이다. 이

우리 존재가 '에고'에서 '에고 에이미'로 변화되어야만 진정한 영
적인 눈을 뜰 수 있다는 아나톨리 김의 관념은 요한복음 9장 9절의
눈을 뜨게 된 소경에 관한 내용과 같은 맥락에서 이해된다. 이에 대
해 스태픈 버니는 흥미로운 점은 요한이 눈먼 소경을 가리키며 사용
하고 있는 말이 '안트로포스'라는 점이라고 언급한다.61) 그는 '안트
로포스', 곧 인간이며 장님이라는 것이다. 이는 그가 아직 빛에 의해
눈을 뜨지 못한 모든 인간을 대변하고 있음을 뜻하는 것이다.

여기서 '안트로포스'는 두 가지 의미로 사용된다. 예수께서는 장님
으로 태어난 특정인을 보셨으며, 동시에 태어나면서부터 '눈멂'을 물
려받은 모든 사람들을 보셨던 것이다. 하느님의 목적에서 볼 때, 모
든 이는 하느님으로부터 '볼 수 있는 눈'을 무상의 선물로 받기 위
해 영적으로 장님인 상태로 태어난다. 그리고 영적인 눈이 뜨여 하
느님을 알게 됨으로써, '에고 에이미'로 변화된다는 것이다.

앞서 살펴보았던 『연꽃』의 로호프의 체험 역시 비록 소경은 아니
었지만, 육체의 눈으로 가시적인 세계만을 보았던 눈먼 우리 인간의
모습과 다를 바 없었다. 그런 그가 가상의 죽음체험을 통해 갈릴리
의 혼인잔치에서 물이 포도주로 변했듯이, 에고에서 벗어나 에고 에
이미가 되는 것이다. '에고 에이미'가 하느님인 사람, 사람인 하느님
이며, 예수님의 자기 계시, 예수님의 자의식인 것이다. 이것은 생명

제 예수께서는 세상의 어둠 속으로 빛이 오고 있다고 말씀하신다. "나
는 세상의 빛입니다." 우리는 자기중심적인 질서 안에서 눈이 멀어 비
틀거리고 있지만, '에고 에이미'라는 빛이 비출 때 눈을 떠서 보게 될
것이다. 또한 빛은 우리 눈을 뜨게 하여 사물을 보이게 하는 것 이상의
역할을 한다. 빛은 씨앗에게 생명을 주고, 자기 안에 생명을 담고 있던
씨앗을 살아나게 해 준다. 그래서 예수께서는 '에고 에이미'라는 빛이
우리에게 닿을 때 우리는 생명을 얻고 살아나기 시작할 것이라고 그는
설명하고 있다. 스태픈 버니, 75-118쪽 참조.
61) 앞의 책, 126-9쪽 참조.

과 빛을 가져다주는 하느님의 이름이자 인간을 죽음에서 일으키는 진리이며, 죽음에서 일어나고 동시에 다른 이들을 죽음에서 일으켜 세우는 진리인 것이다. 물이 포도주로 변화된 것을 인식할 때, 즉 자신의 자아(에고)에서 벗어날 때, 인간은 진정 자유로울 수 있는 것이다. 이것이 바로 '에고 에이미'로 변화하게 하는 초월하는 자유이다.

인간의 자유는 인간의 정신적 능력이나 영혼의 능력, 즉 그의 마음의 수준에 의존한다. 모든 인간이 같은 정도로 자유로운 것이 아니라, 그 인간의 결단이 그의 자유의 정도를 나타내게 된다. 그리하여 결단의 종류와 질의 중요성이 부각되게 되는 것이다. 아나톨리 김이 인간의 결단능력을 '자유'와 관련짓는 것은 「동틀녘의 자두맛 (вкус терна на рассвете)」에서 잘 표현되어 있다. 이 작품 주인공 예고르 찌모페예비치(Егор Тимофеевич)는 어느 날 갑자기 술을 끊고 새 삶을 살게 됨으로써, 술로부터 자유롭게 되고 진정한 내면의 자유를 되찾는다. 젊은 시절 전쟁이란 전쟁은 다 겪었고, 레닌그라드에서는 민경대 대장이기도 했던 그가 어느 날부터 입에 술을 대기 시작하더니 급기야 그의 아내마저도 술주정꾼이 되어 버렸다. 그리고는 술 마시는 아내를 폭행하는가 하면, 부부가 함께 새벽까지 술을 마시기도 하는데, 당시 이를 지켜보던 화자는 "정말 무시무시한 느낌마저 들었다."(c.270)라고 표현하고 있다. 그러던 그가 '어느 날', '갑자기' 술을 끊게 된 것이다.

6개월이 지나 화자는 다시 그를 만나게 되는데, 독한 술은커녕 맥주 한잔도 거절하는 그의 모습을 보게 된다. 화자는 그의 모습에 놀라움을 금치 못하며, 이것을 '삶의 결정적 변화(решительная перемена в жизни)'라고 표현한다.62) 그리고 마을 사람들도 그를 성자(святой)

---

62) 화자가 술에 젖어 살았던 그에게서 읽어 낸 것이 '눈빛에 서린 야수 같은 우수(звериная тоска в глазах)'(c.272)이었다면, 술을 기절하게 된 그

로 추켜세우기도 하며, 그의 행위를 위대한 기적이라고 칭송하기도
한다. 그러면서도 그가 언젠가는 다시 술을 마시지 않을까 항상 의
심의 눈초리로 지켜본다.

또한 사람들은 그가 갑자기 술을 끊게 된 이유를 심장 발작을 일
으켜 거의 죽을 뻔한 경험을 했기 때문이라고 얘기하기도 한다. 마
을 사람들의 모습을 보고 화자는 "사건을 일상적인 이유 차원에서
설명하는 것(обьяснить происшедшее на уровне бытовой причины)"
(c.275)에 자신은 분개하지 않을 수 없었다고 말한다. 여기서 화자는
세인들의 의견은 그의 정신적 승리(духовная победа)를 깎아내리는
것이며, 비범한 사람에 대한 그들의 설명 역시 자신의 빈약함을 만
족시키려는 것에 지나지 않는 것으로 간주한다. 이 문제에 대해 당
사자와 직접 이야기를 나누지는 않았지만, 그 원인을 직감하고 있었
던 화자는 이렇게 생각한다.

Я был уверен, что не один лишь страх гибели, присущий
всему копошащемуся на земле, явился причиной пробуждения
столь решительной воли в этом спившемся человеке. Нет.
Должна быть другая причина и, может быть, совершенно
противоположная страху смерти. (c.276)

내 확신에 의하면 이 잠자던 인간 속에서 그런 단호한 의지가
눈뜨게 된 것은, 지상에서 꿈틀대는 모든 것이 원래부터 지니고
있는 죽음에 대한 공포심 때문만은 아니라는 것이었다. 그렇지는
않을 것이다. 뭔가 다른 이유가, 죽음의 공포와는 전혀 다른 이유
가 있을 것이다.

의 얼굴 표정에는 '주름살투성이 얼굴에 유난히 반짝이는 맑고 푸르른
눈동자(удивительно яркие на этом сморщенном смуглом лице голубые
глаза его засияли)'(c.274)가 빛나고 있다.

그는 이것이 무엇인지를 구체적으로 규정하는 것이 필요하다는 사실을 강하게 느낀다. 화자가 고심 끝에 찾아낸 그의 갑작스런 변화 원인은 이것이었다.

Все здоровое и сильное в человеке связано с той средой жизни, в которой он обитает. Смерть может подкараулить человека и даже поторопить его, втягивая в круг порока и соблазнов, но всегда в воле человека выбрать – внять ее зову или зоау жизни. (c.283)

인간 내부에 있는 강건함은 그 생활환경과 관련되어 있다. 물론 죽음이라는 것은 몰래 숨어서 인간을 기다리기도 하고 때로는 죄악과 유혹의 구렁텅이로 우리를 몰고 갈 수도 있다. 그러나 이런 죽음의 부름에 응하는가, 그렇지 않은가는 항상 인간의 의지에 달려 있는 것이다.

마치 금단의 열매를 먹음으로써 죽음을 알게 된 우리 인간의 시조처럼 예고르 찌모페예비치 역시 달콤한 술의 유혹을 뿌리칠 수 없었던 것이다. 그리고 그 유혹을 받아들임으로써 항상 정신적 죽음의 상태에 머물 수밖에 없었다. 동물과 다를 바 없는 삶을 살던 그가 죽음을 넘어선 초월의지로 질적인 영혼의 변화를 경험하는 것이다. 자신의 '녹슨 자아'에서 해방된 만큼 자유롭게 되었고 새 생명을 되찾았던 것이다. 이것은 인간 정신에서 비롯되는 초월적인 자유의 수준이다. 이런 초월할 수 있는 자유로 인하여 인간은 자신이 살아가는 실존의 차원에서 본질의 지평을, 감각적인 것에서 초감각적인 것의 지평을, 유한한 시간에서 영원의 지평을 열 수 있는 것이다.

4. '데미우르그'로서의 인간

앞서 살펴보았듯이 아나톨리 김에게 '진정한 예술가'는 거의 신
(神)적인 위치로까지 격상될 수 있는 존재이다. 그는 진정한 예술가
의 창조행위를 신의 창조행위와 같은 맥락에서 이해한다. 성서는 창
조주의 예술적 속성에 대해서 기록한다. 창세기의 신은 흙을 빚어서
아담을 지어 내신 조각신이요, 지혜서 11장 20절의 조물주는 '잘 재
고 헤아리고 달아서' 세상을 지어 올린 건축신이다.[63] 진정한 예술
가를 신을 닮은 자로 인식하고 있기 때문에 아나톨리 김에게 예술가
는 윤리의식이라는 측면에서도 신과 같은 완벽한 도덕성을 지녀야
하는 존재이다.

또한 아나톨리 김이 생각하는 '예술가'는 예술을 통해 하나의 코
스모스를 창조하는데, 그는 이를 통해 코스모스를 창조하는 세계의
형성자이자 물질계의 변형자, 즉 '데미우르고스'가 된다. '데미우르고
스'는 플라톤이 사용한 용어인데, 작가는 그것을 세상만물을 창조하
고 변형시키는 조물주라는 의미로 작품에서 사용하고 있다. 이 글에
서는 먼저 플라톤이 사용했던 어휘의 의미를 살펴보고, 아나톨리 김
은 그것을 어떤 맥락에서 수용하며, 이를 통해 창출되는 의미적 효
과는 무엇인지 알아보도록 할 것이다. 이것은 작가의 예술관과 그가
염원하는 예술가상에 대한 고찰이 될 것이다.

플라톤은 신학적 우주 생성론을 개진하면서, 이 세계는 신이 만들
었다는 사실을 『티마이오스』편에서 우주론의 제1원리로 삼는다. 그
는 헤라클레이토스와는 달리[64] 오히려 초자연적인 것을 자연질서의

---

63) 에른스트 크리스 · 오토 쿠르츠, 『예술가의 전설』, 노성두 옮김 (사계절,
1999), 40쪽.

원천으로 삼아, 물리 세계를 영원한 코스모스로 만드는 제작 행위를 언급하며 그런 세계의 형성자이자, 창조자를 '데미우르고스'라 칭한다.

플라톤은 이를 통해 세계를 인식하며, 아름다움에 대한 사랑과 시기심 없는 순수한 선을 세계의 제작동기로 갖는 제작자에게 모든 초자연적 능력을 부여하고 있다. 그리고 우리 세계의 모든 물리적 원인을 이 신적 건축가가 물질에 각인한 건축학적 구조로 간주함으로써, 플라톤은 우리 세계가 코스모스라는 믿음을 자기 방식으로 뒷받침한다. 그리고 플라톤은 혼돈 상태에 있는 물질을 넘겨받아 그 물질에 형태를 부여하는 신의 작업으로 코스모스의 기원을 묘사하고 있다. 그러나 여기서 언급되는 플라톤의 초자연적인 신과 전통주의자들의 최고신은 분명한 차이를 보인다.

올림피아 신의 지혜는 깊은 음모를 꾸미고 멀리 내다보는 왕의 지혜인 반면에, 『티마이오스』편의 최고신(神)은 통치자라기보다 철학자, 수학자, 기술자이며, 무엇보다 장인이다. 그는 의인화된 이성이다. 플라톤이 그의 신을 '누스(Nous)'나 '로고스(Logos)'라고 부르지 않고, 문자 그대로 '장인'이라는 뜻을 지닌 '데미우르고스(Demiourgos)'라고 부르는 것은 그 때문이다.[65]

---

64) 헤라클레이토스는 "이 세계는 모두에게 동일하며 인간이나 神이 만든 것은 아니다."라고 언급하고 있다. 그레고리 블래스토스, 『플라톤의 우주』, 이경직 옮김 (서광사, 1998), 32쪽.

65) 플라톤이 자신의 신(神)을 '데미우르고스'라고 부른 것은 의외라 할 수 있다. 플라톤이 있던 아테네에서 장인은 많은 경우 노예이며, 때로는 같은 종류의 일을 하는 자유인이기 때문이다. 그래서 여가를 누리는 계층이 노예에 대해 느끼는 조소가 장인에게서도 발견되는 경우가 있다. 이러한 연상작용으로 인해 장인은 모욕의 희생물이 되며, 가장 발전된 형태의 민주주의를 제외한 모든 정치 체제에서, 시민으로서의 그의 지위는 불확실하다. 『국가』편에서 플라톤은 장인이 정치에 참여하는 데 반대하며, 『법률』편에서는 장인의 시민권까지 박탈한다. 아리스토텔레스도 매우 온건한 정치 체제인 '혼합' 체제에서, 즉 귀족정치와 민주정치의 타협물로 만들려고 한 자신의 '정치 체제'에서 마찬가지의 일을

『티마이오스』 이야기의 많은 부분을 전달하는 것은 '설계', '주조', '섞는 그릇에 부음', '절단', '결합'과 같은 구절이다. 그런데 신적 직공은 단조로운 일을 하는 자가 아니라 바로 예술가이며, 더 정확히 표현하면 플라톤의 예술관에 입각한 예술가이다. 그는 새로운 형태의 창안자가 아니라, 이미 있는 형태를 아직 형태가 없는 재료에 부여하는 자이다. 또한 그에게는 아름다운 사물을 만들고자 하는 미적인 욕구가 있다. 아나톨리 김이 코스모스의 창조자이자 물질계의 변형자로 지칭하는 데미우르고스는 플라톤의 최고신 개념과 동등한 것이다. 예술 작품 창조를 우주 창조와 등가로 보고, 작품 속의 구도를 창조주가 우주 공간을 설계하는 일과 동등하다고 생각하는 것은 아나톨리 김의 예술관이기도 하다.

이러한 관념은 『쌍둥이(Близнец)』에 등장하는 한 화가의 모습을 통해 잘 드러난다. 이 작품에서 바실리의 쌍둥이 형제는 야로슬라블리의 한 병원에서 화가를 만난다. 그 화가는 항상 긍정적으로 삶을 평가하며 사랑을 찬미하고, 매 순간의 삶을 사랑할 줄 아는 휴머니스트이다. 바실리의 분신, 즉 그의 쌍둥이 형제는 그가 그림을 그리며 움직이는 손놀림을 쳐다보면서, 그것을 창조주가 우주 공간을 설계하는 일과 동등하다고 생각한다. 그는 도화지에 그려 넣는 행위를 우주 공간에 태양계와 행성의 항로를 만드는 것과 동등한 행위로 간주한다. 화가가 그림을 그리는 일을 세계의 창조자(творец миров), 즉 데미우르그(демиург)의 행위와 마찬가지로 인식하는 것이다.

아나톨리 김의 데미우르그와 플라톤의 데미우르고스의 유사성을 볼 수 있는 또 다른 단서는 그 내면적 특성을 통해서도 드러난다.

한다. 따라서 플라톤 코스모스의 최고신이 수공업자의 탈을 써야 한다는 플라톤의 관점은 뿌리 깊은 사회적 편견에 대해 철학적 상상력이 거둔 승리라 볼 수 있다. 앞의 책, 47쪽.

그리스 신학에서 신의 시기심이라는 것은 또 하나의 분명한 특징인데, 이것은 그리스 신과 플라톤의 최고신의 가장 큰 차이점이기도 하다. 그리스 신(神)은 자신이 인간에 대해서 갖는 특권적인 우월한 지위를 지키려고, 그 자체로는 흠이 없지만 자신의 탁월함과 인간의 비참한 상황 사이의 격차를 좁힐 수도 있는 자비와 유익을 베풀기 싫어한다. 그리스 신은 자신을 높이기 위해 인간을 깎아내린다.66)

하지만 플라톤의 신은 인간이 이성을 통해 질서를 파악함으로써, 모든 일에 이성적으로 대처하는 것을 시기하는 신과는 다르다. 플라톤의 신은 자연세계를 기하학적으로 아름답게 건축하고, 인간 이성은 그 건축물의 구조를 파악한다. 플라톤의 신은 인간에게 불이라는 선물을 가져다준 프로메테우스와 같이 인간을 사랑하는 신이며, 따라서 인간은 자연의 주인이 된다.

플라톤은 세계를 제작하는 신적 직공인 데미우르고스의 형상에 진, 선, 미를 부여하고 있다. 플라톤이 천체와 물질의 제작자로서 데미우르고스를 내세운 이유 역시 우리 세계가 코스모스라는 믿음을

---

66) 그리스 신이 프로메테우스(Prometheus)를 심하게 처벌하는 이유 역시 시기심 때문이다. 프로메테우스의 동기인 필안트로피아(Philanthropia: '인간 사랑'의 의미)는 인간에게 불이라는 선물을 가져다준 그의 범죄에서 정상 참작되기보다는 도리어 처벌을 가중시킨다. 이렇게 올림포스 신(神)은 '인간을 사랑하는' 신을 용서할 수 없었다. 이것이 아리스토파네스의 희극에서 제우스가 부자의 신 플루토스(Plutos)를 눈멀게 하는 이유이기도 하다. 그 신은 볼 수 있는 동안 오직 선하고 지혜로운 사람에게만 번영을 가져다주었다. 플루토스는 제우스가 '인간을 시기했기 때문에' 자신을 눈멀게 했다고 말한다. 부가 언제나 인간 삶에서 덕과 일치될 것이라는 점을 보증해 주는 능력이 플루토스에게 허용되는 경우 생겨날 인간 몫의 증대를 제우스는 참을 수 없었던 것이다. 프로메테우스 빈크토스와 플루토스에 나오는 잔인한 독재자와는 달리, 플라톤의 장인은 자신의 탁월성을 남과 공유하려는 열망을 지닌다. 아름다움과 선함이 그에게서 나오면 나올수록, 시기심 없는 그의 본성은 더욱더 충족된다. 앞의 책, 48-49쪽.

나름의 방식으로 뒷받침하기 위해서였다. 이와 같은 플라톤의 시도를 통해 예술가는 보다 고양된 지위를 부여받게 된다. 아나톨리 김이 작품 속에서 사용하는 데미우르고스라는 용어 역시 이상적인 예술가를 뜻한다. 또한 그는 자기 자신을 이러한 일을 수행해야 하는 소명을 지닌 자라고 생각한다.

그는 자서전에서 이상적인 예술가상에 대해 언급하면서 예술가에게서는 모름지기 아름다움과 선함이 흘러나와야 한다고 강조한다.[67) 그의 자서전에는 '예술가의 도덕성'에 대한 관점이 자주 표출되고 있다.

> Я убежен, что любой художник является человеком уступающим,
> а не человеком забирающим. Жертвой , а не карателем. (с.470)
> 생명력 있고 진실한 예술적 형상을 창조하는 예술가라면 누구든
> 지 남의 것을 빼앗는 사람이 아니라 양보하는 사람이어야 하고, 비
> 록 희생양이 될지언정 징벌자가 되어서는 안 된다고 나는 확신한다.

이것은 아나톨리 김이 예술가의 윤리성을 상당히 중시하고 있으며, 그가 생각하는 이상적인 '예술가'상이 바로 플라톤의 데미우르고스와 같은 내면적 특성을 지향한다는 것을 보여 주는 단서이다.

앞서 살펴보았듯이, 플라톤의 데미우르고스는 코스모스를 창조한 후에 코스모스에 줄 영혼을 창조한다. 여기서 플라톤은 자신의 오랜 주장 중 하나인 영혼이 존재론의 두 가지 분리된 영역, 즉 영원한

---

67) 아나톨리 김은 죄수를 감시했던 자신의 군 생활의 경험담을 자서전에서 언급하였다. 20세기 후반 군대에서는 죄수가 탈주를 시도하거나 공격을 해올 경우에 그에게 총을 쏘아야 한다고 가르쳤지만, 군대에서 가르친 대로 '정당하게' 무기를 사용해서 어느 누구도 사살하지 않았기 때문에 자신은 이 문제에 대해 인간으로서 부끄럽지 않게 대처했다는 점을 강조하고 있다. 왜냐하면 그는 신으로부터 예술적 형상을 창조하라는 천명을 받은 자는 신의 형상을 따라 창조된 인간을 살해하고서는 결코 예술가가 될 수 없다고 생각하기 때문이다. моё прошлое, с.469-70.

존재 세계를 구성하는 추상적 형상의 영역과 끊임없이 변화하는 생
성 세계를 구성하는 감각물의 영역 양쪽에 발을 걸치고 있다는 주장
을 실현시킨다. 그에 따르면 영혼은 두 영역에 한 발씩 걸치고 있다.
순수 형상이 그 대상인 이성적 사유 속에서 영혼은 존재 세계와 접
촉하며, 변화하는 사물이 그 대상인 감각 지각에서 영혼은 생성 세
계와 접촉한다.[68] 따라서 플라톤은 영혼 제작을 존재와 생성의 혼합
으로 묘사한다.

플라톤에 의하면, 물질은 원초적 상태에서 데미우르고스에게 맞선
다. 물질의 네 가지 근본 종인 흙, 물, 공기, 불은 이 상태에서 불분
명하고 불명확한 형태로 존재하며 그 운동은 무질서하다. 그런데 데
미우르고스가 물질에 정입체 형태를 각인시킴으로써 물질을 혼돈에
서 코스모스로 변형시킨다는 것이다.[69]

이렇게 물질을 변형시킬 수 있는 능력을 지니고 있는 데미우르고
스는 변형성과 유동성에 기초한 아나톨리 김의 변형의 테마를 형성
하는 동인이기도 하다. 우주를 창조함과 동시에 우주 속의 물질과
정신 속으로 자유롭게 이동하고 있는 서술자의 모습은 『아버지-숲』
에서 물질계를 창조하고 지배하는 데미우르고스의 능력을 통해서 드
러난다. 작가는 창조주로서의 데미우르그의 능력을 "바로 그가 우주
의 조물주이자 우주의 모든 별들을 창조해 낸 자이며, 활짝 핀 지상
의 장미를 만든 것도 그였다(Что он и есть сотворитель Вселенной,
созидатель всех космических звезд и автор цветущей земной розы)."
(c.262)라고 표현한다.

또한 그는 물질 속으로 자유롭게 침투할 수 있으며, 심지어 사람
의 정신으로도 들어가 그 사람의 입장에 놓일 수 있다. 작품 화자인

---

68) 그레고리 블래스토스, 53쪽.
69) 앞의 책, 102쪽.

'사고하는 원자(мыслящий атом)'를 지배하는 것이 데미우르그인데, 여기서 '사고하는 원자'는 자신의 실체를 이렇게 규정한다.

я могу побыть на месте любого человека, а точнее –в положении любого из Них, неопределенным образом распространенном во времении. (с.424 – 5)

나는 어떤 사람의 입장에도 놓일 수 있다. 더 정확히 말하자면 불확실한 형태로 시간 속에서 확산되어 있던 그들 중 어떤 사람들의 위치에도 설 수 있다.

만물을 창조한 동시에 어떤 존재로도 육화할 수 있는 물질의 변이성을 드러내는 데미우르그의 모습은 물질 속에서 영혼을 보고, 물질을 정신으로 바꾸고자 하는 연금술사의 모습이기도 하다.

연금술사들의 진정한 목표가 바로 존재의 '변모'였다. 그들의 생각에 따르면, 우리의 천체는 창조주의 원리에 따라 움직이는 살아 있는 존재였다. 우리에게 알려져 있는 네 가지 원소 너머에는 물질로 만들 수 있는 정수(精髓)가 있다고 그들은 믿었다. 그 정수는 곧 무기력한 존재 안에 갇혀서 '무거운 흙으로 더럽혀져 있는' 세계혼(世界魂)이다.

성서의 사(4) 복음서에 의하면 그리스도는 물질적인 세계를 '구원하는' 것을 소홀히 여겼다. 그렇다고 해서 물질의 세계를 악마에게 주어 버릴 수는 없는 것이다. 하지만 연금술사들의 의도는 정련(精練)이라는 느릿느릿한 과정을 거쳐서 물질을 영혼으로 바꾸는 것이었다.[70] 이렇게 육체를 영혼으로 바꾸는 것, 영혼을 육체로 바꾸는

---

70) 연금술사는 몇 개의 단계를 거쳐서 작업하게 되는데, 그중에서 제일 중요한 것은 첫 번째 단계로서 '니그레도(Nigredo: 이것은 두 가지 상반되는 성격의 재료를 뒤섞는 것인데, 이는 여성 원칙과 남성 원칙의 결합을 의미했다)'라고 불렀다. 연금술사들은 스스로를 태초의 혼돈, 우주의 혼돈일 뿐만 아니라 인간의 몸 전체인 소우주의 혼돈이라고 여겼다.

것이 그들의 욕망이었던 것이다.

아나톨리 김은 연금술사들이 가졌던 이러한 욕망을 지니고 있다고 할 수 있다. 사실상 연금술의 최종 목표는 인간 존재 전체의 변혁이라 할 수 있다. 그들은 화금석71)을 통해서 그들은 영적이며 육체적인 모든 면에서 인간이 열등한 상태에서 벗어나기를 꿈꾸었다. 화금석이 그리스도의 모습으로 표현되는 것은 그 때문이다.

연금술사처럼 인간의 존재론적 변형을 꿈꾸는 '창조자 인간'을 향한 아나톨리 김의 염원은 『아버지─숲』의 성찬식 장면에서 절정에 달하고 있다. 이 작품에서 작가는 자살을 시도하려고 시골로 왔다가, 성서를 읽고 새로운 존재의 의미를 발견하게 된 글렙의 시각을 통해 입장을 표명하고 있다. 글렙은 성서의 그리스도 변용에 관한 장을 읽고, 변용(Преображение)이 없었다면 그리스도교의 발전은 불가능

그 뒤에 재생에 필요한 '회저(mortification)'와 '부식(putrefaction)'의 단계가 있었다. 연금술사들이 '우주적 사건'이라고 부르던 연금술의 작업 방법은 성적(性的)인 성격을 가지고 있다. 남성 원칙과 여성 원칙이, 유황과 수은이 '결합'하는 것은 주요한 단계를 형성했다. 그것은 '관을 쓴 양성인간'으로 상징되는 새로운 아담, 독특한 존재가 태어나는 것이다. 여기서 깨달음으로 가는 길은 실험실을 거쳐 가게 되어 있었다. 그들은 '아타노르(Athanor)'라고 불리는 용광로 하나와 금속 그리고 여러 가지 기구를 사용했다. 그러나 결국엔 그들 자신이 물질을 정련시키는 용광로였다. 그들 자신이 장인(匠人)이며, 물질이고 작업장이었던 것이다. 죠르쥬 나타프, 183쪽.

71) 연금술 서적은 기묘한 상징들로 가득 차 있다. 그중에서 두드러지는 특성의 하나가 성적(性的) 상징이다. 모든 연금술의 작업 단계는 여성 원칙과 남성 원칙의 결합으로 설명되고 있다. 성(性) 상징은 뿌리 깊은 이원론을 반영한다. 여성─남성, 수동적─능동적, 육체─혼, 물─불, 저온다습─고온건조, 수은─유황, 달─해, 물질─형태 등등이 그것이다. 수은은 가장 특징적인 여성적 금속으로, 유황은 남성적 금속으로 생각되었다. 이 두 가지 원칙이 결합되어서 화금석(化金石)을 이룬다. 화금석은 종종 관을 쓴 양성인간의 기묘한 모습으로 그려진다. 그것은 결국 인간이 가진 두 가지 대립되는 원칙을 극복하려는 오랜 갈망의 표현이라 할 수 있다. 앞의 책. 29쪽.

했으리라고 생각한다. 그리고 그 변용을 구체적으로 '나약한 인간 존재(утлое человеческое существо)'에서 '가장 선명한 광휘의 몸(ярчайшее светлое тело)'으로의 변화이자 '가장 지고한 우주현상(космическое явление высшего разряда)'(c.288)이라고 표현하고 있다.

그리고 나서 죽은 지 사흘째 되는 날 부활하여 변용한 예수의 이야기가 작품 뒷부분에서 소개된다. 여기서 작가는 클레오파와 루카가 예루살렘에서 엠마오로 가는 길에 만나게 된 부활한 예수의 이야기를 에피소드로 삽입한다. 처음에 그들은 부활한 예수를 알아보지 못하고 마치 이방인을 대하는 듯한 태도로 하룻밤 머물고 가라고 그를 자기 집에 초대한다. 그리고 그들 집에 오게 된 그 손님이 둥그런 식탁 앞에 앉을 때, 예수의 성찬식 장면과 존재의 변형에 대한 서술자의 언급이 시작된다.

그 손님은 둥근 밀빵을 집어 들고 "하늘에 계신 우리 아버지께서 주신 이 빵을 여러분께 드립니다. 빵의 따뜻한 향과 맛 그리고 이 빵에 담긴 선(善)으로 여러분을 축복합니다. 이 땅에 악이 없도록 하옵시고, 우리 아버지의 뜻을 이루어 주옵소서."(c.420)라고 말한다. 죽은 지 사흘째 되는 날 부활한 그리스도 변용의 의미는 그 앞에 앉아 있던 루카와 클레오파와 이집트 하녀에게서 자신의 존재변형을 묻는 것으로 확산된다. 보는 눈이 있었지만 그 실체를 볼 수 없었던 그들이 진정한 영적인 눈을 뜨게 된 순간은 다음과 같이 묘사된다.

И с этим он преломил хлеб в руках и протянул его нам – и в то же мгновение я постиг, кто он. Глаза мои открылись. Перед нами был Человек, а мы перед ним были – три земляные куклы. В глину наших фигурок вмазаны спутанные нитки жалких вожделений, и полная неизвестность была в том, преобразиться глиняному болвану в милосердное существо или нет. (с.420)

　말을 마치자마자 그는 빵을 손으로 잘라 우리에게 주었다. 바로 그 순간 나는 그가 누군지 알게 되었다. 내가 눈을 뜬 것이다. 우리 앞에 있는 것은 인간 예수였고, 우리는 그 앞에 서 있는 흙으로 빚은 세 인형이었다. 우리 형상의 점토에는 음욕의 실이 복잡하게 엉켜 있었고, 그 점토 덩어리가 자비로운 존재로 변형될 수 있을지 그렇지 않을지는 아직 알 수 없는 상태였다.

　아나톨리 김의 관념을 통해서도 알 수 있듯이, 조야한 물질로 화금석을 만들려고 한 연금술사들의 노력처럼, 인간은 음욕의 실로 엉켜 있는 점토 덩어리 같은 스스로를 자비로운 인간으로 변형시키려는 노력을 해야 하는 존재라는 것이다. 이와 같이 아나톨리 김이 직접적으로 '데미우르그'라는 표현을 사용하는 경우는 조물주와 마찬가지로 코스모스를 창조할 때와 물질을 변형시킬 때이다. 여기서 '세계의 창조자이자 변형자＝데미우르그＝예술가＝연금술사'와 같은 패턴이 그 의미로 도출된다. 그리고 그것은 성찬식 장면에서도 나타나듯이, 인간의 존재론적인 변형에 대한 문제로까지 이어지게 되는 것이다.

　그것은 앞서 플라톤의 데미우르고스가 보여 준 내면의 특징에서 나타나듯이, 예술가의 도덕성에 대한 문제까지 이어진다. 이러한 정신을 바탕으로 아나톨리 김은 인간 모두가 자신의 삶을 통해 진정한 창조행위를 할 수 있는 내면의 예술가가 되어야 한다고 보는 것이다. 바로 인간 예술의 복귀를 말하는 것으로서, 예술가란 이름이 직업화되지 않고 영혼을 제작하는 데미우르고스의 행위처럼 우리의 정신이 자유로운 창조행위를 할 수 있는 사람이라는 의미로 보다 더 확대되어야 한다고 보는 것이다.

　에리히 프롬의 언급처럼, 서양 문명에서 예술가는 전문 직업인이 되어 버리고 말았다. 왜냐하면 폭넓고 일반석인 의미의 예술, 일상생활의 일부분인 예술이 설 자리를 잃었기 때문이라는 것이 에리히 프롬의 관점이다.[72) 따라서 인간의 내면에 잠자고 있는 예술가를 깨워서 그것을 인류를 각성시키는 데 사용해야 한다는 생각은 『다람쥐』에서 부활한 미쨔의 입을 통해서도 표현되고 있다. 여기서 미쨔는 '진정한 화가'의 본질이 무엇인가를 간파하며, 동시에 전 인류가 영원한 화가가 되어야 할 당위성을 언급한다.

미쨔가 말하는 영원한 화가란 타인에게 칭찬받고 인정받기 위해서가 아니라, 바로 자신을 위해서 그림을 그리는 사람이다. 즉 자아도취나 영광을 위해서가 아니라, 자신의 마음속에서 영원한 화가를 점차적으로 표출해 내기 위해서(для постепенного выявления в себе Вечного Живописец) 그림을 그려야 한다는 것이다.

> Он велит каждому быть художником и, значит, – свободным. Он позволяет себя копировать – пожалуйста, но если ты сотворишь что – нибудь небывалое, то это очень ценит. Любуется. Он настоящий художник и поэтому зависти не знает. (с .631)
>
> 그 영원한 화가는 모든 사람들이 예술가가 되라고, 즉 자유로워지도록 명령한다. 또한 자신을 복제하도록 해 주며, 누군가가 아주 새로운 것을 창조해 냈을 경우 그것을 아주 높이 평가하며 감탄해 준다. 이렇게 그는 질투라는 것을 알지 못한다.

이와 같이 아나톨리 김이 생각하는 '예술'이란 실제적인 예술작품의 창조에 국한되지 않는다. 앞서 삶과 예술을 하나의 등가적 관계로 이해했던 그의 관점에서도 나타났듯이, 그에 따르면 인간은 일상의 삶 속에서 예술의 창조성과 순수성 그리고 용기를 표출할 수 있어야 한다.

---

72) Erich Fromm, *Sane Society* (New York: Fawcett, 1955), p.301.

현대의 정신문화에서 예술가의 임무는 외부세계에 대한 경이로움을 일깨우고, 그것을 표현할 수단을 제공함으로써 존재에 대한 경외심을 표현할 수 있게 해 주는 것이다. 경외의 체험을 나눔으로써 경배의 체험으로 인도된다는 것이다. 아인슈타인의 말처럼 "과학과 예술의 전체 목적은 우주적인 종교적 감각을 각성시키는 것이다."[73] 우주적인 종교적 감각을 다른 말로 표현하면 '경배'가 된다. 경배는 경외스러운 체험에 대한 반응이며, 이것이야말로 우주론적 각성에 필수적인 부분이다.

앞서 살펴본 패러다임의 전환에 대한 언급에서도 드러났듯이, 새로운 우주론적 각성이야말로 인류를 새롭게 재형성할 수 있는 원동력이다. 오토 랑크는 이러한 재형성을 수백만 년 전에 우리의 혹성이 의식을 만들어 낸 것에 못지않은 도약으로 간주한다. 그리고 진정으로 인류를 재형성하기 위해서는 창조성에 대한 폭넓은 각성과 더불어 근본적인 변화를 낳을 수 있는 '새로운 인격형'이 요구된다고 주장한다. 그때서야 비로소 새로운 형태의 인류가 탄생할 것이기 때문이다.

> 새로운 형태의 인류는 <……> 예술적 생산에 대해서 초연한 경지에 도달한 예술가들 안에서 탄생해야 한다. 인격 형성을 위해서 예술 표현을 포기할 수 있는, 창조적 능력을 가진 사람은 <……> 자기의 창조적 유형을 새롭게 만들어 낼 것이며, 창조적 욕구를 자기 자신의 인격을 위해서 사용할 수 있을 것이다.[74]

아나톨리 김 역시 『다람쥐』에서 우리 모두는 영원한 화가가 되어야 한다고 이야기하며, "영원한 화가가 아름다운 세상을 창조했다

---

73) Albert Einstein, *Ideas and Opinions* (New York: Crown, 1982), p.28.
74) Otto Rank, *Art and Artist* (New York: Agathon Press, 1975), pp.430–1.

(Вечный Живописец сотворил прекрасный мир)."(c.631)고 표현한
다. 즉 전체 인류 속의 각 개인이 영원한 화가가 되는 날이 올 것이
라고 믿는 것이다. 그는 신(神)을 영원한 화가에 비유해서 신의 창조
행위에 우리도 동참해야 함을, 또한 우리에게 임하는 성령과 더불어
개개인이 아름다운 세상을 그려 가는 창조행위를 계속해야 한다고
이야기한다. 신의 창조행위에 동참함으로써 우리 인간도 계속해서
창조행위를 한다는 것이다. 이렇게 우리 각자는 자기 안에서 내면의
예술가이자 내면의 창조자가 되어야 하며, 그것을 통해 세계와 우주
를 변형시킬 수 있어야 한다는 것이다. 이것이 물질과 영혼을 창조
하고 변형시키는 진정한 데미우르그로서의 인간의 모습이라고 작가
는 간주하는 것이다.

아나톨리 김의 예술관의 고찰에서 나타나듯, 그의 문체적 특성이
나 언어관은 시어를 신비스러운 로고스로 간주하는 러시아 상징주의
자들의 관념과 일치한다. 또한 예술작품을 창작하는 행위를 일자와
의 합일을 이루는 신비체험으로 이해하는 것이나, 그것을 신과 함께
하는 창조행위로 보고 있다는 점에서도 상징주의자들의 예술철학과
연결되어 있음을 보여 준다.

아나톨리 김의 미학은 항상 윤리학과 결부되어 있는데, 삶을 통한
창조행위와 예술을 통한 창조행위를 동일선상에서 이해하는 그의 사
상은 베르쟈예프의 창조에 대한 관념과 유사하다. 여기서의 창조행
위란 아나톨리 김 작품 속 주인공들에게서 나타나는 '에고 에이미'
로의 변화, 다시 말해 영혼의 질적 변형과 연관된 새로운 생명, 새
로운 존재, 새로운 하늘과 땅에 대한 열망이다. 이러한 유토피아적
관념 속에서 인격을 창조해 세계를 변형시키고 우주를 성화시킬 수
있다는 믿음을 표출한 것이다.

V

우주 현상학과
인류의 상승

　2장, 3장, 4장에서는 각각 과학과 종교와 예술 분야에서 인간의 상승과 변형을 의식하는 아나톨리 김의 우주관을 고찰함으로써, 그의 세계관과 작품에 그것을 투영하는 방식을 살펴보았다. 이제 5장에서는 인간의 의식 상승에 대한 작가의 믿음이 현상학적 차원에서도 입증될 수 있는 하나의 우주상임을 살펴볼 것이다.

　물리학과 생물학, 지구화학 분야에서 밝혀진 우주와 물질과 생명에 대한 이해를 토대로 우주진화의 양상을 있는 그대로, 즉 현상학적으로 살펴보는 것은 바로 그 프리즘을 통해 인류와 우주의 미래를 예상할 수 있게 한다. 미래에 대한 인식과 전망을 다양하게 표출하는 아나톨리 김의 작품세계를 이해할 때 이것은 필수적인 작업이기도 하다. 왜냐하면 아나톨리 김에게 가장 주된 테마 중 하나로 간주되는 인류의 하나 됨과 사랑이라는 윤리학적 인식은 이렇게 생명현상을 현상학적으로 고찰한 작업을 통해서만 가능하기 때문이다.

　아나톨리 김은 샤르댕과 베르나드스키, 찌올콥스키, 표도로프의 관념을 흡수해서 자신의 철학으로 재창조하고 있는 만큼, 먼저 이들 사상가들의 철학을 고찰함으로써 아나톨리 김의 사상을 재조명해 보도록 한다.

1. 진화하는 우주와 지질학적 힘으로서의 '인류'

1) 진화하는 우주

우주를 진화한다는 입장에서 언급하는 것은 우주가 기계적으로 고정된 것이 아니라는 데에서 출발한다. 우주진화를 고찰한 샤르댕의 사상도 이러한 거시적 관찰태도에 입각하고 있다. 고생물학자로서 그는 언제나 사물을 한없이 긴 세월을 둔 변화과정 속에서 본다. 모든 사물을 세계 전체의 일대 진화 과정 속에서 보는 것이다. 그러나 그가 과거의 진화론자와 견해를 달리하는 것은 이제까지의 진화론자들이 진화라는 개념을 낡고 고정되어 있는 물리적 세계관과 결부시켰던 것을 타파하고, 진화과정을 현상 그대로, 발전적으로, 또 목적이 있는 것으로 보는 데에 있다.

샤르댕은 과학을 종교와 융합시켰다. 또한 그는 세계를 거관(巨觀)적으로 봄으로써 그 속에 내재된 진화가 통일된 방향과 의미를 나타내고 있음을 지적한다. 샤르댕의 지질학적·고생물학적 발견들을 통하여 우리는 우주가 우주를 생물학적으로, 더 나아가서 정신화의 과정에서 볼 수 있게 된다. 진화가 인간의 전개역사라면, 우주 전체의 진화과정이라는 것은 인간과 관계될 뿐만 아니라, 인간의 출현이라는 목표를 향하고 있다는 결론이 도출되는 것이다.

긴 세월 동안 진화하여 온 우주는 점점 복잡화되어 왔다. 오래전부터 지질학자들은 지구를 몇 개의 영역으로 나누어 왔다. 지구 중심에는 금속으로 된 지핵이 있으며, 그 위에는 바위로 된 암석권이 있고 그 위에는 물이 흐르는 수권과 대기권이 있다고 보았다. 이 네 겹의 표면에다 동식물의 띠가 이룬 생명의 막을 더하였다. 생명계가 바로 그것이다. 생명계는 다른 '계'만큼 폭넓게 퍼져 있지만 훨씬 개체에 가깝다. 다른 것들이 다소 느슨한 집단을 이루고 있는 반면에 생명계는 단 하나이다. 발생 관계에서 생긴 구조물인 그것은 한 번 생긴 다음에는 계통수를 그려 나간다. 즉 지구의 암석권과 대기권 사이에 수권(水圈)을 중심으로 하는 생명의 도래 그리고 이 생명권(biosphere) 속에 사고하는 인간의 출현, 정신권(noosphere)의 형성이 그것이다.[1]

이 모든 과정은 점차적 복잡화의 과정이라고 할 수 있고, 내적으로 이것은 복합성(complexity)에 상응하는 의식 발전의 과정이다. 샤르댕은 이런 진행 과정을 정신화(spiritualisation)라고 불렀다. 여기서 그는 인간의 진화라는 것은 사실상 생명권에서 정신권이 형성된 것과 맥락을 같이하는 것이라고 보았다.

모든 생명은 성장을 하려면 임계점, 곧 상태 변화(изменение состояния)에 도달해야 한다. 예를 들어 어떤 물체의 속도를 계속 더하여 빛의 속도에 가깝게 해 보자. 그 물체는 질량과잉으로 한없이 무력하게 될 것이다. 또한 어떤 물체를 가열했을 경우에, 그것은 녹아서 결국은 증발하게 된다. 마찬가지로 생명권에서 정신권으로 도약하는 지점에서 동물과 인간은 상태변화의 차이점을 드러낸다는 것이 샤르댕의 주장이다. 복잡화되어 가는 진화가 양적인 차원에서 뿐만 아니라 질적인 차원에서도 일어난다는 것이다. 신경세포(그리고 의식)가 계속 커지는 것이 이것을 입증하는데, 바로 그 점이 사람에 이르면 거대한 현상의 징후로 나타나게 된다는 것이다.[2]

자연의 진화과정 속에서 인간이 차지하는 자리, 즉 '생각' 출현의 중요성은 아주 거대한 것이다. 생명 세계의 분류에 따르면 사람은

---

1) Шарден, там же, с.76-9.
2) там же, с.151.

하나의 속(屬)이나 과(科)에 불과한 존재이다. 이처럼 해부학 차원에서는 별 큰 뜻이 없지만, 사람이 된다는 것은 새로운 시대의 시작을 알리는 것이다. 대지는 '허물을 벗고' 새로운 존재가 된 것이다.

샤르댕이 생물학적 견지에서 '지구발생 → 생명발생 → 정신발생'의 과정을 입증했다면, 베르나드스키는 지구화학적 입장에서 이 관점을 표현하였다. 베르나드스키는 하나의 전체(единое целое)로서 자유롭게 사고하는 인류를 형성하기 위하여 생물권(биосфера)은 필연적으로 전환되어야 했다는 개념을 창안했다. 생물권의 이러한 상태가 정신권(ноосфера)에 가까워진다는 것이다.[3]

베르나드스키는 생명(жизнь)을 단순히 지상의 소산물로 간주하지 않는다. 그에 따르면 생명은 행성 진화에서 자유 에너지의 창조자이자 소유자(носитель и создатель свободной энернии)라는 우주적 요소로서 간주되어야 한다. 이러한 생화학적 지구에너지(биогеохимическая энергия)는 전 생명권을 에워싸며, 본질적으로 생명권의 역사를 결정짓는 것이다. 이 생화학적에너지는 생명권을 구성하는 화학적 요소들의 이동과 교환을 드러내는데,[4] 생명체(живое вещество)에서는 그 강도와 복잡성에서 보다 큰 새로운 형태의 에너지가 다시 만들어져 급속히 성장하게 된다.

그에 따르면 생화학적 지구에너지의 새로운 형태, 즉 베르나드스키가 '인간 문화에너지(энергия человеческой культуры)' 혹은 '생화학적 문화에너지(культурная биогеохимическая энергия)'라고 부른 새로운 형태의 에너지가 현재의 정신권을 창조한다. 이러한 에너지 형태가 유기체의 정신 활동, 생명의 보다 높은 발현을 드러내는 두

---

3) В. И. Вернадский, *Химическое строение биосферы Земли и её окружения*, Москва: Наука, 1965, с.328.
4) В. И. Вернадский, *Философские мысли натуралиста*, Москва: Наука, 1988. с.131-2.

뇌의 발전과 관련되며, 거기에서 생명권에서 정신권으로의 전환도
언급되는 것이다.[5]

　　인간에게서 생화학적 지구에너지의 형태는 시간의 흐름과 더불어
강화되며, 이것은 이성의 성장과도 관련된다. 인간이 자신의 사고행
위와 노동으로 전 생명권을 변형시킬 때, 다시 말해 이성의 작용으
로 살아 있는 물질을 변형시켜서(прелбразует живое вещество) 자연
속에 새로운 화학 결합체들을 가져오게 될 때, 지구물리 반응의 흐
름은 자체 변화하는 것이다. 이때 인간의 이성은 전 유성적인 차원
의 힘(планетарная сила)으로 나타난 전환된다는 것이다. 샤르댕과
베르나드스키의 연구를 통해서 드러나듯이, 지구 화학이나 지질학
또는 지구 생물학을 통해서 결국 정신권으로 진화한다고 보는 점에
서 그들은 유사한 입장에 서 있다.

　　아나톨리 김은 인간 의식이 정점에 달한 정신권의 모습을 『아버지
－숲』에서 죽음 직전의 글렙의 신비체험을 통해 묘사한다. 작가는
주인공 글렙이 상상 속에서 교통사고로 죽기 직전에 그가 우주 공간
을 비행하면서 지구 전체를 내려다보는 모습을 삽입한다.[6] 그리고

---

5) там же, c.132.
6) 아나톨리 김의 작품 속(특히 『아버지－숲』) 주인공들은 죽음 직전이나
　 죽음 직후에 상공을 나는 모습을 보여 준다. 작가는 여러 차례 "죽음 이
　 후 인간의 영혼은 하늘을 나는 능력을 지니게 된다."(c.230)는 서술을 직
　 접적으로 하고 있을 뿐만 아니라, 등장인물의 이러한 모습을 표현함으로
　 써 자신의 믿음을 드러내려는 시도를 한다. 이것은 논문 3장의 신비한
　 전체성 체험과도 연결되는 것으로서, 삶의 본질은 죽음을 통해서 가장
　 잘 보인다는 작가의 관념이 반영된 것이라 볼 수 있다. 작가에게 하늘
　 을 난다는 것은 지상의 공간에 물리적으로 갇혀 있었던 우리 인간들에
　 게 자유로운 공간이동이라는 해방감을 부여하는 것이다. 동시에 이것은
　 조감시점을 통해 세속적인 삶의 현실과는 동떨어져 더 멀리, 더 높이에
　 서 지상을 내려다보려는 작가의 시도이기도 하다. 이 작품에서 하늘을
　 나는 인간의 모습이 그려진 것은 크게 두 가지로 분류할 수 있다. 스쩨
　 판과 글렙의 상상 속에서 하늘을 나는 모습을 表現한 것과 평생 러시아

지구의 모습을 '인간화된 공간(очеловечественное пространство)'으로 표현하며 그 느낌을 전한다.

и оно показалось мне столь прекрасным, это существующее пространство ноосферы, словно и впрямь предстала передо мною картина безмятежного рая! (с.438)

내게 그 공간은 너무나 아름다웠다. 이 정신권이라는 존재 공간은 마치 너무도 평화로운 천국의 그림처럼 내 앞에 펼쳐졌다.

이 순간 글렙의 눈에 비친 지상세계는 일상적인 삶의 공간과 시간 속에서는 볼 수도 느낄 수도 없었던 것이다. 하지만 이 감각이 지상의 물 위에 비친 하늘의 별 그림자처럼(как отражение небесных звезд в земной воде) 글렙의 가슴에 아로새겨지고, 인간 존재의 변형에 대한 믿음을 잉태하게 되는 것이다.

샤르댕에 의하면 지구라는 이 큰 유기체는 새로운 정신을 향해서 그리고 새로운 정신을 통해서 살고 있다. 그런데 지구라는 천체의 외관은 바뀌지 않으면서 우리를 새로운 존재로 만드는 이 혁명적인 변화는 어디서 오는 것인가? 그것이 새로운 직관(новое предчувствие), 다시 말해 깨달음(пробуждение)이라고 샤르댕은 말한다.[7] 그것은 우리를 인도한 운동을 의식한 일이요, 사람의 반성행위가 낳은 두려운 문제들을 알게 된 일이다. 이렇게 지구가 새로운 정신을 향해 진화한다는 것은 인간이 성찰행위를 통해 깨달음에 이르는 것과 연결된다.

정신권에 대한 아나톨리 김의 견해와 관련해서 과학 연구 및 기

땅을 그리워한 필리핀의 러시아 거상이 죽음 후에 하늘을 날아 자기 고향 땅을 둘러보는 묘사(с.249)에서 나타난다.

7) В. И. Вернадский, *Философские мысли натуралиста*, там же, с.212.

술의 탐구라는 것 역시 정신화의 한 방식과 연결된다. 과학의 연구와 기술의 탐구를 정신화의 방식으로 간주하였다. 그에 따르면 모든 인간의 활동은 진화의 힘에 봉사할 때 그 정신화가 뚜렷하게 표현되는데, 그 이유는 심적·정신적 에너지의 활동 영역을 확대하기 때문이라고 주장한다. 그것은 정신권을 확장하고 사회화를 증대하고, 세계 완성을 넘어 신(神)에게로 인도할 수 있는 모태이기 때문이다. 따라서 샤르댕에게 인간의 과학 기술적 활동은 사회화와 진화를 실행하는 합리적 가치와 사회적 가치뿐 아니라, 인간적 가치를 지닌다는 것이다.

물론 아나톨리 김의 작품 속에는 대도시에 대한 견해나 도시생활이 인간에게 주는 폐해에 대한 다양한 관점이 나타난다.[8] 하지만 그는 근본적으로 과학기술이 인간에게 유용함을 주며, 인간 의식발전의 원동력이 된다는 것을 부정하지는 않는다. 그것은 작가가 『다람쥐』에서 정신권의 발전을 보여 주는 한 요소로서 '도시'를 들고 있는 점을 통해서도 알 수 있다.

이 작품에서 글의 화자인 다람쥐(-ий)는 자신은 오래전부터 대도시에 살고 있지만 아직도 아스팔트와 콘크리트에는 익숙하지 않다고 한다. 하지만 계속해서 작가는 다람쥐의 입을 빌려, 놀라운 인간 정신 영역(정신권) 에너지의 발전기 역할을 하는 것이 바로 도시(генераторы энергии дивной ноосферы-наши Города)라며, 이런 인간 정신의 철조·석조 둥지 없이는 우주의 유일한 현상이 우리의 유성에서 일어나지는 않았을 것(c.457)이라고 언급한다. 또한 이 부분에서 도시(Город)를 대문자로 표기하며, 이것이 정신권의 에너지와 같은 발전기 역할을 한다는 견해를 분명히 한다.

---

8) 이에 대한 것은 2장의 기계론적 패러다임과 유기론적 패러다임하에서의 인간 삶의 방식에 대한 고찰을 참조 바람.

이와 같이 아나톨리 김은 과학 기술을 무조건 비판하는 입장에 있는 것은 아니다. 오히려 그는 도시가 인간 정신 영역의 발전에 기여한 점을 인식하고 있다. 그는 과학기술의 효용성과 유용성을 분명하게 인정하고 있으며, 다만 여기에 우리의 윤리의식이 결부되어서 과학과 기술을 인간화해야 한다고 주장하는 것이다.

마지막으로, 진화하는 우주에서 정신권의 단계를 더욱 가속화시켜야 할 인간의 과제가 언급되어야 한다. 이것은 인간이 과학기술을 통해 자연을 어떻게 다루어야 할 것인지와 많은 부분 관련되어 있다. 표도로프는 "공통과제의 철학(философия общего дела)"에서 모든 자연의 변화 속에서 인간의 과제에 대해 언급한다.[9] 또한 그것을 현실화하기 위해서는 우주적인 기능과 관련된 인류 활동에 근본적인 변혁이 이루어져야 한다고 본다. 모든 자연과학은 '하나로, 완전하게, 천상의(единый, цельный, небесный)' 것이 되어야 한다는 것이다.

여기서 중시되는 것은 천체를 바라보는 방식의 변화이다. 별들은 인간의 경배를 받기 위해서가 아니라, 우리들의 노동 영역을 확장할 수 있는 대상으로 존재한다는 것이다. 우리의 지구는 작고 보잘것없는 것이기에, 인간은 다른 세계 속에서 삶을 살 수 있는 방법을 찾아야만 하는 것이다.[10] 이 때문에 인간의 과제는 "모든 땅을 의식과 의지가 지배하는 천상의 것으로 만드는 것(сделать все земли небесными, т.е. управляемыми сознанием и волею)"이어야 한다. 인간은 마치 천상의 기계 제작공과 같은 면모를 지녀야 한다는 것이다. 표도로프는 인간 속에 내재된 우주적인 힘이 인간 자신을 인식하고 느끼기 시작해야 한다고 보는 것이다.

찌올콥스키 역시 인류가 연합하는 것은 과학기술을 통해 비로소

---

9) Н. Ф. Федоров, *Сочинения*, Москва: Мысль, 1982. c.359.
10) там же, c.371.

가능해질 수 있다고 보는 과학자이다. 인간의 상상을 초월하는 속도로 발전해 인간의 삶을 개선시키게 될 것이라는 것이다. 그는 "인간의 모든 특징을 아우를 수 있는 완전히 열린 공간(полный простор)이 생겨날 것이며, 기술(техника)은 지상의 모든 어려움을 극복하고, 태양계를 여행할 가능성을 준다."[11]라고 말하고 있다. 인간에 내재된 우주적인 힘을 의식하고 그것을 현실적으로 표출하는 일, 즉 지상의 땅을 마치 천상 공간처럼 만들고 인간이 활동할 수 있는 우주 공간을 확장하는 일을 인간 공통의 과제로 설명하고 있는 표도로프나 찌올콥스키의 관념은 아나톨리 김의 『구린의 유토피아(Утопия Гурина)』에서 작가가 제시하고 있는 정신권 발달의 미래 모습, 즉 미래의 유토피아상에 맥이 닿아 있다.

이 작품의 9장에는 주인공 구린이 쨔니긴(Тянигин)이라는 사람의 집에 머물고 있었을 당시에 기록해 두었던 유토피아의 모습이 그대로 수록되어 있다. 아나톨리 김이 구린의 형상 속에서 자기 사상을 구현하고 있다는 측면을 고려한다면, 구린의 유토피아 계획안이라는 것은 작가 자신이 생각하는 이상적인 유토피아상에 다름 아님을 알 수 있다. 토마스 모어나 캄파넬라가 자신의 유토피아를 묘사했듯이, 작가 자신도 하나의 이상적인 유토피아상을 제시함으로써 자신의 꿈을 그 안에 펼쳐 놓는 것이다. 과학기술, 사회제도, 교육제도 및 여성에 대한 새로운 인식이라는 측면에서 전개되는 그 계획안의 내용은 다음과 같다.

실제 지도에서는 찾아볼 수 없는 사림(Сарым)이라는 지역의 골짜기에 이집트 피라미드를 연상시키는 수정으로 건축된 거대한 집이 세워진다. 이곳에서는 모든 최첨단의 과학기술이 실생활에 접목되어 있다. 태양열을 이용한 난방시설 및 비디오폰, 전화, 텔레비전 등 작

---

11) К. Э. Циолковский, там же, с.41.

품이 쓰였던 당시로서는 첨단의 과학기술을 도입함으로써만 가능했
던 문명을 작가는 이 유토피아의 일상생활에 도입한다. 그리고 이곳
의 거주자들이 로켓을 타고 화성과 금성에 자유롭게 다녀오는 모습
도 묘사하는데, 이것은 표도로프의 행성 이주 사상을 작가가 여기에
적용하고 있는 것이다.

이 피라미드형 수정궁에서 나타나는 삶의 방식 가운데 흥미로운
점은 이곳에서 '가족'이라는 울타리는 그다지 중요하지 않다는 점이
다. 여기서는 개별적인 폐쇄단위로서의 가족이 아니라, 그것을 뛰어
넘는 공동체로서의 개념이 중시되고 있다. 이곳에서 태어난 아이들
은 나쁜 습관이나 성향을 부모에게서 배우지 못하도록 부모와 분리
되어 자란다. 그 때문에 아이들은 부모를 다른 사람들과 특별히 구
분하지 못한다. 그리고 부모들도 그 아이가 자신들만의 자식이라는
특별한 관념을 가지고 있지 않다. 여기서 고대의 '가족'이라는 조직
은 존재하지 않는다.

또한 과거의 모습과는 완전히 달라진 여성들의 모습도 눈에 띈다.
이곳에서 자기 자신을 가련하다고 느끼는 여성은 한 명도 없다는 점
을 작가는 강조한다. 왜냐하면 아이를 낳고 시를 쓸 수 있는 감수성
과 능력이 있는 여성은 항상 아름답기 때문이라는 것이다. 각각의
여성은 자신만의 개체성을 강조하려고 노력하며, 그 자신이 바로 미
(美)의 한 표준임을 기억하고 있다.

이곳의 교육 역시 자유로운 방식으로 학습이 이루어지며, 고등교
육도 어떤 현실적인 이익을 고려하거나 현대적 유행을 좇는 무엇 때
문이 아니라, 잠자고 있는 영혼 속의 갈망을 깨우기 위한 것이다.
잘 배양된 철학적·윤리적 교양은 태양 아래 존재하는 모든 것들이
진정한 평등관계를 지님을 인식하게 해 준다고 작가는 강조한다. 여
기서 모든 사람들은 인류 보편의 행복(Всеобщее Счастье)은 개체를

전체에 종속시키는 것이 아니라 전적으로 그들 개인의 행복에 의존하고 있다는 사실을 분명히 이해한다는 것이다.(c.407)

또한 구린은 이곳 주민들의 결혼 풍속도에 대해 서술하면서 이 의식을 '영원의 결혼(брак вечности)'이라고 표현하고 있다. 그들은 이 결혼을 통해 경이로운 유토피아의 행복한 주민으로 변화된다. 결혼식에서 울려 퍼지는 음악이 바로 바흐의 곡이며, 이것은 앞서 언급하였듯이 바흐의 음악이 지니는 상징성이 비교적 초기 작품인 여기에 쓰인 이 작품에서도 활용되고 있다는 것을 보여 주는 것이다. 즉 작가는 결혼의 영원성과 결혼한 두 남녀의 조화에 대한 상징적 표현으로 바흐의 음악을 사용하고 있는 것이다.

구린의 유토피아 계획안을 통해서 표출하는 작가의 관념에서 나타나듯이, 우주의 물질 발생을 생명 발생으로, 그리고 그것이 다시 정신 발생으로 이어진다고 보는 샤르댕과 베르나드스키의 관념은 아나톨리 김의 '정신권' 인지 속에서 분명히 드러난다. 그는 정신권의 보다 고양된 삶의 모델을 찌올콥스키와 표도로프의 관념 속에서 수용하며 작가의 유토피아상으로 재현하는 것이다.

2) 지질학적 힘으로서의 인류

베르나드스키는 인류를 "다른 살아 있는 유기체와는 달리 그 출현에서부터 점점 더 강화되어 가는 지질학적 힘(геологическая сила)으로서 전 행성을 에워싸는 것"이라고 정의하였다. 그와 관련해 진화의 과정은 새로운 전 행성적인 힘인 '인류의 과학적 사고(научная мысль человечества)'를 창조했기 때문에, 특별한 의미를 획득한다는 것이다.12) 그에 따르면 과학적인 관념으로 생명권의 변화를 이끈 것은 우연한 현상은 아니다. 이것은 "법칙에 맞는 자연적인 과정(природный процесс)이며, 그 뿌리는 오랜 세월 동안의 진화를 통해서 준비되어 왔기 때문이다. 그 때문에 정신권을 창조한 지질학적인 힘으로서의 과학적 인식(научное знание как геологическая сила, создающая ноосферу)은 자연스런 진화의 과정이라는 것"이다.[13)

또한 생명권이 진화하여 정신권으로 전환되는 것은 이전의 생명권 역사에서는 일찍이 없었던 인류의 사회 활동과 과학적 사고가 성장하면서 가능해졌다고 주장하였다. 환원하자면 인간은 그 이전에는 존재하지 않았던 새로운 지질학적인 힘을 창조했다는 것이다.

이처럼 베르나드스키에게 인간과 인류의 정신화라는 과정은 우주 진화의 지질학적인 힘과 동등한 것이다. 아나톨리 김이 표출하는 인간 변형(преображение человека)에 대한 믿음 역시 베르나드스키의 진화관과 연결되며, 이것은 '미래 인간'에 대한 그의 관점과 직결된다. 『다람쥐』에는 주인공 게오르기가 인도네시아에 회사를 설립한 사장과 미래 인간의 모습에 대해 논쟁을 펼치는 장면이 있다. 여기서 이미 노인이 된 그 사장은 인간에게는 더 이상 새로운 일도 일어나지 않을 것이라며, "인간이 언젠가 더 훌륭하고 강력한 존재로 변형되리라는 믿음은 인간을 미치게 만드는 유령 같은 사상일 뿐이다."(с.694)라고 말한다.

이에 게오르기는 "인간은 여전히 변할 것이며(человек ещё изменится), 지금의 인간은 미래에 있게 될 그러한 인간과는 전혀 다르다(Он сейчас вовсе не такой, каким будет в грядущие времена)."(с.693)며 반박한다. 계속해서 그는 이렇게 주장한다.

---

12) В. И. Вернадский, *Философские мысли натуралиста*, Москва: Наука, 1988, с.27.

13) там же, с.30.

В том, что в людях веры стало больше. Веры в то, что человек непременно преобразится. <……> без этого преображения людям попросту невозможно, другого пути у них нет. (с.695)

인간이 틀림없이 변화할 것이라는 믿음이 점점 더 많아졌다. <……> 그리고 이러한 변형 없이 인간에게 다른 길은 없다.

인간이 지금보다 더 아름답고 강력하고 훌륭한 존재로 변형될 것이라는 게오르기의 믿음은 바로 아나톨리 김의 인간의 미래에 대한 확신에 다름 아니다. 인간은 아직 그 진화의 종점에 도달한 존재가 아니기에 더 변화할 것이라는 믿음은 러시아 우주론에서도 그 이론적 토대를 발견할 수 있다.

베르나드스키는 인간 이성을 어떤 유성에 비길 수 있는 힘으로 이해하면서도, 아직 인간은 생각할 수 있는 완전한 기관을 소유한 것은 아닌 것으로 간주한다.[14] 시간의 진행과 더불어 이성이 성장하는 만큼 인간 두뇌의 변화 역시 당연한 것이라고 보는 것이다. 그에 따르면 인간은 '창조의 정점'이 아니라는 것이다.[15]

20세기에 이르러서야 비로소 인간은 처음으로 자신의 문화로 전 생물권을 점령했으며, 하나의 전체(единое целое)가 되었다.[16] 그리고 베르나드스키는 이렇게 하나의 전체가 된 인류는 강력한 지질학적인 힘이 된다고 주장하였으며, 이러한 생각으로 인간은 실존의 영역을 변형시킬 수 있다고 보았다. 그것을 통해 우리 앞에는 보다 더 넓은 창조적 가능성이 열려 있으며, 인간은 자신이 살고 있는 지구의 경계를 넘어 우주 공간으로 나아갈 수 있다는 것이다. 인간이 우

---

14) В. И. Вернадский, *Научная мысль как планетное явление*, Москва: Наука, 1977, с.33.

15) там же, с.73.

16) там же, с.33.

주 공간으로 영역을 확장할 수 있다는 가능성 역시 생명권에는 우주
적인 힘(космическая сила)에 비견될 수 정도의 거대한 지질학적인
힘이 내재되어 있다는 사실에 입각한다.

인류의 힘이 지구의 경계를 넘어 우주 공간으로 나아갈 수 있다
고 보는 아나톨리 김의 관념은 찌올콥스키와 베르나드스키의 이론에
서 그 근거가 발견된다. 바로 그들의 연구를 기반으로 우리 인류가
우주 공간과 시간을 획득하는 것은 우연한 것이 아니라, 생명권이
지니는 우주적 특성의 결과임을 드러내는 것이다.

다른 행성으로의 이주에 대한 아나톨리 김의 묘사는 표도로프에게
서 확실한 이론적 근거를 발견할 수 있다. 그의 개념은 러시아의 우
주론자들에게는 다른 세계에 이성적인 존재가 존재할 수 있음을 인
정하는 것이 되었을 뿐만 아니라, 지구인이 다른 행성으로 이동하는
실제적인 방법을 탐색하는 또 다른 시도의 초석을 놓게 되었다.[17]
표도로프에게 인간의 노동과 노력은 지구라는 공간에 제한되어서는
안 된다. 게다가 다른 세계로의 이동은 삶의 수단들을 찾기 위해 다
양한 기술을 개발해야 하는 인류 활동의 목표가 된다. 결국 인간은
그와 같은 활동의 결과를 통해 우주의 거주자이자 통치자가 된다고
보는 것이다.

인간이 진화함으로써 결국은 현세적 시·공간을 벗어나 우주 공간
으로 이동할 수 있으며, 자신의 육체로부터도 해방될 수 있다는 미
래 인간의 모습은 아나톨리 김의 작품 속에서 표현되어 있다. 『다람
쥐』에서 미술학교 시절의 다람쥐는 예전에 우주화가 븨풀코프
(Выпулков)가 살았던 집에서 지신(地神)을 닮은 털보 난쟁이를 만나
게 된다. 그 난쟁이는 븨풀코프와는 아무런 관련도 없는 사람임에도
불구하고 15세기 러시아와 비잔틴 성상화 속에 나타난 우주적 테마

---

17) Н. Ф. Федоров, там же, с.438.

의 반영에 대해 연구하고 있었다.

그런데 오랜 세월이 지난 후 다람쥐가 가족과 해변에서 쉬고 있을 때, 다람쥐는 절벽 위에 서 있는 당시의 성상 연구가를 다시 만나게 된다. 다람쥐는 무더운 여름날 두꺼운 옷을 껴입고 있는 그 성상 연구가에게 왜 바다에서 수영을 하지 않느냐고 묻자, 그는 자신에게는 그런 행위들이 필요치 않다고 하면서, 우리 인간사의 행위들이 그에게는 이미 '지나간 단계(пройдённый этап)'라는 말을 덧붙인다.(c.655) 그리고 몇 마디 이야기를 나누고서는 바지 속의 자명종이 울리자 홀연히 사라져 버린다. 성상 연구가의 기이한 행동을 묘사하고 난 후, 작가는 그를 미래의 인간이라고 칭하고 있다.

여기서 난쟁이 성상 연구가가 보여 주는 속성은 아나톨리 김에게 있어 우리 미래의 인간이 지니게 될 육체적·물리적 속성 — 외부 기후에도 영향을 받지 않으며, 공간을 자유롭게 이동할 수 있는 능력 — 이다. 이것은 표도로프나 찌올콥스키가 언급했던 우주 발전의 단계 속에서의 인간 진화에 대한 관점에 영향을 받은 것이다. 계속해서 작가는 다음과 같이 언급한다.

> Человек будущего! Оно уже есть, оно говорит с вами-будущее так же наличествует, как и прошлое. <……> И будущее люди уже существует, и прошлые люди ещё существуют, а МЫ, составляющие ныне звучащий Хор Жизни, всегда гудим, хлопочем единым ульем какого-нибудь одного человеческого поколениям, то МЫ радостно дивимся друг на дпуга и печалимся лишь оттого, что из-за тесноты пространства нам невозможно быть всем вместе, рядом и всегда, что из-за нехватки места на Земле бессмертные людивынуждены уходить в более вместительное и обширное. (c.656-7)

미래의 인간! 미래의 인간은 이미 존재하고 있으며, 그는 당신과 이야기하고 있다. 미래는 과거처럼 이미 그렇게 존재하고 있는 것이다. <……> 미래의 사람들은 **이미** 존재하고 있으며, 과거의 사람들도 **아직** 존재하고 있는 것이다. 하지만 지금 울려 퍼지고 있는 **삶의 합창**의 일원인 **우리들**은 항상 한 인간 세대의 벌집 앞에서만 끙끙대고 있다. 이웃들이 세대를 넘나들며 자연스럽게 서로에게 날아들 수 있을 때, **우리들**은 참으로 서로를 즐겁게 쳐다볼 수 있게 되는 것이다. 다만 공간이 협소한 관계로 우리들이 옆에 항상 함께 있는 것이 불가능하며, 지구의 장소 부족으로 인해 불멸의 사람들은 더 광대한 곳으로 떠나야만 한다는 사실이 슬플 뿐이다.

이것은 삶에 어떤 단계가 있다는 의식, 즉 '과거의 인간 → 현재의 인간 → 미래의 인간'과 같은 방식의 인간 진화론을 아나톨리 김이 염두에 두고 있다는 것을 표현하는 것이다. 또한 과거와 미래의 인류가 함께 공존하기에는 지구라는 공간이 너무나 협소하기 때문에, 인류가 지구라는 공간에 머물지 않고 더 광활한 우주 공간으로 나아가야 한다고 작가는 이야기한다. 이것은 우주 공간에 대한 작가의 이해가 표도로프, 찌올콥스키, 베르나드스키와 같은 맥락이라는 것을 입증하는 것이다.

앞에서도 언급했듯이, 인간 두뇌의 진화와 이성이 전 우주를 지배하게 될 것이라는 관점은 우주에 다른 고등한 유기체가 존재할 수 있다는 가능성으로 이어진다. 찌올콥스키는 "몇몇 행성에서 동물의 삶은 인간을 능가하는 아주 높은 발전에 도달할 것이며, 이 우주는 아주 높은 수준의 완전한 생명체로 가득 채워져 있다."[18]라고 언급하였다. 그는 이 결과로 이미 우주에는 인간과 닮은 존재들이 존재

---

18) К. Э. Циолковский, там же, с.51.

하며, 그들의 기술력은 인간보다 더 완전하여 행성 간 이주도 가능한 기술을 가지고 있다고 확신하기에 이른다. 찌올콥스키는 지상 인간과 유사하지만 육체적으로는 인간과 다르거나 인간보다 완전한 유기체가 우주에 존재할 가능성을 확신하고 있는 것이다.

베르나드스키와 마찬가지로 찌올콥스키 역시 세월이 지나면서 인류는 육체와 뇌가 더 완성되어 갈 것이라는 의견을 개진하였다. 그는 지금의 우리들이 원숭이나 도마뱀과 다르듯이, 미래 인류는 현세의 사람들과는 분명한 차이를 보일 것이라고 생각한다. 그뿐만 아니라 유인원의 이성은 우주 속에서 이성을 가진 존재 형태의 하나일 뿐이라고 보는 것이다. 따라서 이성을 가진 다양한 존재 형태들은 상호 작용하면서 하나의 창조적인 힘이 될 수 있다고 보는 것이다.

우주에는 이성적인 또 다른 생명체가 존재한다는 찌올콥스키의 믿음을 아나톨리 김은 『켄타우로스의 마을』에서 '톰슬로'라는 외계인의 등장으로 표출한다. 외계인 톰슬로는 굶주리고 있는 켄타우로스들을 다른 곳으로 이주시켜서 살게 하려고 했으며, 켄타우로스들에게 기품 있는 삶을 살도록 충고하기도 한다. 이 작품에서 그려지고 있는 외계인들의 형상은 실상 찌올콥스키가 언급하고 있는 외계인과 유사한 측면이 많을 뿐만 아니라, 이성적인 측면이나 과학 기술적인 측면, 윤리 도덕적인 측면에서도 인간보다 우위에 서 있다.

외계인에 대한 관점은 러시아 우주론자들과 샤르댕이 다르지만, 지상의 인류가 세계 진보를 위해 자기완성의 도정을 따라야 한다는 관념은 우주의 진화에 대한 인간의 책임을 역설한 샤르댕의 테제[19]와 동등한 것이다. 진보가 계속될 것이라는 조건하에서는 의식과 행위가 생물학적인 출생을 바꾸는 시기가 올 것이며, 그로 인해 자연은 인간보다 더 완전한 존재를 낳게 될 것이라고 보는 것이다. 이것

---

19) Щарден, там же, c.33.

은 또한 우리 인간이 코스모폴리턴(космополит), 즉 세계주의자가
되어야 한다고 믿는 아나톨리 김 자신의 관념과도 맥을 함께한다.

그때에 자신 속에 계시의 모든 역사를 지니게 될 것이며, 인간 속
에는 물리학과 화학, 말하자면 전 우주론(космология)이 내포될 것이
며, 실제적인 코스모폴리턴으로서의 가능성을 지니고 어디서나 생존
할 수 있는 가능성을 지니게 된다고 표도로프는 언급한다.[20] 그의 표
현을 빌자면 인간은 '지금보다도 더 큰' 보편적인 존재가 된다(человек
станет универсальным существом и 'больше самим собою, чем теперь')
는 것이다.

> 현재에는 단지 인간의 생각 속에서나 존재하는 것이 현실적인
> 것이 될 것이다. 관념의 날개는 육체의 날개가 될 것이다(крылья
> мысли сделается телесными крыльями). 이렇게 사람들은 전 세계
> 어디에서나, 어떤 환경 속에서도 생존할 수 있는 기관들을 자신
> 속에 만들어야 한다. 또한 그러한 방식으로 어느 곳에서나 살 수
> 있는 존재가 되어야 한다.[21]

인간이 세계주의자가 될 가능성 혹은 인간 발전의 전망에 대한
표도로프와 찌올콥스키의 의견은 인간 자신이 코스모폴리턴이 될 가
능성—인간이 자신 속에 전 우주학을 지니고, 우주 어디서도 생존
할 수 있게 될 것이라고 함—과 연결된다. 이것은 인간이 지금과는
다른 존재가 될 것이라는 인간의 변형을 표현하는 것이기도 하다.
'생각의 날개가 육체의 날개로 만들어질 것'이라는 표도로프의 관념
은 아나톨리 김의 『구린의 유토피아』에서 하늘을 나는 구린의 모
습을 통해 형상화된다.

---

20) Н. Ф. Федоров, там же, с.405.
21) там же, с.423.

『구린의 유토피아』의 13장 마지막 부분에서 구린은 싸림지역을 떠나기로 결정하고 쨔니긴과 함께 공항으로 가는 차 안에서, 인간 진화의 필연성과 당위성에 대해 말하는 부분이 있다. 구린은 작품에 등장하는 오그레프(Огрев)나 수다코프(Судаков)와 같이 동물적 가치를 따라 살아가는 사람들을 빗대어서 다음과 같이 말한다.

> Но прой дет некоторое время, и последние неандертальцы вымрут, как вымерли динозавры, и на земле настанет эпоха без жуликов и проходимцев. (с.447)
> 하지만 공룡이 갑자기 멸종했듯이, 그런 네안데르탈인들이 사라지는 시기가 조만간 도래할 것이다. 그리고 지상에는 사기꾼과 좀도둑이 없는 시대가 도래할 거다.

그리고 그는 희망을 버리지 말고 그 어떤 경우에도 확신을 지녀야 한다며 계속해서 이렇게 미래를 예견하고 있다.

> И все плохое, что ты знаешь, оказывается ничтожным перед надеждой . <……> Тогда и начинаем понимать, что вся эта громада людская, которую мы почти не знаем, живет, шевелится, движется и развивается по своим законам. И в мгновенье ока мы преображаемся. <……> Итак, ради восхождение к этой минуте высшего постижения жив человек! <……> Тогда злодеи уй дут со сцены и останется чистая музыка. (с.448)
> 당신이 알고 있는 모든 추악한 것도 희망 앞에서는 무가치한 것일 수밖에 없다. <……> 그때가 되면 우리가 아직은 알지 못하는 인간의 무리가 그들만의 법칙에 따라 살고 움직이고 발전하게 된다. 그때 우리들은 눈 깜짝할 사이에 변형할 거다. <……> 이러

한 지고한 이해의 순간을 위해 우리 인간은 살아야 하는 거다!
<……> 그때가 되면 악한들은 무대 뒤로 물러나고 순수한 음악만
이 남게 될 것이다.

이에 대해 제발 아이들 같은 유치한 소리 좀 그만 하라는 쨔니긴
의 면박에 구린은 "그래도 나는 죽을 때까지 이런 망상을 믿을 생
각"이라며 세속적 차원에서만 얘기하고 있는 쨔니긴에게 항변한다.
그리고는 갑자기 석상처럼 서 있던 구린이 점점 들어올려지더니 하
늘을 날기 시작한다. 그리고 구린의 담대한 비상(полёт)이 시작된다.

그렇다면 새처럼 하늘을 나는 구린의 모습을 통해 작가가 보여
주고 싶었던 것은 무엇인가? 구린은 이미 그 이전에 엘레나에게 보
낸 편지 중 일부에서 "우리는 지상에서 다른 별이나 행성으로 날아
오르게 될 것이다(Скоро мы будем разлетаться, от Земли к другим
звездам и планетам)."(c.390)라고 쓰고 있다. 즉 그는 인간의 진화에
대한 믿음, 인간의 비상에 대한 믿음을 끝까지 지키고자 노력한 인
물인 것이다.

구린의 모습과 대조되는 것으로 작가는 쨔니긴의 삶을 보여 준다.
그도 어린 시절에는 상당히 하늘을 나는 기구나 도구에 관심을 가지
고 있던 사람이었다. 하지만 아내가 이를 반대하자 그는 더 이상 하
늘을 나는 일에 몰두하지 않게 되었다. 그와 동시에 그는 더 이상
꿈꾸지 않는 사람, 꿈을 마시지 않는 실무적인 사람이 되어 버린 것
이다. 이에 반해 구린처럼 항상 꿈꾸는 열정을 가진 사람에 대한 공
감의 표시로 그를 실제 하늘을 나는 인물로 묘사하고 있는 것이다.
인간이라는 존재는 자신의 믿음으로 이렇게 변형될 수 있는 존재라
는 확신을 표현하는 것이다.

살펴본 바와 같이 샤르댕이나 러시아 우주론자들은 인간과 인류의

정신화 과정을 우주진화의 지질학적 힘과 동등한 것으로 간주하였다. 아나톨리 김의 인간 변형에 대한 관념은 여기서 당위성을 얻는다. 또한 표도로프, 베르나드스키, 찌올콥스키의 사상에서도 나타나듯이 인간이 다양한 기술을 개발해 우주 어느 곳에서도 생존할 수 있는 존재가 된다면 그때 인류는 우주의 지배자이자 통치자가 될 수 있다는 믿음을 아나톨리 김은 작품으로 표출했던 것이다.

2. 조화와 일치를 향한 초인격으로서의 인류

1) '사랑—에너지'와 초인류

앞서 살펴본 것이 진화하는 우주의 모습과 지질학적 힘으로서의 인류를 현상학적인 견지에서 고찰한 것이라면, 이 부분에서 살펴볼 '조화와 일치를 향한 초인격으로서의 인류'는 인류에 대한 형이상학적·윤리학적 이해에 대한 시도이다. '진화하는 우주'와 '지질학적인 힘으로서의 인류' 부분에서 아나톨리 김이 많은 부분 표도로프나 찌올콥스키 그리고 베르나드스키와 같은 러시아 우주론자들의 영향을 강하게 받고 있음을 보여 주었다면, 이 부분에서는 자신의 과학적 우주상을 통해 인류의 정신을 밝히고 이를 윤리적 지평으로까지 확장시키는 샤르댕의 영향이 보다 강하게 표현될 것이다.

'사랑'을 인류의 정신을 하나로 아우를 수 있는 역동적 에너지로 보는 사랑의 관점은 아나톨리 김의 작품에서도 '사랑'의 테마를 통해 다양한 방식으로 변주된다. 그러나 그의 작품에서 '사랑'은 단순한 감성 차원의 감정이 아니다.[22] '사랑'을 인간을 통일할 수 있는 에너지 혹은 진화의 기본 에너지라고 보는 점에 있어서 그는 샤르댕의 견해와 일치한다. 그가 작품을 통해 말하고자 하는 것은 '사랑'에 내재된 진화의 의미(эволюционное значение)이다. 우리 둘레에서 수렴하며 상승하는 의식들 어디에도 사랑은 빠지지 않는다. 그는 사랑의 힘으로 세상의 조각들이 모여 하나의 세상을 이루고 세계를 완성해 가는 것이라고 본다. 오직 사랑만이 개체들을 하나 되게 함으로써 개체를 완성할 수 있다. 그것은 사랑만이 속 깊은 만남을 가져오기 때문이다.

아나톨리 김이 작품에서 혼신의 힘을 다해 제시하고 싶었던 것이 이렇게 우리를 하나 되게 하고 완성할 수 있는 '사랑'이다. 하지만 작품 안에서 그것을 표출하는 방식은 오히려 이런 '사랑-에너지'에 대립된 측면을 극대화함으로써, 우리가 인류의 실존을 고심하게 하는 방식을 취한다고 할 수 있다. 이에 따라 먼저 다양하게 변주되고 있는 '분리'의 테마에 대한 고찰부터 시작하기로 하자.

『아버지-숲』에서는 가지 끝이 둘로 나누어진 나무에 관한 묘사가 작품의 프레임처럼 이 작품의 처음과 끝을 아우르고 있다. 여기서 이 소나무는 서로 상반된 길을 가는 투라예프 가문의 양립적인 가문사에 대한 상징일 뿐만 아니라, 성직자와 사회주의자라는 두 갈래

---

22) 사랑에는 세 단계가 있다. 에로스(Eros), 필리아(Philia), 아가페(Agape)가 그것이다. 에로스는 감각-본능적 사랑이며, 필리아는 정신-인격적 사랑이고, 아가페는 신적-은총적 사랑이다. 이것이 인간의 기본 능력인 사랑의 세 단계이다. 성숙한 사랑에는 이 세 단계가 필요하다. 이 세 단계의 사랑이 상호간의 삼투(渗透) 작용 속에서 그들 각각의 고유한 양식으로 전체 사랑에 기여할 때 비로소 완전한 사랑이 가능하게 된다. 작가를 대변하는 주인공들의 사랑과 삶을 통해서도 알 수 있듯이, 아나톨리 김 역시 사랑의 세 가지 단계, 즉 에로스와 필리아와 아가페가 상호 침투될 때를 완전한 사랑의 표현으로 보고 있다. 심상태, 『인간: 신학적 인간학 입문』(서광사, 1989), 215쪽 참조.

길을 가는 그라친스키 가문의 특성을 대변해 주는 것이다.

　예술가의 수난과 희생이라는 측면과 관련해 『바흐의 선율과 함께 한 버섯 따기』에서 커다란 하나의 테마 축으로 설정되어 있는 것이 바로 천재 소년 탄지와 그를 파괴하는 힘으로 등장하는 동생 로헤이, 즉 성서의 카인(Каин)과 아벨(Авель)의 테마이다. 태초의 인간 아담과 하와가 낳은 두 아들 카인과 아벨에서부터 우리 인류는 같은 배에서 태어난 한 형제를 살해해 왔다. 아담과 하와라는 한 부모에게서 나온 형제의 분리와 나누어짐은 『아버지-숲』의 한 뿌리·한 나무에서 갈라져 나온 두 가지의 변이형이다.

　창세기에 나타나듯 카인은 하느님이 양을 치는 목동이었던 자기 동생의 제물을 더 즐겨 받으신다는 이유 하나만으로 동생 아벨을 살해한다. 형제살해 모티프는 이 작품에서도 탄지와 순결한 영혼의 천재 예술가였던 형을 질시하고 그의 연주가 녹음된 테이프를 불 속에 태워 그의 음악혼의 흔적마저 파괴시켜 버리는 동생 로헤이의 대립적인 패턴을 통해 그대로 반복되고 있다. '사랑을 위한 삶만이 가치 있는 것이다(Жить стоило только ради любви)'라는 이 작품의 에피그라프는 서로 대립하고 살해하는 한 형제들의 분열과 분리를 사랑으로 극복해야 한다는 작가의 메시지로 던져진 것이다.

　대립의 테마는 작품 『벽(Стена)』에서도 발견된다. 이 작품은 부부인 안나와 발렌찐이 플라톤의 자웅동체(платоновский андроген) 개념에 대해 이야기하다가 작은 논쟁을 일으키는 것으로부터 시작된다. 발렌찐은 이 자웅동체 신화에 큰 매력을 느껴 부부란 모름지기 이렇게 자웅동체이어야 한다고 생각하는 반면, 안나는 부부가 항상 그런 상태로 함께 있어야 한다는 남편의 이야기에 구속의 굴레를 느낀다. 발렌찐은 자웅동체 신화의 의미를 이렇게 이야기한다.

Они пребывали в таком блаженстве постоянно. И впоследствии, когда андрогинное существо было разрублено попалом, на мужчину и женщину. каждая половинка стала искать по свету своего напарника. (с.5)

그들은 그런 지극한 환희의 상태로 항상 머문다. 그리고 그 이후에 자웅동체인 존재가 남성과 여성, 이렇게 반으로 나누어졌을 때, 각각의 절반은 자신의 반쪽을 찾으러 온 세상을 다닌다.

이런 논리에 입각해 발렌찐은 자신의 반쪽인 한 몸의 아내를 끝까지 찾아야 한다는 논리인 반면, 안나는 자신도 남편을 사랑하긴 하지만 그런 남편의 굴레는 견딜 수 없다고 논쟁하는 데에서 그것은 이미 불화의 씨앗이 되고 있었다. 하지만 안나와 발렌찐에게도 그들이 자웅동체의 느낌을 맘껏 향유했던 시간은 존재했었다. 그들이 처음 만나 함께했던 첫해 여름은 그들이 하나가 된 육체와 영혼을 느꼈던 시기였다. 서술자 역시 "태양과 대지, 그 사이에서 한 덩어리가 된 우리들의 육체와 영혼(наши тела и души, составившие единое целое)은 지극한 환희의 순간을 맛보기도 했다."(с.26)라고 표현하고 있다.

그러나 그런 감정도 한순간이었고, 마침내 그들은 자신들의 사소한 다툼과 권태가 쌓여 어느새 그들 사이에는 점점 높아만 가는 '벽'이 존재함을 느끼게 된다. 처음에 그들은 서로를 사랑한다고 생각했지만, 서로에 대한 간극이 커질수록 상대방을 '다른 별에서 온 사람(пришельца с другой звезды, инопланетянские пришельцы)'(с.22)이라고 부른다. 그들이 서로에 대해 심리적 벽을 쌓게 되었을 때의 상황을 안나와 발렌찐은 "우리들은 같은 열쇠를 사용하는 한 감옥에 갇힌 수감자들이었다(мы оба оказались заточниками, запертыми в единой тюремной камере одним общим ключом)."(с.20)라고 이야기하고 있다.

같은 열쇠를 사용하기에 서로가 서로를 자유롭게 할 수도 있었으련만, 그들은 각자 자신만의 방법으로 이 감옥에서 벗어나려고 애쓴다. 결국 그 벽은 점차 높이 쌓여 올라가더니 이내 서로의 목소리도 완전히 들을 수 없는 상태, 마치 콘크리트 벽으로 완전히 분리되고 단절된 상태가 되어 버렸다.

> Мы разом <u>отсеклись</u> друг от друга, <u>разрубили</u> гордиев узел нашего двухлетнего брачного союза. (с.10)
> 이렇게 우리는 한 칼에 무 자르듯 <u>헤어지고</u>, 이 년간 결혼 생활의 매듭을 <u>끊어 버렸다.</u>

여기서 사용되는 단절과 분리를 표현하는 '자르다', '절단하다'와 같은 동사가 작품 제목인 '벽'의 속성을 드러내고 있다. 그리고 상호 간에 조화를 이루지 못하고 자신만의 '벽'을 쌓아 간 모습을 작가는 그들이 살던 소도시의 두 성당 모습과 병치시키고 있다.

이 작품에서 묘사되는 두 성당 중 하나는 러시아 바로크의 화려한 양식으로 만들어졌으며, 다른 성당은 둥근 지붕 대신에 비러시아적인 피라미드형의 첨탑으로 장식되어 있고 수많은 계단이 나 있는 육중한 양식으로 건축되어 있다. 서술자는 이 작은 도시를 장식하고 있는 두 개의 뛰어난 건축미를 자랑하는 웅장한 흰 석조 사원을 건축한 사람들이 누구인지 정확지 않으나, 아마도 아주 거만한 인물들이지 않겠느냐고 넌지시 화두를 꺼낸다. 그것은 그렇게 귀중하고 장엄한 성당들을 오십 미터 정도밖에 떨어져 있지 않은 한 광장에 쌓아 올린다는 것은 마치 경쟁하는 듯한 인상을 주는 상식 밖의 일이기 때문이다. 더구나 각각의 성당을 건축한 공후 혹은 백작은 서로의 신자를 옆 성당에 빼앗기지 않으려는 듯 그 좁은 곳에 울타리를 쳐 놓고 있었다. 바로 두 성당의 분리되고 어울리지 않는 모습이 서로 조화를 이루지 못하는 안나와 발렌찐의 모습을 연상시키는 것이다.

하지만 죽음 이후에도 이어지는 안나와 발렌찐의 대화와 노래를 통해서, 서로 간의 관점 차이에도 불구하고 그들이 얼마나 서로를 사랑했는지를 깨닫게 된다. 이렇게 점증법적인 그들만의 사랑노래를 통해 그들은 일치점에 도달한다. 그리고 마지막 9장에서 항상 안나를 의심하던 발렌찐은 안나와 함께했던 시간을 추억하고 싶어 그들이 첫 보금자리를 꾸몄던 그 집을 다시 찾아간다.

이미 그 집에는 새 거주자들이 평화스럽게 살고 있다. 발렌찐은 그 모습을 새롭게 변화된 시선으로(своим обновлённым зрением) 인식하며, 그 속에서 이 지상에서의 인간의 행복과 영광, 불멸의 특징들을 보게 된다.(c.71) 자신의 변화된 시각을 발렌찐은 "나의 눈은 저주를 모르는 진정한 빛 속에서 세상을 보는 법을 배운 것 같다(мои глаза научились, очевидно, видеть мир в истинном свете, без проклятия)."(c.71)라고 표현하고 있다.

그리고 그 집에서 강변으로 차를 몰고 나오다가 멀리서 다시 그 도시의 성당들을 보게 되는데, 그 모습은 이 작품 2장에서 묘사된 모습과는 완전히 달라진 모습으로 그의 눈에 들어온다. 지금 발렌찐이 강변에서 그 성당들을 보고 있는 각도에서는 두 성당들이 하나로 합쳐진 섬세하고 균형 잡힌 실루엣을 드러내며, 이렇게 결합된 성당 위로 우아한 종루가 보인다.

совмещённые в моих глазах – два храма в единый , – в этом виде они открылись для меня в новом. необычном ракурсе. (c.71)

내 눈앞에 두 성당은 하나로 결합되어 그것은 새롭고 신선한 원근법으로 펼쳐졌다.

여러모로 서로 조화되지 못한다고만 생각되었던 두 성당의 모습을 새로운 구도 속에서 다시금 보게 된 것은 무엇보다 사랑과 삶을 바라보는 눈, 세상을 보는 눈이 변화되었기 때문이다. 각각의 상반된 여성미와 남성미를 드러내는 두 성당이 결합함으로써 잉태되는 지고한 미(美)의 순간을 발렌찐은 진정한 빛 속에서 보게 된 것이다. 그리고 이제 두 성당의 모습에 비유되었던 안나와 발렌찐도 죽음 이후의 목소리로 자신들이 영원한 환희를 머금은 자웅동체가 되었음을 이야기한다.

> Мы как единое целое появились на свете именно в ту самую минуту, когда взаимо окольцовывали друг друга, - и с того времени будем существовать во вселенной вечно, всегда. (с.37)
>
> 서로서로를 고리로 연결했던 바로 그 순간에, 우리는 하나의 전체로 나타났다. 그리고 그 이후 우리들은 이 우주에서 영원히 함께 존재할 것이다.

자웅동체 신화는 이렇게 죽음 이후에 안나와 발렌찐의 공존의 영원성(совместная вечность)을 증명하기 위한 작가의 꿈을 이야기한다. 결국 아나톨리 김이 『벽』에서 남성과 여성의 대립을 극복하려는 열망으로 도입하고 있는 자웅동체 신화는 인간이 지닌 두 가지 대립되는 원칙을 극복하려는 인류의 오랜 갈망의 또 다른 표현이라 할 수 있다.

자웅동체 신화를 통해 아나톨리 김이 우리들에게 던지고자 했던 메시지는 "삶의 의미는 두 개의 개별적인 존재가 하나가 되는 것이다(Смысл жизни оказался в том, что было два отдельных существа, а стало одно)."(с.28)이라는 발렌찐의 입을 통해 표현된다. 그리고 그러한 의미를 이해하는 것은 둘이 함께할 경우에만 가능하다.

흔히 말하듯 인간이 신의 모상을 따라 창조(человеки созданы по образу и подобию Божию)되었다면, 이것은 혼자가 아니라 둘로 결합됨으로써만 사람들은 그러한 신의 형상을 성취할 수 있다는 것이다. 즉 인간이 신의 모습을 가질 수 있는 것은 남성적 원칙과 여성적 원칙이 하나로 결합될 때이다. 둘이 함께할 때에만 인간들은 진리를 구현할 수 있다고 작가는 생각하기 때문이다. '사랑'과 '하나됨'에 대립되는 '분리'의 테마는 아나톨리 김의 작품에서 다음과 같이 변주된다.

〈표 8 '분리'와 '하나 됨'의 모델과 변이형〉

작품명	'분리형' 이미지		'하나 됨'의 이미지	
『아버지 – 숲』	끝이 둘로 갈라진 나무	⟺	한 그루의 나무, 한 뿌리	'사랑'과 '하나 됨'
『바흐의 선율과 함께 한 ……』	카인과 아벨		한 부모	
『벽』	자웅동체의 분리		자웅동체	

자신과는 다른 성(性)에 대한 증오감은 『켄타우로스의 마을(Посёлок Кентавров)』에서 아마존 여인들(Амазонки)이 드러내는 남성에 대한 증오심에서 극단적으로 표현된다. 아마존 여인들은 항상 전쟁을 해야 하기 때문에 활쏘기에 편하도록 아예 오른쪽 가슴을 불로 지져 버리는 행위를 하나의 성인식으로 관례화한다. 그들은 남성을 혐오와 증오의 대상으로만 보기 때문에, 자신의 신체 역시 미적 건강함에 대한 표현이 아니라 전쟁을 수행하는 실용주의적 관점에서 이해했던 것이다.

그 가운데 폴리피미야(Полифимья)라는 여전사는 남성이나 수컷에 대해 극도의 증오심을 품고 있다. 그녀는 아마존 여전사들 중 가죽 채찍을 가장 잘 다루는 사자 사냥꾼이었으며, 지구상의 모든 남성을 증오하기 때문에 항상 거세하는 것을 즐긴다. 그리고 이러한 증오심은 아이러니를 유발하기도 한다. 아마존 국가 원로원의 우두머리인 엘레나(Елена)는 남성을 가장 혐오하는 인물로 그려지고 있는데, 오히려 그녀는 우스꽝스럽게도 외모나 성격 면에서 남성적인 특성을 드러내 대머리에다가 남자처럼 불그스레한 수염이 나기도 한다.

증오의 삶은 아마존 여인들이 남성과의 결혼을 아예 금지하는 것으로까지 이어진다. 아마존 여인국에서는 결혼을 금했기 때문에, 그들은 힘든 노동을 할 남성을 필요로 했다. 그래서 아마존 여인들은 전쟁을 통해 포로와 자신들의 정부(情夫)를 잡아들일 수밖에 없었다. 또한 자신들의 포로와 정부를 충당하기 위해 그들은 끊임없는 전쟁을 할 수밖에 없었던 것이다.

그러면서도 그 포로들에게서 남성의 본능이 발동되지 않도록 그들을 모두 거세시켜, 원초적 기쁨과 자유를 완전히 망각하도록 만든다. 혹시 아마존 여인과 남성이 결혼할 수 있는 조건이 성립된 경우에도 그 남편은 자신의 눈을 멀게 하는 종교 의식을 치러야만 한다. 전통적으로 남성 혐오감을 가진 나라에서 남자들은 신(神)이 자신들을 창조한 대로 신체적 완전함을 유지할 수 없도록 되어 있었던 것이다. 또한 이것으로 남성의 본능을 근원적으로 억제하려는 생각 때문이었다. 이렇게 증오심은 끊임없는 전쟁과 살해로 이어지고 있다.

타인을 파괴하는 것이 결국은 자신을 파괴하는 것이 되어 버리듯, 자신을 혐오하는 것이 결국은 타인을 증오하는 것으로 이어지기도 한다. 작가는 그 감정을 『켄타우로스의 마을』에 등장하는 상인이 보여 주었던 죽어 가는 이웃에 대한 그의 태도 변화를 통해서 그려 낸다.

이 작품 속에서 상인은 켄타우로스의 마을을 몇 차례 방문하는데, 첫 번째 원정에서 죽을 위험에 처했을 때 보이지 않는 구원자의 도움을 받았던 기억을 떠올린다. 그리고 만일 인간이 일생에 단 한 번만이라도 자기 자신을 생각하듯이 죽어 가는 가까운 이웃을 생각한다면, 보이지 않는 구원자들은 그런 사람들을 기억했다가 그가 어려움에 처한 순간 그에게 도움을 주러 온다고 구원자의 전능함을 이야기한다.(c.91)

하지만 죽어 가는 이웃에 대해서 순수한 마음을 지녔던 상인은 점차 돈에 눈이 멀게 되면서 영혼의 퇴화를 드러낸다. 첫 번째 원정 때에 가까운 사람에 대한 위대한 사랑의 힘을 느낄 수 있었던 그는, 죽어 가는 사람에게 한 약속을 지키지 않은 이후로 자신의 인생이 점점 쇠퇴의 길에 접어들게 되었다는 사실을 인식한다. 그리고 쇠퇴의 길로 접어들게 된 상인은 자신의 삶과 행동에 대해 자학하기 시작한다. 순박했던 상인이 그와 절친했던 켄타우로스 파시(Пасий)에게까지 살해 충동을 느낄 정도가 된 것을 작가는 이렇게 표현한다.

И постепенно торговец возненавидел самого себя. Таким образом он и пришел к желанию уничтожить старого кентавра – возненавидев ближнего своего как самого себя. (c.92)
차츰차츰 상인은 자신을 증오하기 시작했다. 그리고 자신을 혐오하듯이 자신의 이웃을 증오함으로써 늙은 켄타우로스를 죽이려는 욕망에까지 이르게 된 것이다.

그리고 그는 이제야 이웃을 사랑하는 위대한 체험이 가장 순수하고 강력한 것(любовь к ближнему, которая проста, ясна, чиста, всемогуща и счастлива)(c.92)임을 진정으로 깨닫게 된다. 이웃 사랑의 가르침은 『온리리야(Онлирия)』에서는 자기 원수까지도 사랑하라는 가르침으로 확대된다. 여기서 서술자는 예수의 가르침을 언급하며 우리가 원수까지 사랑해야 할 이유에 대해 언급한다.

Мы все будем возвращены Ему – и люди, и демоны, и неисчислимые твари всех стихий, и одухотворенные стихии. Потому и проходил Христос к людям и сказал им, чтобы они любили врагов своих. (с.111)

우리 모두는 창조주인 그분께 돌아갈 것이다. 인간, 악마, 자연, 모든 생물들 할 것 없이. 그 때문에 그리스도는 우리 인간에게 오셔서 자기 원수를 사랑하라고 한 것이다.

'사랑'에 대한 인식은 우리는 결국 우리들을 잉태한 근원으로 다시 돌아가야 할 존재이기에 나누어지고 분리된 삶을 사는 것은 아무 의미도 없다는 것을 강조하는 것이다. 이것이 '회귀'와 관련된 아나톨리 김의 기본적인 종교철학과도 연결되는 것이다.

아나톨리 김의 작품에서 변주되고 있는 사랑의 테마에서도 나타나듯이 사랑한다는 것은 구심적인 것이며, 인격 상호간에 사랑한다는 것은 중심끼리 서로 끄는 힘이 드러나는 것이다. 그때의 사랑은 인간의 수많은 행동을 결합하는 공통적인 인자로서의 사랑일 뿐만 아니라, 정신 에너지의 보다 높고 보편적이며 종합적인 형태로서의 사랑이기도 하다.

샤르댕이 현대인에게 주는 사상적 메시지는 근시안적으로 서로 분열 투쟁하며 흔히 비관에 빠지는 현대인에게 거시적 안목을 제공하고, 큰 낙관과 화합에의 정열을 제공하며, 기계적 세계관으로 생명의 중심점을 망각한 현대인에게 세계 변화의 중심이 생명이라는 것을 일깨우고 있다. 그리고 이 생명은 이기적인 흩어짐이 아니라 참된 정신적 생명이 '사랑'의 힘에 의해 모든 것을 통일하는 힘이라는 것을 제시하고 있다.

이런 측면에서 아나톨리 김과 샤르댕은 많은 유사점을 보인다. 샤르댕은 자신의 사상에서 무엇보다 사랑과 그리스도교의 애덕을 부각

시켜 논하고 있다. 하지만 샤르댕이 사랑－에너지를 이해하는 방식
이나 사랑의 신학의 성격은 변화를 거듭하여 전개되어 간다.[23]

　복음에서 강조되는 그리스도교적 사랑(애덕) 역시 예수 그리스도
안에서 공동 수렴되는 인간의 의식적 결합력에 불과하다. 타인들이
그리스도를 향하여 움직이기 때문에 타인을 사랑하지 않고는 그리스
도를 사랑할 수 없다는 것이다. 또 그리스도에게 더욱 폭넓게 접근
하지 않고서는 폭넓은 인간적 교제의 정신으로 타인을 사랑할 수 없
다. 이 불가피한 힘의 접합은 성인들의 내적 생활에서 만물－피조
물 안에서 스스로 영생의 씨앗을 간직하고 있는 만물－에 대한 넘
치는 사랑으로 나타나기도 한다.[24]

　샤르댕은 1931년부터 10년간 사랑을 진화 에너지로 보는 과학적
현상론의 수립에 몰두하였다. 그는 사랑이야말로 가장 강하고 보편
적이며 아울러 가장 신비로운 우주의 에너지라고 말하고 있다. 그리

---

23) 1916년에 그는 '사랑의 계명'을 합리적으로(넓은 의미에서는 과학적으
　로) 옹호하기는 그리 쉽지 않다고 말하고 있다. 샤르댕은 그때까지 사
　랑에 관한 이론, 더구나 사랑의 신학은 논하지 않았다. 그리고 그는
　1917년에도 사랑(애덕)은 결합하는 덕행이긴 하나 정적인 덕행이라고
　말하고 있다. 샤르댕은 초기 논문들에서 사랑은 "지성의 출현으로 자율
　과 개인주의의 위기를 맞게 된 세계에서 특별히 신의 뜻을 나타내는
　거룩한 역할, 즉 인간과 인간을 결합시키는 역할"이라고 말한다. 그는
　또 1919년에 인간적 사랑에 관한 신학 및 인간적 사랑이 신의 사랑으
　로 변화함을 논하는 적당한 신학이 없다고 말하고 있다. 정적인 것으로
　이해되었던 덕행이 역동적인 힘으로 인식되었던 것은 1930년에 들어서
　면서부터였다. "이때까지 이웃 사랑이란 이웃에게 해를 끼치지 않고 이
　웃의 아픈 상처를 싸매어 주는 것을 의미하였다. 그러나 앞으로의 사랑
　은－이웃에 대한 동정심은 그대로 인정되면서－전체의 진보를 위하
　여 생명을 바칠 때 비로소 완성될 것이다." 이러한 개념도 1940년 이
　후에 그리스도교적 사랑에 관한 이론의 맹아를 지니고 있다고 볼 수
　있다. 로버트 패리시, 『떼이야르 드 샤르댕의 신학사상. 신과 세속』, 이
　홍근 옮김 (분도출판사, 1972), 188－9쪽 참조.
24) 앞의 책, 196－200쪽 참조.

고 진화과정에서 나타나는 사랑은 거의 생산력과 동일시되기 때문에, 인간이 출현하자 사랑은 반성의식(정신)의 영역으로 들어왔다. 사랑은 에너지를 보유하고 있으므로 정신 진화의 활력소가 된다는 것이다.

샤르댕이 진화를 이끄는 근본 에너지를 사랑으로 보는 것과 마찬가지로, 한스 요나스(Hans Jonas) 역시 물질이 생명을 향해 조직화되는 경향을 우주 발생적 에로스[25]라고 부른다. 한스 요나스는 물질이 생명을 향해 '자기 조직화함'으로써, 물질에서 생명으로의 이행이 일어났다는 가설을 가장 설득력 있는 것으로 받아들이고 있다.[26] 그런데 물질에서 생명으로의 비약을 알리는 분기점을 한스 요나스는 물질에서 내면성의 차원 ─ 우리가 이른바 '정신적'이나 '심리적'이라고 부르는 차원 ─ 을 갖는 생명현상이 출현했다는 것에서 찾는다. 즉 최초의 대폭발 상황에서의 원질료는 아직 어떤 계획이 없는 경향성을 내포하고 있었는데, 이 경향성은 많은 기회들이 산재해 있는 조건들 속에서 어느 하나의 기회를 '우연히' 포착하는 일을 반복하면서 진화하는 경향성을 드러낸다는 것이다.

이와 같은 한스 요나스의 '우주 발생적 에로스'는 샤르댕의 '사랑─에

---

25) 한스 요나스가 사용하고 있는 '우주발생적 에로스'라는 용어를 그리스적인 넓은 의미에서의 에로스를 생각해 볼 때, 그가 이 용어를 쓴 까닭을 좀 더 잘 이해할 수 있다. 아리스토텔레스적인 '에로스'라는 용어는 인간적인 영혼의 생명력에 국한되지 않고, 더 나아가 우주적인 힘으로 등장하며 식물과 무기물의 세계에까지 적용된다. 에로스는 이 모든 것들을 부동의 동자에게로 향하게 한다. 태양과 별들의 영원한 운동도 에로스의 힘에 의해서 일어난다. 요하네스 로쯔, 『사랑의 세 단계』, 심상태 옮김 (서광사, 1985), 26쪽.

26) 최초의 '대폭발(big bang)'로 우주와 태양계가 형성되고, 이어서 원시지구가 탄생되고, 그 이후 원시지구와 주변이 물질들이 화학진화를 하는 과정에서 물질은 생명으로 비약하였다는 관점이다. 한스 요나스, 앞의 책, 553쪽.

너지의 우주화 과정'과 동일선상에서 이해된다. 그리고 그것은 사랑을 통해서만 참인간으로의 진화를 성취할 수 있고, 우주 생명을 사랑할 수 있다고 보는 아나톨리 김의 생명이해와 상통하는 것이다. 이렇게 사랑이란 우주의 리듬을 깨닫고 합일체가 되는 느낌을 전해주는 부드럽고 미묘한 힘이다. 사랑이란 그 우주적 과정이 궁극적으로 선한 것이라는 믿음의 표현이기도 하고, 동시에 모든 물리적 실재를 이끌어 가는 자연적인 리듬의 흐름에 전적으로 무조건 굴복하는 행위이기도 하다. 그 순수한 형체로서 사랑은 존경받고 지지되어야 할 우주적 리듬이 구현된 모습이기 때문이다. 우주적 의미에서 사랑이라고 말할 때, 각자가 생명 자체의 생성 과정이 되는 전체 흐름에서 뗄 수 없는 한 부분임을 인정하는 것은 바로 일체감에 대해 말하는 것이다.

샤르댕과 아나톨리 김은 인간의 마음속에는 '하나'가 되고자 하는 본능이 자리잡고 있다는 것을 염두에 두고 있다. 즉 인간의 마음은 '우주'를 향해 '전체'를 향해 움직이고 있다는 것이다. 이것은 단순한 감정이 아니라 바닥에서 나오는 울림이다. 순수한 시와 순수한 종교 안에 들어 있는 것이 바로 '전체'를 향한 울림이다. 이것이 진화 속에서 생명을 상승시키는 우주 차원의 사랑이다. 완벽하고 충만한 사랑이 결국 이것임을 샤르댕과 아나톨리 김은 확언한다.

앞서 살펴보았듯이 우주의 진화와 인류의 진화는 '정신권' 혹은 '반성권'에 도달해도 끝나지 않는다. 여기서 개인적 반성능력이 생길 뿐 아니라, 전체 인간성을 형성해 내는 초개인적 의식이 시작되기도 한다. 사유능력의 권(圈)인 정신권은 처음에는 개별적 사유능력자라 할 수 있지만, 결국에는 모든 정신활동에 있어서 하나의 집중적 의식에 함께 도달하게 된다. 그리고 이것은 전체 지구표면 범위에서 이루어진다. 그것은 '두뇌들의 두뇌', '초두뇌(超頭腦)'를 형성한다.

샤르댕의 견해에 따르면, 현대는 바로 정신권의 전체화와 지구화가
이루어지는 시기이다.

샤르댕은 진화는 인간출현에서 그치는 것이 아니라, 더 높은 존재
가능성을 생성하기 위해서 인간을 넘어 발전한다는 점을 강조한다.
이러한 존재 가능성에의 도달은 초인격적 통일, 즉 전체적인 인간성
을 포함하고 있는 초인격(超人格)의 발전을 의미한다. 바로 인격의
합일이 초인격인 것이다.

이러한 점에서 샤르댕은 진화의 경험을 통해서 과거뿐 아니라, 인
간의 미래를 내다볼 수 있다고 믿는다. 여기서 초인류(超人類)라는
표현은 인류가 인류를 출현시킨 생명 역사의 과정을 최후까지 추진
하면서 육체나 영혼이나 인간 자신을 축으로 하여 전체화하는 데 만
일 성공한다면, 그때에 아마 도달하게 되리라고 생각되는 고도의 생
물학적인 상태이다.[27] 샤르댕의 이 '초인류' 개념이 아나톨리 김이
지향했던 인류 미래의 모습이기도 하다. 또한 그것이 아나톨리 김의
작품에서 다양한 서술 양식과 관념으로 '우리들(МЫ)'이라는 하나의
개념을 형성하고 있는 만큼, 이에 대한 샤르댕 의식의 뿌리를 조명
해 보기로 한다.

반드시 초인류가 나타나리라는 징후를 샤르댕은 '전인간(前人間:
피데칸트로포스, 시난트로포스) → 네안데르탈인 → 호모 사피엔스'와 같
은 논리적인 순서를 따라 배열하면 쉽게 알 수 있는 것으로 본다.[28]
그것은 인류의 뇌화(腦化)와 사회화를 미약한 상태에서 강하고 명확
한 상태로 추진하는 운동이기도 하다.

선사학(先史學)의 성과를 놓고 보면 과거에 인류 생성의 걸음이

---

27) 테이야르 드 샤르댕, "초인류, 초애덕, 초그리스도", 朴甲成 역, 『세계기
　　독교사상전집』 6, (新太陽社, 1975), 246쪽.
28) 앞의 글, 247쪽.

객관적으로 실재했음을 인정하지 않을 수 없다. 따라서 이 같은 인
류 생성은 미래에도 연장된다는 것을 부정할 수 없는 것이다. 인류
는 끊임없이 보다 높은 심적(心的) 기구를 향해 상승을 계속해 왔다.
이것은 '하위(下位)의 인류→ 현 인류→초인류'와 같은 패턴을 가질
수밖에 없다고 샤르댕은 언급한다.[29] 이와 같이 인류를 고생물학적
으로 연구하는 것만으로도 지구는 현상보다 높은 심적 상태를 목표
로 하여 전진하고 있다는 것이 증명된다. 샤르댕이 말하는 '두화(頭
化)의 생물학적 법칙'[30]과 '복잡화의 우주적 법칙'[31]이 그것을 증명
한다.

초인류의 형태를 고찰하는 부분에서 샤르댕은 대담하게 '뇌화'와
'사회화'라는 관념을 결부시키고 있다.[32] 그는 인간에게서 나타나는

---

29) 앞의 글, 248-9쪽.
30) 척추동물이건 영장류이건 어떠한 동물의 군집(群集)도 그 진화를 살펴
  보면, 어떠한 경우에도 신경계통은 시대와 더불어 용적과 배열을 증가
  시키며, 동시에 신체 전방의 영역, 즉 두부에 집중해 간다는 것을 알
  수 있다. 뇌의 신경부의 발달이라는 측면에서 고찰했을 경우에도 모든
  생명체는 상승하는 유일한 파도처럼 뇌의 방향을 향해서 흘러감을 알
  수 있다.
31) 두화의 법칙 자체가 복잡성의 법칙이 생물 속에서 취할 수 있는 고도
  의 형태이다.
32) 샤르댕은 초인류의 모습을 과학적으로 추측하려고 한다면 해부학적으
  로 초뇌화(超腦化)하는 개인의 방향에서가 아니라, 초사회화되는 제 집
  체(諸集體)의 방향에서 찾아야 한다. 사회화와 관련해 흥미로운 점은
  인간 전 단계와 인간에게서 생명을 가진 입자는 분명한 차이를 보인다
  는 점이다. 복잡화의 진화 단계에 있어서 인간보다 아래 단계에서는 생
  명을 가진 제 단위가 주로 그것이 속해 있는 동물학상의 문(門)에서 사
  슬의 고리와 같은 역할을 담당하고 있다. 여기서 '생명을 지닌 제 단위
  들은 생존하는 것보다는 전달하는 것을 주요한 임무로 하고 있다.' 그
  에 반해 인간의 단계에 달하면 상황이 달라진다. 다름 아닌 '성찰' 현
  상에 의해서 생명을 가진 입자가 결정적으로 자기 자신 위에 폐쇄한다.
  그것은 '나누어 줄 수 없는' 가치의 중심으로 작용한다. 그것은 다른
  것을 위해서뿐만 아니라 동시에 자기 자신을 위해서 산다. 즉 그것은

집체화, 초사회화가 결국 초인격화라고 보고 있다. 궁극적으로는 사랑의 힘만이 결합시키면서 인격화하는 특성을 가지기 때문이다. 초인격과 개인과의 관계 혹은 초개인성과의 관계는 육체와 세포와의 관계와 같다. 세포는 더 높은 통일인 육체의 하나의 요소일 뿐이다. 그래서 개별 존재 안에서와 마찬가지로 진화의 힘들이 그 안에서 표현할 수 있는 초인격이다. 그것은 자기 자신을 넘어서 도달된 인격 존재요, 초개인적 실재의 새로운 실재성이요, 인격적 특성과 통일적 존재이다.

이것은 바로 아나톨리 김의 작품에 등장하는 '우리들'의 의식에서도 동일하게 적용된다. 따라서 초인류라는 것은 초인격적인 것을 뜻하며, 인격화가 구심화라는 의미에 입각해, 인간 입자가 우주를 초구심화(超求心化)시킨다는 것을 알 수 있다.[33]

아나톨리 김에 의하면 인류가 의식적으로 상승하기, 다시 말해 초인격을 지향하기 위해서 극복해야 할 위험한 요소가 '이기주의'이다. 그것은 이기주의가 바로 사랑 또는 하나 됨에 대립되는 것이기 때문이다. 쇼펜하우어는 모든 인간의 태도는 이기주의에 의해서 규정된다면서, 어떻게 이기주의를 타파할 것인지가 문제라고 한다. 사실 인간이 진정 이기주의에서 벗어날 수 있을 때는 '나'를 '타자'와 일치시킬 수 있을 때이다.[34] 나는 나 자신을 타자 안으로 투입할 수 없고, 나와 타자와의 통일성은 하나의 인식이다. 나와 타자 사이에 가로놓여 있는 경계를 없애 버리는 인식을 가져야만 한다는 것이다.

'나'와 '타자'의 '경계 허물기'라는 관점에서 인간의 이기주의적 속성을 규명하고, 다시 그 하나 됨의 의미를 끊임없이 상기한다는

인격화(人格化)하는 것이다.
33) 테이야르 드 샤르댕, "초인류, 초애덕, 초그리스도", 256쪽.
34) 이석호, 150쪽 참조.

점에서 이것은 아나톨리 김의 의식과 같은 맥락으로 볼 수 있다. 아나톨리 김의 작품은 '경계'에 대한 인식과 그 '경계 허물기'는 『벽』에서도 큰 축을 형성한다.

『벽』은 안나와 발렌찐이 처음에는 반쯤은 농담조로, 반쯤은 서로에 대한 권태감으로 자신들을 분리시키는 벽을 집에 쌓아 올리는 것으로 시작된다. 하지만 한 번 쌓아 올렸던 벽은 그들의 생존 기간 내내 그들을 갈라놓는 결과를 야기했다. 발렌찐은 안나가 전 남편을 카페에서 만나고 있는 장면을 우연히 목격하고, 그 이후부터는 아내에 대한 의심을 키워 나간다. 안나는 결백을 주장하지만 그는 안나를 거짓말쟁이로 생각하고, 안나가 다른 남자들과도 부정한 관계를 가질지 모른다며 점점 심한 질투와 미움을 키워 간다.

이렇게 해서 그들은 심리적으로 이혼을 결정하고 난 이후에, 물리적으로도 그들의 집에 벽돌을 쌓아 벽을 만듦으로써 완전한 결별을 시도한다. 하지만 안나는 발렌찐이 벽을 쌓은 후에 가출을 하자 그를 찾아 나선다. 그들은 계속해서 서로를 애타게 찾아다니면서도 결국은 만나지 못한다. 발렌찐은 다른 여인을 만나면서도 결국 자신은 안나 한 사람만을 사랑했고, 지상에서 그가 표출했던 모든 정신과 의지, 지력은 안나 한 사람에게로만 집중되어 있었다고 말한다. 그리고 안나에 대한 사랑으로 죽어 간다. 즉 그 누구에게도 벽은 필요치 않았던 것이다(никому стена была не нужна).(с.50) 작가는 이렇게 '벽' 너머의 삶이 존재함을, 가시적인 '벽'이나 현세의 삶을 넘어서는 또 다른 삶이 존재함을 보여 주기 위해 작품을 쓴 것이다.

안나와 발렌찐은 벽을 쌓은 것으로 모든 것이 끝난 것이 아니며, 자신들은 아직도 사랑하고 있다는 사실을 깨닫고 나서는 서로를 찾기 위해 많은 노력을 한다. 하지만 이해할 수 없는 우연성과 엇갈린 운명의 갈림길로 그들은 살아생전에는 서로를 더 이상 만나지 못하는 운명에 놓인다. 이에 대해 작품 서술자는 "악령은 사랑하는 사람들을 헤어지게 하기 위한 모든 파괴적인 활동을 하도록 임무를 부여받았다. 왜냐하면 사랑이란 악마에게 모욕을 주는 실체이기 때문이다(любовь является уни-чтожительной субстанцией для самого беса)." (c.59)라고 언급한다. 즉 사랑하는 사람들을 헤어지게 하는 것, 그들을 '벽'으로 분리시켜 버리는 것이 작가가 생각하는 악마의 파괴적인 힘인 것이다.

샤르댕 역시 사람들을 '벽'으로 분리시키는 서로를 밀어젖히는 태도와 물질화하려는 경향을 현 인류가 극복해야 할 주된 문제라고 본다.[35] 고리키 역시 인류의 정신물리학적 상태는 이기주의를 극복할 경우에 가능하다고 본다. 그에 따르면, 그 속에 인간의 에너지를 포함시킴으로써 자신의 '정신 물리학적 상태(психофизическое состояние)'를 변화시킨다. 인간은 사고하고 노동하는 에너지를 통해 끊임없이 비옥해지는 존재이다.[36] 단지 자신 안에서 '동물적인 에고이즘(животный эгоизм)'을 극복할 수 있는 인간들만이 자신의 정신 에너지로 세계의 변형에 적극 참여할 수 있다. 이에 따라 '인류의 동물적인 상태'는 사고하는 개체들의 창조적인 에너지에 의해 변형될 수 있는 것이다.[37]

---

35) 샤르댕의 관점에서 현재의 지구는 한 사람 한 사람을 결합시키는 힘이 굉장히 크다. 지리적으로 보나 정신 차원에서 보나 개인과 국가들이 서로 엄청나게 영향을 주고 있는 것이다. 그런데 이상한 점은 서로 가까워지는 힘이 크면서도 생각하는 개체(사람)들이 내면의 끌림에 빠져들지 못하는 것처럼 보인다. 성욕이나 잠깐의 호의를 제외하고 사람은 아직도 서로 적개심을 갖고 있고, 적어도 서로 문을 닫아 놓고 있는 것 같다는 것이다. '참정신'이 아니라 마치 새로운 형태의 결정주의, 곧 물질주의가 나타난 것 같은 생각마저 든다고 샤르댕은 비판한다. Шарден, там же, c.250.

36) И. А. Сафронов, там же, с.440.

37) там же, с.175.

여기서 언급되고 있는 "우주에 영향을 주는 방사 에너지의 두뇌 물질이 축적해 감에 따라"에서와 같은 고리키의 표현은 앞서 살펴본 쥴리앙 헉슬리나 샤르댕의 '초뇌화' 개념과도 일치하는 것이다. 즉 '인류의 정신 에너지의 축적'이라는 측면에서 고찰한다면, 쥴리앙 헉슬리, 테이야르 드 샤르댕, 막심 고리키의 견해는 상호 연결되는 것이다. 그들이 언급하는 것과 같이 인류의 정신 에너지로 세계의 정신물리학적 상태가 변화한다는 믿음을 아나톨리 김은 사랑의 테마로 변형시키고 있는 것이다.

2) 하나 됨의 역학과 '우리들'의 본질

인간의 하나 됨에 대한 이론적 근거는 일차적으로 사람 집단과 동물 집단의 차이점을 통해 확인된다.[38] 이것은 사람 이전과 사람 이후, 즉 동물과 인간에게 '결속'이 지니는 의미를 비교하면 보다 분명히 할 수 있다. 사람 이전까지 생명이 이룰 수 있었던 가장 큰 결속은 문(門)의 최소 단위들을 하나하나 모아 사회를 이루는 것이었다. 그것은 구성하고 방어하고 번식하는 순전히 '기능' 측면에서 뭉치는 기계와 같고 가족과 같은 사회 형성이었다.[39]

그러나 사람부터는 '생각' 덕분에 융합의 새로운 비약이 이루어졌다. 새로운 환경 속에서 같은 집단 안에 있는 가지들이 서로 엮이게

[38] 사람의 집단을 동물 집단과 비교해 볼 때 나타나는 특이한 점은 생물학적 가지에서 다른 계통은 한 번 나오면 여러 종으로 갈라지는데 사람의 윤생집단은 마치 하나의 거대한 잎처럼 갈라지지 않고 통째로 자란다는 점이다. 동물학적으로 보면 사람은 다른 종들이 이루지 못했던 것을 이룰 수 있는 유일한 '종'의 모습을 띤다.
[39] 꿀벌 떼나 개미 떼가 그 예가 될 수 있다. 그것은 조직이지만 한 어미가 낳은 생명체 둘레에만 모이는 조직이다.

되었다. 그래서 사람의 계통발생 중에 집단의 차이는 일정한 한도까지만 존재하기에, 그 차이라는 것도 곧 수렴운동에 돌입하게 된다는 것이다. 인종과 인종이 만나고 민족과 민족, 국가와 국가가 서로 결합한다. 따라서 사람에게서는 윤생이나 선택이나 생존투쟁은 부차적 기능이 되고, 융합이 일차적 기능을 형성하는 것이다.

본질상 세상의 구성요소들은 그 '내면'에서 '방사 에너지'를 통해 서로 영향을 주고받는다. 그런 상호작용은 분자나 원자 사이에서뿐만 아니라 정신 차원의 상호작용(психическая взаимопроницаемость)에서도 점차 커지고 있으며, 이것은 실제로 유기체 속에서 직접 느낄 수 있다. 그리고 사람에 이르면 자연 속에 있던 의식이 최고에 이르러 정신의 상호작용이 사회현상 어디서나 쉽게 느껴진다.

그러나 방사 에너지가 그런 상호 침투 운동을 할 수 있는 것은 탄젠트 에너지가 공간적으로 자리 잡고 밀착하기 때문에 가능한 일이다.[40] 이처럼 우리의 정신은 놀라운 결속력을 지니고 있다. 우주의 힘은 인간 정신과 손잡고 의식의 집중을 향해 나아가는 것이다. 이와 같이 요소의 결합과 가지의 결합, 지구의 기하학적 공간과 정신의 궤도, 이들이 서로 조화를 이루어 개인의 힘과 집단의 힘이 흩어지지 않고 통일을 이루는 것, 그것이 사람됨의 길임을 샤르댕은 언급하였다.

샤르댕은 '왜 통일(하나 됨)을 이루어야 하는가?', '왜 통일(하나 됨)이 좋은가?' 하는 물음에 답하기 위해서는 인간현상이 이 세상에

---

40) 그러한 압력의 결과와 정신의 상호 침투 덕분에 사람 하나하나는 다른 사람 속으로 들어가고, 인간은 인류공동체라고 하는 단단한 집단을 이루게 된다. 과거에는 몇 킬로미터밖에는 미치지 못했던 각 사람의 정신이 교통수단과 전자파의 발견 덕분에 오대양 육대주 어디서나 동시에 존재할 수 있게 된 것 역시 주요한 예가 될 수 있다. Шарден, там же, с.238.

서 차지하는 비중을 찾기 시작할 때부터 형성되었던 다음의 두 등식
을 합해야 한다고 이야기한다.[41]

　　진화 - 의식의 상승(ЭВОЛЮЦИЯ - ВОЗРАСТАНИЕ СОЗНАНИЯ)
　　의식의 상승 - 하나 되는 효과(ВОЗРАСТАНИЕ СОЗНАНИЯ - действие
　к единению)

　여기서 생각하는 존재들이 하나의 생명체를 이루어 서로를 강화하
려는 것은 거대한 정신 생물학 차원의 운동이 된다. '하나 됨'이라는
문제를 다루면서 우리가 해결해야 할 문제는 '수많은 개체들이 상처
를 입거나 망가지지 않으면서도 어떻게 하나를 이룰 수 있을까?' 하
는 점이다. 앞에서 살펴보았듯이 정신계의 진화는 개체의 중심과 연
결되어 있다. 끝에 달하면 '정신발생'을 통해 생긴 의식들이 모이고
쌓여 충만해진다.

　그렇다면 '의식이 쌓인다'는 것은 무엇인가? 그것은 개인의 정신
이 사람 집단으로 흘러 들어가는 것이다. 개인의 정신이 집단으로
흘러 들어가기 위해 '나'는 나를 포기하면서도 여전히 존재해야 한
다. 이런 관점에서 본다면, 결국 의식 세계의 집중 또는 농축은 '하
나'의 큰 의식을 낳지만 그 안에는 개체의식이 '모두' 들어 있다는
결론이 나오는 것이다. 그 의식들 하나하나는 여전히 자신을 의식하
고 있을 뿐 아니라 다른 존재와 더욱 뚜렷하게 구분되는 것이다. 이
처럼 수렴(конвергенция)이라는 것은 개체와 요소를 보존하는 것일 뿐
아니라 오히려 이 개체들을 더욱 뚜렷하게 해 주는 것이다.[42]

---

41) там же, c.239-40.
42) 샤르댕은 하나 됨의 의미와 범신론적 융합의 의미를 다음과 같이 구분
　　한다. 수렴과 하나 됨의 법칙의 특징은 몸을 이루는 세포든, 사회를 이
　　루는 구성원이든, 정신의 결합을 이루는 개인이든 모두 분화되면서 하

세상의 진화구조로 볼 때, 진정한 '나'는 '우리'와 하나 되면서 찾을 수 있다. 통합 없이는 정신도 있을 수 없다. 참다운 '나'는 자기중심주의와는 반대다. 즉 개체는 자신을 우주에 열면서 참다운 개체가 될 수 있다. 그것은 국가적 차원에 적용했을 경우에도 마찬가지이다. 한 개인이 고립되어서는 '우리'가 될 수 없듯, 한 민족 역시 고립된 단체로 존재하길 원한다면 보다 확장된 의미의 공동체 개념은 지닐 수 없다.

흔히 아나톨리 김의 작품세계를 언급하면서 그의 코스모폴리탄적 시각을 언급하는 이유는 그의 관념이 한 국가나 민족이 자기중심주의에 갇혀 있지 않기 때문이다. 샤르댕 역시 "개인이나 민족에게 자기중심주의는 하나뿐인 자기를 생명을 바쳐 끝까지 지키고 내세우는 것으로 나름대로 일리가 있다. 하지만 서로 자기만 주장하면 조각조각 갈라진 세상, 물질이 된 세상 속으로 떨어지게 된다. 즉 세상을 다시 다수성과 물질로 끌고 내려가는 것(увлечь мир назад к множеству, к материи)이다."라고 언급하는 것 역시 같은 맥락이다.[43]

이런 관점에서 아나톨리 김의 문학은 한 개인이나 한 국가의 가치관을 대변하는 문학으로 볼 수 없는 것이다. 그의 주인공들은 한 국가를 위한 애국심이나 민족주의만을 내세우지 않는다. 즉 베르그

나가 되는 것이다(в любой области-осуществляется дифференцированное единство). 전체 조직을 통해 각 부분이 자기완성을 꾀하려는 것이다(части усовершенствуются и завершают себя во всяком организованном целом). 이에 반해 범신론(пантеизм)은 그런 보편 법칙을 무시하고 전체 속에서 개체가 바다 속의 물방울이나 소금 알갱이처럼 사라지는 것으로 말한다. 하지만 의식의 축적과 관련해서만 하나 됨의 법칙이 나타난다는 것을 기억해 두면 이런 범신론의 오류를 피해 갈 수가 있다고 샤르댕은 말한다. 범신론과는 달리 하나 됨의 법칙(закон единения)은 중심들을 서로 엮어 가면서도 자신의 개체성(индивидуально-сть)을 잃지 않는다. 오히려 '나'의 깊이를 더해 가는 것이다. там же, c.257.
43) там же, c.258.

송의 표현대로라면 '닫힌도덕'에 갇힌 존재들이 아닌 것이다. 베르그송의 '열린도덕'과 '닫힌도덕' 개념은 샤르댕의 '하나 됨의 역학'과 '자기중심주의'에 상응한다고 할 수 있다. 또한 이것은 그가 왜 국소적이고 지역적인 가치에 매달리지 않고 보편적인 인류애와 전 우주의 하나 됨을 이야기하는가에 대한 근거가 된다.

그러나 여기에 한 가지 기본조건이 있는데, '하나 됨'의 창조력 밑에서 개개인이 진정으로 자기 자신을 찾으려면 그것이 아무렇게나 결합되어서는 안 된다는 것이다. 하나 되기 위한 통합이 중심들의 결합인 만큼 중심과 중심의 만남(синтез центров)이 이루어져야 하는 것이다. 이렇게 해서 사랑의 문제에 도달하며, 여기서 보편적 형제애라는 개념 역시 자연스럽게 도출되는 것이다.

수렴하는 하나 됨의 역학은 개체와 요소들을 보존하는 것일 뿐만 아니라, 오히려 더욱 뚜렷하게 만드는 것이다. 아나톨리 김의 작품에서 그의 의식세계를 대변한다고도 볼 수 있는 '우리들(МЫ)'의 개념은 이런 관점에서 잉태된 것으로서, 이것은 의식의 축적과 관련해서만 나타나는 '하나 됨'의 진정한 의미를 표출하는 것이다.

아나톨리 김의 문학 세계를 고찰함에 있어서 '우리들'의 의미와 서술 특성을 살펴본다는 것은 그의 철학 정신을 관통하는 큰 획을 이해하는 것이 된다. 다시 말해 '우리들'의 본질을 이해하는 것은 작가 아나톨리 김을 이해하는 중요한 척도가 되는데, 그것은 개인이 전체에 종속되어 있는가, 우리들 속에 있는 하나하나의 개체성과 자율도 더불어 강조되는가 하는 문제로 연결된다.

여기서는 먼저 아나톨리 김과는 대립적인 의미에서 '우리들'을 사용하고 있는, 다시 말해 '우리들'이 개인을 인정하지 않는 집단주의적 개념으로서만 사용되는 경우를 먼저 살펴보기로 한다. 러시아 문학사에서 '우리들'이라는 개념을 단순히 집단주의적 의미로 사용했던 대표적인 문학단체는 프롤레타리아 시인들과 '대장간'파[44])가 대표적이었다.

'대장간'의 중심 사상은 산업 노동자의 정신과 육체를 형성하는 프롤레타리아 노동의 본질과 과정에 대한 찬양이었다. 프롤레타리아 문학의 기본 특질은 외부세계에 대한 목적적 태도, 노동에 대한 열정, 금속과 기계에 대한 주제, 집단주의 정신 등이었다. '대장간'의 문학적 성격과 기능은 예술을 특별한 계급의 도구로 보려는 프롤레트꿀트의 견해와 전적으로 일치했다. 즉 예술은 군대나 교통망, 공장과 마찬가지로 프롤레타리아에게 꼭 필요한데, 그것은 미래 공산 사회의 조직을 위해 특별히 강력한 도구가 되고 있기 때문이라는 것이었다.

'대장간'의 시인들은 노동의 힘과 기계, 금속의 세계를 노래했으며, 그들 중 일부는 위성이나 우주 문제에 대해 지대한 관심을 보였다. 이들의 시는 현실로부터 허공을 날거나 위성 사이로 돌아다니는 일종의 프롤레타리아 낭만주의로 간주될 수 있다. 이 독특한 프롤레타리아의 신비주의는 러시아 상징주의로부터, 기독교 정신으로부터 그리고 과학자 찌올콥스키의 우주여행에 대한 관점에서 추출된 천체

---

44) '프롤레트꿀트'에서 1920년에 탈퇴하여 결성된 단체가 '대장간(Кузница)' 이다. 그들은 '프라우다' 신문에 보낸 서한에서 좀더 넓은 차원에서 프롤레타리아 예술 창조와 프롤레타리아 작가 조직 결성에 전념하기 위해서 그 조직을 떠났다고 선언했다. 이 그룹에 처음 참여했던 문인들은 당대 최고의 프롤레타리아 시인들인 키릴로프(Кириллов), 카진(Казин), 게라시모프(Герасимов), 알렉산드롭스키(Александровский), 가스쩨프(Гастев), 산니코프(санников)였다. 이들은 1920년 '대장간'이라는 잡지를 창간하고, 그해 12월에 그 그룹의 공식 명칭을 '대장간'으로 명명했다. 이 단체에는 나중에 주목할 만한 프롤레타리아 소설가 니키포로프(Никифоров), 글라드코프(Гладков), 바흐메쩨프(Бахметьев) 등도 가입했다. В. А. Недзвецкий, *Русская советская литература*, KEZIRAT, Tankonyvkiado, Budapest, 1986, c.30.

와 종교 이미지 속에서 표현된다.

이들 창작의 구심점은 노동자와 혁명 대중이었으며, 그들은 프롤레타리아인의 힘과 위대함을 존경하고 찬미했다. 이것이 10월 혁명 이전의 낭만주의적 작가들과는 다른 점인데, 이들 작품 속에 나타난 낭만주의적 주체(주인공)는 개인이 아닌 사회계층의 완전한 일치(целая общность)였다. 즉 '나(я)'가 아닌, '우리들(мы)'이 등장했던 것이다.[45] 레닌은 대중을 시화(поэтизация)하는 것을 정당화했는데, 그것의 특징은 대중을 개성이 없는 추상화된 존재로서 묘사하는 것이었다.

알렉세이 가스쩨프(Алексей Гастев)는 「노동 선봉시(Поэзия рабочего удара)」(1918)에서 노동자들을 기계와 연관짓고, 그 속에서 프롤레타리아의 심리를 이끌어 내고 있다. 가스쩨프는 이런 심리를 '규격화된(нормализованный) 것'이라고 표현한다. 이것은 기계화된 집단주의(механизированный коллективизм)라 할 수 있는 새로운 노동자 집단주의를 드러내는 것이다. 여기에서 프롤레타리아는 '사회적인 자동인형(социальный автомат)'으로 변형된다고 보는 것이다. 자먀찐(Замятин)의 반유토피아 소설 『우리들(Мы)』[46] 역시 인간 개개인의

---

45) там же, с.31 – 4.
46) 『우리들』은 자먀찐이 공산주의 사회가 노예국가로 타락하는 것에 불안을 느껴, 자신의 사상적 · 문학적 입장을 분명히 나타낸 작품이었다. 이 소설은 26세기에 완전히 조직화된 '단일 국가' 도시가 무대이다. 거기서 개인은 완전히 부정되고, 시민은 이름 대신 번호로 불리고, 어떤 대화도 기록되고, 사랑도 정부가 발급하는 쿠폰에 의해서 상대와 일시가 결정되는 이 '유토피아'에서 두 남녀가 규정을 어기고 사랑에 빠져 탈출을 시도하지만 실패로 끝나는 것이 이 소설의 골자이다. 이 반유토피아 소설 때문에 자먀찐은 반소 작가라는 규탄을 받았고, 여러 단체들로부터 사임을 강요받게 되었다. 이 작품에서 인간과 사회와의 관계의 기초에는 기계 부품과 기계의 발전기와 같은 기능적 관계가 놓여 있다. 기계는 이 국가의 상징이자 가장 중요한 본질이다. 국가의 지도자는 '은혜로운 분(Благодетель)'이라 불린다. 가족과 결혼은 오래전에 근절되었고, 여기서 개인적, 개별적 정서와 감정과 다양성 등은 낙후되고

독자성과 개성이 강조되는 것이 아니라, 집단성과 익명성을 강조하는 자동인형과 유사한 개념으로서 '우리'를 사용한다는 점에서 같은 맥락으로 이해될 수 있다.

비평가들은 대장간파의 시는 노동자 대중의 사회적인 자기인식, 즉 세계를 변화시키고자 하는 확신이 드러나는 혁명시기의 지적경향과 확실한 연관성을 지닌다고 강조한다.[47] 또한 '프롤레타리아 시' 속에서 나타나는 주인공들의 개성상실과 익명성은 혁명대중의 일원인 당시 노동자, 적군의 분위기와 일치한다는 것이다.

드미트리 푸르마노프(Д. Фурманов)의 소설 『차파예프(Чапаев)』에서도 적군 병사들에게 그들이 세운 공에 대해 훈장을 수여하려고 하자 군대 내의 다른 병사들과 동일해지길 원하며 이를 거부하는 장면이 있는데, 이것 역시 당시의 프롤레타리아 문학가들이 집단성과 익명성이라는 문제에 천착했던 하나의 징표가 된다. 이런 측면은 알렉산드르 말릐쉬킨(Александр Малышкин)의 『다이르의 함락(Падение Дайра)』에서 집단적인 군사들의 움직임을 통해서도 나타난다. 프롤레타리아 시인들의 낭만주의적 시에서 나타나는 추상성과 몰개성은 1918-20년의 시대에는 부응했지만, 삶과 문학운동의 본질에는 모순

무익한 것으로 여겨지고 근절되었다. 국가의 모든 이들에게는 번호가 붙여진다. 매일, 정해진 시간에 모든 사회국가의 회원들은 음악공장의 일률적 행진곡에 따라 발걸음을 맞춰 걷는다. 불행조차도 느끼지 못하는 단일제국의 회원들은 사랑, 질투, 수줍음과 같은 예전의 감정들은 야만적으로 간주하면서, 기계적으로 오류가 없는 만족감 속에서 살아간다. 이 작품에 영향을 준 작품으로는 인간-노동자에 대한 규정적이고 기능주의적인 시각을 지니며, '경비'에 의존하고 있는 과도 정치 세력을 나타내고 있는 플라톤의 『국가』를 들 수 있다. 그리고 이 작품에 나타난 균등한 공동 기숙생활의 특징은 T. 캄파넬라의 『태양의 도시』에서 차용한 것이다. 또한 『우리들』은 헉슬리의 『멋진 신세계(Brave New World)』, 오웰의 『1984』 등 미래 소설에 영향을 주었다.

47) Недзвецкий, там же, с.33.

되는 점을 드러냈다.[48]

한 개체가 전체 속에 함몰되어 버리는 것과는 대조적으로 아나톨리 김의 작품에 나타나는 '우리들'은 전체 속에서 한 개인이 그 고유성을 잃지 않는다. 이것은 그의 초기작에서 후기작에 이르기까지 때로는 집단적인 화자의 목소리로, 때로는 인류 전체를 대변하는 큰 정신으로서 다양하게 나타난다. 먼저 작품 출판의 시간적 순서에 입각해 '우리들'에 대한 관념이 어떻게 변화를 거듭해 왔는지 살펴보기로 하자.

『꾀꼬리의 메아리(Соловьиное эхо)』(1976)에서 '우리(мы)'는 소문자로 표기되어 있다. 여기서의 'мы'는 작품 화자의 역할을 하고 있으며, 이들은 오토 메이스너(Отто Мейснер) 집안의 후손들이다. 자신을 메이스너 집안의 장성한 대표자들(мы, взрослые представители рода Мейснеров)이라고 밝히면서, 과거에 조부와 조모에게 일어났던 일을 자신들(우리들)이 기술한다는 서술방식을 취하고 있다.

화자는 '우리는 알고 있다(нам известно)', '우리들은 들었다(мы слышали)' 등의 구문을 통해 입장을 표명한다. 그리고 자신들이 듣거나 수집한 이야기에 상상력을 덧붙여 재구성하는 방식을 쓰고 있다. 하지만 '우리가 알고 있는 것은 이것뿐이다(нам известно только то, что~)'라든가 '우리 역시 잘 알지 못한다(нам также не известно~)'와 같이 할아버지와 할머니의 인생에 대해 자신들이 알 수 있는 사실들의 한계를 드러내기도 한다.

『꾀꼬리의 메아리』에서는 화자 '우리들'(мы: 오토 메이스너의 후손들)과 화자 '나'(я: 오토 메이스너의 손자 중 한 사람)가 서술법상

---

48) 브류소프(В. Брюсов)는 "시간이 흐르면서 대장간파는 학파의 전통에만 매달려 일상의 삶과는 동떨어지게 되었다. 즉 그들은 개인주의(индивидуализм)를 회피하다가 또 다른 극단이라 할 수 있는 추상성(отвлечённость)에 빠지고 만 것이다."라고 평가하고 있다. там же, с.33.

공존한다. 여기서 나(я)는 우리들(мы)의 한 부분으로서 그들은 거의 동일한 인식 수준을 공유한다. 이 중편에서 화자 '나'는 오토 메이스너의 손자 중 한 사람으로서 예술학교를 졸업한 후 군에 복무한다. 하지만 제대 후 아내의 배신 사실을 알게 되고, 그 후 모스크바에서 시골로 이주하고 나서는 사촌형을 찾아가 할아버지가 기록해 둔 원고를 달라고 요청한다. 그는 이 문서를 근거로 하고 할머니와 여러 사람에게서 들은 이야기들을 덧붙여 사실상 조부의 전기를 쓰는 것이다. 즉 독자는 화자가 작품을 쓰고 있는 창작 과정을 보고 있는 셈이다. 화자인 '나'는 작품 첫 부분에서는 자신의 모습을 드러내지 않고 '우리들'의 목소리의 일부분으로서만 간헐적으로 개입하는 듯 하다가 2장 이후부터 구체적으로 자신의 모습을 드러낸다.

여기서 우리들(мы)의 본질은 작품을 직접 기술하고 있는 마을의 학교 교사인 나(я)와 같은 후손들의 목소리가 확대된 것이므로, 여기서 우리들(мы)의 가장 주된 역할은 수집한 조부 이야기에다 자신의 상상력을 가미해 초자연적인 에피소드까지 덧붙여 서술해 나가는 작품 화자로서의 역할이다.

아나톨리 김은 '우리들'을 표기하는 데에 있어서도 그것을 소문자 мы와 대문자 МЫ로 구분해서 사용하고 있다. 이 작품에서 나타나고 있는 서술자인 소문자 мы는 시공을 초월하는 전지적 서술자의 시점을 취하고 있는 대문자 МЫ와는 다르다.

"아직은 3차원의 공간을 차지하고 있는 우리들은……(мы сами, ещё занимающие некий объём трёхмерного пространства……"(c.120)에서 나타나듯이, 이 작품에서 화자 '우리들'은 인식론적 차원에서는 한계를 드러내기도 한다. 하지만 『꾀꼬리의 메아리』이후의 작품들에서는 대문자로 표현된 '우리들'을 통해 전지적 서술자의 시각이 비가시적인 4차원의 공간이나 우주 공간으로까지 확대되어 나가고 있다.

처음으로 대문자 '우리들(МЫ)'이 나타나고 있는 작품은 『양파 밭(Луковое поле)』(1976)이다. 이 작품에서는 주인공 파벨이 계절노동자로 일하고 있는 한 양파 밭에서 여러 여인네들이 노동을 하는 모습을 전지적 서술자가 묘사하면서 대문자 'МЫ'가 사용되고 있다. 그것은 "우리들이 거인이든, 밤 공간의 보이지 않는 정령이든 혹은 말을 할 수 있는 사람이든, 침묵하고 있는 갈대이든 그 누구이든 간에, 우리들 모두가 갈망하는 단 하나는 이 세상에서 자신의 천명을 실행하는 것(все МЫ, жаждущие только одного: исполнить свое предназначенье в этом мире)"에서 표현되어 있다.

여기서의 대문자 'МЫ'는 단순히 인간만을 지칭하는 것이 아니라 지상에 존재하는 모든 생명체들을 포괄하는 의미로 사용된다. 여기서 서술자는 그들은 공히 이 세계에서 자신에게 부여된 숙명적인 임무를 완성해야 한다고 강조하고 있다.

『연꽃(Лотос)』(1980)에서는 대문자로 표현된 '우리들(МЫ)'이 마치 하나의 등장인물처럼 나타난다. 여기서의 대문자 '우리들'의 본질은 인류의 존재 자체 혹은 존재 전체에 내재된 의식과 집단적 목소리(collective voice)로 나타난다. 또한 하나의 개체가 죽으면 도달하는 곳이 바로 이 '우리들'이기도 하다. 다음을 보자.

Тогда и посылаем МЫ к нему гонца с Лотосом Солнца в руке, чтобы он, пролетая над бушующими волнами, достал из космаьих пенных волн закоченевшую душу. Она должна вернуться к нам, потому что МЫ, Хор Человеческий . породили из своего могучего звучания её отдельный голос и МЫ не должны никого потерять. (c.274)

사람이 죽음에 가까워 왔을 때, 그의 영혼을 구해 내기 위해 우리들은 그에게 태양의 연꽃을 손에 든 사자를 파견한다. 그 사

자가 노호하는 파도 위를 날면서 갈기갈기 찢긴 거품의 파도로부
터 얼어서 굳어 버린 영혼을 이끌어 내도록. 그 영혼은 우리에게
되돌아와야 한다. 왜냐하면 <u>인류의 합창인 우리들은</u>, 우리의 힘찬
음조에서 그 개별적인 소리들을 탄생시켰기 때문이다. 때문에 우
리는 아무도 잃어서는 안 된다.

이 작품에서 주인공 로호프와 '우리들'의 관계에서 로호프가 '우리
들'의 현존을 느끼게 되는 때는 어머니의 죽음 이후에 그 자신이 일
시적인 죽음 체험을 하는 장면에서이다. 이 부분을 작가는 "그는 나
직한 판자 울타리에 손을 얹고 서서 한밤중에 창문을 통해 인간의
생활과 희망을 관조하면서, 그가 아무것도 모르는 이 집 사람들을
관찰하고 있듯이, 사람의 눈에 띄지 않는 우리들의 눈길이 그를 향
해 있음을 어렴풋이 알았다."라로 표현하고 있다. 처음에는 희미했지
만, 이내 그는 자신의 자아가 '우리들'과 완전히 하나 되는 환희의
순간을 접하게 된다. 그리고 어머니의 죽음으로 인간의 허망함에 짓
눌려 있던 그가 신비 체험으로 진정한 평온과 안식을 취하게 된다.

> я снова радуюсь тому, как просто мое Я перешло в МЫ, чем
> было достигнуто неизменное и глубокое спокойствие души,
> жаждавшей бессмерттия. (c.345)
> 이 모든 것이 결합되어 다가오는 그 순간, 나는 다시금 나의
> 자아가 우리 속으로 얼마나 쉽게 상승되었는가를 알고 기뻐했다.
> 그리고 이것은 불멸을 갈망하는 영혼에 변함없는 깊은 안식을 가
> 져다주었다.

'내'가 '우리들'을 인식하게 되는 순간에 '우리들'은 현실적인 눈
이 아니라 영적인 심안으로서 '내'가 본질적인 자기 자신을 응시할
수 있도록(на мгновение МЫ впервые ему дали увидеть себя) 해

준다. 이것이 로호프의 실존을 변화시키는 계기가 되고 있다.

『다람쥐(Белка)』(1984)에서 사용되고 있는 '우리들'은 서술 차원에서 가장 주된 특징이 된다. 이 작품에서는 구조적으로 여러 명의 화자, 즉 여러 명의 '나'가 존재한다. 여기서 사용되는 '나'에는 가난하지만 순수하고 재능 있는 미술학교 학생들인 다람쥐(-ий), 미쨔 아쿠친, 인노겐찌 루페쯴, 게오르기 아즈나우랸 등이 포함된다. 여기서의 서술법은 4인의 목소리가 동등한 힘을 가지고 있는 다성악적 구조를 취하고 있으며, 이것은 이들을 하나로 통합시키는 힘인 다람쥐의 다양한 언술로 귀결되어 조화를 이루게 된다. 이 때문에 다람쥐의 언술에서도 자주 '우리'가 나타나지만 그것은 일상적 의미에서 네 명의 예술가를 포괄해서 칭하는 것으로 소문자 'мы'로 표기되고 있다.

하지만 일종의 작가 발화라고 볼 수 있는 전지적 서술자가 확연히 드러나는 마지막 부분의 에필로그에서는 대문자 'МЫ'가 여러 차례 나타난다. 그것은 "우리들은 스스로의 우주적 합일을 인식한다(МЫ осознаем своё вселенское единение)."와 같은 표현에서나 '우리들'의 목소리가 하나로 조화를 이루며 융합되는 순간을 '우리들'에게 정신적인 합치의 기적이 일어나는 순간(в это мгновение происходит с нами чудо духовного слияния)으로 묘사하는 장면에서도 사용되고 있다. 바로 이 순간이 작가에게는 "우리들은 존재했었고, 존재하고 있으며, 앞으로도 존재할 것(МЫ были, есть и будем)"이라는 인간의 본성을 이해할 수 있는 순간으로 표현되어, '우리들'의 존재와 불멸을 관련짓고 있다.

Оно заключается не в том, что каждый из нашего великого сонма длил бы свое унылое и бессмысленное существование без конца, а в том, что, <……> безвестное маленькое ≪я≫ каждого из нас перешло в МЫ, соединившись в сей миг с великом множеством других ≪я≫. - и в каких бы разных веках и эпохах ни были рассеяны МЫ, миг нашего перехода в бессмертное состояние всегда будет длиться в настоящем временем. (c.711)

불멸이란 우리의 거대한 군집 하나하나가 자신의 음울하고 무의미한 존재를 끝없이 연장하는 것이 아니다. <……> 그것은 우리들 각각의 작은 ≪나≫가 그 순간 다른 ≪나≫의 거대한 무리와 결합해서 우리가 되는 데 있다. 그래서 세기가 바뀌고 시대가 변할지라도 우리는 단절되지 않으며, 불멸의 상태로 우리들이 이동하는 순간은 언제나 현재에서 계속될 것이다.

여기서 불멸은 '우리들'의 본질을 드러내고 있으며, 이는 '우리들 인간의 숲(НАШ Лес человеческий)'으로 표현되어 전 인류를 지칭한다. 유사한 양상은 『아버지-숲』에서도 나타나는데, 이 작품에서 '우리들'은 숲의 불멸, 인류의 불멸을 드러내어 다람쥐의 에필로그에서 사용되고 있는 '우리들'의 본질과 동일하다. 아나톨리 김의 작품에 나타난 하나의 서술양식이자 개념으로서의 '우리들'의 발전양상은 다음과 같이 표로 나타낼 수 있다.

〈표 9 서술양식과 개념으로서의 '우리들'의 변화 양상〉

작품명	『꾀꼬리의 메아리』	『양파 밭』	『연꽃』	『다람쥐』	『아버지-숲』
문자표기	소문자	대문자	대문자	대문자	대문자
발화자 'МЫ'가 인식하는 공간유형	3차원	4차원	4차원	4차원	4차원
'МЫ'의 특성	작품 서술자로서의 기능	인간과 모든 생명체를 아우르는 개념	인류의 집단적 목소리 (collective voice)	등장인물들의 통합적 목소리+인류의 집단적 목소리	숲이 내는 인류 차원의 불멸의 소리

『꾀꼬리의 메아리』에 등장하는 인식의 한계를 드러내기도 하는 소
문자 '우리들' ― 현실적인 가시적 공간에 존재하는 ― 을 시작으로
하여, 대문자 '우리들'은 실제 화자나 하나의 개념으로까지 발전되어
나간다. 특히 『연꽃』의 대문자 '우리들'은 과거, 현재, 미래를 모두
통괄하는 초시간적이고 초자연적인 존재양상을 드러내는 상징적 개
념으로 나타난다.

아나톨리 김의 작품에서 나타나는 서술자 '우리들'은 인류 전체와
모든 시간과 공간을 포괄하는 전지적 서술자로도 기능한다. 그것은
작가가 초기 단편에서부터 드러내고 있는 하늘에서 아래를 내려다보
는 듯한 시선, 즉 조감기법(bird's eye view)으로 자주 표출된다. 하
지만 이 양상은 『연꽃』에서부터는 본격적으로 'МЫ'[49]를 통해 천상
계에서 지상계를 응시하는 듯한 시선으로 대체되어 나타난다. 이는
작중 등장인물들의 모든 행동을 관망하고 있는 '우리들'의 시선을
통해 인물들의 모습이나 특정장면이 묘사되고 있기 때문이다. 즉 대
문자 우리들 'МЫ'는 지상에서 일어난 모든 일을 알고 있다는 점에
서 전지적 서술자의 시점과 동일한 맥락에 있다고 볼 수 있다.

'우리들'은 『연꽃』에서 '한 사람을 모든 사람으로 인식'하는 전일
성의 측면을 드러내는 인류의 하나 됨과 연결되기도 한다. 죽음체험
에서 로호프는 이미 돌아가신 어머니를 향해 자신에게는 아름다운
전경들이 남아 있지만 왜 어머니는 그렇게 보기 흉한 모습으로 돌아
가실 수밖에 없었느냐고 울부짖는다. 그 순간 그에게는 다음과 같은

---

49) 여기서 '우리들'의 속성으로 언급되고 있는 것은 "우리들은 산 자와 죽
    은 자를 모두 끌어 모아 한 무리가 되어 날아간다(МЫ летим всем сонм
    живых и мёртвых, единой стай)."라든가 "우리들의 노래에는 천사와
    같은 온유함이 울려 퍼진다."와 같은 표현, "지상의 인간들은 자신의
    실존에 따른 공포감을 체험하는 데 반해, 우리는 죽음을 모른다." 등의
    보편적인 불멸의 형상(образ всеобщего бессмертия)을 상징적으로 표현
    한 것에서 찾아볼 수 있다.

'우리들(МЫ)'의 음성이 들린다.

Мать умерла у тебя, но посмотри, разве я не похожа на неё? Да я такая же, как она. И не говори больше, что м е н я нет. Ты всегда искал м е н я и находил, тебе всю жизнь нравились женщины, похожие на твою мать, и никто из нас не может исчезнуть бесследно. Лес, ты видишь, это Мы. Воздух – наше дыхание. Слова, что являются сей час в знаках письма, – это наша спокой ная, вразумительная речь. И ты можешь беречь каждую женщину на земле, словно свою мать. Я всегда в той, к которой ощутишь ты нежность. Так что подой ди ко мне, оставь своё неистовое горе. (с.352)

그대의 어머니는 죽었다. 하지만 한번 보아라. 정말로 나는 그 녀와 닮지 않았는가? 심지어 나는 그녀와 똑같다. 그러니 더 이상 내가 존재하지 않는다고 말하지 마라. 그대는 항상 나를 찾아왔고 생각해 왔다. 그리고 그대는 일생 동안 그대의 어머니를 닮은 여 자를 마음에 들어 했고, 우리들 중 그 누구도 아무런 흔적 없이 사라질 수 없는 법이다. 그대가 보고 있는 숲, 그것은 우리들이다. 공기는 우리들의 숨결이다. 지금 문자로 나타나고 있는 단어들― 이것은 우리들의 고요하고도 교훈적인 말이다. 그리고 그대는 지 상에 살고 있는 모든 여성들을 그대의 어머니처럼 소중히 여길 수 있을 것이다. 나는 항상 그대가 다정함을 느끼는 것 속에 깃 들어 있다. 그러니 내게로 와서 그대의 한없는 슬픔을 버리도록 하라.

'우리들'의 목소리를 통해 나타나듯이, 작가는 로호프의 어머니라 는 한 개체로서의 여성과 모든 사람, 전 인류를 동일선상에서 이해 하며 연결하고 있다. 유사한 표현은 로호프가 한밤중이 되어서야 찾 은 첫사랑 겔랴의 집에서 받은 느낌을 묘사하는 부분에서도 나타나고

있다. 로호프는 겔랴의 집에서 진정한 삶에 대한 행복감을 맛보았다
면서, "나는 죽음의 고통만큼이나 강렬한 행복감을 느꼈다(Я ощутил
блаженство, по силе своей равное смертной муке)."(c.352)라고 표
현한다. 그리고 그는 이튿날 아이의 머리를 땋아 주고 있는 겔랴와
그녀의 아이를 바라보며 이렇게 읊조린다.

> Я был её отцом, а она, возможно, моей матерью или матерью
> моих детей –Единство наше, слитое в любви, как дух жизни
> в землянной влаге, вспыхнуло передо мной в своем
> белоснежном сиянии. (c.353)
>
> 나는 그 애의 아버지였다. 그러나 그녀는 아마도 나의 어머니
> 이거나 내 아이들의 어머니일 수도 있었다. 사랑으로 결합된 우리
> 의 일치는 음습한 세상에 생기가 되어 눈송이처럼 눈부신 불꽃으
> 로 피어올랐다.

자신에게서 태어나지 않은 아이에게 자신이 그 아이의 아버지라고
하거나, 자신의 첫사랑 연인을 어머니라고 보는 것은 현실적인 인지
와 감각세계 속에서는 이해될 수 없는 것이다. 하지만 로호프의 표
현은 진정한 내면의 빛 속에서 모든 것들을 조명해 보았을 때 대양
과 숲이 하나이듯이, 로호프와 겔랴 역시 사랑을 통해서 결합(единство)
되어 있다고 보는 정신세계 속에서는 가능한 것으로 나타난다.
아나톨리 김의 자서전에 언급되어 있는 다음의 내용은 그의 전일
철학을 보다 분명하게 보여 준다. "각 개인이 인간 전체이다."라는
표현의 의미에 대해 작가는 이것은 세계 여러 나라를 여행하면서 도
달하게 된 깨달음이라고 표현한다. 저마다 타고나는 두 가지 운명
가운데 하나는 출생과 사망이라는 두 시점으로 둘러싸인 '작은 나'
에 속하고, 또 다른 하나는 인류 전체의 운명과 연결선상에 있기에

인류에게 부여된 태초부터 종말까지의 시간 전체를 포괄한다며, 우
리의 삶과 운명이 지니는 이중의 의미를 발견하고 난 다음부터 그것
을 확인하기 위해 굳이 지구 저쪽 편 끝까지 달려갈 필요가 없다는
생각을 하게 되었다고 밝히고 있다.[50] 작가 자신이 말하는 그의 깨
우침은 '하나의 별은 곧 모든 별이며, 한 개인은 곧 인간 모두'라는
것이다.

자서전에서 표현된 작가의 전일철학적 관념은 『바흐의 선율과 함
께 한 버섯 따기』에서도 반영되었다. 작품 주인공인 탄지의 어머니
마로야(Мароя)는 결혼한 지 얼마 되지 않은 상태에서 보르헤스의 작
품을 번역한다. 그때 남편은 외국 파견 중이었고 그녀는 임신 중이었
다. 이 번역을 주선한 탄지의 삼촌인 겐지로의 언급을 통해 보르헤스
의 전일적 관점에 동조하는 아나톨리 김의 정신세계가 표출된다.

이 작품 속에서 보르헤스는 그의 이야기 각주에서 "각각의 사물은
모든 사물이다(каждая вещь есть все вещи)."라는 고대 희랍의 한
현자의 이야기를 인용하는데, 겐지로는 현자의 언급을 사람에게 같
은 형식으로 적용해 본다면, "각각의 사람은 모든 사람이며, 각각의
별은 모든 별들이다(каждый человек－это все люди, каждая звезда
－это все звезды)."로 환원될 수 있다고 표현한다.

작품에서 아나톨리 김은 이 구절을 한 개체를 개별화된 고립된
운명으로 보아서는 안 된다는 것을 표현하기 위해 사용했다. 동생
로헤이가 형 탄지를 죽음에 몰아넣는 내용과 연결지어 볼 때, 한 개
인의 불행은 전체의 불행으로 이어지게 된다. 즉 카인이 살해한 것
은 아벨이 아니라, 바로 자기 자신이라는 결론(И тогда выходит, что
Каин не убивал Авеля, а убил, значит, самого себя)이 도출되는
것이다.

---

50) *Моё прошлое*, с.243.

아나톨리 김의 작품에서 나타나는, 하나의 전체이면서도 개체성이 부각되는 '우리들'에 관한 인식론은 스토아 윤리학과 연관되는 부분이 많다. 스토아의 범신론, 특히 아리스토텔레스 이후의 물리신학은 도시국가와 시민의 관계를 좀 더 규모가 큰 살아 있는 전체인 코스모스와 개인의 관계로 대체하였다. 이러한 대체를 통해 부분과 전체에 대한 고전적인 원리는 비록 이것이 인간의 실천적인 상황을 더 이상 반영하지 못하게 되었어도 이론적으로는 여전히 힘을 행사하였다. 이제 코스모스는 '신과 인간의 거대한 도시국가'라고 일컬어졌고, 우주의 시민은 코스모폴리테스(cosmopolites)가 되는 것이 그의 목적이 되었다. 즉 그 개인의 내면적인 자기 자신, 즉 자신의 로고스를 전체의 로고스와 조화를 이루게 해야 했던 것이다.[51]

아나톨리 김은 결국은 개체의 목소리와 전체 목소리의 조화라는 점에서 '우리들'의 본질을 '폴리포니야(Полифония)'나 '합창(Хор)'으로 작품 속에 투영시키기도 한다. 여기서 작가가 작품 속에서 표출하는 음악성은 많은 경우 뱌체슬라프 이바노프의 상징주의에 대한 논의에서 그 이론적 근거를 찾아볼 수 있다. 그것은 합창을 음악의 일치와 조화의 본질이 극대화된 것으로 보는 뱌체슬라프 이바노프의 다음과 같은 견해에서 표출된다.

　　음악에서 폴리포니야(Полифония в музыке)는 피디아스의 예술에서 우리가 보았던 창조상의 표기 원리와 변형 원리 사이의 균형의 순간(момент равновесия между ознаменовательным и изобретательным началом творчества)에 상응하는 것이다. 폴리포니적 합창(полифонический хор)에서 각각의 참가자들은 주관성을 드러내며 개체화되지만 또한 동시에 화성 구조로 조화롭게 복귀(гармоническое восстановление строя созвучия)하

---

51) 한스 요나스, 458-9쪽 참조.

고 있다. 이와 같이 합창 및 오케스트라는 하나의 음악적 이상을
위해 일치와 조화의 본질(суть формы согласия и единодушия
о музыкальном идее)-consensus omnium de recommuni-을 드
러낸다.[52]

작품에서 다성악(Полифония)적 구조를 통해 하나 됨을 가장 극화
시켜 제시하는 부분은 『연꽃』에서 살아 있는 사람, 죽은 사람, 불멸
하는 인류의 목소리가 공존하고 있는 문장에서 찾아볼 수 있다. 여
기서는 구문론적으로도 나(Я)와 우리들(МЫ)이 한 문장에 쓰여 통합
적 이미지를 보여 준다. 로호프가 일종의 죽음체험을 통해 더 이상
죽음을 두려워하지 않게 되었을 뿐만 아니라 죽음을 하나의 변형의
과정으로 이해할 수 있는 통찰에까지 이르게 되었을 때, 서술자의
다음과 같은 문장 양식 속에서 나타난다.

> НАМ грустно было смотреть на столь великую скорбь человека,
> и я коснулась плачущего лица моего сына незримым крылом,
> навеяла тихий сон на его воспаленные огнем неистовства
> глаза, и мне стало вдруг тепло, спокойно, я внезапно уснул.
> припав головою к подушке матери, рядом с её беззвучной
> головою. (с.339)

> 우리들은 한 인간의 그렇게도 커다란 슬픔을 보고 있는 것이
> 슬펐고, 나는 아들의 울고 있는 얼굴을 보이지 않는 날개로 쓰다
> 듬어 주었고 불길에 휩싸인 그의 맹렬한 눈동자에 고요한 잠을
> 불어넣어 주었다, 그리고 어머니의 베개에 머리를 파묻고 있던 나
> 는 갑자기 따뜻함과 고요함을 느꼈고 말없는 어머니의 머리맡에
> 서 갑자기 잠에 빠져 들었다.

---

52) Вя. Иванов, там же, с.149.

위의 표현에서는 일인칭 대명사로 표현되어 있는 ‘나’의 목소리와 ‘우리들’의 목소리가 하나의 문장 안에서 구현되어 있다. 이미 죽은 어머니의 목소리(처음의 ‘나’)와 로호프의 목소리(두 번째 ‘나’) 그리고 ‘우리들’의 목소리가 한 문장 안에 공존하며 완벽한 화음을 이루는 다성악적 구조를 이룬다. 즉 ‘나’가 ‘우리들’의 존재를 이해할 수 있는 힘을 갖게 되었을 때, 작가는 구문론적으로도 ‘우리들’과 ‘나’의 통합과 결속을 드러내기 위해 그들을 분리시키는 것이 아니라 한 문장 속에 병치시켜 표현하는 것이다.

아나톨리 김의 ‘우리들’은 음악의 기법이나 구조를 통해서 더욱 선명하게 드러난다. 그 한 축이 앞서 살펴본 집단적인 목소리인 ‘인류의 합창’이었다면, 다른 한 축은 그것을 화성악적으로 가장 잘 표현할 수 있는 바흐의 음악이다. 아나톨리 김의 작품에서 바흐의 음악에 대한 언급이 빈번하게 나타나는 이유는 바로 그 때문이다. 『바흐의 선율과 함께 한 버섯 따기』에서 드러나듯 아나톨리 김이 바흐의 음악을 이 작품의 구조와 내용에 투영시키고 있는 이유는 무엇일까?

그것은 무엇보다도 바흐가 화성과 조화의 선율을 구현하는 음악가이기 때문이다. 이 작품 안에서 악마적 속성을 지녔지만 평생 바흐만을 연주했던 에이브라함스까지도 바흐는 화음의 선조(прародитель Гармонии)(с.128)라고 언급한다. 또한 버섯을 따면서 항상 바흐의 음악을 들었던 레진은 자신에게 바흐의 화성법(баховская Гармония)은 불멸과 진리에 대한 강렬한 감정을 불러일으키곤 했다(с.73)고 표현하고 있다.

일반적으로 바흐의 음악은 신(神)을 대변하는 천상음악으로 표현된다. 『바흐의 선율과 함께 한 버섯 따기』에서 나타나듯 바흐는 자신을 음악의 창조자라고 생각하지 않는다. 작품에서도 바흐는 음악의 창조자는 신이며, 자신은 그것의 실행자일 뿐이라고(с.73) 말하고 있다. 신이 바흐의 음악 속에 함께한다고 보는 작가의 관념은 작품의 3장 막간극(интермедия)에서의 사탄버섯(сатанинский гриб)의 목소리로 표현된다. 사탄버섯은 자신들이 세상을 지배하는 군사작전에 실패한 것은 레진이 틀어 놓은 저주스런 바흐의 음악소리 때문(c.99)이라고 언급한다. 이 표현을 환원하면, 바흐의 음악 속에는 악마적인 힘을 파괴하는 신적인 사랑의 힘이 내재되어 있다는 것을 작가가 강조하는 것이다.

이와 같이 아나톨리 김이 자신의 전 작품을 통해 지향하는 '인류의 조화'와 '하나 됨', 불멸을 향한 '인류의 상승'이라는 테마가 바흐의 화성법과 연결되는 것이다. 악마적 속성을 지녔던 에이브라함스가 죽음 이후의 회개와 깨달음을 통해 도달하게 된 참된 인식은 '화성악'이 지니는 의미를 가장 정확하게 간파하는 것으로 표출된다.

Вся гармоническая музыка Европы, включая и творения Баха, исходит от Христа и Его учения. Законы добра и гармонии держат Вселенную в равновесии ее звездных систем и галактик. Христос, значит, возвестил вселенский закон доброты на благо человеческого существования. Музыка давалась, с самого начала, для внедрения в душу людей знания любви и гармонии. (c.131)

바흐의 곡을 포함한 유럽의 모든 화성악은 그리스도와 그의 가르침에서 나온다. 선과 조화의 법칙은 우주의 행성계와 은하계 속에서 균형을 이루어 우주를 지탱한다. 즉 그리스도는 선의 우주적 법칙을 인간 존재를 이루는 참근원으로 본다. 음악은 바로 그 태초부터, 인간들의 영혼에 사랑과 조화의 인식을 뿌리내리도록 부여된 것이다.

에이브라함스의 인급을 통해 나타나듯이, 사랑, 조화, 선함이라는 우주 법칙을 드러내는 것이 바로 화성악이며, 아나톨리 김은 이러한 특징을 내포하는 바흐의 음악을 통해 인류의 통합과 하나 됨을 꿈꾸는 비상(飛翔)을 실현했던 것이다. 아나톨리 김의 작품에서 집단적 목소리로 화자의 역할을 할 뿐만 아니라, 인류의 하나 됨을 표현하는 개념인 '우리들'은 조화와 일치를 이루는 초인격으로서의 인류의 모습에 다른 아니다. 이것을 드러내기 위해 합창이나 화성법과 같은 음악적 장치를 작품 속에 도입했던 것이다.

3. 오메가 포인트로 수렴하는 우주

1) 원추형 구조와 오메가 포인트

아나톨리 김의 물질과 생명에 대한 이해의 기본은 물질은 정신의 모태이고, 정신은 물질의 질적 상승 상태라는 관점에서 출발한다. 이것이 아나톨리 김의 관념과 샤르댕의 철학이 조우하는 지점이기도 하다. 앞서 살펴보았던 물질에 대한 연구가 신(神)적 중심까지도 올라갈 수 있음을 보여 주는 것이 샤르댕의 연구이며, 그것을 자신의 우주상의 토대에 투영시키고 있는 것이 아나톨리 김의 문학 세계이다.

1921년 샤르댕은 "과학과 그리스도"라는 논문을 발표하면서 물질에 대한 과학적 연구가 신적인 중심에까지 높이 올라갈 수 있게 한다는 것을 증명하려 하였다.53) 이것은 이 시기에 그가 이미 인간을

---

53) 이것은 그의 '성찬'에 대한 생각 속에서 가장 극대화되어 나타난다. 『세계의 제단 위에서 드리는 미사(Mass upon the Alter of the World)』에서는

진화과정 속에서 보고 있음을 알 수 있게 하는 요소이다. 하지만 이 때문에 그의 진화사상은 가톨릭 당국의 의혹을 사게 되었다. 그리하여 1923년의 중국 여행을 시발로 그의 일생 동안의 유배생활이 시작된 것이다. 그는 1955년 뉴욕에서 세상을 떠나기까지 여생을 중국과 다른 세계 구석구석을 발굴하면서 보냈는데, 특히 중국 대륙에서 그의 사상은 더욱 깊어져 갔다. 당시 그의 편지는 『한 여행자의 편지(Letters from a Travellers)』란 제목으로 후에 출판되었다. 당시에 쓴 한 편지에서 그는 이렇게 말하고 있다.

> 원시인으로부터 신문명인에 이르기까지의 인류의 이와 같이 많은 분화에 대해 우리는 어떻게 통일을 줄 수가 있을까요? <……> 이 모든 끊임없는 인간 활동에 대하여 어떤 방향 감각을 견지해야 하며 또 어떤 목표를 주어야 한다고 확신합니다.[54]

여기서 나타나듯이, 그는 인류의 분화에 어떤 통일을 주는 것, 인간의 삶에 어떤 목표를 주는 일이 필요함을 강조한다. 그는 우주진화의 방향과 목표를 오메가 포인트(Omega point)라는 특유의 언어를 통해 제시하는데, 이 오메가 포인트는 기독교의 전통적 견해에서 본다면 그리스도의 재림에 다름 아니다.

'분화'에 어떤 '통일'을 주어야 할 필요성에 대한 샤르댕의 인식에 아나톨리 김 역시 합류한다. 따라서 아나톨리 김이 생각하는 우주상

세계나 우주를 예전적(禮典的) 성격(Sacramental character)을 가지는 것으로 보는 그의 근본 입장이 잘 나타나 있으며, 이 시는 1965년에 출판된 『우주의 讚歌(Hymn of the Universe)』에 수록되어 있다. 그에게 성찬(Eucharist)은 신과 물질적 세계를 연합시키는 핵심점이었고, 진화의 목표가 되는 물질 변형의 종국을 지향하는 영적 생활의 중심이었던 것이다.

54) T. Chardin, *Letters from a Traveller* (New York: Harper and Row, 1962), p.370.

은 샤르댕과 마찬가지로 원추(圓錐)형 구조를 갖는다. 원추에는 정점
과 저면(底面), 수렴(收斂)의 중심과 끝없는 발산의 영역이 있다. 눈
을 원추의 축을 따라서 상승시켜 가면 마지막에는 모든 선이 만나서
결합되는 점에 도달한다. 반대로 하강하면 이 상(像)을 형성하는 모
든 요소의 끝없는 분열로 인도된다.

이런 원추형 구조55)의 우주상이 포용하고 있는 명제가 '창조적 결
합'에 대한 것인데, 이는 '다자(多者)'와 '일자(一者)'의 관계에서 잘
드러난다. 즉 우주진화의 현 국면에 있어서는 마치 '다자'가 차츰차
츰 통합되어서 '일자'가 형성되고, 그 '일자'가 그 자신 앞에 보다
큰 '다자'를 더욱 완전하게 집합시키면 시킬수록 더욱 완전한 것이
되어 간다고 보는 것이다.

원추형 구조에 입각해 볼 때, 선과 악의 문제는 상승인가, 하강인
가 하는 방향성의 문제이다. 때문에 앞서 '하나 됨의 역학'이나 '사
랑-에너지'에서 살펴보았듯이, '결합'이라는 것은 정신의 문제이고,
이것이 인류를 선(善)으로 상승시킨다. 이에 반해 아나톨리 김에게서
'분리'란 물질로의 하강이며, 이것은 '악'에 다름 아닌 것이다.

---

55) 샤르댕은 그 자신이 모델로 삼고 있는 원추형 구조를 자신의 우주상을
설명하는 데에만 사용하는 것은 아니다. 원추형은 의식이 물질 속에 자
리잡는 과정에서뿐만 아니라, 무수한 사회현상을 설명할 때도 적용되고
있다. 샤르댕은 『인간 현상』에서 '청년지구'까지 거슬러 올라가 의식이
물질 속에 자리잡는 과정(последовательный процесс сознания в форми
рующейся материи)을 추적해 간다. 샤르댕에 의하면 정상에 이르러 뒤
를 돌아보며 전체를 내려다본다면, 그 선들이 휘어지거나 접힘 없이 뒤
로 쭉 이어진 모습이 보이게 된다는 것이다. 그것은 부채꼴(веер)이라
는 동일한 구도로 나타난다. 또한 생물학과 전혀 관련이 없는 것처럼
보였던 수많은 사회현상도 진화하는 부채꼴(эволюционный веер) 안에
들어오게 된다. 언어의 형성과 분산도, 새로운 산업의 발전과 다양화도,
종교와 철학의 형성과 전파 역시 그러하다는 것이다. 샤르댕은 '진화'
의 뜻을 완전히 알고 보면 비슷한데 설명할 수 없었던 것이 같은 것임
을 알게 된다는 이야기를 한다. Шарден, там же, c.217-8.

『아버지-숲』에서는 포로수용소에서 온갖 나쁜 짓을 하는 '오브레 조프(Обрезов)'라는 이름의 수감자가 악인의 대명사로 등장한다. 그는 포로수용소에 불을 지르거나, 거세, 병사 살해 등 수많은 악랄한 범죄의 중심에 서 있는 사람이다. 그런데 여기서 흥미로운 점은 작가가 그 악인의 이름을 '오브레조프'로 설정하고 있다는 점이다. 이 것은 칼 등의 물건으로 거세 등등의 살해를 즐기던 그의 습성을 표현한 것이기도 하지만, 무엇보다도 '전체'에서 자신을 분리시키는 혹은 사람들 사이를 '분리'시키는 그의 습성을 '절단하다, 자르다'라는 의미의 동사 'обрезать' 속에 투사하는 것이다. 이것은 원추형 구조의 우주상에서 물질이 결합하지 못하고 다수성 속으로 떨어져 버리는, 다시 말해 '분리'되는 양상을 '악'으로 간주하는 작가의 관념 세계를 표현하는 것이다.

이에 반해 그는 '분리'를 극복하는 원동력인 '사랑'은 정신의 힘으로 정의하며, 이것이야말로 참으로 완전하게 우주를 결합시키는 요소로 간주한다. 이렇게 세계의 참된 진화는 정신의 내부와 정신 상호간의 결합 속에서 생긴다. 그 내면적인 인자는 기계론적인 것이 아니라, 오히려 심리적이고 도덕적인 것이다. 따라서 앞으로의 인류의 발전과 그 육체적인 발전, 즉 지구 진화와 인류의 진화와 그 참된 연장은 정신의 결합하는 힘을 작용시킴으로써 높여진 의식 속에서 찾아야 한다는 결론에 이르게 되는 것이다.

앞의 내용을 종합해 본다면 과학이 모든 것이 그곳으로부터 떠오르는 물질의 하한(下限)을 명백히 한 것과 같이, 정신의 상한(上限)에서는 모든 것이 그 속에 잠기고 거기에 수렴하는 신비스러운 장(場)[56]이 떠오른다는 관점이 도출된다. 이 생명이 가득 찬 신비스러

---

56) 샤르댕은 이 신비스러운 장(場)에 '살(肉)'이라는 이름을 주고 있다. 그 것은 '살'이 지니고 있는 촉지(觸知)할 수 있는 감각과 무한한 포용의

운 장 속에서 집착과 초탈, 활동과 관상, 다자와 일자, 물질과 정신
의 속성들이 창조적 결합의 의도를 따르면 별다른 문제없이 양립할
수 있다는 것이다. 여기서 모든 것이 그 스스로가 되면서 하나가 된
다. 여기서 만일 사람들이 능동적인 활동을 하지 않고 자기 안에 갇
혀, 자기중심주의에 빠진다면 그것은 '다자'의 비탈길을 하강하는 것
이다. 그러한 사람들에게는 신비적인 장은 사라진다. 반대로 이 비탈
길을 상승해서 결합시키려고 노력하는 사람들 주변에서 신비스러운
장은 그 빛을 더욱 증가시키게 될 것이다. 이런 상승과 결합의 법칙
이 정신 진화의 법칙이라는 것이다.

진화는 시간상으로 미래를 향해 계속 진행하면서, 언제나 더욱 복
잡한 물질의 배열과 더욱 고차원적인 의식―정신―에 도달한다.
진화 과정은 생명의 출현과 사고의 발생이라는 두 임계점을 거친 후
사회화의 증대를 통해 인간 안에서 계속 진행되고 있다. 그렇다면
미래에 또 다른 임계점이 있을까? 복잡화 의식이 증대하는 방향으로
전진하는 진화에 어떤 한계점이 있을까? 샤르댕은 이 문제에 대하여
다음과 같이 말하고 있다.

첫째, 이미 인간이 도달하고 있는 '집단적인 조직화'라는 입장을
고려할 때, 혹성화(planetization)의 과정은 언제나 일치를 증대시키는
방향으로만 전진할 수 있다는 것이다. 둘째로 이 일치의 증대는 본
질적으로 수렴의 성격을 지니고 있어서 진화가 자연적인 한계점도
없이 무한정하게 계속될 수 없다는 점이다. 다시 말해 어떠한 원추
형에도 정점이 있다.[57]

특성 때문이라 할 수 있다. 우주 그리스도에 의해 활기가 주어진 이 변
화된 세계, 이처럼 가까이 손에 만져지는 이 우주적인 살(肉)(이것이
'성체의 빵'에 비유되고 있다)을 우리들의 우주적 결합을 지배하는 법
칙(=일치의 법칙)으로 보고 있다.
57) T. Chardin, "The Formation of the Noosphere", *The Future of Man*, trans.

샤르댕이 생각하는 사회화의 전 과정은 인류가 자체 안으로 모이는 경향인 동시에 '가설적인 미래의 어떤 최대점' — 전반적으로 정신권이 자체를 향해 집중하는 최대점 — 을 향한 사회화의 수렴이다. 만일 진화의 곡선을 미래로 연장한다면 자체 안으로 집중되는 인류의 기술적·사회적·정신적 수렴 때문에라도, 시간적으로 유일한 미래의 어느 시기에 공동 사고가 발생하리라는 것을 예상해야 한다는 것이다.

그는 이 공동 사고의 발생을 진화의 한 임계점으로 보고, 이것을 초(超)사고라고 지칭했다. 이 점이 진화가 수렴하는 초점, 즉 진화의 한계점이라는 것이다. 인류가 수렴하는 진화의 초점(비록 가정적인 점이긴 하나)에 도달할 때, 비로소 종의 통일과 개체의 개성화도 그 절정에 이른다는 주장이다. 샤르댕은 인류가 합일하고 개성화하는 이 미래의 초점을 바로 '오메가 포인트'라고 부르고 있다. 즉 오메가는 사회화 과정의 한계점인 동시에 진화 자체의 한계점이다. 그가 진화현상론에서 논한 이 특수 단계에서 살펴볼 때, 오메가는 인류가 장차 도달할 미래의 상태이다. 초월적인 통일의 중심인 오메가의 존재가 샤르댕과 아나톨리 김이 공감하는 진화 현상론의 본질이다.

인류의 통일과 개체의 개성화가 동시에 절정에 이른 오메가 포인트의 특성을 적용시켜, 서술법으로 형상화한 것이 '하나 된 인류'의 의미를 지니는 '우리들(Мы)'의 본질이기도 하다. 결속을 의미하는 일인칭 복수 대명사 '우리들'의 본질은 작가가 어떠한 형용사로써 '우리들'을 수식하며, 그것의 행위를 서술하는 동사의 표현방식은 어떠한가를 살펴봄으로써 더욱 구체화할 수 있다. 『연꽃』에서 로호프가 자신의 심리적 죽음 상태(일시적 죽음 체험)에서 '우리들'의 존재를 인식하게 된 순간을 작가는 "이 순간 그의 앞에는 불 구름을 닮은

N. Denny (New York: Harper and Row, 1964), pp.178-9.

거대하고 눈부신 우리들이 번쩍였다(в эту минуту <u>сверкнуло</u> перед ним <u>великое, ослепительное МЫ</u>, подобное огненным облаком)."(с.342)고 묘사하였다.

여기서 '우리들'을 총체적으로 통칭할 때는 중성 단수 형용사 형태로 수식함으로써 분리될 수 없는 개체들의 일치를 강조하고 있음을 알 수 있다. 하지만 '인류의 합창'으로 '우리들'의 목소리가 부각되는 경우에는 일인칭 복수형에 따른 동사를 사용함으로써 다양한 개별적인 목소리들 사이의 상호 조화를 드러내고 있다. 이것이 아나톨리 김이 생각하는 오메가 포인트로 진화한 인류의 특성인 것이다.

샤르댕은 의식들이 서로 섞이지 않으면서도 하나가 되는 것, 다시 말해 정신의 농축으로 이루어지는 세상의 마지막 상태는 통일성(единство)과 복합성(сложность)이 공존하는 조직일 것이라고 말한다.[58] 결국 그 구조상 '여러 중심들이 이룬 유기체 한가운데서 빛나는 중심'이 오메가가 될 것임을 이야기하는 것이다.

그런데 여기서 인간이 오메가 포인트를 어떻게 이해하느냐 혹은 오메가 포인트의 존재에 대해 어떤 확신을 가지느냐에 따라 우리 삶의 의미와 질은 완전히 달라진다는 것을 작가는 염두에 두고 있다. 우리가 확실히 오메가 포인트에 도달할 수 있는가 하는 물음은 실상 인간이 우주를 어떻게 생각하느냐 하는 문제와 직결된다는 것이다. 결국 그것은 우리에게 우주가 우호적인 곳인가 그렇지 않은 곳인가 하는 문제를 삶에 있어 가장 중요한 문제로 보았던 아인슈타인의 생각을 상기시킨다. 이것은 결국 인간과 우주의 유기성을 인식할 수 있는가 하는 문제로 귀착된다고 할 수 있다.

인간의 고독은 사실 인간과 우주 사이에 존재론적인 분리가 개재될 때, 즉 일체감이 상실될 때 필연적으로 도출되는 것이다. 서양

---

[58] Шарден, там же, с.257.

철학의 역사는 사실상 인간과 우주, 인간과 신(神) 사이에 연대를 놓으려는 다양한 시도에 다름 아니라 할 수 있다. 이러한 시도에서 가장 성공적인 현대 철학의 대표는 베르그송이다. 그러나 사르트르의 무신론적 실존주의에서 인간과 우주 사이의 고전적인 연대는 무자비하게 끊기어 버리며, 그의 철학에서 인간은 정처 없이 떠도는 방랑인이다. 여기서 실존주의에 의해 단절된 인간과 인간, 인간과 우주 사이를 다시 잇는 철학적 과제가 절박하게 요청되었다.

이런 철학사의 맥락에서 샤르댕은 현대인의 실존적 불안을 누구보다도 예리하게 간파하고 그 극복을 시도한 사상가였던 것이다. 아나톨리 김의 의식이 샤르댕과 맞닿아 있는 부분 역시 이런 실존적 불안에 대한 극복을 작품 속에서 다양하게 표현하고 있다는 점에서 찾아볼 수 있다. 아나톨리 김의 작품에서 유독 자살자들이 많이 등장하는 점 혹은 인간 무의식에 가로놓여 있는 그런 실존적 고민에 대한 표출이 유난히 많이 묘사되는 점은 이에 대한 작가의 관심을 엿보게 하는 대목이다.

무생물과 동물은 항구적인 생존 경향을 가지고 있다. 하지만 인간의 경우 반드시 그렇지는 않다. 만일 인간이 자신의 존재와 본성에 적응할 미래를 예견할 수 없다면, 그때 생존 의욕은 상실될 것이고, 따라서 샤르댕이 말한 '삶의 맛'을 잃게 될 것이다. 그러므로 진화에는 어떤 결과가 있고, 또 세계는 결코 그 진로가 막힌 것이 아니라, 어떤 출구가 있음이 보증되어야 함은 필연적인 것이기도 하다. 인류가 만일 살 희망이 없는 병폐나, 세계 안에 폐쇄되어 있다는 고뇌에 찬 감정이나, 인류가 전멸하리라는 두려움에 사로잡힌다면, 앞으로 계속 전진할 의욕을 잃게 될 것이기 때문이다. 이것은 사실상 '허무주의'를 다른 말로 표현한 것에 지나지 않는다.

실상 인간의 자살 문제는 '인간이 미래의 출구를 인식할 수 있는

가'라는 문제와 관계된다. 미래에 대한 믿음이 좌절될 때 인간은 자살을 하게 된다. 아나톨리 김이 작품에서 수많은 자살하는 사람들을 묘사하는 것 역시 같은 맥락이다. 수많은 자살자들의 문제가 그의 작품에서 다양하게 표출된다고 할지라도 궁극적으로는 인간과 우주 사이의 의미에 대한 물음과 연관되는 것이다. 엔트로피로 붕괴되어 가는 지구와 인류, 한 개체로서의 인간의 모습에 희망을 줄 수 있는 것이 오메가에 대한 믿음과 확신인 것이다.

우주가 폐쇄되어 출구가 없으며, 추정적인 오메가 포인트가 존재하지 않는다고 생각할 때, 앞으로 나아가려는 인간의 의지와 추진력은 완전히 좌절되고 만다. 회의에 빠지지 않기 위해서 오메가는 지금 존재하는 것이어야 하며 불가역성을 지녀야 한다.

그렇다면 인류는 최고도의 연대성과 개성화에 도달하게 된다는 것을 어떻게 확신할 수 있는가? 샤르댕은 오메가 점에 도달하기 위한 필요조건은 단순한 외적 조건이 아니라, 내적 조건이 훨씬 중요하다고 말한다.[59] 여기서 내적 조건이란 바로 전진하고 진보하려는 인간의 의지를 말한다. 이것은 우리 인류가 『구린의 유토피아』 속의 구린처럼 진보와 진화에 대한 당위성과 필연성에 대한 믿음을 지녀야 한다는 점을 끊임없이 주지시키는 아나톨리 김의 관념과 일치한다.

작가는 인류가 파멸하지 않고 진화하리라는 당위성을 신(神)의 가르침 속에서 찾는다. 『아버지-숲』에서 "인류라는 숲에 죽음이 도래할 경우 어떻게 될 것인가?"(c.156)라는 서술자의 문제 제기는 인류 전체의 파멸가능성을 묻는 것인데, 이에 대해 숲의 목소리인 '사고하는 원자'는 "내가 신 안에 머무르고, 그분을 떠나지 않는다면 나는 죽지 않는다(Но если я внутри Бога, а не вне Его, то я все равно бессмертен)."(c.187)고 말한다.

---

59) ibid., pp.118-21.

이것은 숲과 인류의 불멸에 대해 굳건한 믿음을 갖고 있는 작가의 확신을 볼 수 있는 대목이다. 작가에게 삶의 의미를 발견한다는 것은 삶 속에서 '로고스'를 찾아가는 과정이나 다를바 없다. 이것은 샤르댕과 아나톨리 김에게 오메가는 바로 그리스도라는 것 그리고 한 개인을 오메가에 결합시킬 수 있는 것이 바로 '사랑'이라는 것을 확신시켜 주는 것이기도 하다.

이런 관점에서 아나톨리 김에게 우주의 의미를 찾는 인간이라는 것은 결국에는 신을 발견한 인간으로 귀착된다. 그것은 그의 작품에서 특히 『연꽃』의 로호프와 『아버지─숲』의 글렙으로 대표된다. 그들은 현실의 삶 속에서 그리스도를 만나고 그 만남의 의미를 삶의 주춧돌로 삼는 인물들이다.

샤르댕은 "인간의 에너지"에서 사랑에 관한 자신의 과거 견해를 종합하면서[60] 사랑이 우주의 근원적 에너지임을 강조한다. 샤르댕에게 사랑은 인간을 통일할 수 있는 진화의 기본 에너지이자 현상학적으로는 그리스도교적 현상 가운데서 가장 두드러지고 가장 활기 있는 에너지인 것이다. 이로써 과학적 현상론의 견지에서 본 사랑은 그리스도교적 사랑(애덕)을 신학적으로 고찰하는 방향으로 자연스럽게 넘어가게 된다.[61]

이처럼 애덕은 인간의 다른 모든 에너지 ─ 이 에너지가 오메가의 힘이 미치는 범위에 있는 한 ─ 를 변형하는 고차원의 정신적 에너지

---

60) 우주는 인간의 진보를 통하여 발전하였고 우주의 물리적·정신적 능력은 개인을 점차 오메가에 결합시키는 근본적인 친화력으로 나타난다. 이때 궁극적인 합류점이 되고 있는 이 중심에서 우주의 근원적 에너지가 발산된다. 샤르댕은 이러한 힘, 즉 우주의 근원적 에너지를 무엇이라 부를까 자문한다. 그는 오직 사랑이라는 단어를 붙일 뿐이다. 그는 사랑이 인간의 근원적 에너지, 즉 순수한 상태의 인간적 에너지라는 자신의 가설을 증명하는 것으로 보았다. 로버트 패리시, 191쪽.
61) 앞의 책, 194─6쪽.

이다. 샤르댕은 생애 말년에 그리스도교의 사랑은 신에 대한 사랑과 이웃에 대한 사랑만이 아니라 모든 피조물에 대한 사랑이 될 수 있고 또 마땅히 그러해야 한다는 견해를 강조하였다. 애덕은 자연적 사랑이 그리스도 중심적인 우주권으로 상승된 것이고 이 때문에 만물을 변화시키는 놀라운 힘을 드러내게 된다고 보는 것이다.

사랑은 진화의 정신적 에너지이고, 또 진화 자체는 그리스도를 향해 수렴하는 우주적인 전진운동, 다시 말해 그리스도 발생이다. 이에 따라 그리스도교의 사랑에는 우주에 대한 사랑과 우주의 진보에 대한 사랑이 포함될 수 있고, 또 마땅히 포함되어야 한다. 사랑은 그 형태가 어떠하건 모두 그리스도화하여 그리스도교적 애덕이 될 수 있고, 또 그렇게 되어야 한다고 보는 것이다.62) 이렇게 샤르댕이 종합한 사랑의 과학적 현상론과 애덕의 신학적 사상을 아나톨리 김은 우리 인간의 성화와 우주의 성화에 적용시킨다.

2) 우주 생성 차원에서 본 죽음과 불멸

일상생활 속에서 자신을 돌아보게 하는 계기는 바로 내 자신의 삶이 영원하지 않다는 것, 내가 죽는 존재라는 것을 실감할 때이다. 죽음은 나 자신의 삶을 돌아보게 하고, 그 삶의 의미를 묻게 한다. 죽음은 인간에게 반성의 계기를 주며, 나의 인생을 직시하게 한다. 아나톨리 김은 이런 죽음의 의미를 묻는 작가이다. 어머니의 임종 직전부터 죽음까지의 과정을 지켜보면서 자신의 내면을 성찰하게 되는 『연꽃』의 로호프, 스스로 자살 직전까지 다가갔다가 진정한 삶의 의미를 발견하고는 일상으로 돌아오게 된 『아버지-숲』의 글렙 그리

---

62) 앞의 책, 199-200쪽.

고 여러 방식으로 자살했던 무수한 사람들과 죽음 직후의 유체이탈
을 통해 바닥에 누워 있는 빈 껍질뿐인 자신의 모습을 보고 있는
사람들의 의식에 대한 묘사에 이르기까지, 그의 작품에서는 다양한
유형의 죽음 양상이 투사된다. 이것은 역으로 삶의 의미를 묻는 작
가의 방식이기도 하다.

생물학에서 죽음은 삶처럼 중요하다. 수많은 초기 생명체에서 죽
음이 없었다면 생명의 진화는 없다는 것이다.63) 개체들의 죽음에 힘
입어 종은 경직되지 않고 어느 정도 변화된 환경에 적응할 수 있다.
동물 종의 삶의 조건은 수천 년이 지나면서 기후 변화, 지구 전체의
대변동, 공기와 물의 화학적 조합의 변화, 영양분의 제공, 새로운 경
쟁자 그리고 적의 멸종을 통해 변화한다. 죽음이 없다면 적응하기
위한 도태도 존재하지 않을 것이다. 삶의 조건들은 다시 인간까지
이르는 더 높은 생명체로의 발전에 영향을 미친다.

이렇게 자연과학에서는 어느 정도 가볍게 이야기할 수 있는 사건
이 개인의 삶에서는 무거운 짐이 된다. 즉 죽음의 생물학적 기능은
우리에게 견딜 수 없는 고통을 동반한다는 것이 사실이다. 그들의
방법론에 충실하게 자연과학은 고통과 죽음의 주관적인 면을 배제시
킨다. 따라서 단순히 생물학적으로 죽음을 연기하거나 극복하려 하
는 자연과학적인 죽음 이해는 오히려 죽음의 의미를 죽여 버림으로
써 삶을 죽음으로 이끌어 가는 어리석은 행동에 지나지 않는다. 의
미를 사유하지 못하는 과학과 현대 문화는 맹목적이며, 무의미한 행

---

63) 특정한 종류의 생명체, 다시 말해 그 유전자의 전체량은 스스로 조직되
는 물리학적 체계와 비슷하게 발전한다. 생물학적 진화에서 동물 종은
모두 흐름의 균형을 이룬 시스템과 일치한다. 물리학적인 구조가 발생
하기 위해서는 그 과정이 다시 계속될 수 있도록 부수적으로 생기는
열에너지나 방해하는 열에너지가 밖으로 흘러나갈 수 있어야 한다. 이
때 물리학적인 시스템에서 열의 방출이란 생물학적인 발전에서 개체의
죽음과 일치한다는 것이다. 아놀드 벤츠, 150쪽.

위로 죽음을 삶에서 배제시키려 할 뿐이다. 죽음을 생물학적으로가 아니라 의미론적으로 성찰함으로써, 인간은 자신의 생명을 형이상학 적 삶으로 이끌어 가게 된다.

자연과학은 인간의 죽음에 대한 관계를 설명할 수 없다. 자신의 죽음이든, 다른 생명체의 죽음이든 마찬가지이다. 주체와 객체를 분 리함으로써 대상과 사물을 관찰하는 자연과학에서는 죽음을 이해한 다는 것 자체가 불가능하다. 또한 우리의 현대 문명은 죽음을 사회 에서 몰아내는 결과를 빚었다. 그러나 고대 사상가들에게는 '메멘토 모리(memento mori)', 즉 죽음을 기억하라는 것은 일상적인 삶과 철 학의 기본 주제였다고 할 수 있다. 그들에게 죽음이란 살아 있는 '나'와는 무관한 어떤 시간 속에 고립된 실체가 아니라, 일상의 삶이 죽음의 의미를 통해 조명되고, 삶과 죽음은 항상 공존하는 것이었다. 또한 그들에게 죽음은 또 다른 창조를 위한 시발점이기도 했다.

초기 그리스도교도들은 부활을 인간의 오판에 의한 사형 집행에 대한 신의 정정이나 비극적 숙명의 해피엔드로 여긴 것이 아니라, 오히려 새로운 시대의 도래로 이해했다. 이처럼 초기 그리스도교도 들은 죽음을 자발적인 신의 창조행위로 설명했다.[64] 그리스도의 수 난과 부활은 그리스도교도들에게는 세계를 새로이 발견할 수 있는 삶에 대한 새로운 규범, 즉 패러다임이 되었던 것이다. 동일한 무게 의 십자가와 동일한 삶의 고통이 그들을 기다리고 있을지라도 그들 은 여기서 보다 넓고 깊은 영역을 감지할 수 있게 된 것이다. 이렇 듯 그리스도교도들은 그리스도의 수난과 부활의 체험에서 그리스도 의 수난이 마지막이 아니듯이 죽음이 마지막 단어는 아니라는 희망 을 일구어 냈다.

죽음을 삶의 마지막이 아니라 존재 변형의 시발점으로 이해하는

---

64) 앞의 책, 185쪽.

것이 아나톨리 김의 전 작품을 관통하는 죽음 이해의 기본이기도 하
다. 여기서 그의 죽음관은 찌올콥스키의 사상과도 동일선상에 놓이
게 된다. 그는 죽음을 다음과 같이 이야기하였다.

> 죽음이란 존재하지 않는다. 죽음은 단지 연약한 인간 이성의 환영 중
> 에 하나(смерть – лишь одна из иллюзий слабого человеческого
> разума)일 따름이다. 우주를 이루고 있는 원자들은 주기적으로
> 제일 높은 삶의 구조(인간과 유사하거나 보다 높은 존재)에 참여
> 한다. 사실 개별적인 각각의 생명들은 끊임없는 파도의 연속성 속
> 에서 파도를 이룬다. 비록 구체적인 물결은 시작과 끝을 가지고
> 있다 하더라도 이것은 원자에게는 모두 마찬가지이다. 왜냐하면
> 삶의 짧은 물결(파도)이란 것은 결국 하나의 무한성(бесконечность)
> 속에 융합되기 때문이다. 다른 말로 표현하면, 동물과 사람의 뇌
> 속에서 비교적 짧은 시간 머무는 원자들도 결국 무한한 시간 속
> 에서 연합된다. 따라서 원자들이란 언제나 살아 있으며, 이를 통
> 해 절대적인 의미에서 우주 역시 언제나 살아 있는 것이다.[65]

"죽음은 없다."라는 표현이나 "죽음은 단지 환영일 따름이다."라는
찌올콥스키의 표현은 『연꽃』에 그대로 인용된다. 이것은 로호프가
죽음 자체를 가장 두려워하고 있을 때인 1장에서 나타난다. 자신의
죄 때문에 어머니가 고통을 받고 있는 것이라고 생각하는 로호프의
죄책감은 "질병의 십자가 위에 못 박혀 있다."라는 구문에 그대로
드러나며, 여기서 묘사되는 2월 겨울밤의 풍경 역시 싸늘한 로호프
의 마음을 투영하는 역할을 하고 있다.

사할린에 도착해서 어머니의 임종 침상을 지키면서 그가 처음에 느
낄 수 있었던 것은 단지 "죽음이란 인간을 한 덩이의 진흙처럼 차가운

---

65) К. Э. Циолковский, *Монизм Вселенной*, указ., с.49 – 50, 61.

것으로 만드는 것이다(смерть превращает человека в нечто холодное, как кусок глины)."(c.347)였다. 하지만 자신의 내적 죽음 체험을 하고 난 후에 그의 죽음관은 다음과 같이 바뀐다.

> смерть не показалась – её не было. Сверкающая капелька жизни взмыла ввысь и, ударившись о голубую твердь неба, превратилась в белое облако. (c.337)
>
> 죽음은 존재하지 않았다. 다만 반짝이는 생명의 물방울들이 높이 높이 날아올라, 푸른 하늘에 부딪히고서 흰 구름으로 바뀐 것 뿐이다.

즉 죽음을 하나의 변형(преображение)의 과정으로서 이해하게 된 것이다. 이러한 관점에 근거해 『다람쥐』에서 작가의 입장을 대변하는 노화가는 절대로 죽음을 두려워하지 말라고 이야기하고 있는 것이다. 『다람쥐』에서 인노겐찌와 우정을 나눈 늙은 수채화가는 자신의 죽음이 가까워 왔음을 인식하고 그에게 죽음은 절대로 두려워할 것이 아니라고 누차 강조한다. 그리고 심지어 죽음 이후의 세계가 존재한다는 것을 인노겐찌에게 알려 주기 위해 말의 모습으로 환생하여 나타나기도 한다.

그 노화가는 죽음이 있는 세상을 단순히 블랙홀 비슷한 '그곳(там)'이라고 표현한다. 그리고 흔히들 이야기하듯이 그곳으로 들어가는 입구는 검은 깔때기를 통해 나 있다며, 죽음 자체를 아주 단순화시켜 이야기한다. 더 이상 시간이 존재하지 않으며, 과학에서 공간의 심연이라고 부르는 그것이 바로 죽음일 뿐이라는 것이다.(c.466) 계속해서 임종 직전의 노화가는 젊은이에게 이러한 인생지침을 이야기한다.

Живите весело, радуйтесь каждую минуту. Все человеческое имеет великий смысл, а творчество – величайший. Не ищите славы, пусть она вас ищет. (с.467)

즐겁게 살고 매 순간 기뻐하도록 해라. 모든 인간적인 것은 위대한 의미를 갖지만, 창작은 가장 위대한 것이다. 영광을 좇지 말고 영광이 너를 찾도록 하라.

아나톨리 김은 대부분의 작품에서 죽음에 대한 자신의 이해를 예술적으로 투영시킨다. 우리 대부분의 인간들은 항상 죽음을 '의식적으로' 인식하고 산다는 것, 즉 우리는 결국 해골로 변할 수밖에 없는 존재이기에 언제나 죽음을 의식하고 살고 있다는 것이 작가의 생각이다. 음울하고 억압되어 있으며 일용할 빵을 벌어들이기 위해 항상 이마에 구슬땀을 흘리면서도 근심스런 표정을 짓고 있다는 것이다. 인간이 죽음을 의식하면서 불행하게 살게 된 원인을 작가는 인간과 신(神)이 분리되었기 때문이라고 간주한다. 그리고 인간에게 죽음이 생겨나게 된 원인이 『온리리야』에서 표현된다.

В Начале смерти не было, Бог не замысливал ее, Он создал людей по Своему образу и подобию – вечными жителями. Но вот человек Бога предательски замыслил стать человеком сатаны и тем самым явился создателем собственной смерти. (с.88)

태초에 죽음은 없었다. 죽음을 의도한 것은 하느님이 아니었다. 그분은 당신의 형상과 모습대로 사람들을 영원한 존재로 창조하셨다. 그러나 인간이 하느님을 배신하여 사탄의 사람이 되기로 마음먹었고, 그럼으로써 자신의 죽음을 만들게 된 것이다.

또한 『온리리야』에서는 죽음의 천사인 켈림(Келим)이 죽음을 앞둔

자에게 불어넣는 생각이 "죽음이 닥쳐오면 인간은 절대적인 고독의 공허 속에 떨어지게 될 것(мы проваливаемся в пустоту абсолютного одиночества)"(с.32)이라고 표현되어 있다. 하지만 죽은 예브게니(Евгений)가 부활해서 지상낙원의 공간에서 부활한 나쟈(Надя)를 만나게 하는 작가의 설정에서도 드러나듯이, 이런 천국의 공간이 인간의 부활에 대한 작가의 믿음을 보여 주는 것이다. 악마가 이야기하는 죽음의 공포는 사실 거짓에 불과하다는 것이다. 그것은 사탄의 기만적인 간계였고, 공포 속에 인간을 붙들어 두고 그들을 지배하기 위한 방책일 따름이라는 것이 작가의 확신이다.

아나톨리 김이 인간과 사탄의 서로 다른 실체를 '죽음'을 통해 강조하고 싶었던 것은 근본적으로 사탄은 죽지만 인간은 죽지 않고 부활한다는 믿음이다. 작가는 사탄이 인간을 증오하고 질투하는 것은 바로 그 때문이며, 같은 맥락에서 죽음과 영원, 불멸에 대한 변증법을 이야기한다.

> Приобщение к вечной земной жизни и есть бессмертие; отлучение от этой жизни и есть смерть. Истинный Его гений в том и заключался, что вечность была нерасторжимо связана с жизнью. (с.37)
> 지상의 영원한 삶에 참여하는 것이 불멸이며, 이 영원한 삶에서 분리되는 것이 죽음이다. 신의 진정한 창조성은 영원함이 삶과 끊을 수 없이 연결되도록 했다는 점에 있다.

죽음을 단절이 아니라 하나의 변형의 차원이자 또 다른 창조행위로 이해하고 있는 아놀드 벤츠나 찌올콥스키의 견해는 죽음을 우주 생성 차원에서 이해하기 때문에 가능한 것이다. 이것은 샤르댕의 관점에서도 마찬가지이다. 샤르댕에게도 죽음은 인간이 자기의 상태를 변화시키는 것에 불과하였다. 이것을 그는 변이(mutation)라고 불렀다.

우주 생성 차원에서 죽음을 이해했을 때, 인간은 죽음을 기점으로 사실상 엔트로피에서 해방된다. 탄젠트 에너지의 소모 없이 방사 에너지(radial energy)로서 자유롭게 성장하는 것이기 때문이다. 에너지론(энергетика)을 인간과 동물의 '죽음'에 적용해 그 의미를 따라가 보면, 아나톨리 김의 죽음론의 토대와 만날 수 있다. 샤르댕의 기본 논의의 출발점은 '가장 안정된 것'은 밑이 아니라 위라는 것에서 시작된다. 그에 따르면 개체 이하가 안정된 것이 아니라 큰 통합이 가장 안정된 것이다. 그러므로 탄젠트 에너지가 꽉 차 있을 때 세상은 물질로 분해된다. 거꾸로 방사를 통해 세상은 앞에서 끄는 거룩한 '참정신'을 향해 가며 자기의 자연스런 모습을 찾고 일관성을 찾는다. 그렇게 우주 안에서는 무언가가 엔트로피를 피해 가는 힘이 있다는 것이 그의 논점이다.[66]

그런데 '앞으로 가는 첫 힘'으로 나온 방사 에너지는 진화기간 중 상당 부분을 동물의 집단의식 형태로 있었다고 샤르댕은 설명한다. 그 단계에서는 더 단순한 질서로 다가가지 못한 채, 중심들이 각각 흩어진 채 있었다. 그런데 '반성'이 등장하면서 새로운 연합체가 나왔고, 여기서 중심들의 역학운동이 시작되었다. 각 요소가 한 인격체가 되듯, 사람이 되는 임계점을 넘는다는 것은 의식이 흐트러짐에서 모임으로 가는 것이다. 하지만 인간의 방사 에너지 자체가 진화 초기에 동물의 집단의식 형태로 있었기 때문에, 겉으로 볼 때 인간과 동물은 별 차이가 없어 보인다. 그러나 여기에는 분명한 차이가 존재한다. 이에 대한 샤르댕 자신의 언급을 보자.

У животного радиальное со смертью поглощается тангенциальным.

---

66) Шарден, там же, c.266.

У человека оно ускользает и высвобождается. Бегство от энтропии путем возврата к омеге. Гоминизируется сама смерть.[67]

동물에게서 죽음은 방사가 탄젠트에 완전히 먹히는 일이다. 그러나 사람은 그렇지 않고 거기서 자유로워진다. 엔트로피를 넘어 오메가로 향해 간다. 죽음도 자연스럽게 인간화되었다.

동물에게서 죽음이란 탄젠트 에너지가 꽉 찬 상태, 즉 물질로 분해되는 것, 그 이상은 아니다. 죽음을 하나의 자연현상으로서만 받아들이고 있는 동물과는 달리 인간은 자신의 존재(存在)와 무(無), 즉 삶과 죽음에 관해서 끊임없이 묻는다. 동물과 인간이 죽음을 인식하는 것에서 확연한 차이를 나타냄을 작가가 투사하고 있는 작품이 『켄타우로스의 마을』이다.

여기서 살육과 욕정으로 뒤범벅된 삶을 사는 켄타우로스들은 자신의 죽음에 대해서 무심한 만큼 자기 동료의 죽음에 대해서도 아무런 감정의 동요를 느끼지 않는다. 이런 켄타우로스들의 모습을 작가는 "켄타우로스는 자기 종족이 옆에서 죽어 가는 모습을 보고도 아무런 두려움이나 연민도 느끼지 않았다(Кентавры не знали мнительного страха и жалости при виде ближнего умирающего."(c.13)라고 서술한다.

켄타우로스들은 전투 후에 자기 동료의 시체가 며칠씩 말발굽을 하늘로 쳐들고 누워 있어도 전혀 관심을 기울이지 않고, 동료들의 시체가 썩어 악취가 풍겨도 무심히 그 옆을 지나가곤 한다.[68] 그리

---

67) там же, c.267.
68) 아나톨리 김은 중편 『풀 베는 사람들(Собиратели трав)』에서 우리는 타인의 죽음을 통해 자신의 죽음을 볼 수 있어야 한다고 여러 차례 강조하고 있다. 즉 다른 사람의 죽음을 자신의 죽음처럼 생각할 수 있어야 한다는 것이다. 죽음에 대한 이해는 그 자체로 인간과 동물을 존재론적으로 구분하는 척도가 되기도 한다. 옆에서 죽어 가는 자기 동료에 대

고 자기 동료들이 강물에 빠져 허우적거리며, 서서히 죽어 가는 모습을 보고도 낄낄거리고만 있다. 그리고 켄타우로스들은 자신의 죽음을 묻지 않는다. 즉 그들은 죽음을 느끼고, 죽음을 의식하고, 죽음을 성찰하고 싶어 하지 않는다. 죽음의 의미를 묻지 않는다는 것은 그들에게 삶 역시 아무 의미를 지니지 않는다는 뜻이다. 그들이 가장 소중히 여기는 것은 급사(легкая быстрая смерть), 그들의 언어로는 '세레메트 라가이(серемет лагай)'이다.(c.24) 그들은 이것을 행운을 거머쥔 극소수의 켄타우로스에게만 찾아오는 운명의 선물로 받아들인다.

켄타우로스들이 가장 두려워하는 것은 자신이 지금 죽어 가고 있다는 사실을 의식하는 것, 인간의 언어로 표현하자면 그것을 통해 존재론적 의미에 대해 물을 수밖에 없는 상황에 처하게 되는 것이다. 이 양상은 숲 속에 큰 화재가 났을 때, 켄타우로스 종족 중 가장 현명하다는 파시(Пасий)조차 "나는 내 종족들이 급사를 맞이하지 못할까 두렵소(я боюсь, Быстрой смерти моему народу не видать)." (c.31)라고 한숨 섞인 말을 하는 것에서 잘 표현된다. 이것은 화재로 숲에 먹을 것이 없어져 자신들이 굶주림으로 '서서히' 죽어 가는 것을 가장 두려워한다는 사실을 보여 주는 단적인 예라고 할 수 있다.

이른바 '세레메트 라가이'에 켄타우로스들이 얼마나 열광하고 있는지를 보여 주는 예도 제시된다. 그것은 켄타우로스들이 톰슬로(томсло)라고 부르는 손가락 네 개인 외계인들이 쏜 방사선 총에 맞아 죽어

한 무관심은 '인간인가, 말인가' 하는 물음에서 켄타우로스들의 야수화를 드러내는 주된 특징으로 나타난다. 타인의 죽음에 대한 무관심은 『아버지-숲(Отец-лес)』에서 글렙의 딸의 행동을 통해서도 드러난다. 여기서 글렙의 딸은 길바닥에 누워서 죽어 가는 사람을 그냥 타 넘고 집으로 돌아왔는데, 글렙은 이러한 딸의 눈 속에서 짐승을 본다. 즉 작가는 글렙의 의식을 통해 도덕적으로 파멸해 가는 인류의 모습을 그리고 있는 것이다.

가는 장면에서 드러난다. 그들은 총에 맞아 죽어 가면서도 자신들이
'세레메트 라가이'를 맞이하고 있다는 기쁨에 입을 벌리며 펄쩍거린
다. 외계인들은 켄타우로스들의 이 바보스런 움직임을 관찰하며 왜
이것이 이토록 격렬한 환희를 동반하는지 도무지 이해할 수 없어
한다.

　인간의 죽음을 하나의 변형 차원에서 이해하거나 불멸의 관점에서
이해하는 것은 표도로프나 베르쟈예프에게서도 분명히 드러나고 있
다. 여기서는 불멸의 문제에 많은 관심을 가지고 있는 러시아 우주
론자들의 견해부터 살펴보고, 그들이 말하고 있는 인간 불멸의 근거
는 무엇이며, 아나톨리 김이 그들로부터 영향을 받고 있는 부분은
무엇인지를 고찰하기로 한다.

　표도로프는 인간 발전의 전망이라는 것은 인간이 자신은 죽을 수
밖에 없는 존재임을 인식하는 것과 동시에 자신이 하늘로 시선을 돌
릴 수 있는 존재라는 것을 인식하고 난 후에 가능하다고 본다.[69] 또
한 인간의 파괴적인 힘에서 재생의 힘으로 전환될 때, 일시적인 적
이었던 자연은 영원한 친구가 될 것(Природа, враг временный, будет
другом вечным)이라고 표현한다. 이렇게 자연은 인간에 의해 완성
에 도달한다. 표도로프는 자연을 다루는 인간의 과제가 해결될 때,
불멸이 온다고 본다. 인간은 지구와 다른 행성을 재건할 의무를 지
니며, 그로 인해 자연은 영원한 친구가 될 수 있다는 것이다.

　따라서 표도로프에게 '세계의 종말'에 관한 물음은 '자연이 자기인
식과 자기 통제의 상태에 도달하는가, 그렇지 않은가'에 달려 있다.
"자연의 맹목적인 힘이 이성(разум)에 의해 통제되기 위해서는 인간
을 전 우주의 소유자로 만들 필요가 있다."[70]라는 것이다. 이렇듯 인

---

69) Н. Федоров, там же, с.520.
70) там же, с.528.

간은 세계 공간의 거주자이자 지배자가 되어야 한다는 것이다. 그때서야 영원히 새로운 무한한 삶, 끝없는 열망을 만족시킬 수 있는 무한한 넓이, 높이, 깊이가 드러난다는 것이다. 이 모든 것은 단순히 기적에 의한 것이 아니라, 공동의 노력과 지식에 의해 도달된다고 표도로프는 주장한 것이다.

표도로프의 자연관은 불멸과 부활에 대한 논의와도 연결된다. 표도로프는 수동적인 자연 속에서 늙음과 죽음의 근원을 본다. 풍요와 빈곤의 문제를 죽음과 삶의 문제 혹은 보편적인 생명 회복의 문제로 대치하는 것이다. 그에게 지구에서 죽었던 모든 사람들의 부활은 행성-우주적 재생(планетарно-космическая регуляция)에서 필수 과제가 된다.

"공통과제의 철학"에서 부활은 물질 변형(метаморфоз вещества)과 인간의 정신물리학적 본성(психофизиологическая природа человека)의 과학적 지식을 이용한 통일된 인류의 행위로서 사료된다.[71] 새로 태어난 아들들은 아버지들을 부활시켜야 할 의무, 즉 '상호 근절의 역사에서 이것을 실행할 수 있는 역사로 전환시키면서', 그 자신들이 불멸을 이해하고 느끼도록 도덕적인 명령을 요구받는 것이다. 다시 말해 표도로프에게 인류의 과제는 자연의 힘을 보편적인 부활의 도구로 변화시켜서 그것을 통해 불멸하는 존재를 만드는 것이다.

죽음은 단순히 성숙하지 못한 미성년, 의존적이고 독립적이지 못한 삶, 부흥할 능력이 없는 결과를 반증할 따름이다. 사람들은 아직 절반도 자라지 못한 존재이다. 하지만 개인적인 존재의 충만, 즉 개인적인 완성은 인류 전반이 완성될 때에만 가능한 것이다. 성년에 도달한 것, 그것이 바로 불멸(Совершеннолетие ест

---

71) там же, с.476.

ь и бессмертие)이다.72)

이처럼 표도로프는 인간의 자의식, 인간의 소우주적 본성은 근본적으로 자연질서를 능가한다고 본다. 즉 자연은 소우주인 인간의 자의식에 종속되어야 하는 것이다. 이에 따라 세계의 창조는 신의 작업으로 끝난 것이 아니라, 인간에 의해서 아직도 계속되고 있다는 것이다. 그는 죽은 사람이 부활한다는 기독교적 세계관이 실증적이고 과학적이어야 한다고 생각했음을 알 수 있다. 이것이 가능하기 위해서 죽음의 극복과 그들의 부활이 자연과학의 힘을 빌려야 한다고 본 것이다.

베르쟈예프에게 죽음은 무상한 세계에서는 시간에서 영원성 속으로 들어가는 도약이자 창조적인 삶의 순간의 깊이를 통해서 영원으로 이동하는 것이다. 그에게 있어 '불멸'이라는 관념은 존재가 새로운 측면으로 이동하는 것 혹은 변형된 육체를 뜻하며 이것은 '영원성'에 속하는 것이다. 때문에 베르쟈예프 역시 불멸을 영원성을 지향하기 위해 인류가 해결해야만 하는 과제로 보았다. 그에 따르면 성숙하고 긍정적인 자유란 우주적 목적을 지향할 때 드러나기 때문이다.73) 인간의 육체는 진화의 결과인 우주적인 공동 정신을 창조하는 문제를 수용해야 한다는 것이다.

이런 공동의 정신은 '존재가 새로운 측면으로 이동(переход в новый план бытия)'하는 것을 의미하며, 그때 미묘하게 변형된 육체는 다른 세계, 즉 영원에 속하게 된다는 것이다.74) 베르쟈예프에 따르면 인간은 코스모스의 부분일 뿐만 아니라, 인간 자신이 완전한 내적인

---

72) там же, с.476.
73) Н. А. Бердяев. *Философия свободы. Смысл творчества*, Москва: Правда, 1989, с.480, 489, 494.
74) там же, с.496, 498.

우주(целостный внутренний космос)이다. 그 때문에 인간의 '창조행위(творческий акт)'가 우주적인 의미를 지닌다는 것이다. 그리고 소우주인 인간은 대우주 속에서 역동적으로 자신을 표현하는 강인한 존재이자, 새로운 존재를 창조하는 권위자가 된다는 것이다.75) 그러한 인간에게 새 하늘과 새 땅이 필요하다는 것이다.

인간의 불멸가능성에 대한 표도로프의 생각을 발전시켰던 찌올콥스키 역시 물질 조각은 시간 간격으로 인해 분리되었다고 하더라도 결국 하나의 끊어지지 않는 삶으로 융합하는, 삶의 무한한 연속 속에 있다고 본다. 이에 따라 우주의 보편적인 생물학적인 삶은 단절되지 않는다는 결론을 이끌어 내는 것이다.

그러나 여기서 그는 "하지만 나는 죽는다. 나의 물질은 지구상에 흩어질 수밖에 없는데, 그렇다면 내가 어떻게 소생할 수 있단 말인가?"76)라는 질문을 던진다. 계속해서 찌올콥스키는 "당신이 태어나기 전에, 미래에 당신의 유기체를 이룰 물질들 역시 흩어져 있었다. 그러나 이것은 당신이 태어나는 데 아무런 방해도 하지 않았다. 물론 각각의 소생은 그 이전의 것과는 닮지 않은 자신만의 형태를 가지고 있다. 우리들은 언제나 살고 있었으며, 언제나 살게 될 것이다. 물론 지나간 것에 대한 기억은 배제된 채, 새로운 형태로서 살게 될 것이다. 우주 자체가 불멸일 뿐만 아니라, 살아 있는 존재, 생각하는 존재의 형태로 우주의 부분을 이루고 있던 것들도 불멸한다."77)라고 말한다.

찌올콥스키는 그러한 이유에 근거해 우리들은 가까운 사람들, 선

75) там же, с.353.
76) К. Э. Циолковский, Космическая философия / / Антология русского космизма, указ., с.79 – 80.
77) К. Э. Циолковский, Воля Вселенной / / Неизвестные разумные силы, Калуга, 1928, с.7.

조들과 언젠가 살았던 모든 사람들에 대해 아무런 걱정을 할 필요가 없는 것이다. 일원론(монизм)에 입각해 볼 때. 그들 모두는 이미 살고 있을 것이기 때문이라는 것이다.

사실 찌올콥스키가 인간 불멸의 당위성을 주장하는 주된 근거 중의 하나는 인간의 이성에 대한 믿음이다. 그는 인간의 이성이 불멸을 획득하는 데까지 이어지게 될 것이라고 본다. 그는 "인류는 그들이 할 수 있는 모든 수단을 동원해 자신의 불멸을 획득하기 위해 노력할 것이다. 왜냐하면 인간의 이성은 우주의 가장 힘 있는 요소이기 때문이다. 우주에서 인간의 지력(ум человека)보다 더 강력한 존재는 없다."[78]라고 말한다. 또한 그는 불멸은 시간과 공간을 우리가 지배함으로 가능해졌다고 부언한다.[79] 이것은 우주의 정신화가 끝난 것이 아니라 우주가 지속적으로 진화한다는 우주 생성 차원에서 불멸을 이해하기 때문에 가능한 것이다.

---

78) А. Л. Чижевский, *На берегу Вселенной: годы дружбы с Циолковским, Воспоминания,* Москва: Мысль, 1995, c.396.
79) 찌올콥스키는 앞으로의 물리학 발전은 시간과 공간에 대한 우리들의 관념을 놀랠 만큼 바꾸게 될 것이라고 가정하며, 시간과 공간을 단축하는 것을 충분하게 가르칠 수 있다면 그때에는 우주여행이라는 것은 환상 속의 일만은 아니게 될 것이라고 주장하였다. 물리-우주사상의 완성(совершенствование физико-космических идей)은 오늘날 인간의 의지에 이미 복종되어 있는 다른 자연현상처럼, 인간이 시간과 공간을 지배해야 한다는 것이다. 물리학이 공간을 단축하고, 시간을 거의 제로 상태까지 도달하게 하는 방법을 발견하게 될 때, 고대 희랍인들의 '영원한 지금(вечное теперь)'이 가능한 일이 될 것이라고 보았다. 계속해서 그는 "인간은 우리들의 요람과는 멀리 떨어진 곳에서 새롭고 다양한 거주 장소를 찾아내게 될 것이다. 바로 여기서 중요한 역할을 하는 것이 우주선이다."라고 언급하였다. 또한 찌올콥스키는 "러시아인들이 별을 향해 로켓을 쏘아 올리는 그날이 우주 시대를 개막하는 첫날이 될 것이다. 인류의 역사 속으로 첫 번째 우주 비행사의 이름이 쓰일 것이다. 그 이름이 바로 불멸(бессмертие)이다."라며, 지상의 인류는 우주 항로에 근접할 것이라고 전망했다. там же, c.406-8.

러시아 우주론자들의 불멸에 대한 다양한 관점에서 나타나듯이, 표도로프와 찌올콥스키는 과학기술로 자연을 정복할 수 있다고 보는 점에서 유사점이 발견된다. 특히 표도로프의 생각을 발전시켰던 찌올콥스키는 인간의 이성은 결국 불멸로 향할 수밖에 없다는 점을 자연과학적 근거로 도입해 설명한다. 베르쟈예프 역시 불멸의 당위성과 필연성을 언급하고 있다는 점에서는 유사하지만, 인간 자의식을 통해 존재변형에 힘써야 한다는 입장에서는 보다 종교적 입장에 근접해 있다.

아나톨리 김의 불멸과 부활관에는 이들 사상가의 관점이 공존하고 있다. 『온리리야(Онлирия)』에서 나타나듯이, '온리리야'라는 새로운 불멸의 공간 설정은 표도로프의 의견에 근접해 있다. 그리고 인간의 이성이 아직도 변화하고 있기 때문에, 과학기술의 향후 발달로 시공간의 단축이 가능해질 것이라는 것이며, 그것을 통해 『다람쥐(Белка)』의 게오르기(Георгий)나 『구린의 유토피아(Утопия Гурина)』의 구린(Гурин)처럼 인간이 지금과는 다른 존재로 변화하리라는 믿음을 표출하는 데에는 찌올콥스키와의 유사성이 보다 강하게 나타난다. 또한 이런 정신의 고양을 통해 영원을 향한 내적 변형이 가능하다는 입장에서는 베르쟈예프의 관점을 수용한다.

아나톨리 김은 불멸의 당위성을 언급하면서 이들의 다양한 개념을 받아들이고 있는데, 특히 그가 작품 속에서 불멸에 대한 믿음을 드러내기 위해 가장 치중하는 방식은 서술법에서 나타난다. 화자나 서술자가 발화하는 시간적 위치를 사후세계로 설정함으로써, 불멸이 하나의 이상이 아니라 '실제'라는 확신을 드러내는 것이다.

이와 같은 불멸에 대한 인식은 아나톨리 김의 작품들에서 서술법이나 하나의 테마로 그리고 때로는 작품의 구성양식을 통해서 폭넓게 반영되어 있다. 먼저 『다람쥐』에 나타난 불멸에 대한 인식은 화

자의 발화를 사후의 목소리로 설정하고 있는 것에서 드러난다. 전체
적으로 사랑하는 여인을 향한 다람쥐의 발화로 이루어지고 있는 이
작품에서 그는 "생전에 나는 당신을 사랑했었지만(при жизни я любил
вас)", 더 이상 "내가 차지하고 있었던 지상공간에는 존재하지 않는다(я
освободил то место в пределах земного воздуха, которое занимал)."
(с.458)라고 이야기하고 있다.

　　그러나 사후의 화자는 "자연 속에는 불멸의 현상이 분명히 존재하
고 있다(в природе такое неумирающее явление)."(с.458)는 사실에
대해 더 이상 침묵만을 지킬 수는 없기에 이 글을 쓰는 것이라고
그 이유를 밝히고 있다. 이것은 죽음이 끝이 아님을 그리고 영혼은
불멸함을 보여 주려는 아나톨리 김의 의도가 서술법에서 드러나는
것이다.

　　『바흐의 선율과 함께 한 버섯 따기』에서의 발화시점 역시 사후이
다. 이 희곡에는 목소리들(голоса)과 버섯들(грибы)이 작품의 등장인
물로 설정되어 있다. 즉 등장인물 모두는 유령(призрак)으로서 사후
세계에서 그 목소리로만 현 희곡에 참가하고 있는 것이다. 등장인물
중 에이브라함스는 자신이 말하고 있는 시점을 "지금, 저승에서(теперь,
за гробом)"(с.77)라고 구체적으로 밝히고 있다. 그리고 이 작품의 서
술 구조는 모든 등장인물들이 세상에 자신들이 살았을 당시의 모습
을 담은 각자를 위한 영화(кино для каждого, кто жил на свете)
(с.69)를 보듯이 그 삶을 회상하고 반추한다. 지상에 살아 있었을 당
시에는 서로에게 미처 다 하지 못한 이야기, 그 회한을 희곡이라는
장르 속에 가득히 풀어 놓는다.

　　아나톨리 김의 작품에서 인간의 불멸이라는 측면은 이미 죽은 등
장인물들이 '부활'해서 자신의 정신이 죽지 않았음을 이야기하는 방
식을 통해 가장 빈번하게 드러난다. 『바흐의 선율과 함께 한 버섯

따기』에서 작가가 불멸을 보여 주기 위한 시도 역시 천재 소년 탄지의 유모인 엘로이자(Элоиза)의 목소리로 표현된다. 그녀 역시 사후의 목소리로 인간의 삶과 부활의 연관성에 대해 말하고 있다.

엘로이자는 "나는 뒤늦게 깨닫게 되었다. 결혼을 하지 않은 나에게 탄지는 내가 어머니로서의 감정을 경험할 기회를 주었다는 사실을. 그 덕분에 이 지상에서 되어야만 했던 그런 사람이 될 수 있었다(благодаря ему, я стала таким человеком на этой земле, каким и должна была стать)."(c.130)라고 말한다. 즉 엘로이자는 탄지를 통해, 그를 보살펴 주고 사랑해 줌으로써 신이 지상의 우리에게 부여해 준 소명을 모두 완성했다는 것이다. 그리고 그녀는 계속해서 삶 속에서의 소명과 부활의 모습을 말하고 있다.

> И наконец - именно в виде такого человека - я должна была воскреснуть в Новом Царстве Спасителя нашего. И жизнь человеку дана, оказывается, только для того, чтобы определиться, в каком виде он должен быть воскрешен. (c.130)
> 결국 바로 그런 사람의 모습으로 나는 구세주의 새 왕국에서 부활해야 했다. 즉 삶이란 어떤 형태로 인간이 부활해야 하는가를 결정하기 위해 인간에게 부여되는 것이다.

이처럼 아나톨리 김에게 부활은 현세에서 인간 삶의 모습을 담고 있는 투영체에 다름 아니다. 엘로이자가 언급하고 있는 현세에서 자신의 소명을 다한 모습, 즉 자신이 삶을 완성시킨 모습 그대로 부활하리라는 관념은 『온리리야(Онлирия)』에서도 그대로 반복되고 있다.

죽음 끝에서 부르는 사랑 이야기인 작품 『벽(Стена)』 역시 마찬가지이다. 작가는 이 작품을 '보이지 않는 자들의 이야기(повесть невидимок)'라고 부른다. 여기서 두 주인공 안나와 빌렌찐은 이미 이 세상 사람들이 아니지만, 자신들의 지난 생에 대해서 이야기하고 있다. 여기서 그들은 자신들을 '설국(雪國)의 투명인간(мы невидимки в снежной стране)', 즉 눈송이(снежинка)에 비유하며 이야기를 시작한다. 그리고 살아생전 다 하지 못한 이야기가 그들의 물리적인 죽음 이후에 듀엣이 되어 울려 퍼진다. 작가는 이 작품을 통해 죽음이 마지막 말은 아니며, 죽음이 세상과 '벽'을 쌓는 것이 아니라, 죽음 너머에 또 다른 삶이 존재함을 이야기하고 있다.

또한 『벽』에서 발렌찐이 과거와는 완전히 다른 눈으로 세상을 보게 된 것 역시 죽음이 모든 것의 단절이 아니라는 확신을 가지게 된 사건이 있었기 때문이다. 안나와 발렌찐은 헤어진 이후 서로를 그토록 찾아다녔지만 결국 몇 년간 한 차례도 만나지 못한다. 그런데 몇 년이 지나 어느 날 갑자기 안나가 피곤하고 지친 모습으로 그를 찾아온다. 그리고 그날 밤 그들은 함께 있었고, 그녀는 다음 날 아침 그냥 사라져 버렸는데, 뉴스와 방송에서는 안나가 그 전날 욕실에서 어떤 괴한에 의해 살해당했다는 보도가 나온다. 이 사건에서 받은 충격과 놀라움, 그 안타까움과 경이로움을 발렌찐은 "그 갈라지고 쪼개진 그 순간으로 나는 새로운 시각을 얻었다(в то раззле тающее расколотое мгновение я и обрел новое зрение)."(с.59)라는 말로 표현하고 있다.

자신이 살해되는 순간, 자신이 진정으로 사랑했던 사람의 눈앞에 나타난 기이한 현상을 통해 작가는 가시적인 세계의 물리적인 죽음을 넘어서는 현상에 대한 믿음을 이야기한다. 그리고 발렌찐의 체험을 우리에게 제시함으로써 그 자신이 믿고 있는, 육체는 죽어도 영혼은 죽지 않는다는 불멸의 한 예를 보여 주는 것이다.

또한 작가는 창작활동을 일종의 불멸로 생각하기도 한다. 『다람쥐』에서 게오르기가 예바를 찾아 오스트리아로 떠나자 다람쥐(–ий)는 게오르기와 그는 현실에서의 공통된 시간만 단절된 것이 아니라, 그 들의 젊음, 우정, 순수한 꿈, 예술에 대한 사랑, 그 모든 것이 단절되 었다고 이야기한다. 그리고 여기서 화자인 다람쥐는 게오르기가 자신 의 불멸을 저버리고 파멸로 치달았다는 표현을 쓰고 있다.

이 부분에서 작가가 생각하는 현실에서의 불멸에 대한 관념이 잘 드러난다. 즉 그에게 현실에서의 불멸은 우리 각자가 보여 주는 창 작활동의 성실함 속에 있다. 그는 바로 창작의 상태를 현실에서의 불멸(творческое состояние-это ведь и есть бессмертие наяву) (c.657)로 보고 있는 것이다.

『다람쥐』에서 작가는 자신이 생각하는 진정한 불멸의 의미를 구체 적으로 표명하기도 한다. 사후의 목소리로 등장하는 다람쥐는 자신 의 사랑하는 여인에게 불멸의 의미를 이야기하는데, 이것은 작가가 불멸에 대한 관념을 다람쥐에게 투영시킨 것이라고 볼 수 있다.

아나톨리 김은 진정한 불멸(подлинное бессмертие)은 영생(вечно жительство)이나 끝없는 생존(бесконечное существо)과 같은 진부한 생각과는 다르다고 본다. 그에 따르면 진정한 불멸은 어떤 완성에 도달(достижение некого совершенства)하는 것을 전제로 하고, 완 성의 결과로 이어지는 삶 속에서 자신을 보존하는 것(в силу этого совершенства, сохранение себя в последующей жизни)(c.469)이다.

불멸에 대한 인식은 『다람쥐』의 작품 구성과 '우리들'의 관계를 통해 구조적으로 드러나기도 한다. 작품 에필로그에서는 앞부분에서 개별적인 목소리로 등장했던 드미트리, 인노겐찌, 게오르기가 자신들 을 비존재(небытие), 즉 죽음에서 불러내는 역할을 한 다람쥐에게 '우리들'의 하나 된 목소리로 감사를 표하고 있다. '우리들'의 목소 리가 조화롭게 하나 되어 융합되었을 때(когда МЫ слили наши голоса в гармоническом единстве), 이 순간에 일어난 정신적 합치의 기적(чудо духовного слияния)은 숲의 영혼으로 인간의 진정한 본성(истинная природа человека)을 간파해 낸 다람쥐 덕분이라고 보는 것이다.

여기서 다람쥐가 통찰한 인간의 본성이 바로 "우리는 존재했었고, 존재하고 있으며, 미래에도 존재하게 될 거라는 것(МЫ были, есть и будем)"(c.711), 즉 인간의 불멸에 대한 것이다. 이 작품의 구조는 '우리'라는 복수형 화자가 언급하고 있듯이, 다음의 내용에서 잘 드러나고 있다.

Каждый из нас связан с белкой тем единством, которое возникает между музыкой и композитором – наши голоса были вызваныㄴк звучагию особенным духовным усилием скромного оборотня, и начало, повелевшее сердцу белки сделать это усилие, было сродни творческому вдохновению сочинителя музыки. Да, мы связаны с белкой, как мелодии, гармонии и способы контрапункта связаны с их творцом. (c.711)

우리들 각각은 음악과 작곡자 사이에서 나타나는 일치로 다람쥐와 연결되어 있다 ― 우리들의 목소리는 겸손한 요괴인간의 특별한 정신적 노력으로 불러일으켜진 것이며, 다람쥐가 이런 노력을 하도록 그의 가슴에 명령한 근원이 음악 작곡가의 창조적 영감과 비슷한 것이다. 그렇다. 멜로디, 하모니, 대위법의 기법들이 그것의 창조자와 연결되어 있듯이 우리들은 다람쥐와 연결되어 있는 것이다.

이것을 작품 에피그라프인 푸슈킨(Пушкин)의 시구 "다람쥐는 노래를 부르네……(Белка песенки поет……)"와 연결지어 볼 때, 이 작품이 다람쥐가 부르는 '불멸의 노래'에 다름 아닌 것이다. 그리고 이것을 통해 다람쥐는 다른 세 친구들 각자에게 자신의 목소리를 주었고, 그들에게 불멸을 선사한 것이다. 계속해서 복수형 화자는 다음과 같이 불멸의 의미를 이야기하고 있다.

Оно(бессмертие) заключается не в том, что каждый из нашего великого сонма длил бы свое унылое и бессмысленное существование без конца, в том что, благодаря перевоплощениям белки, безвестное маленькое <я> каждого из нас перешло в МЫ, соединившись в сей миг с великим множеством других <я>, — и в каких бы разных веках и эпохах ни были рассеяны МЫ, миг нашего перехода в бессмертное состояние всегда будет длиться в настоящем времени. (с.711)

그 불멸은 우리의 거대한 군집의 하나하나가 스스로의 음울하고 무의미한 존재를 끝없이 연장하는 데 있는 것이 아니라, 다람쥐의 육화 덕분으로 우리들 각각의 아무도 모르는 작은 <나>가 다른 <나>의 거대한 다수성과 바로 그 순간 결합되어 우리가 되는 데에 있다. ─ 그래서 세기가 바뀌고 시대가 변하더라도 우리들은 분산되지 않고, 우리의 불멸로의 전환 순간은 언제나 현시대에서도 이어지게 될 것이다.

여기서 아나똘리 김은 '불멸'을 하나의 개념으로 제시하는 것에 그치지 않고, 그 테마를 작품 서술 구조 속에 용해시킨다. "다람쥐는 노래를 부르네……"라는 작품 에피그라프에 상응하여, 다람쥐가 부르는 노래, 다람쥐에 의한 다양한 대위법의 조화로운 통합이라는 이상을 '푸가(фуга)'를 통해 표출한다. 즉 작가는 다람쥐를 통한 다양한 목소리의 조화를 하나의 음악 양식 속에 펼쳐 놓는 것이다.[80]

---

80) 『다람쥐』에서 작가가 서술 구조의 프리즘으로 사용하고 있는 푸가의 구성 원칙과 그 적용에 대한 자세한 논의는 다음의 논문을 참조 바람. 권철근, 4 ─ 7쪽.
이 작품은 '로만 ─ 스카즈카(роман ─ сказка)'라는 작가의 장르 설정에서도 드러나듯이 내용의 큰 흐름 외에 다양한 스카즈(슈란의 작은 아내, 이차

　아나톨리 김은 다람쥐와 다른 세 친구들의 불멸을 제시하기 위한 외적 장치로서 푸가의 조화를 도입하였다. 이것은 『다람쥐』의 음악적 조화를 보여 주는 외적 장치인데, 이는 진정한 예술가들이 보여 주는 진정한 예술의 불멸성이라는 내적 장치와 연결되어 예술의 영원한 생명, 즉 불멸을 지향하고 있다.[81]

　『다람쥐』 외에도 아나톨리 김의 작품에서 영원한 조화의 본질이나 불멸을 노래할 때 '푸가'의 음악적 구조를 언급하고 있는 것은 자주 발견된다. 『꾀꼬리의 메아리』에서는 죽은 할아버지를 불러내어 손자와 할아버지의 대화가 이어질 때, 그것을 부각시키는 음악적 기법으로 작가는 '꾀꼬리들의 푸가'를 병치시킨다. 또한 『양파 밭』에서는 밭에서 농사짓는 아낙네들의 모습과 병치해 생명의 환희를 드러낼 때 새들의 조화로운 푸가가 표현되고 있다.

　서술법이나 테마 자체에 대한 의미 고찰이나 작품 구조적 층위에까지 다양하게 적용되고 있는 '불멸'에 대한 논의는 우리가 인식론적으로 죽음을 어떻게 불멸로 변형시킬 수 있는지에 대한 물음과 연

원의 평면인간, 요괴인간, 레시, 마법의 수정, 수호천사 등)가 등장하는데, 이 연구에서는 이것을 푸가에서 말하는 '에피소드(Episode)'와 '코데타(Codetta)'에 해당하는 것으로 본다. 그리고 경우에 따라서는 구조상 계속해서 반복되는 이러한 에피소드와 코데타 부분이 작가가 설정한 장르에 합당하게 주제를 관통하는 내용으로 기능한다는 사실에 주목한다. 이렇게 몇 차례 반복되던 에피소드와 코데타는 에필로그에서 '스트레토(Stretto)' 구성으로 마무리되는데, 여기서는 각각의 단편적이었던 테마들이 하나로 결합되어 푸가 기법의 총체성을 드러낸다고 보는 것이다. 이 부분에서는 이 작품의 스카즈적 색채를 대표하는 에피소드라 할 수 있는 슈란의 아내, 평면인간, 돌고래 이야기가 연결되어 묘사되고 있을 뿐만 아니라, 다람쥐의 육화를 통해 드미트리, 인노겐찌, 게오르기 세 친구가 자신들의 목소리로 그들의 인생을 이야기했던 것이 하나의 목소리로 결합된다. 즉 그것으로 각각의 '나'가 '우리'가 되어 조화와 일치를 표현하는 인류의 노래, 그 불멸의 노래를 부르는 것으로 볼 수 있다.

81) 앞의 글, 22쪽.

결된다. 여기서 작가는 죽음이 불멸로 이동하기 위한 조건은 우리가 자신의 삶을 인간적으로 창조해야 하는 필연성(необходимость каждому сотворить свою жизнь по-человечески)을 인식하는 것이라고 본다.

에필로그에서 다람쥐(-ий)는 자신 안에 웅크리고 있는 짐승(Зверь)을 제거할 결심을 했을 때 이를 잘 이해할 수 있었다. 하지만 여기서 전지적 서술자는 아무런 죄도 없는 다람쥐의 살해는 그를 인간으로 만들어 주지는 못했다고 이야기하고 있다. 왜냐하면 '오보로젠'들의 다른 생명을 강제로 빼앗는 행위는 그를 불멸인이 될 수 없도록 (c.716) 하기 때문이다. 계속해서 다람쥐에게 자신의 노래를 부르도록 한 일인칭 복수 화자 '우리들'은 다음과 같은 말로 다람쥐를 격려하고 위로한다.

> Будет наконец по-твоему, бедная маленькая белка, но не надо и обольщаться! Воцарение эры бессмертных произойдёт не скоро, и путь к этому покажется тебе порою столь же долгим и безнадежным, как твой бег внутри беличьего колеса. И ещё надо помнить, что грустя о несбыточном совершенстве, надо стойко и неустанно работать <u>для накопления всеобщей энергии добра</u>. (c.717)
>
> 결국은 네 뜻대로 될 것이다, 가련한 다람쥐야. 하지만 유혹에 빠져서는 안 된단다! 불멸의 시대로 진입하는 일은 단시간에 일어나지는 않을 것이다. 그곳으로 가는 길은 너의 다람쥐 쳇바퀴 속에서의 질주만큼이나 때때로 길고 희망 없이 여겨지기도 하겠지. 하지만 기억하렴. 이룰 수 없는 완성을 슬퍼하면서도 <u>전체의 선(善) 에너지 축적을 위해</u> 끊임없이 일해야 한다는 사실을.

위의 언급에서 나타나듯이, 작가는 우리가 불멸의 시대로 진입할 수 있는 근거를 우주 전체의 선(善) 에너지가 끊임없이 증가할 때

가능하다고 본다. 우주 불멸의 시대로 진입해야 한다는 것은 그가 생각하는 인류 미래가 지향해야 할 방향이기도 하다. 우주 불멸의 시대에 대한 인식 자체는 표도로프나 찌올콥스키의 견해를 수용하고 있는 것이라고 볼 수 있다. 그러나 이 부분에서 우주 전체의 성화를 위해 인간 내면의 선 에너지가 축적되어야 한다는 의식, 다시 말해 인간 의식의 상승에 대한 언급에서는 샤르댕이나 베르쟈예프의 입장 에 보다 근접해 있다고 할 수 있다.

'우리들'은 다람쥐에게 불멸에 관한 노래를 부르게 했고, 다람쥐는 그 작은 노래를 완성함으로써 자신의 지상에서의 묶인 운명의 잔을 채웠던 것이다. 이와 동시에 다람쥐는 아직 다 완성되지는 못했지만 전체적인 선 에너지의 축적을 위해 자신에게 부여된 삶을 상승시키 기 위해 끊임없는 노력을 한 것이다.

『쌍둥이(Близнец)』에서 작가는 바실리(Василий)의 쌍둥이 형제의 입을 통해 불멸의 법칙을 이야기한다.

> Подобно тому, как звездные кристаллики в ночном небе однажды вдруг предстанут пред тобой единым и единственным горящим Кристаллом Вселенной , незримое тепло наших отдельных душ представляется мне жаром какого-то цельного глобального пламени. Его неугасаемость очевидна, поэтому бессмертие наше обеспечено высшей закономерностью. О. кажется, я открыл закон бессмертия, как однажды Ньютон открыл земное тяготение! (с.49)

밤하늘에 드리운 별의 결정체들이 어느 날 갑자기 우주의 결정 체로 나타나는 것과 마찬가지로, 눈에는 보이지 않는 우리들 개별 적인 영혼의 온기가 나에게는 어떤 완전한 지구의 불길로 생각된 다. 지구의 불길이 꺼지지 않음은 아마도 우리의 불멸이 지고한 법칙성을 보장받기 때문일 것이다. 오, 이것은 어느 날 뉴턴이 중

력의 법칙을 발견한 것처럼, 내가 불멸의 법칙을 발견했다는 느
낌, 바로 그것이었다.

개체들의 영혼에서 뿜어져 나오는 온기와 그로 인해 작열하는 지
구의 열기, 그것이 꺼지지 않는 정신권의 힘으로 다가온다. 작가는
지구의 정신화와 내면화가 우리 인류의 불멸을 보장한다는 사상을
펼치고 있다. 그리고 아나톨리 김이 생각하는 인류 미래가 지향해야
할 방향이 표도로프나 찌올콥스키가 말하는 우주 불멸의 시대로의
진입이라 할 수 있다. 작가는 그것이 인간의 의식을 상승시켜 우주
전체의 선 에너지를 부단히 증가시키는 노력으로 가능할 수 있다고
보는 것이다.

3) 우주 변형과 플레로마[82]화

우주 현상학 논의의 핵심은 우주 만물의 방향에 대한 문제, 즉 진
화체인 우주가 어디로 가고 있는가에 대한 것이다. 베르나드스키나
찌올콥스키, 샤르댕과 같은 사상가들은 이에 대한 논의를 과학적으
로 뒷받침한다. 앞에서는 이들의 견해를 비교해 가면서 그것이 아나
톨리 김의 우주상에 미친 영향과 수용관계를 고찰하였다. 여기서는
보다 확대된 논의로서 진화체 우주가 향하고 있는 도정의 마지막 모

---

82) '플레로마'는 바오로가 그리스도 및 그리스도의 몸인 교회의 완전성이
나 신성(神性)을 표현하기 위하여 사용한 말이다. 플레로마는 피조물이
신 안으로 흡수되어 피조물의 본질이 상실되는 것이 아니라, 신과 최대
의 결합을 얻는 것을 말한다. 또한 이것은 극치와 완결에 도달했다는
느낌, 완전히 채워졌을 때의 정서, '충만감(Sens Pleromique)'이라는 뜻
으로 사용되기도 한다. 로버트 패리시, 125쪽.

습은 어떠한가를 살펴보기로 한다. 이러한 작업을 통해서만 아나톨리 김의 관념 속에 있는 우주 변형의 참모습과 의미가 드러날 수 있기 때문이다.

아나톨리 김의 세계 변형, 우주 변형에 대한 인식은 궁극적으로는 세상의 끝 모습이 어떠한가에 대한 생각의 다른 표현이다. 우리는 흔히 세상의 끝을 말하면 먼저 불행을 떠올리며, 우주의 재앙을 연상한다. 우주 생태계의 파괴나 우주의 노화현상 등을 강조하는 사람들에 대해 샤르댕은 그것은 그렇게 단순하게 적용할 수 있는 문제가 아니라고 주장한다. 생명의 역사 전체를 볼 때 전혀 그런 일은 없을 것이라는 것이 샤르댕의 생각이다. 그렇다면 그의 우주진화에 대한 믿음, 그 낙관주의는 어디에 근거하고 있는가?

샤르댕이 세상의 종말이라는 문제에 대해 낙관하는 이론적 근거는 다음과 같다. 사람 이전에 생명은 그 도약에서 번번이 제자리걸음을 했다. 그러나 '반성'이 출현한 이후 완전히 새로운 진화의 세계로 들어갔다. 또한 '생각'을 통해 한 사람 한 사람을 하나의 의식으로 통합할 수 있는 능력이 생긴 것도 새로운 진화의 세계를 여는 데 중요한 역할을 했다. '생각'의 출현으로 우주는 참되고 결코 부서지지 않을 바탕을 찾았다. 그러면서 물질과 반대방향으로 우리 머리에 우주가 자리잡게 되었다. 흔히 생각하는 것과 달리 우주는 기계 에너지가 모이고 보존되는 곳이 아니라 하나의 인격체인 것이다.

이렇게 결합된 정신이면서도 그 개체성 역시 뚜렷해지는 오메가 포인트, 그것이 세상의 끝이다. 정신권이 수렴의 정점에 이른 것을 '세계의 종말'(ноосфера коллективно достигнет своей точки конвергенции в 'конце света')로 간주하는 것은[83] 샤르댕의 낙관주의적 사고를 표출하는 것이다.

---

83) Шарден, там же, с.267.

그런데 샤르댕은 이렇게 지상의 '정신'이 커가는 걸 느끼면서 다음과 같은 의문이 들 수 있다고 한다. 어느 날 생명이 지구라고 하는 영역을 넘어 다른 별을 찾아가든지 아니면 공간을 넘어 다른 의식체와 정신의 교통을 하지 않겠느냐는 것이다. 그러나 샤르댕은 그럴 가능성은 별로 없는 것으로 간주한다. 사람이 지구 공간을 넘어설 수 있다 해도 몸조직이 지구 환경에 맞추어져 아주 복잡하고 예민하기 때문에 다른 별에 적응한다는 것은 힘든 일이며, 항성 간의 거리가 너무 멀기 때문에 하늘 두 군데에서 두 개의 '생각'이 서로 보조를 맞추어 발전하고 공존한다는 것은 어려운 일이라는 것이다. 이 때문에 그는 우리 '정신권'은 지구를 떠나지 않고 홀로 마감하게 될 것이라는 것이다.[84]

하지만 우주의 미래를 보는 시각과 정신권의 진화 방향에 대한 생각에서 샤르댕과 러시아 우주론자들은 약간의 차이를 보인다. '세계 종말'을 이해하는 것에 있어 샤르댕은 종교적인 측면을 강하게 표출하는 반면, 찌올콥스키는 보다 과학적인 에너지론에 근거해 설명한다. 샤르댕은 그 진행방향이 정신 차원에 머무는 것으로 이해하는 반면, 표도로프나 찌올콥스키, 베르나드스키는 그 진행방향을 공간 차원으로 확대시킨다. 이 때문에 그들의 관점에서는 생명체가 지구의 차원을 넘어서 다른 행성으로 가기도 하고, 다른 공간의 생명체와 의사소통을 할 가능성이 제기되는 것이다.

그렇다면 아나톨리 김이 세상의 끝을 이해하는 방식은 어떠한가? 그가 세계 종말과 파멸의 모습을 작품 속에 묘사하는 것은 사실이지만, 우주의 미래를 보는 시각이 '절망을 통해서 희망을' 보며 낙관주의를 표명한다는 점에서 그는 누구보다도 샤르댕의 사상에 근접해 있다고 할 수 있다. 하지만 정신권의 진행 방향과 그 끝이 '지구의

---

84) там же, c.28.

상태 변화인가? 아니면 다른 우주 공간으로의 도약인가?'라는 측면
에서는 대체로 러시아 우주론자들의 견해를 수용한다. 이는 외계 생
명체의 존재를 묘사하고 있는 『켄타우로스의 마을』이나, 우주 공간
으로의 이동을 서술하는 『구린의 유토피아』, 부활한 이후 인류가 머
물 새로운 우주 공간인 '온리리야'를 묘사하고 있는 『온리리야』 등
에서 드러나고 있다.

샤르댕의 논의에서는 자연스럽게 진화의 방향이 상태 변화(изменение
состояния)의 개념 속에서 이해된다. 우리 안에서 그리고 우리를 거
쳐 정신발생은 끊임없이 상승하고 있다. 이 운동이 '생각'들의 모임
인 '큰 사람(сверхличность)'의 모습과 잇닿아 있는 것이기도 하다.
때문에 샤르댕에게 세상의 끝은 복잡함과 수렴이 최고에 이른 '정신
권'이 자기 속으로 들어가는 것, 다시 말해 완전히 성숙한 정신이
물질에서 떨어져 하느님-오메가에 안식하는 것이다.[85] 그리하여 그
는 세상의 종말에 도래할 그리스도의 재림 모습과 의미를 이렇게 묘
사하고 있다.

　　세상의 마지막 때, 즉 창조된 세계의 결합하려는 적성(適性)이
　절정에 도달하는 그때, 그 위에 그리스도가 재림할 것이다. 태초
　의 시간부터 계속되어 온 동화(同化)와 종합이라는 유일한 작용이
　계시(啓示)되어 우주적 그리스도가 천천히 성화(聖化)된 세계의
　구름 사이에서 번갯불처럼 그 모습을 나타낼 것이다. 천사들이 부
　는 나팔 같은 것은 빈약한 비유에 불과하다. 최강의 유기적 견인
　력(그것은 우주를 응집시키고 있는 힘이다)에 동요되어 모든 단자
　(單子)는 어떤 정해진 곳을 향하여 돌진한다. 그리고 거기에서 그
　것들은 모든 사물들의 전면적인 성숙과 세계 역사의 거스를 수
　없는 불가역성에 의해 각각 다음과 같은 운명으로 결정적인 방향

---

85) там же, с.281.

을 잡는다.[86]

샤르댕은 신과 세계로 이루어진 유기적 복합체가 구성되는 것을 세계 종말의 모습으로 이해한다.[87] 이러한 합일체로서의 인간과 우주의 문제와 관련해 찌올콥스키는 에너지 변형의 최종단계를 세상 끝과 인간 부활의 모습으로 표현한다.

찌올콥스키는 인류의 우주적 실존(космическое бытие человечества)을 몇 가지 단계로 나누고 있다.[88] 먼저 종말의 시대(терминальная эра)에 인류는 미립자 물질에서 빛의 물질로 변화한다. 그리고 빛의 시대(лучевая эра)는 수십억 년이 지난 후 보다 높은 수준의 물질의 시대(вещественная эра)로 변화할 것이다. 빛의 상태, 하지만 더 높은 수준의 빛의 상태로 다시 변화하기 위해, '새롭고 더 완전한 인간(новый, более совершенный человек)'이 우주에 온다는 것이다.

---

86) 테이야르 드 샤르댕, "과학과 그리스도", 朴甲成 역,『세계기독교사상전집』6 (新太陽書, 1975), 186쪽.

87) 여기서 샤르댕은 흔히 종교에서 세상 끝의 모습과 관련해 구원이냐 멸망이냐를 어떤 단자는 정신화된 물질로서 영원한 일치의 무궁한 성취를, 다른 단자는 물질화된 정신으로서 끝없는 분해의 자각적인 고통으로 운명 지어진다는 말로 표현한다. 하지만 여기서 말하는 구원과 멸망은 단순히 존재의 외부로부터 자의적(恣意的)으로 쏟아지는 축복이나 저주가 아니다. 이 두 낱말은 우주적 결속의 중심, 곧 우주적 수복(beatification)에 대한 각 요소들의 전체 관계에 영향을 미치는 말들이다. 곧 그 중심에 합체되어서 완성되느냐 혹은 그렇지 아니하면 거기로부터 끊겨서 나가서 유기적 구조의 상실을 초래하느냐이다. 앞의 글, 188쪽.

88) 치젭스키(Чижевский)는 "우주 시대의 이론(Теория космических эр)"이라는 글을 통해 합일체로서 인간과 우주의 진화의 합법성(закономерность эволюции человека и космоса в их единстве)에 대해 찌올콥스키와 대담을 펼쳤는데, 여기서의 논의는 찌올콥스키가 세상 끝의 모습을 어떻게 보고 있는가 하는 문제를 보다 명확히 보여 준다. А. Л. Чижевский, Теория космических эр. // Земное эхо солнечных бурь, Москва: Мысль, 1976. с.98.

다시 수십억 년이 지나, 빛으로부터 가장 상위 등급의 물질(материя высшего класса)이 생겨나고, 마지막 시대에는 '이성' 차원에서 현 인류보다 훨씬 우위에 있는 초신인(сверхновый человек)이 나타난다는 것이다. 그 새로운 초신인은 보다 더 완전한 세계를 건설하게 될 것이라는 주장이다.

계속해서 그는 물질이 자신을 인식할 때(материя познает саму себя), 개별적으로 사고하는 개체들의 생존이라는 것은 아무 의미도 없을 것이며, 그때 물질은 '높은 질서의 빛 상태(лучевое состояние высокого порядка)'로 이동할 것이라고 주장하였다. 우주는 우주 공간에서 크게 확장된 특별한 우주 의식을 가진 거대한 완성체로 변화할 것인데, 여기서 인류는 높은 수준의 빛 형태로 이동하면서, 시간 속에서 불멸하고, 공간 속에서 끝없는 존재가 될 것이라고 본 것이다.[89] 이 상태를 찌올콥스키는 '빛의 인류(лучистое человечество)'라고 표현하고 있다.

인간이 죽음 후에 빛 에너지 형태로 존재하게 되리라는 찌올콥스키의 생각은 아나톨리 김의 관념 속에서도 발견된다. 『아버지-숲』에서 숲의 한 원자인 화자는 베여 죽은 나무든 운명한 사람이든 죽은 모든 것은 "내 고독이 없는 완전히 다른 세계에서 빛 에너지 형태로 존재할 것이다(ему приходилось существовать в виде лучистой энергии, – он окажется в совершенно ином мире, где нет моего одиночества)."(с.301)라고 표현하였다.

즉 사람이 죽어 부활한 이후의 형상에 대한 작가의 언급은 훗날 인류가 모두 전 우주 공간을 채우면서 빛 에너지 형태로 존재하게 될 것이라는 찌올콥스키의 가설을 그대로 수용한 것이라 할 수 있다.

'물질이 빛으로 존재하게 된다'는 찌올콥스키 가설의 수용은 사실

---

89) там же, с.99 – 100.

물질이 정신화된다는 샤르댕의 언급과 그 맥을 같이한다. 또한 세상 끝에 인류는 '빛의 인류'가 될 것이라는 찌올콥스키의 언급은 그리스도 재림 시에 우주가 유기적 통합체에 이를 것이라는 샤르댕의 표현과 흡사한 것이다. 이들의 표현은 극치와 완결에 도달한 우주의 보편적 통일, 즉 '플레로마(充溢)'라는 사도 바오로의 언급 속에서 하나가 되는데, 그것은 신 안에서 이루어지는 세계의 창조적 통일(the creative union)의 신비이자 전체화한 그리스도교적 우주의 표현이다.

샤르댕과 찌올콥스키가 제시했던 인간과 우주의 합일과 충만의 감각은 아나톨리 김의 작품 속에서 다양하게 표출된다. '사랑'은 그에게 인간을 서로 접근시키며, 세계를 창조적으로 결합하는 본질적인 친화력을 의미하는데, 이는 감성적인 애정의 영역에서가 아니고, 플레로마를 세워 가는 친화력이다.

하지만 아나톨리 김은 그것이 인간이 사랑을 실천해야 한다는 도덕적 가치에 집착한다고 해서 달성된다고는 생각하지 않는다. 그 가능성은 인간의 노력 속에 내재하는 놀라운 은총에 의해서만 설명될 수 있다. 그 속에서 인간의 노력과 은총이 하나 되어 공동역사(Co-operating)해야 한다는 것이다.

『아버지-숲』에서의 글렙의 체험은 나 개인의 인격과 신의 인격이 합체한 플레로마 ― 신(神)의 충일 ― 의 감각이 잘 표현되어 있는 부분이다. 그는 여기서 진정한 그리스도의 본질을 만나고 그것을 온 가슴으로 끌어안는다. 그의 체험이 더욱 극적인 감정으로 다가오는 것은 그 자신의 표현을 빌자면, 과거 암흑의 황제를 위해 일하던 수학자가 진정으로 그리스도를 만났기 때문이다. 그도 무기제작 연구에 착수하기 전, 아직까지 순수하던 대학시절에는 인간의 존재론적 변형에 대한 믿음을 가지고 있었다. 그것은 지구상의 모든 인류가 수소폭탄으로 멸망해 버리고, 모든 곳이 짐승의 시체로 덮여 있는 꿈을 꾸고 나서부터 그가 줄곧 품고 있던 생각이기도 했다.

или должна быть уничтожена постыдная ошибка, уродливая клоака гнусностей, или скорее преображена явь человеческая в царство высшего разума и бессмертной гармонии. (с.217)

이 수치스러운 실수, 즉 이 불결하고 추한 시궁창이 제거되거나, 악과 추함으로 가득 찬 인간의 현실이 이성과 불멸의 조화의 왕국으로 변형되어야 한다.

그러나 대학 2학년 때부터 가슴에 간직하고 있던 변형에 대한 믿음은 세월에 묻혀 점차 사라진다. 그리고 어느 순간 자신이 인류를 파멸시킬 수도 있는 무기를 개발하는 선봉이 되어 버렸다는 사실에 스스로도 놀란다. 이 때문에 모든 삶의 의미를 상실한 글렙은 자살을 결심하고 시골로 내려오게 된다. 하지만 그 순간 운명은 그를 아버지-숲, 즉 그리스도와 만나게 한다. 시골 마을에서 마리나(Марина)의 모습 속에서 신을 발견했을 뿐만 아니라 루가 복음의 엠마오 성찬 부분을 읽다가 특이한 영혼의 충만감(необычайная переполненность в душе)을 경험한다.

Это было состояние истины-могучим чувством абсолютной красоты. Не взлет разума-нет, это был невыносимый, мучительный восторг бытия. (с.448)

그것은 절대적 아름다움의 강렬한 감정인 진리의 상태였다. 그것은 솟구친 이성의 힘이랄 수 없었다. 참을 수 없는 존재의 고통스런 환희, 바로 그것이었다.

그리고 이 괴로운 움직임의 폭발로 난로 위의 뜨거운 우유 냄비를 집어 들어 자신에게 끼얹었지만, 화상을 입기는커녕 오히려 가슴을 타고 흘러내리는 우유의 부드럽고 서늘한 감촉을 느꼈다고 서술자는 묘사한다. 이것은 그의 온 존재와 실존을 바꾸어 놓는 체험이었다. 그는 항상 이성으로, 수학적인 사고로 살아온 사람이었다. 서술자는 과거 수학적인 사고 체계 속에서만 보았던 그의 우주상을 이렇게 표현한다.

> космос представлялся ему бесконечной сетью формул, наброшенной на сверкающие звезды и галактики. И мозг его, не способный охватить необъятность мира, мог все же уцепиться хотя бы за одну ячейку этой сети – и закачаться на ней, как темный паучок. (c.448)
> 그에게 우주는 행성들이나 은하계로 끝없이 펼쳐진 공식의 망이었다. 그리고 세계의 무궁함을 가슴으로 안을 능력이 없는 그의 뇌는 이 망의 한 올에만 얽매여 거미처럼 거기에 매달려 있을 뿐이었다.

하지만 이제 글렙이 어떤 정신적인 충만감, 플레로마에 몸을 맡기게 된 것이다. 세계의 모델이라 불리었던 추상적 조직이나 체계의 어떤 한계 내에서만 모든 것을 상상해 왔던 글렙에게 성서를 읽고 난 다음 존재의 새로운 감정과 실존의 새로운 단계는 그 어느 체계로도 수용할 수 없었다. 그리고 이 타는 듯한 사랑의 현존이 그의 온 존재를 관통한다. 엠마오 성찬 부분을 통해 발견한 그리스도에 대한 사랑에 눈뜨게 된 글렙의 감정은 이렇게 묘사된다.

> Новое чувство, и свое новое разумение, и все то, что он увидел, глядя в раскрытую Книгу, словно в магичкский кристалл, он получил не как результат напряженной, незаурядной

мысли, а как головокружительный дар внезапной любви.
Христианство в его представлеıии было впечатано в какой
-то один из блоков мировой информатики, - но любовь ко
Христу непосредственным образом хлынула из его души, как
мгновенно кровь из насеченной раны. И при этом - любовь
к каждой уходящей капле крови, вместе с которою уходит
жизнь, любовь к самой жизни, творящей эту кровь. (с.449)

  마법의 수정구슬을 바라보듯, 펼쳐진 성서를 들여다보며 발견
한 새로운 감각, 새로운 관점은 긴장되고 치밀한 사고의 결과가
아니라 갑작스런 사랑의 선물 같은 것이었다. 그의 관념 속 그리
스도교는 세상에 활자화된 소개물의 일부였지만, 그리스도에 대한
그의 사랑은 벤 상처에서 일순간 피가 샘솟아 오르듯이 그의 영
혼 속에서 철철 흘러나왔다. 여기에 소멸되어 가는 핏방울에 대한
사랑과 그와 함께 저물어 가는 생명에 대한 사랑 그리고 이 핏방
울을 잉태하는 생명 자체에 대한 사랑이 있었다.

  과거에 그러했던 것처럼 그에게 그리스도는 더 이상 성상화 속의
상징도, 발전된 문명세계의 거물도 아니었다. 이제 그리스도는 그에
게 바로 인자한 아버지(добрый Отец)로 다가왔다. 자신의 온 존재가
그리스도의 인격과 만나 완벽한 충일을 표출하는 것이다. 글렙의 체
험90)은 결과적으로 그리스도를 닮는 것(the imitation of Christ)과 같

---

90) 글렙의 이런 '플레로마' 체험은 미사와 친교의 신비에서 나타날 수 있
  다. 그 대표적 예가 그리스도가 그를 믿는 각 사람에게 성례전에서 강
  림할 때이다. 그것은 단순히 그와 더불어 친교하기 위해서만이 아니다.
  그것은 물리적으로 그 (신자)와 함께 있기(join) 위해서이다. 그에게 그
  리고 그 밖의 모든 믿는 자에게 좀 더 가깝게 있기 위해서이다. 그렇게
  함으로써 세계에서 신자의 일치가 성장하는 것이다. 사제(司祭)를 통해
  서 그리스도가 '이것은 내 몸이다'라고 말할 때. 한 접시의 떡을 놓고
  그것을 두고 한 이 말은, 그것을 넘어서 무한히 퍼지는 것이다. 그 말
  은 신비적인 몸 전체를 현존시키는 것이다. 여기서 행해지는 '사제적

은 것이다.[91]

　세계의 창조적 통일을 보여 줄 수 있는 극대화된 표현으로 아나
톨리 김이 제시하는 것은 다양한 '부활'의 모습이다. 앞서 종교철학
분야에서도 살펴보았듯이, 선인(善人)들만의 부활이 아니라, 모든 사
람의 부활에 대한 작가의 관념이 바로 '세계의 창조적 통일', '성화
된 세계와 신의 유기적 통일'인 플레로마화를 드러내는 것이다. 그
리고 작가는 '플레로마'에 대한 꿈을 『온리리야』에서 '온리리야'라는
공간 속에서 표현한다. 여기서는 만인의 부활을 이야기하는 작가의
관념을 살펴볼 것이다.

　『온리리야』에서 작가는 인간들은 죽음을 두려워하며 항상 공포 속
에 살아가지만, 진정 죽음의 심연으로 던져질 것은 악마이며, 인류라
는 종족은 모두 새로운 왕국을 맞기 위해 부활하게 된다고 여러 차
례 강조한다. 그리고 인간이 부활할 수 있다는 이정표가 죽음과 부
활을 동시에 몸으로 체현한 예수 그리스도라는 것이다. 예수 그리스
도 이전에도 인간 최초의 부활이 일어날 수 있었지만, 그것이 실현

　행위(司祭的行爲)'는 전질 변화를 입은 성체(全質變化된 聖體=the
transubstantiated Host)를 넘어서 우주 자체에 확대되는 것이다. 그 우주
자체는 세기를 거듭함에 따라서 성육신에 의해서 서서히 변화해 가는
데, 그 자체는 결코 완성이 끝나지 않는다. 곧 참성체(Host), 전체적인
성체(the total Host)는 그리스도로 침투되는 우주, 보다 더 친근하게 계
속적으로 그리스도가 침투됨에 따라서 생기를 얻게 되는 우주이다. 근
본적으로 과거와 미래, 영원과 영겁을 통해서 다만 한 단일한 것이 창
조되고 있는데(but one single thing is being made in creation), 그것이
곧 그리스도의 몸이다. T. Chardin, *The Divine Milieu*, trans. B. Wall (New
York: Harper & Brothers, 1960), pp.80-1.
91) 이것은 크리스천이 자기 삶의 행동에서 단순히 외적으로 본뜨는 것과는
　　다른 것이다. 그리스도를 '본받는 것(conform)'은 '전체'에 의해 성립되
　　는 특유하고 근본적인 행동으로, 그 '전체'의 부분적인 동일성을 나누
　　어 갖는 것이다. 이 모두가 그리스도 안에서는 하나이고, 우리들 안에
　　서는 다수이다. 그리스도에 의해서 시작되었고 완료되었다(perfected).
　　그러면서도 우리들에 의해 완성될 것이다(yet completed). ibid., p.81.

되지 못했던 이유를 작가는 다음과 같이 설명한다. 그러한 가능성을 받은 최초의 사람이 그리스의 가수 오르페우스로, 그는 땅 속 죽음의 왕국 타르타르소에서 아내를 데리고 나가도 좋다는 허락을 죽은 자들의 왕인 하데스에게서 받아냈다는 것이다. 그러나 그는 결코 뒤를 돌아보아서는 안 된다는 금기 사항을 어겼기 때문에 인간 최초의 부활은 일어날 수 없었다는 것이다.

이 작품에서 아나톨리 김은 자신이 독자들에게 말하고 싶었던 부활이 내포하는 진리를 한국인 성악가 오르페우스의 꿈을 통해 표명하기도 한다. 오르페우스는 신혼여행 중 비덴베르그에서 어떤 꿈을 꾸고 난 이후에 아내 나쟈에게 죽음과 부활의 상관성에 대해 얘기한다.

> Смерть—это воскресение. И оно уже есть. Мы все уже вечные, Надя. Мы воскресшие. Но мы не знаем об этом. <……> А эти люди боятся часа ИКС, хотят летать. (с.72)
>
> 죽음이 바로 부활이에요. 부활은 이미 존재하고, 우리는 이미 영원한 존재예요. 나쟈, 우리들은 부활한 사람들이에요. 다만 이 사실을 모르고 있을 따름이죠. <……> 그런데 사람들은 X 시간이 두려워 날아가고 싶어 하는 거예요.

그리고 사냥꾼이 총을 쏘면 동물들은 자신들의 구원이 있다고 생각하는 쪽으로 주저 없이 돌진하듯이, 인간도 이 동물들처럼 순종한다면 행복한 삶을 약속받을 수 있다고 주장한다. 이렇게 불멸은 이미 약속되어 있는 것이라고 강조하며, "살았던 사람은 모두, 부활하기 위해 죽었던 것(Каждый, кто жил, тот умер для того, чтобы воскреснуть)"(с.72)이라고 주장한다.

이것은 일반적인 그리스도교 사상에서 얘기되듯, 선인만 부활하고 악인은 죽음과 암흑에 떨어지게 된다는 관점과는 분명한 차이가 있다. 아나톨리 김은 일반적인 그리스도교 교리와는 달리 지상에 살았던 모든 사람이 부활하게 되리라는 믿음을 가지고 있다. 이것은 동방 정교회에 입각한 러시아 우주론과 관련된 부활관의 표현이다.

표도로프 역시 한 개인의 완성과 충만은 인류 보편의 완성 속에서 가능하다고 보았으며, 매튜 폭스 역시 새로운 영성으로서 '만인의 구원'에 대한 관념이 필요하다고 주장하였다. 매튜 폭스는 '우주 그리스도'라는 이름에서 개별적인 구원이라는 것은 의미 없는 것이며, 이것은 오직 대중적 이단을 부추긴 뉴턴주의의 분리적 세계관에서나 가능한 발상이라고 본다. 즉 상호 의존적 세상에 개별적 구원이란 존재하지 않는다는 것이다.[92]

아나톨리 김 역시 오직 자신의 개인적 구원에만 매달리는 사람은 만인을 위해 십자가에 못 박힌 우주 그리스도의 가르침에 역행하는 것이라는 입장을 드러낸다. 구원은 포괄적 의미에서 보편적인 것이어야 하고, 모든 우주론적 고통의 치유여야 한다고 보기 때문이다. 아나톨리 김은 그렇지 않다면 그것은 결코 구원이 아니라고 본다. 종교의 왜소화는 바로 우주 그리스도의 고난을 이해하지 못하고, 우주론의 치유나 구속에 실패하는 데서 직접 비롯된다. 바오로가 말하듯이 구원이란 하느님이 '모든 것 안에서 모든 것이 되는(1고린, 15, 28)' 것이기 때문이다.

『온리리야』에서 작가가 만인의 부활을 이야기하는 것은 무엇보다도 '신인 동형론'에 입각한 것이다. 작가는 이런 관점을 실명한 오르페우스, 하지만 어쩌면 그 때문에 더 섬세한 내면의 눈과 직관, 영혼의 눈을 가지고 있는 그의 입을 통해 언급한다.

Думаю, за воскресение не надо платить. За это уже заплачено.

---

92) 매튜 폭스, 238쪽.

<……> А за воскресение всех людей в Царстве Христа уже заплпчено. <……> Итак, Он был похож и на тебя и на меня (c.26)

우리는 부활에 대해 어떤 값도 치르지 않아도 된다. 그 대가는 이미 지불되었다. <……> 그리스도 왕국에서는 모든 이의 부활에 대한 대가가 이미 지불되었다. <……> 그것은 바로 너와 나, 우리가 주님을 닮았기 때문이다.

아나톨리 김은 우리 모두가 하느님의 작은 입자(частичка Бога)라는 사실을 기억한다면, 분노와 악과 폭력에 직면하게 되었을 때에도 지금과는 다르게 행동하게 될 것이라며, 자신이 글을 쓴 이유를 '작가 후기(послословие автора)'에서 이렇게 밝히고 있다. 즉 온리리야는 불멸에 관한 이야기로, 그것은 하느님이 지어 내신 모습과 본질 그대로 모두가 부활하리라는 믿음과 기억에 대한 것(c.112)이라고 표현한다.

앞서 살펴보았듯이 '플레로마화(pleromization)'라는 것은 세계의 종말에 우주가 붕괴된다는 것이 아니라 우주가 성화되고, 우주가 창조적으로 통일된다는 뜻이다. 아나톨리 김의 작품에서 개체의 죽음이 변형의 차원에서 이해되고 있듯이, 인류 차원에서 죽음이라는 것 역시 각각의 개체가 작가가 작품 속에서 설정하였던 가상의 천상 공간처럼 '온리리야'의 주민이 되는 차원에서 이해할 수 있다. 이것이 샤르댕이 말하는 '오메가와의 결합' 혹은 동방 정교회나 러시아 우주론자이 언급하고 있는 '빛으로의 변형'과 연결된다.

인간과 세계가 하나의 단일체가 된 플레로마로서 작가가 설정하고 있는 『온리리야』에서의 '온리리야'라는 공간은 부활한 자들의 공간이다. 이것은 시간을 넘어선 혹은 시간이 존재하지 않는(без времени) 공간으로서 등장인물들이 죽어서 부활한 후에 이르게 된다고 작가가 설정한, 일종의 지상낙원이자 영원한 행복의 세계이다.

'온리리야'라는 공간의 의미에 대해 말하면서 작가는 그것이 새가 노래하는 소리('온리로')를 옮겨 적은 것이라고 밝히고 있다. 새소리와 음성학적 유사함을 지니고 있는 새로운 어휘인 '온리리야'의 의미를 두고 이렇게 자문한다.

> может быть, из всего того бескрай него отчаяния, в котором покорно плещется земная жизнь, есть выход – широкая и спокой ная протока? (с.102)
> 그것은 어쩌면 저 끝없는 절망, 그로 인해 지상의 삶이 끊임없이 고통받는 절망에서 탈출하는 출구, 그 넓고 고요한 실개천이 아닐까?

계속해서 서술자는 부활한 인류가 가게 될 '새로운 왕국(Новое Царство)'의 설립을 위해 천 년과 그것에 이어지는 두 번째 천 년이 필요했다고 표현한다. 인간에게 그 기간은 너무 길었기에 이것을 보지 못하고 죽어 간 사람들도 많이 있었지만, 신의 정의는 그들을 외면하지 않고 세계에 군림하는 왕국의 새 목장에는 시간에 관계없이 지상에 살았던 모든 사람들을 모으고, 그들은 사탄이 그들에게 불어넣었던 왜곡에서 벗어나 결국 부활하게 되리라는 것이다.

그리고 새로운 존재로 변형된 온리리야의 거주민들은 모두 지상에서의 모습과는 그들이 다른 존재임을 알게 된다는 것이다. 그만큼 지상 사람들의 모습은 왜곡되고 진정한 자기 모습에서 멀어져 있다는 것을 작가는 언급하는 것이다. 여기서 온리리야를 걷거나 날아서 가는 여행과정은 그분에게로 더 높이 올라가기 위한(чтобы идти, лететь, все выше и выше подниматься к Тому, Кто захотел его появления на свете)(с.104) 과정에 비유되기도 한다. 즉 '온리리야로 상승한다'는 의미는 '만물의 창조주이신 그분에게로 상승한다'는 의미와 등가인 것이다. 수많은 세계의 태양처럼 그분은 스스로를 빛으로 산재시켰으며, 그때 빛은 우주를 뚫고 침투하여 우주 전체를 채운다는 것이다.

> Онлирия, куда собирает Спаситель свои земные стада, устроена из самого чистого вселенского материала: света и облаков. Это вселенная облаков. (c.104)
> 구세주가 지상의 무리를 불러 모으는 온리리야는 가장 깨끗한 우주 물질로 이루어져 있다. 빛과 구름. 이것은 구름들의 우주다.

가장 순결한 우주의 물질로 이루어져 있는 '말씀'의 공간이 온리리야라는 것이다. 온리리야에서의 시간은 지상에서의 지난 삶의 순간순간을 회상하도록 되어 있으며, 그곳에서는 어떤 공상이라도 금세 실현할 수 있는 가능성이 있다. 서술자는 마지막 부분에서 부활한 오르페우스가 '온리리야'라는 공간에서 날고 있는 모습을 묘사하고 있는데, 그 부분에서는 작가가 지향하는 비상의 꿈과 의미가 그대로 녹아난다. 작가는 거기에는 영혼과 태양의 찬란한 만남(светлое сретение души и солнца)이 있으며, 그 비상 속에서 고요한 불멸의 감정을 느낄 수 있다(c.104)고 표현하고 있다.

아나톨리 김의 작품에서 플레로마를 느낄 수 있는 공간이 『온리리야』에서 처음으로 나타난 것은 아니다. 물론 구체적인 공간 유형이나 명칭은 설정되지 않았다 하더라도 그것은 이미 초기 작품에서부터 그 맹아가 싹트고 있었다. 이미 『꾀꼬리의 메아리(Соловьное эхо)』에서도 서술자의 상상을 통해 어느 정도는 형상화되어 있었던 것이다.

이 작품에서 서술자인 오토 메이스너(Отто Мейснер)의 손자는 할아버지의 이야기를 기술해 나가는 중에 할아버지가 남긴 기록 중 연대적인 순서에서 빠져 있거나 주위 사람들로부터 들은 이야기로 해

결할 수 없었던 부분은 그 나름의 상상력을 통해 소설과 유사한 글쓰기를 한다. 하지만 작가의 관념을 공유하고 있는 서술자의 상상력이 머무는 바로 이 지점이 작가가 현실이라는 제한된 공간을 탈피해 자유롭게 자신의 사상에 날개를 달아 준 부분이기도 하다.

오토 메이스너는 황야의 벌판에서 자신의 마차 앞에 나타나 위협하는 늑대를 총으로 죽였던 일이 있었는데, 할아버지의 이야기를 기술하는 손자의 상상 속에서 바로 그 늑대가 오토를 태운 마차를 끌고 1914년 봄의 대지를 날아 올라간 것이다. 늑대가 끄는 마차가 하늘을 날아 이 마차가 당도한 나라가 작가가 표현하고 있는 천상의 공간이자, '온리리야'와 유사한 공간이다. 그것은 『꾀꼬리의 메아리』에서 작가가 상상을 통해 하나의 유토피아적인 공간으로 설정한 '천상 세계'의 묘사에서도 잘 나타나고 있다.

> Я увидел там лишь белое царство безмятежных облаков (с.153)
> 나는 거기서 평화로운 구름들의 흰 왕국을 보았다.

'구름들의 흰 왕국'이라는 표현은 훗날 작가가 『온리리야』에서 묘사하고 있는 '빛과 구름들의 우주 온리리야'와 동일한 의미이다. 또한 화자는 우리는 일상적인 삶 속에서는 끊임없이 불안을 느끼고 살지만, 하늘을 날아 들어선 천상 공간에서는 이런 불안이란 존재하지 않는다고 표현한다.

여기서 서술자는 "나는 지금 먼 미래에나 우리 거주자들의 꿈에 보일 황금시대(Золотой Век) 사람들과 이야기하고 있다."(с.151) 하며 이 공간을 '하늘나라(вышний мир)', '광휘의 세계(сверкающий мир)', '천상 세계(небесный мир)'라고 표현한다. 늑대가 끄는 마차가 날아 당도한 그곳 나라의 풍경은 "이 하늘나라는 수많은 계단으로 이루어져 있다."(c.152) "그리고 그들의 발 아래로는 하느님이 만드신 지구가 회전하고 있다(А внизу, под ними, кружился Глобус Нерукотворный)." (c.153)라는 표현에서도 나타나듯이, 이 공간은 하늘나라에서도 가장 상층부의 공간으로 묘사되어 있다.

계속해서 이 공간을 보고 황홀경에 빠진 오토 메이스너와 올가 그리고 마부의 모습이 묘사된다. 오토는 자신의 영혼이 확장되는 기쁨을 맛보며, 마부는 자루에서 희고 커다란 날개 세 쌍을 꺼내 자기 몸에 걸쳐 마치 백조와도 같은 모습이 된다. 그들은 마치 자신들이 새로운 시각을 얻은 듯한(словно обретя новое зрение), 본질 변화의 환희를 체험하게 된다. 이제 모든 다툼과 적대관계가 종식된 황금시대의 모습이 그려진다.

И здесь-то они могли созерцать, как лев возлежит рядом с ягненком, вовсе не трогая его. (c.153)
여기서 그들은 사자가 어린 양을 전혀 해치지 않으면서 함께 뒹구는 모습을 볼 수 있었다.

서술자는 이 공간을 형제적 입맞춤이 완성(совершение братского поцелуя)된 유토피아적 천상 공간으로 묘사하는 것이다. 이것은 사도 바오로나 성 요한이 하느님이 세상을 창조하고 완성하고 깨끗하게 하는 것은 세상을 하나 되게 하여 그분과 함께 있게 하려는 것이라고 보았던 것에 다름 아니다. 물질 속에 침하하여 그 물질에 몸을 담그고, 그 물질로부터 상승하신 그리스도 그리고 '진화'의 머리가 되어 인류를 이끈 그리스도가 이렇게 조각난 세상을 모은다는 것이다. 이것은 완전한 하나 됨을 기다리는 것이다. 그것이 바로 진정한 하나 됨, 플레로마화이며, 아나톨리 김이 혼신의 힘을 다해 도달하고 싶어 했던 존재 변형의 승화인 것이다.

작가는 물리학과 생물학, 지구화학 분야의 물질과 생명에 대한 이해를 토대로 한 현상학적인 고찰을 근거로 자신의 인류관과 미래관을 작품 속에 펼치고 있다. 샤르댕과 베르나드스키의 사상에 입각해 우주발생에서 생명발생으로, 그리고 다시 정신발생으로 이어지는 진화하는 우주의 모습은 인간과 인류의 정신화를 우주진화의 지질학적 힘과 동등하게 보는 근거가 된다. 아나톨리 김이 강하게 표출하는 인간 진화에 대한 믿음은 여기서 출발하고 있다.

아나톨리 김은 사랑을 진화의 기본 에너지라고 보는 샤르댕의 관점과 동일선상에 있다. 그는 이 관점을 원래는 하나였던 것이 분리되었을 때 야기될 결과를 작품 속에 묘사함으로써 인간은 서로 사랑하고 하나가 되어야 할 필연성을 강조한다. 하나의 지질학적 힘으로서 인류를 보는 것이 과학적인 증명과 필연성에 입각한 것이라면, 조화와 일치를 이루는 초인격으로서 인류에 대한 관점은 윤리적 당위성에 근거하는 것이다. 아나톨리 김의 작품에서 주된 화자로서의 역할을 할 뿐만 아니라 통·공시적 의미에서 하나 된 인류를 표현하는 개념인 '우리들'은 이런 과학적·윤리적 입장이 결합된 것이다. 또한 바로 여기서 작가가 강조하는 인류의 불멸과 세계의 창조적 통일이라는 존재론적 변형이 기독교적 유토피아의 모습을 드러낸다고 할 수 있다.

VI

결 론

한 인간의 개체성은 보편적인 우주적 삶 속에서만 그 충만함을 발견할 수 있다는 베르쟈예프의 표현처럼 아나톨리 김의 주인공들은 현실의 고정화된 틀 속에 갇혀 있지 않고, 끊임없이 우주로 눈을 돌리고 그 속에서 자신을 재발견하고 있다. 우주를 품은 동심원이 줄어들어 중심에 이를 때 그들의 시선은 그 깊은 심연에 이르고, 그것이 밖으로 확산될 때 작가는 우주로 눈을 돌린다. '수렴과 확산의 변증법'이라는 것은 미시적 대상과 거시적 세계의 상호 소통을 형상화하는 또 다른 이름이기도 하다.

인간은 우주의 부분이다. 그러나 그것은 전체에 상응하는 부분이며, 이것이 인간이 지닌 우주적 목적의 실현가능성을 부여한다. 소우주와 대우주, 다시 말해 인간과 우주의 합일이 던져 주는 진정한 의미는 여기서 도출되는 것이다. 그것은 우주 자연에 대한 지식으로 인간 존재를 규명하는 것, 이 우주에 우리가 존재하게 된 신비를 체험하는 것 그리고 이 신비를 삶과 예술로 표현하는 것이다. 이것이 진정 살아 있는 우주론을 이해하는 세 측면이다.

이에 따라 본 연구에서는 과학, 종교, 예술 그리고 인간을 분리될 수 없는 하나의 전체로 보는 우주론적 전통에 따라 아나톨리 김의 우주관에 대한 규명을 시도하였다. 2, 3, 4장의 주제는 각각 아나톨리 김의 사상에 나타난 자연철학적 관점, 종교철학적 관점, 예술적 관점에 관한 것이었다. 이를 위해 각 장의 인간에 대한 이해 역시 '진화자 인간', '소우주로서의 인간', '데미우르그로서의 인간'으로 구분하였고, 이를 통해 인간 존재의 세 가지 측면인 진(眞), 선(善), 미(美)와의 호응관계 속에서 살펴보았다. 5장에서는 앞서 살펴본 과학과 종교와 예술의 결합을 시도하였다. 여기서는 과학과 종교를 '우주 현상학' 속에서 그리고 2, 3, 4장에서 살펴본 각각의 인간에 관한 이해를 '인류'라는 테마 속에서 고찰해 보았다.

먼저 아나톨리 김은 우주자연에 대한 이해에서 우리가 자연과학적 모델의 범주를 벗어나야 한다는 입장에 서 있다. 인류가 단순히 물리학의 범주에 머물러 있을 때 우리는 엔트로피 법칙 속에 갇히게 되고, 그것은 그의 작품에서 비관론적인 세계 종말이나 우주 붕괴에 대한 관념 표출로 나타나고 있다. 그리고 그는 작품을 통해 여기에서 벗어나 의식의 질적 변형을 열어 줄 새 모델을 제시한다. 그것이 참정신과 생명을 수태하는 로고스 모델이다.

생명에 대한 작가의 관점 역시 이와 유사하다. 자연과학에서는 뉴턴 역학에서 그러했듯, 생명체를 기계론적으로만 인식하거나 '살아있는' 생명체를 '죽은' 물질처럼 다루어 버린다. 하지만 아나톨리 김의 생명철학은 생명의 내면성과 가치를 강조한다.

철학적 생명이해를 통해 아나톨리 김은 생명현상을 현상학적으로 이해하는 데 그치지 않고, 이것을 윤리학적 지평으로까지 확장시킨다. 여기서 개체로서의 인간은 자신만의 틀에서 벗어나 하나 됨을 이룬다. 이것이 아나톨리 김의 작품에서 인격의 합일이자, 조화와 일치를 지향하는 인류애의 모습으로 나타나는 '우리들(МЫ)'이다. 작가는 상승된 의식의 에너지가 축적될 때 우주의 정신물리학적 상태가 변화될 수 있으며, 바로 그때 세계의 창조적 통일 역시 가능하다고 보는 입장에 서 있는 것이다.

우주론을 이루는 세 축인 자연, 종교, 예술철학을 통해 본 아나톨리 김의 작품세계는 다음과 같이 나타나고 있었다. 그의 초기 단편들은 주로 인간 의식의 눈뜸과 영혼의 변화를 다루고 있는 것들이 많다. 인간 변화의 모습은 내면의 정신 에너지가 응축되어 폭발하는 순간이 묘사되는 「도시의 벼락」, 「해일」, 「복수」에서 잘 드러난다. 이 단편들에서는 모두 자신의 현실적인 직업이나 나이, 인종, 증오심 등을 이유로 타인과 공유하지 못하고 고립된 삶을 살던 인물들이 그 틀에서 벗어나는 것, 즉 '에고'에서 '에고 에이미'로의 변화되는 모습이 그려진다. 그 외에도 「동틀 녘의 자두맛」의 예고르 찌모페예비치처럼 술꾼이었던 사람이 성자처럼 변화된 것이나, 『연꽃』의 로호프처럼 일시적인 죽음 체험으로 진정한 삶의 의미를 깨닫게 된 것, 『아버지-숲』의 글렙처럼 자살을 시도하던 사람이 엠마오 성찬 부분을 읽고 그리스도에 대한 사랑에 눈뜨게 된 것과 같은 영혼의 질적 변형, 즉 인간의 변화는 작가의 주된 관심이기도 하다.

자연철학적 견지에서 보았을 때, 아나톨리 김은 모든 것을 연속적인 흐름의 일부로 보는 입장에 서 있었다. 인간이 돌, 나무, 동물 등과 같은 모든 존재와 유기적으로 연결되어 있다는 생각은 『다람쥐』에서는 인간과 동물 사이의 변신으로, 『아버지-숲』에서는 인간과 나무 사이의 변형으로 표출되어 있다. 하나의 돌조차도 정적인 대상이 아니라 에너지-물질의 특수한 배열을 지닌 동적인 과정으로 생각하고 돌의 정신성을 보는 작가의 관점(『다람쥐』의 미쨔)은 여러 작품에서 나타나는 그의 변형과 변신 테마를 이해할 수 있는 근거가 된다. 아나톨리 김의 작품에서 화자가 물질 속으로 자유롭게 침투하여 몸을 바꾸기도 하는 물질 변형은 특히 변신을 거듭하는 악마가 등장하는 『온리리아』와 한 존재의 물리적 죽음 이후에도 그의 분신인 영혼은 살아남아 끊임없이 육화(肉化)를 거듭한다는 내용으로 이루어진 『쌍둥이』의 플롯으로 기능하기까지 한다.

　모든 생태계가 연결되어 있어서 자연의 한 부분이라도 파괴한다면 결국 그 결과가 인간에게 미치게 된다는 생각은 작품에서 자연을 '정복'의 개념으로 보는 것과 자연과의 '조화'를 보는 양극단의 모습으로 나타난다. 에너지의 흐름을 가속화하는 경우에 도달하게 되는 최대 엔트로피의 상태는 『아버지-숲』에서는 우주붕괴나 세계파멸로, 『켄타우로스의 마을』에서는 아마존 여인국과 켄타우로스의 마을의 붕괴로 묘사되어 있다. 이에 반해 자연의 생명력과 자연과 조화를 이루는 사람들의 모습은 『풀 베는 사람들』이나 『양파 밭』에 잘 표현되어 있다.

　종교철학적 관점에서 본 아나톨리 김 작품세계의 특성은 크게 두 부분으로 구분된다. 그가 러시아 정교회 신자로서 동방교회의 색채를 분명히 표현하고 있는 작품들과 모든 종교의 근원에 내재된 신비 정신을 드러내는 작품들이 그것이다. 초기 단편들과 이후 중편에서는 기독교적 테마 역시 하나의 배경이 될 뿐 특정 종교적 입장이 표명되어 있지는 않다. 하지만 이후 작품인 『연꽃』에서는 주인공 로호프의 신비체험을 통해 세계의 전일성에 대한 작가의 의식이 보다 분명히 표현되어 있거나 『아버지-숲』에서는 글렙과 마리나가 서로의 모습 속에서 신(神)을 만나는, 아나톨리 김의 만유 재신론적 믿음이 드러난다. 아나톨리 김의 정교회적 우주론의 입장은 주인공 탄지의 신화(神化)를 묘사하고 있는 『바흐의 선율과 함께 한 버섯 따기』와 만민의 부활과 세계의 종말을 빛으로의 변형으로 표현하는 『온리리야』에서 분명히 표현되어 있었다.

　아나톨리 김의 예술철학적 관점은 플로티노스 미학에 근거해 예술 창조의 심리적 과정을 상승과 하강으로 설명하는 뱌체슬라프 이바노프의 논의와 동일선상에 있다. 그의 작품에서는 예술가가 신성과의 일치를 통해 디오니소스적 황홀경에 도달하는 상승의 과정보다는 신성의 지위에서 지상의 지위로 내려와야 하는 하강적 측면이 크게 부각된다. 자기희생이나 죽음, 고통과 같은 디오니소스 체험의 수난적 양상들이 아나톨리 김 작품 속에서 빈번하게 나타나는 것은 그 때문이다. 예술가들이 등장하는 작품 속에서 가장 주된 테마이기도 한 천재 예술가들의 희생은 『다람쥐』의 네 명의 재능 있는 미술학교 학생들의 재능 파괴와 『바흐의 선율과 함께 한 버섯 따기』의 천재 피아니스트 탄지의 고통, 『벽』에서의 안나의 죽음 등으로 표현되어 있었다.

예술가들의 수난을 묘사하는 것과 동시에 아나톨리 김은 예술을 통해 현실의 삶을 변형시킬 수 있다고 보는 테우르기야적 믿음을 표출하기도 한다. 초기 단편인 「수채화」 속의 화가나 『연꽃』의 주인공인 화가 로호프, 『다람쥐』의 미쨔가 보여 주는 예술을 통한 기적의 가능성은 작가의 이러한 의식을 대변하는 것이었다.

아나톨리 김의 작품을 우주론에 입각해 고찰한 후 다음과 같은 결론에 도달할 수 있었다. 첫째, 그의 작품을 분석하면서 비평가들이 제시했던 다양한 층위의 관점들을 통합할 수 있을 뿐만 아니라, 비평가들이 세계관의 절충이나 상징주의와 자연주의의 혼재라고 폄하하기도 했던 내용들이 과학과 종교를 하나의 맥락에서 이해하고 있는 우주론 속에서 자연스럽게 연결될 수 있었다. 인간의 진화를 우주진화의 필연성 속에서 이해하는 아나톨리 김의 관점은 샤르댕이나 베르나드스키에 대한 연구를 통해 설명될 수 있었다. 또한 그의 작품에서 감각세계의 경험을 벗어나 있기 때문에 때로는 독자들을 당혹하게도 하는 죽은 자의 부활이나 환생, 영혼의 전이에 대한 것 역시 찌옴콥스키의 이론으로 설명될 수 있었다.

　둘째, 아나톨리 김의 작품을 독서할 때 난점으로 언급되고 있는 급격한 시·공간 이동이나 표면적으로는 아무 관련이 없어 보이는 사람들이나 사물들, 사건들 사이를 넘나드는 서술법 역시 그의 우주관을 통해 규명될 수 있었다. 그것은 아나톨리 김의 관념 속에 있는 우주의 모습이 기하학적 고정성을 지니고 조각으로 분리될 수 있다고 보았던 근대 과학의 '정적인 우주'가 아니라, 만물이 연속적인 흐름을 이루는 '생성하는 우주'이자 '하나의 전체인 우주'이기 때문이다. 아나톨리 김의 작품을 분석하면서 마땅히 설명할 수 있는 근거가 없어 환상적 특징 정도로 언급되던 것이, 사실은 모든 현상과 사람들 사이의 결속과 상호 관련성을 표현하기 위한 작가의 의도였던 것이다. 또한 이것을 통해 아나톨리 김의 작품에 나타난 철학이 하나의 관념 전달 차원에 국한되지 않고, 작품 구조와 서술법 속에도 투영되어 있음을 확인할 수 있었다.

　셋째, 예술가로서의 아나톨리 김을 소비에트 시대에 단절되었던 러시아 상징주의 문학의 맥을 잇고 있는 작가로 재조명할 수 있었다. 아나톨리 김의 언어에 대한 이해나 예술작품을 창작하는 행위를 일자와 합일을 이루는 신비체험으로 간주하는 측면, 예술가로서의 사명에 대한 강조 등에서 그런 특성이 드러난다. 아나톨리 김이 예술의 창작행위를 신(神)과 함께 하는 인간의 행위로 보고 있는 점이나 생명과 미(美)의 조화를 창조하여 세상을 변화시킬 수 있다는 테우르기야적인 믿음을 가지고 있다는 점 역시 그가 솔로비요프, 뱌체슬라프 이바노프, 베르쟈예프의 예술철학을 내면화하고 있음을 보여주는 것이다.

　앞서 살펴본 바와 같이 아나톨리 김은 우리에게 인간 존재의 '큰 물음(Big Questions)'을 던지는 작가이다. 인간이란 무엇인가? 인생이란 여정은 무엇을 위함인가? 인간은 어디에서 와 어디로 가고 있는

가? 이제 작가는 그 속에서 '현재'의 '나'를 응시한다. 그리고 그 끝 없는 도정 속에서 화금석(化金石)을 통해 인간 존재의 변형을 꿈꾸 었던 연금술사처럼, '우리'의 '미래'를 꿈꾸고 있다.

참고문헌

1차 자료

Ким, Анатолий. *Близнец: роман. Октябрь*, 2(2000).

Ким, Анатолий. *Венера Сеулская: Рассказы. Дружба народов*, 1(1996).

Ким, Анатолий. *В облаках. Знамя*, 10(1997).

Ким, Анатолий. *Избранное.* Москва: Терра — книжный клуб, 2002.

Ким, Анатолий. *Избранное: повести и романы.* Москва: советский писатель, 1988.

Ким, Анатолий. *Онлирия: роман.* Москва: <Текст>, 2000.

Ким, Анатолий. *Онлирия: роман. Новый мир*, 2, 3(1995).

Ким, Анатолий. *Остров Ионы: Метароман.* Москва: Цетрполиграф, 2002.

Ким, Анатолий. *Отец — лес: роман — притча.* Москва: советский писатель, 1989.

Ким, Анатолий. *Посёлок Кентавров: Мифология XX века.* Москва: Издательская фирма <КОВЧЕГ>, 1993.

Ким, Анатолий. *Сбор грибов под музыку Баха: роман — мистерия. Ясная Поляна*, 1(1997).

Ким, Анатолий. *Собиратели трав и повести.* Москва: Известия, 1983.

Ким, Анатолий. *Собрание сочинений в 6 — ти томах, том 2.* Издательский дом <Корё Сарам>, 1998.

Ким, Анатолий. *Стена: повесть невидимок. Новый мир*, 10(1998).

2차 자료

[국내 문헌]

곽승룡. 『도스토예프스키의 비움과 충만의 그리스도』. 카톨릭 출판사, 1998.

권철근. "아나톨리 김의 『다람쥐』 연구: 다람쥐와 오보로젠", 『러시아 연구』, 제5권, 1995.

김, 아나톨리. "20세기 인류 역사와 세계문학의 방향", 김현택 역. 『문학과 사회』, 2003.

김, 아나톨리. 『초원, 내 푸른 영혼』. 김현택 역. 대륙연구소 출판부, 1995.

김균진. 『유토피아니즘과 기독교』. 종로서적, 1986.

김형효. 『베르그송의 철학』. 민음사, 1991.

나타프, 죠르쥬. 『상징·기호·표지』. 金正蘭 역. 悅話堂, 1987.

램브레히트, 스털링. 『서양철학사』. 김태길·윤명로·최명관 역. 을유문화사, 1992.

로스키, 블라지미르. 『동방교회의 신비신학에 대하여』. 박노양 역. 한국장로교출판사, 2003.

로쯔, 요하네스. 『사랑의 세 단계』. 심상태 역. 서광사, 1995.

리프킨, 제레미. 『엔트로피』. 김명자·김건 역. 동아출판사, 1992.

말로니, 죠지. 『現代人의 靈性, 신비가의 숨』. 李奉雨 역. 분도출판사, 1996.

문탁진. 『엔트로피의 세계』. 정음사, 1985.

바슐라르, 가스통. 『순간의 미학』. 이가림 역. 영언 문화사, 2000.

박영은. 『아나톨리 김의 『연꽃』에 나타난 시간의 미학-'순간', 그 영원성에 대하여』. 석사학위논문, 한국외국어대학교, 1997.

박종소. "블라지미르 솔로비요프의 창작에 나타난 종말론적 요소", 『러시아 연구』, 제11권, 제2호, 2001.

버니, 스태픈. 『놀라운 변화, 마음으로 만나는 요한복음』. 박태석 역. 생활성서사, 2001.

번스테인, 제레미. 『아인슈타인: 생애·학문·사상』. 장회익 편역. 전파

과학사, 1995.

베르쟈예프, 니콜라이. 『거대한 그물: 철학적 자서전 또는 삶에 대한 정신적 탐구의 역사』, 이경식 역. 종로서적, 1981.

벤츠, 아놀드. 『우주의 미래: 우연, 카오스, 신?』. 박계수 역. 가람기획, 2001.

블래스토스, 그레고리. 『플라톤의 우주』, 이경직 역. 서광사, 1998.

서배식. 『人間이란 무엇인가?: 인간 · 자유 · 만남』. 正民社, 1986.

서정선. "인간의 생물학", 『인간이란 무엇인가』. 장회익 外. 민음사, 1991.

쉘러, M. 『宇宙에서의 人間의 地位』. 大韓敎育聯合會, 1973.

스텀프트, 사무엘. 『서양철학사』. 이광래 역. 종로서적, 1983.

심상태. 『인간: 신학적 인간학 입문』. 서광사, 1989.

알렉시예프, G. N. 『에너지와 엔트로피: 우주의 여왕과 그 어두운 그림자』, 이병식 · 이영완 · 이현 옮김. 일빛, 2001.

"양자론", 『철학대사전』. 학원사, 1976.

요나스, 한스. 『생명의 원리: 철학적 생물학을 위한 접근』. 한정선 역. 아카넷, 2001.

이석호. 『인간의 이해: 철학적 인간학 입문』. 철학과 현실사, 2001.

이승훈. 『문학상징사전』. 고려원, 1995.

이인규. "진화의 소산으로서의 인간", 『인간이란 무엇인가』. 장회익 外. 민음사, 1991.

이형구. "대리석의 고뇌 ─ 뱌체슬라프 이바노프와 미켈란젤로의 신플라톤주의적 예술관", 『슬라브학보』, 제14권, 제2호, 1999.

이형구. "황홀경의 사상: 뱌체슬라프 이바노프의 상징주의 이론에서 디오니소스적 엑스타시가 지니는 의의", 『노어노문학』, 제10권, 제1호, 1998.

秦敎勳. 『哲學的 人間學 硏究(Ⅰ)』. 經文社, 1993.

즐렝, A. 『聖書의 人間』. 이성배 역. 분도출판사, 1984.

칸트, I. 『순수이성비판』. 전원배 역. 삼성출판사, 1997.

코플스톤, F. 『중세철학사』. 박영도 역. 서광사, 1988.

크리스, 에른스트 · 오토 쿠르츠. 『예술가의 전설』. 노성두 역. 사계절, 1999.

키에르케고르. 『사랑의 役事』. 林春甲 역. 종로서적, 1979.

테이야르 드 샤르댕, P. "과학과 그리스도", 朴甲成 역. 『세계기독교사 상전집』6. 新太陽書. 1975.

툴민, 스테판. 『자연-그 동서양적 이해』. 이성배 · 이은선 역. 종로서적, 1989.

패리시, 로버트. 『떼이야르 드 샤르댕의 신학사상. 신과 세속』. 이홍근 역. 분도출판사, 1972.

폭스, 매튜. 『우주 그리스도의 도래』. 송형만 역. 분도출판사, 2002.

프롬, 에리히. 『人間을 위한 人間』. 崔赫洵 역. 瑞音出版社, 1981.

프롬, 에리히. 『자유로부터의 도피』. 崔俊煥 역. 豊林出版社, 1981.

플래스트, 리차드. 『알고 싶은 과학의 세계 2』. 김동광 역. 문예출판사, 2000.

[영어 문헌]

Barnett, Henlee. *The Church and the Ecological Crisis.* Grand Rapids, Mich: Erdmans, 1972.

Bateson, Gregory. *Mind and Nature.* New York: Batmanbooks, 1990.

Belah, Robert. *Habits of the Heart: Individualism and Commitment in American Life.* New York: Harper & Row, 1985.

Belah, Robert. *The Broken Covenant.* New York: Seabury Press, 1975.

Berdyaev, Nicolas. *Dream and Reality.* New York: Collier Books, 1962.

Berdyaev, Nicolas. "Salvation and Creativity: Two Understandings of Christianity", *Western Spirituality: Historical Roots, Ecumenical Routes.* Trans. Matthew Fox. Santa Fe, NM.: Bear & Co., 1981.

Berdyaev, Nicolas. *Slavery and Freedom.* New York: Scribners, 1939.

Berdyaev, Nicolas. *The Spirit and Reality.* London: Geoffrey Bles, 1939.

Bergson, Henri. *Creative Evolution.* Trans. Arthur Mitchell. New York: Henry Holt, 1944.

Bergson, Henri. *Duration and Simultaneity.* Trans. Leon Jacobson. New York, 1965.

Capra, F. *The tao of physics*. London and Berkeley: Shambhala, 1975.

Choi, Gunn Young. *A Study of Anatolij Kim (1939 −)*. Ph D. Dissertation, Tokyo University, 1992.

Conford, F. M. *Plato's Cosmology: The "Timaeus" of Plato*. London: Routledge, 1937.

Einstein, Albert. *Ideas and Opinions*. New York: Crown, 1982.

Elizabeth, Rich. "Motality, Immortality and Anatoli Kim's *Father − Forest*", *Soviet Literature*, 9(1990), 176−86.

Fair, Charles. *The Dying Self*. Garden City, NY.: Doubleday, 1970.

Fromm, Erich. *Sane Society*. New York: Fawcett, 1955.

Holtz, William. "Spatial Form in Modern Literature: A Reconsideration", *Critical Inquiry*, 4, No.2 (1977).

Kasack, Wolfgang. *Dictionary of Russian Literature since 1917*. New York: Columbia University Press, 1988.

Kasack, Wolfgang. "Man Between Beast and God: Anatoly Kim's Apocalyptic Vision". *World Literature Today*, Winter, 1993, pp.100−6.

Kasack, Wolfgang. *Russian Literature: 1945 −1988*. Trans. Carol Sandisor. Munchen: Otto Sanger in Kommission, 1989.

Kim, Anatolii. "The Breath of a Legend: Interview with Anatolii Kim", *Soviet Literature*, 4(1982), pp.119−22.

Kolchevska, Natasha. "Fathers, Sons and Trees: Myth and Reality in Anatolij Kim's Otec−les", *Slavic and East European Journal*, 36, No.3 (1992), pp.339−52.

Kuhn, Thomas. *The Structure of Scientific Revolution*. Chicago: The University of Chicago Press, 1970.

Lossky, Nicholas. *History of Russian Philosophy*. New York, 1951.

Lyons, J. A. *The Cosmic Christ in Origen and Teilhard de Chardin*. Oxford: Oxford Univ. Press, 1982.

Macy, Joanna. *Despair and Personal Power in the Nuclear Age*. Philadelphia: New Society Publishers, 1983.

Marcel, Gabriel. *The Decline of Wisdom*. New York: Philosophical Library, 1955.

Mendilow, A. A. *Time and Novel*. New York: Peter Nevil, 1952.

Meyerhoff, Hans. *Time in Literature*. California University Press, 1968.

Sim, Min Ja. *A Structural Approach to Anatolij Kim: Fantastic and Magical Realism*. Ph.D. Dissertation, University of Illinois at Chicago, 1995.

Peterson, Nadya. *Fantasy and Utopia in the Contemporary Soviet Novel, 1976 —1981*. Ph.D. Dissertation, Indiana University, 1986.

Rank, Otto. *Art and Artist*. New York: Agathon Press, 1975.

Rank, Otto. *Beyond Psychology*. New York: Dover Publications, 1958.

Rogers, Peter. *A Painter's Quest,* Santa Fe, NM.: Bear & Co., 1987.

Rougle, Charles. "On the'Fantastic Trend' in Recent Soviet Prose", *Slavic and East European Journal,* 34, No.3 (1990), pp.308 —21.

Schillebeecks, Edward. *Christ: The Experience of Jesus as Lord*. New York: Seabury Press, 1980.

Schrodinger, Erwin. *What is Life?*. New York: Macmilan, 1947.

Schumacher, E. F. *Good Work*. New York: Harper & Row, 1979.

Schumacher, E. F. *Small Is Beautiful*. New York: Perennial, 1973.

Swimme, Brain. *The Universe is a Green Dragon: A Cosmic Creation Story*. Santa Fe, NM.: Bear & Co., 1985.

Teilhard de Chardin, P. *Human Energy*. New York: Harcourt Brace Jovanovich, 1969.

Teilhard de Chardin, P. *Letters from a Traveller*. New York: Harper and Row, 1962.

Teilhard de Chardin, P. *Man's Place in Nature*. Trans. R. Hague. New York: Harper and Row, 1966.

Teilhard de Chardin, P. *The Divine Milieu*. Trans. B. Wall. New York: Harper & Brothers, 1960.

Teilhard de Chardin, P. "The Formation of the Noosphere", *The Future of Man.* Trans. N. Denny. New York: Harper and Row, 1964.

Teilhard de Chardin, P. *The Heart of Matter.* New York: Harcourt Brace Jovanovich, 1978.

Underhill, Evelyn. *The School of Charity and the Mystery of Sacrifice.* N.Y.: Longmans, Green and Co., 1956.

Whitehead, Alfred North. *Scientific and the Modern World.* New York: Macmillan, 1925.

[러시아어 문헌]

Аннинский, Л. "Превращения и превратности", *Литературное обозрение,* 8(1985), 32 – 36.

Антология философской мысли. Москва, 1993.

Бальбуров, Э. А. "Поэтический Космос Анатолия Кима", Институт филологии СО РАН, Новосибирск, 1997.

Бальбуров, Э. А. *русский космизм: философия, наука, поэзия, миф.* Гуманитарные науки в Сибири, 1995.

Бердяев, Николай. *Смысл истории.* Москва: Мысль, 1990.

Бердяев, Николай. *Смысл творчества: опыт оправдания человека, Собрание сочинений 2.* Paris: YMCA – Press, 1991.

Бердяев, Николай. *Философия свободы. Смысл творчества.* Москва: Правда, 1989.

Блаватская, Е. П. *Теософский словарь.* Москва: Издательство <Сфера>, 1994.

Богомолов, И. А. *Русская литература начала XX века и оккультизм.* Москва: Новое литературное обозрение, 1999.

Вернадский, В. И. *Научная мысль как планетное явление.* Москва: Наука, 1991.

Вернадский, В. И. *Проблемы биогеохимия.* Москва: Наука, 1980.

Вернадский, В. И. *Философские мысли натуралиста*. Москва: Наука, 1988.

Вернадский, В. И. *Химическое строение биосферы Земли и её о кружения*. Москва: Наука, 1965.

Галина, Белая. *Литература в зеркале критики*. Москва: советский писатель, 1986.

Горшенин, А. "Путь человека", *Октябрь*, 10(1980), 220−21.

Есасулов, И. А. *Категория соборности в русской литературе*. Петрозаводск, 1995.

Жирмунский, В. М. *Немецкий романизм и Современная мистика*. Санкт −Петербург: <axioma>, 1996.

Жолковский, А. К. *Блуждающие сны и другие работы*. Москва: Наука, Издательтская фирма <Восточная литература>, 1994.

Залыгин, Сергей. "Своей дорогой", *Дружба народов*, 6(1981).

Иванов, Вячеслав. *Собрание Сочинений I −IV*. Bruxelles: Foyer Oriental Chtetien, 1971−1987.

Иванова, Наталья. "Пройти через отчаяние", *Юность*, 9(1990), 86−90.

Ким, Анатолий. "Путешествие к истокам", *Дружва Народов*, 8(1981), 238−42.

Ким, А. и Е. Шкловский. "В поисках гармонии: Диалог", *Литературное обозрение*, 6(1990).

Куницын, Владимир. "Гость из будущего", *знамя*, 8(1982), 236−238.

Лосев, А. Ф. *Бытие, имя, космос*. Москва: Мысль, 1993.

Лосский, Н. О. *История русской философии*. Москва: Советский писатель, 1991.

Любимов, Н. "печать тайны" / / *А. Ким. Избранные: Повести и роман*. Москва: Советский писатель, 1988.

Люллер, людолф. *Понять Россию: историко−културные исследования*. Москва: Прогресс−Традиция, 2000.

Маслеев, А. Г. *Антропологичоский смысл русского космизма*. Екатеринбург,

2001.

Маслеев, А. Г. *Человеческие измерение вселенной: Космизм и андропоцентризм.* Екатеринбург, 1996.

Мифы народов мира. Том 1, 2. Москва: Советская Энциклопедия, 1988.

Налимов, В. и Ж, Дрогалина. *Реальность нереального: Вероятная модель бессознательного.* Москва: Издательство <МИР ИДЕЙ> АО АРКОН, 1995.

Недзвецкий, В. А. *Русская советская литература.* KEZIRAT, Tankonyvkiado, Budapest, 1986.

Немзер, А. "О чём же пела белка", *Литературное обозрение,* 8(1985), 29－32.

Нерлер, Павел. "Отражение Истины", *Литературные обозрение,* 3(1982), 40－44.

Пайман, Аврил. *История русского символизма.* Москва: Издательство "Республика", 2000.

Пикач, А. и Н. Цыганова. "Нелёгкое право на исповедь", *Звезда,* 7(1979), 199－202.

Русский космизм и ноосфера. Москва, 1989.

Сафронов, И. А. *Русский космизм.* СПБ.: Санкт－петербургского государственного университета экономики и финансов, 1998.

Семенов, Валентин. "Неоконченный портрет с лотосом", *Подьём,* 5(1982), 181－91.

Семенова, Светлана. "Восходящее движение", *Октябрь,* 2(1989), 180－191.

Соколова, Ю. В. *Славянский космизм и ноосфера.* Одесса, 1996.

Соловьёв, В. С. *Чтение о богочеловечестве // Философская публицистика. Сочинения. В 2－х, Т. 2.* Москва: Правда, 1989.

Тарасов, С. В. *Философия Русского космизма.* СПБ., 1996.

Тейяр де Шарден, Пьер. *Le Phenomene Humain.* перевод с французского Н. А. Саводского. Москва: издательство <Прогресс>, 1965.

Трифонов, Ю. "Спой свои песни", *Юность*, 5(1979).

Тухолка, С. *оккультизм и магия*. Санкт-Петербург, 1907.

Утопия и утопическое мышление. Москва: Прогресс, 1991.

Федоров, Н. Ф. *Сочинения*. Москва: Мысль, 1982.

Философия русского космизма: Сб. статей. Москва, 1996.

Флоренский, П. А. *У водоразделов мысли*. Москва: Правда, 1990.

Ханзен-Лёве, А. *Русский символизм*. Санкт-Петербург: <Академический Проект>, 1999.

Цветов, Георгий. "Футурология по Анатолию Киму", 『슬라브학보』, 8(1993), 61-96.

Циолковский, К. Э. *Грезы о земле и небе // научно-фантастических произведение*. Тула: Приокское кн. изд-во, 1986.

Циолковский, К. Э. *Монизм Вселенной // Антология русского космизма*. СПБ., 1995.

Чаиркин, А. С. *Проблема Человека в Философии русского космизма*. Саранск, 1999.

Чижевский, А. Л. *На берегу Вселенной: годы дружбы с Циолковским. Воспоминания*. Москва: Мысль, 1995.

Шлекин, С. И. *Русский Космизм*. Москва: 1999.

Штайнер, рудольф. *Теософия введение в сверхчувственное познание мира и назначение человека*. Издательство <НОЙ>, 1990.

Эткинд, Е. *Там, Внутри: о русской поэзии XX века*. Санкт-петербург: издательство <максима>, 1996.

Юкина, Е. "Достоинство человека", *Новый мир*, 12(1984), 245-248.

•저자•

박영은 •약 력•

한국외국어대학교 노어과 졸업
동 대학원 노어노문학과 문학 석사 및 문학 박사

한국외국어대학교 외국문학연구소 책임연구원
한국외대 및 광운대 강사

•주요논저•

주요 번역서
표도프 솔로구프, 『불타는 원』(2008)

「연구논문」
<안톤 체홉의 실존의식에 내재된 시간성의 변주: 지속성과 무(無)시간성으로
    투영된 열림의 시학>(2005)
<『카라마조프 형제들』에 나타난 도스토예프스키의 신비주의와 만유재신
    론>(2005),
<블라지미르 나보코프의 『루진 방어』: 기하학(幾何學)적 도상 분석을 통한
    주인공의 심리 읽기>(2006)
<톨스토이의 『안나 카레니나』의 문체에 미친 『마담 보바리』의 영향>(2007)
<자먀젠의 소설 『우리들』의 국제성과 예술적 반향: 헉슬리의 『멋진 신세계』
    와 오웰의 『1984』에 나타난 디스토피아소설의 '언어 패러다임'을 중심으
    로>(2007)

외 다수

- 초판 인쇄   2008년 5월 15일
- 초판 발행   2008년 5월 15일

- 지 은 이   박영은
- 펴 낸 이   채종준
- 펴 낸 곳   한국학술정보㈜
            경기도 파주시 교하읍 문발리 513-5
            파주출판문화정보산업단지
            전화 031) 908-3181(대표) · 팩스 031) 908-3189
            홈페이지 http://www.kstudy.com
            e-mail(출판사업부) publish@kstudy.com
- 등   록   제일산-115호(2000. 6. 19)
- 가   격   29,000원

ISBN   978-89-534-9170-0 93100 (Paper Book)
         978-89-534-9171-7 98100 (e-Book)